dtv

Lernen, notwendiges Übel eines jeden Schülererlebens, kann sogar richtig Spaß machen, wenn man über das entsprechende Rüstzeug verfügt. Die international anerkannte Geisselhart-Methode funktioniert bereits im Schulalter bestens, bei schwacher Rechtschreibung ebenso wie beim sturen Auswendiglernen von Fakten oder Formeln. Originelle Bildverknüpfungen helfen dem Gedächtnis auf die Sprünge – je ausgefallener diese sind, desto besser. Aber auch in totaler Entspannung oder gar kurz vor dem Einschlafen lernt sich's leichter. Anschaulich vermittelt der Ratgeber schnell erlernbare Techniken zum Gedächtnistraining, die von der Grundschulzeit bis zum Abitur nützliche und vor allem legale Spickzettel sind.

Roland R. Geisselhart, geboren 1949, ist Gedächtnis-, Konzentrations- und Kreativitätstrainer. Von ihm sind u. a. erschienen: «Das perfekte Gedächtnis» (dtv 36525) und «Spielend leicht zum Supergedächtnis» (dtv 36298).
Cordula Kießling, geboren 1965, leitet im Roland-Geisselhart-Team den Innendienst und hat sich auf Entspannungstraining spezialisiert.

Roland R. Geisselhart · Cordula Kießling

Gute Noten mit legalen «Spickzetteln»

So lernen Kinder schneller und besser

Deutscher Taschenbuch Verlag

Von Roland R. Geisselhart
sind im Deutschen Taschenbuch Verlag erschienen:
Spielend leicht zum Supergedächtnis (36298)
Das perfekte Gedächtnis (36525)

Ganz herzlichen Dank an Frau Aurelia Beck aus Kressbronn für die mit viel Liebe, Geduld und Sorgfalt angefertigten Federzeichnungen.

Ungekürzte Ausgabe
Dezember 2006
3. Auflage November 2007
Deutscher Taschenbuch Verlag GmbH & Co. KG, München
www.dtv.de

Umschlagkonzept: Balk & Brumshagen
Umschlagfoto: Corbis/zefa/H. Benser
Gesamtherstellung: Druckerei C. H. Beck, Nördlingen
Gedruckt auf säurefreiem, chlorfrei gebleichtem Papier
Printed in Germany · ISBN 978-3-423-34374-9

Inhaltsverzeichnis

Vorwort

Das vorliegende Buch soll das Lernen bereits vom Kindesalter an erleichtern. Bereits nach wenigen Übungen verbessert sich das Gedächtnis jedes aufgeschlossenen Lesers auf originelle Art und Weise. Beim Weiterüben entstehen Gedächtnisleistungen, die für den noch nicht informierten Betrachter überdurchschnittlich bis «phänomenal» sind.

Selbstverständlich können die ersten kreativen und spielerischen Grundlagen dieser Methode schon im Kindergartenalter erlernt werden. Kinder profitieren vom zweiten und dritten Schuljahr an und von da an kontinuierlich. In einem meiner Seminare hatte ich vor einigen Jahren eine Schülerin – sie stand zwei Jahre vor dem Abitur –, die in vier Schulfächern ihre Noten um ein bis zwei Stufen verbessern konnte.

Deshalb die gute Nachricht zuerst: Die Lernmethode eignet sich ausgezeichnet für die Fächer Geschichte, Erdkunde, Chemie, Religion, Biologie, Physik, Betriebswirtschaftslehre, Gemeinschaftskunde, Sozialkunde, Teile von Buchführung, Deutsch (und dort besonders für die Rechtschreibung), und bei einigem Üben wird sogar das Vokabellernen bei Fremdsprachen einfacher.

Und jetzt die schlechte Nachricht: Für Rechnen und Mathematik gibt es noch keine gute Methode, doch wir arbeiten daran.

Aber wenn ihr mit den anderen Fächern beim Lernen klarkommt, ist das schon eine ganze Menge. Also los – los geht's mit Power-Eddy und seinen Lerntechniken …

Einleitung

Mit dieser Lernmethode ist Lernen wirklich einfach. Aber jeder weiß, dass einem manchmal allein durch die quantitative Stofffülle das Lernen ganz schön verleidet werden kann. Damit die Methode funktioniert, solltest du dich aber nicht wie der letzte Trauerkloß vor dem Unterrichtsstoff drücken, denn wenn jemand nicht will, kann man es ihm auch nicht in den Kopf eintrichtern. Man lernt leichter, wenn man sich für etwas interessiert. Es gibt Menschen, die die Mannschaftaufstellung ihrer Lieblingsfußballmannschaft der letzten sechs Jahre herunterrasseln können. Das können sie, weil sie sich für ihren Sport interessieren.

Deshalb fünf Tipps für besseres Lernen. Ich verspreche dir, dass es dir dann leichter fallen wird.

1. Bleib neugierig: Wenn du dich für Neues, Unbekanntes, Unerforschtes und so weiter interessierst, schaffst du dir gute Voraussetzungen – selbst beim Schulstoff.
2. Lerne freiwillig: Zwinge dich nie zum Lernen, denn dann lernst du nicht gut – das heißt aber auch, das du eine positive Einstellung zum Lernen einnehmen solltest.
3. Entspanne dich: Sorge für Entspannung, Sport, Spaziergänge, Ruhe, gute Ernährung, tiefen Schlaf und für Pausen; sieh zu, dass du dich während der Ferien gut erholst.
4. Teile deine Zeit sinnvoll ein: Gute Lernfortschritte hängen mit dem Lebenswandel zusammen. Du musst nicht wie ein Floh hin und her hüpfen und überall gleichzeitig mitmachen.

Vermeide also zeitraubende Gespräche und unproduktive Gesellschaft.

5. Sei für dich allein: Verbringe in den Lernzeiten möglichst viel Zeit alleine – mindestens eine Stunde täglich –, um möglichst viel vom Gelernten innerlich zu verdauen und in die eigenen Gedankengänge zu integrieren.

I. So geht's – Vorbereitungen

Vorbereitungen für ein fantastisches Gedächtnis

Zweifellos gibt es heute viele Methoden, die das Lernen erleichtern. Das Wichtigste dabei ist, dass jeder Schüler selbst einige Lerntechniken ausprobiert und so seine eigenen Stärken beim Lernen entwickelt. Dies gilt natürlich auch für Erwachsene. Doch nur durch die Erprobung, durch das Ausprobieren, lernen wir unsere Lernfähigkeiten kennen.

Dieser Ausbau der eigenen Fähigkeiten ist die Grundlage für ein gutes Selbstwertgefühl und ein späteres erfolgreiches Handeln im Leben. Denn was lernen wir? Wir lernen Sachwissen, also Zahlen, Daten, Fakten, wie hoch der Eiffelturm ist (dass er mit zwei f geschrieben wird), wo Grönland liegt und warum der schiefe Turm von Pisa nicht umfällt. Wir lernen, wie eine Scheibenbremse funktioniert, warum und wann Wasser zu Eis wird und was die binomischen Formeln sind. Doch wozu ist das gut? Jedes Faktenwissen gewinnt seine Bedeutung, wenn wir es einsetzen können, manchmal an den unwahrscheinlichsten Stellen.

Lernen ist nämlich auch kluge Auswertung, Unterscheidung und Einschätzung (durch Vergleiche) nach Bedeutung; wir lernen, wenn wir merken, was brauchbar, nützlich, wissenswert und anwendbar ist. Dabei sollten wir früher oder später unsere eigenen guten Gedanken entwickeln, vergleichen und erproben können.

Doch wenn wir bei Lernfähigkeiten beginnen und die am meisten vernächlässigte, ja sogar fast in Vergessenheit geratene Stärke unseres Gedächtnisses suchen, so stoßen wir auf das *foto-*

grafische Gedächtnis: Das ist die Fähigkeit, Gesehenes im Gehirn zu speichern.

Erstaunlicherweise ist das fotografische Gedächtnis – zusammen mit der Fantasie – bei Kindern viel besser entwickelt als bei Erwachsenen. Erwachsene sind immer wieder überrascht, wie fantastisch die kindliche Vorstellungskraft, zum Beispiel beim Memory-Spiel, entwickelt ist. Wenn wir erwachsen werden, wird uns diese Fähigkeit durch Schule, Beruf und Alltag wieder ausgetrieben.

Gerade die Entwicklung der kreativen Vorstellungskraft ist die zentrale Idee dieser Lernmethode. Alles, was wir uns vorstellen können, begreifen wir leichter und behalten wir besser – und auch wesentlich länger. Mit geübter Vorstellungskraft benötigen wir weniger Wiederholungen beim Lernen und sind auf dem besten Weg zum Langzeitgedächtnis. Der Schlüssel zu einem guten Gedächtnis besteht also darin, dass wir in Bildern denken – und uns gegebenenfalls auch zu abstrakten Dingen Bilder machen.

In einem zweiten Schritt fangen wir an, uns aus den Bildern Geschichten zu bauen – je verrückter, umso besser. Der Mensch lernt mit Geschichten und durch Geschichten. Die Geschichten sind die Stützen des Gedächtnisses. Beweise?

Beginnen wir mit den ersten vorbereitenden, leichten Übungen zum schöpferischen Denken.

Viele Fehler im Diktat – spielend leicht gelöst

Cordula berichtet: «Mein Sohn kommt nach Hause und bringt hängenden Kopfes ein vermasseltes Diktat mit 37 Fehlern, Note 6.» – «Aussichtslos», sagt die Lehrerin. Doch es gab eine Lösung, um dem Jungen für das Diktat zu helfen.

Aus der Geisselhart-Gedächtnis-Methode kopierten wir dem Jungen das Tier-Alphabet.

Hier habe ich ein Tier-Alphabet zusammengestellt, mit dessen Hilfe du dir Buchstaben ganz leicht und dauerhaft im Gedächtnis behalten kannst. Wir verwandeln die Buchstaben einfach in Tiere. Mit den Tieren lässt sich dann ganz leicht eine Geschichte basteln. Geschichten merken sich Kinder länger als Buchstaben und Worte. Am besten im Bildermerken sind Kinder gegenüber Erwachsenen beim Memory-Spiel.

Die Bilder sind leicht erkennbar, trotzdem kurz die Aufzählung:

A	=	Affe
B	=	Bär
C	=	Chamäleon
D	=	Delphin
E	=	Esel
F	=	Frosch
G	=	Giraffe
H	=	Hund
I	=	Igel
J	=	Jaguar
K	=	Kakadu
L	=	Lamm
M	=	Mammut
N	=	Nashorn
O	=	Ochse
P	=	Pinguin
Q	=	Qualle
R	=	Robbe
S	=	Saurier
T	=	Tiger
U	=	Uhu

V = Vogel
W = Wolf
X = Echse
(das Wort «Echse» beginnt zwar mit E, doch der Konsonant in der Mitte wird wie «x» ausgesprochen.)
Y = Hyäne
Z = Zebra

Die Bilder siehst du auf den Seiten 18 und 19. Zwar sieht die Übung am Anfang schwer aus, aber sie ist leicht. Am besten gehst du mit deinem Freund oder deiner Freundin alle Fehler im Diktat einzeln durch, oder noch besser, mit deiner Mutter oder deinem Vater.

Bevor deine Eltern die Flinte ins Korn werfen, weil ihnen als erwachsene Personen solche Bilder kompliziert vorkommen, tröste sie: Kinder können zehnmal leichter mit Bildergeschichten umgehen – denk ans «Memory».

Und so geht's:

Bei jedem einzelnen falsch geschriebenen Wort wird der falsche oder fehlende Buchstabe mit einem Bild ergänzt. Das Bild wird durch eine kleine Geschichte mit dem falsch geschriebenen Wort verbunden. Machen wir die Probe aufs Exempel:

- Falsch geschrieben wurde «Die Verwanden»; richtig wäre «Die Verwandten».
  Unsere Geschichte: T ist im Tieralphabet der Tiger. Das Merkbild ist einfach: «Der Tiger frisst alle Verwandten.» Genauer: «Die Dora zuerst», … weil das t hinter dem d folgt. Natürlich können solche Geschichten auch mehrfach verwendet werden. Ähnliche Stoffe können ebenfalls «verwandte» Stoffe genannt werden.

A
B
C
G
H
I
M
N
O
S
T
U
V

D
E
F
J
K
L
P
Q
R
W
X
Y
Z

- Falsch geschrieben wurde «Erdatmosfere»; richtig wäre «Erdatmosphäre».
  Unsere Geschichte: Wir streichen das f, der Fuchs geht in den Bau zurück, und der Pinguin kommt aus dem Fuchsloch und trifft den Hasen: Pinguin + Hase = ph. Beide mögen sich, doch der Pinguin ist an eine kältere Atmosphäre gewöhnt als der Hase. Es genügt, wenn das Kind einmal das richtig geschriebene Wort gesehen und jetzt die Richtig-Schreib-Bildergeschichte dazu hat.
- Falsch geschrieben wurde «Herrausforderung»; richtig wäre «Herausforderung».
  Unsere Geschichte: Zwei Herren treffen ein Reh, aber nur einer reitet auf dem Reh davon. Natürlich ist es eine Herausforderung, auf einem Reh zu reiten.
- Falsch geschrieben wurde «Broduktion»; richtig wäre «Produktion».
  Unsere Geschichte: Der Pinguin produziert Federn. Dies genügt!
- Falsch geschrieben wurde «gefärlich»; richtig wäre «gefährlich».
  Unsere Geschichte: Der Hase lebt unter Menschen gefährlich. Fertig. Wenn Sie wollen, sagt er «äh», als er sich daran erinnert.
- Falsch geschrieben wurde «Umweld»; richtig wäre «Umwelt».
  Unsere Geschichte: Der Tiger rennt um die ganze Welt, und deswegen wird Welt am Schluss mit t geschrieben, t wie Tiger.
- Falsch geschrieben wurde «Verbrännungen»; richtig wäre «Verbrennungen».
  Unsere Geschichte: Der Esel hat Verbrennungen. Zusatzverknüpfung: Der Esel schreit «eeeh», dann kommt die Eule geflogen und setzt sich ausgerechnet auf die Verbrennung.

Funktioniert die Methode? Aber sicher. Der Beweis aus berufenem Munde folgt sofort. Hier ein Artikel aus der Schwäbischen Zeitung:

Lernen mit Eselsbrücken
SCHWENDI (LR) – Ein voller Erfolg war das Tagesseminar über Gedächtnistraining in der Grund- und Hauptschule. Roland Geisselhart, der Experte in Sachen Motivation und Gehirnjogging, schulte die Merkfähigkeit von rund 30 Besuchern, Kindern wie Erwachsenen.

Wie kann man einem zerstreuten und durch das Fernsehen überladenen Schüler die richtige Schreibweise des Wortes «Himbeere» beibringen, das man in der Mitte mit zwei, nicht mit einem «e» schreibt, ohne dass er es nach fünf Minuten wieder vergessen hat?

«Ganz einfach», verriet Roland Geisselhart den Besuchern in Schwendi. «Man verknüpft das Wort mit einer Eselsbrücke, mit einem einprägsamen Bild.» Das wäre in diesem Fall: Zwei Esel, die für die zwei Buchstaben stehen, und an einem Himbeer-Strauch fressen.

Hat sich der Schüler das Bild einmal eingeprägt, vergisst er es so schnell nicht mehr. Und wenn er das nächste Mal «Himbeere» schreiben muss, erinnert er sich sofort daran und schreibt das Wort beinahe automatisch richtig. Roland Geisselhart empfahl den jungen Besuchern, das ganze Alphabet mit dieser Methode zu «verbildern». So wird aus dem A ein Affe, das B kann zum Beispiel für Bär stehen und Z für Zebra. «Man kann alles mit Bildern und Nummern versehen, war die Devise des informativen Tagesseminars zum Gehirnjogging und Gedächtnistraining.

Im Laufe des Tages lernten die Teilnehmer durch diese einfache Methode 30 nummerierte, frei gewählte Worte vorwärts, rückwärts und auch ohne die Reihenfolge fließend vorzusagen.

Auch die deutschen Bundesländer mit den jeweiligen Hauptstädten, das Grundgesetz, Namen und Gesichter waren auf einmal kein Problem mehr.

«Die Kinder speicherten von Stunde zu Stunde immer mehr und immer besser ab», freute sich Organisatorin Franziska Schick vom Förderverein der Schule. Ihr Fazit lautet: «Schade, dass ich diese Lernmethode erst jetzt entdeckt habe, ich hätte bestimmt manches leichter gelernt.»

So wird das Erinnern leichter

Wenn du bei einer Wanderung in fremder Umgebung nach dem Weg fragst, bekommst du oft drei, fünf oder sieben Einzelheiten genannt. Also etwa so: zuerst zum Dorfbrunnen, dann rechter Hand zum Gasthof Ochsen, nun den kleinen Hügel hinauf, und von oben siehst du den Wasserfall, an dem der Weg nach Zielhausen beginnt.

Nun, solange dies nicht mehr als fünf oder sieben Begriffe sind, kannst du dir diese Beschreibungsbilder leicht merken. Wenn du in Eile gerätst und gerannt bist, merkst du dir ein bis zwei Bilder weniger. Deshalb: In Ruhe und Entspannung geht das Merken besser. In Ruhe wirst du dir sogar die Reihenfolge der genannten Begriffe ins Gedächtnis rufen können.

Versuche es einmal, es ist ganz leicht:

1. Dorfbrunnen

2. Gasthof Ochsen

3. kleiner Hügel hinauf

4. Wasserfall

5. Weg am Wasserfall nach Zielhausen

Du wirst jetzt sagen: Moment, es wurde ja gar nicht angekündigt, dass ich mir den Weg merken sollte. Richtig. Dadurch, dass du nicht darauf vorbereitet bist, dir etwas zu merken, merkst du dir weniger.

Also haben wir einen weiteren wichtigen Faktor: Die Aufmerksamkeit. Wo du dich für etwas interessierst, wo Begeisterung, Neugierde, Wissen-Wollen, Staunen, Erkenntnisdrang und frohe Motivation da ist, da hast du die höchste Aufmerksamkeit. So zum Beispiel bei Lieblingsfächern und Lieblingslehrern. Hiervon ausgehend stärken wir uns, um später auch das weniger Interessante meistern zu können.

Gut, einen Weg mit etwa fünf Positionen merkst du dir spielend. Doch was würdest du tun, wenn die Wegbeschreibung 10 oder gar 15 Merkmale enthielte?

Nun, Vorstellungskraft hilft immer. Wenn du dir die einzelnen Stationen nacheinander vorstellst, wenn du dir bildhaft in Fantasie genau die Umgebung vorstellst, wie du sie hintereinander durchläufst, bringst du es gar auf acht, zehn oder zwölf Punkte.

Aber dann bist du wieder mit deiner Kunst am Ende – doch Übungstechnik hilft auch hier weiter.

Versuche es einmal.

Übung:

In Zielhausen gehst du nach dem Ortseingangsschild nach rechts, dann kommt ein Schuhmacherladen, daran gehst du vorbei und kommst durch einen Park. Am Ende des Parks steht ein großes Schulhaus. Du gehst an dem Schulhaus vorbei und triffst auf ein großes Weizenfeld.

Am Ende des Weizenfeldes ist ein Rosengarten. 300 Meter weiter steht eine Dorfkapelle; von der Dorfkapelle aus siehst du ein großes Bauernhaus mit einem Gestüt.

Früher oder später entdeckst du die natürlichen Grenzen deines Erinnerungsvermögens. Teste dich kurz und schreibe alle Punkte einmal auf:

1. ______________________________

2. ______________________________

3. ______________________________

4. ______________________________

5. ______________________________

6. ______________________________

7. ______________________________

8. ______________________________

9. ______________________________

Um die Grenzen unseres Erinnerungsvermögens zu erweitern, gibt es eine fantastische Methode, die «Eselsbrücke». Erwachsene sagen zu Eselsbrücken auch: kreative, bildhafte Assoziationen. Assoziationen sind Verknüpfungen. Die wenigsten wissen, dass Eselsbrücken systematisch verbessert und durch bildhaftes Denken zur phänomenalen Gedächtnisperfektion ausgebaut werden können.

Dann hast du nahezu ein Supergedächtnis. Gehen wir an die ersten Schritte.

Spitze!

Du machst das «affig» gut.

Denk daran: Cool zu sein heißt schlau zu lernen …

Übung:

Du gehst einkaufen. Deine Mutter ruft dir durch das Fenster zu, was du noch alles mitbringen sollst. Du hast zufällig kein Schreibzeug dabei.

Einfallsreich verknüpfst du diese Gegenstände per Eselsbrücke mit viel Fantasie. So zum Beispiel:

- ein Pfund Butter – du stellst dir die Butter in der Verpackung vor.
- ein Kilo Kartoffeln – du stellst dir vor, wie du die Butter aus der Verpackung nimmst, um damit Bratkartoffeln zu machen.
- ein Kilo Quark – du stellst dir vor, wie du die gelbbraunen Kartoffeln mit weißem Quark füllst. Visualisiere die Farben.
- eine Rolle Handtuchpapier – du siehst vor deinem bildhaften, inneren Auge, wie du jede Menge Quark in Handtuchpapier verpackst.
- ein Strauß Petersilie – du stellst dir vor, wie du einen Riesenstrauß Petersilie in Handtuchpapier trägst.
- drei Joghurt – du siehst dich geistig den Petersilienstrauß in drei Joghurts hintereinander hineintunken und essen.
- eine Zwiebel – du isst Zwiebelscheiben mit Joghurt. Pfui, das schmeckt gar nicht!
- eine Dose braune Schuhcreme – du schleuderst den Zwiebeljoghurt auf deine Schuhe, und die Schuhfarbe löst sich.
- ein Vanillepudding – das stört nicht. Du cremst die Schuhe mit Vanillepudding ein, sieht schick aus.
- ein Paket Pampers – dein kleiner Bruder hat die Pampers mit Vanillepudding «gefüllt».
- zwei Pakete Gefrierspinat – die beiden Pakete Gefrierspinat schnürst du zum besseren Transport mit den restlichen Pampers zusammen.
- eine Fernsehzeitung – du siehst im Geiste, wie die Fernsehzeitung am Gefrierspinat festgefroren ist.

- eine Flasche Sonnenöl – sehr gut: du löst die Fernsehzeitung mit Sonnenöl wieder ab.
- ein Paket Kakao – dann reibst du dir die Haut statt mit dem Sonnenöl mit Kakao ein.
- eine Packung Haferflocken – wenn du dich jetzt noch mit Haferflocken bestreust, gibst du eine gute Figur ab beim Faschingsball.
- eine Tüte Milch – stell dir vor, dass sich der ganze Zauber nur löst, wenn du deine Haut in Milch badest, wie Kleopatra.

So, inzwischen stehen wir ohne Einkaufszettel im Supermarkt. Butter war der erste Gegenstand.
Schaffst du's? Probieren geht über studieren:

1. ______________________________

2. ______________________________

3. ______________________________

4. ______________________________

5. ______________________________

6. ______________________________

7. ______________________________

8. ______________________________

9. ______________________________

10. ____

11. ____

12. ____

13. ____

14. ____

15. ____

16. ____

16 Positionen sind schon eine erstaunliche Leistung. Selbst wenn du es nicht geschafft hast oder die Assoziationskette abgebrochen ist, wirst du es nach den Grundübungen schaffen, 16, 20, 100, 200 oder mehr Gegenstände, Namen oder Zahlen im Gedächtnis zu behalten. Schreibe dir doch einmal eine Liste mit Spielzeug, Gegenständen aus dem Zimmer, Werkzeugen, Schaufensterinhalten oder Erledigungen auf. Nach zwei bis drei Übungen kannst du deine Freunde verblüffen.

Übung:
Stell dir vor, du hast einige Dinge zu erledigen. Verknüpfe einmal selbst deine Aufgabenliste:

- Musik-CD kaufen
- Taschenmesser suchen
- Haarshampoo besorgen
- Computer reparieren lassen
- die ausgeliehenen Rollerskates persönlich zurückholen

- Klamotten aus der Wäscherei holen
- Uhr beim Uhrmacher holen
- Ohrclips für den Geburtstag der Schwester mitbringen
- neue Rollen für Skateboard kaufen
- Film für Fotoapparat kaufen
- neue Kopfhörer für CD-Spieler besorgen

Hier die Bilder dazu:

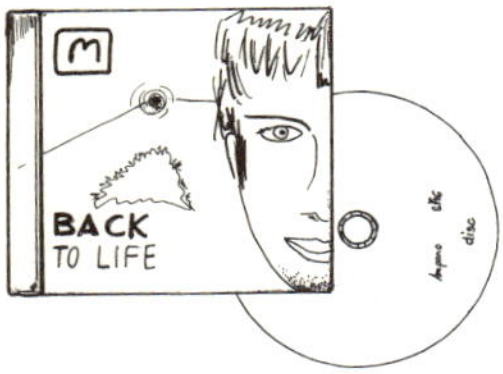

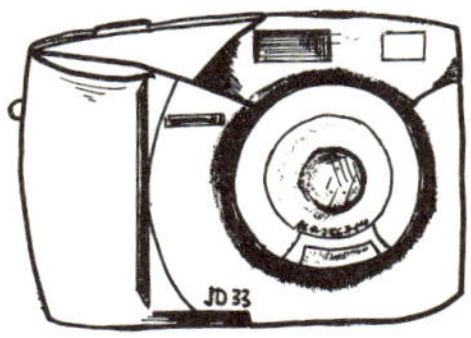

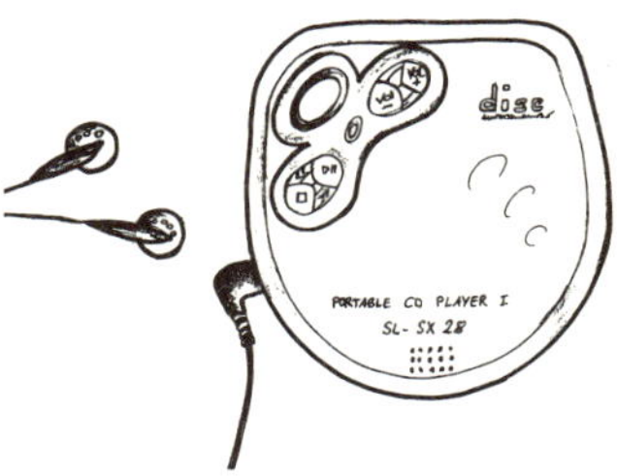

Wie könnte es gehen?

- Stell dir die Musik-CD sehr groß, farbig und plastisch vor, mit einem wunderschönen Titelcover.
- Doch sie ist so gut in eine durchsichtige Plastikverpackung eingeschweißt, dass du dein Taschenmesser ansetzen musst, um sie zu öffnen.
- Mit dem Taschenmesser öffnest du ebenfalls das verklemmte Haarshampoo ganz geschickt.
- Jetzt spritzt das Haarshampoo heraus und verkleckert den Bildschirm von deinem Computer. Da fällt dir ein, dass du diesen unbedingt noch reparieren lassen wolltest.
- Auf dem Bildschirm erscheinen deine Rollerskates, und du denkst daran, dass es höchste Zeit ist, diese wieder bei deinem Freund abzuholen, weil dieser sie bei dir kürzlich ausgeliehen hat.
- Als du das letzte Mal mit deinen Rollerskates gefahren bist, waren deine Hosen so verdreckt, dass sie in die Reinigung mussten. Diese holst du heute auch ab.
- Stell dir vor, du hast lauter Uhren in der Hosentasche und gehst noch die reparierte Uhr holen.
- Und auf dem Zifferblatt sind lauter Ohranhänger, die du aus dem Zifferblatt rausziehst, und dabei denkst du, dass du deiner Schwester die Ohrclips zum Geburtstag schenken wolltest.
- Damit du nach den Ohrclips auch an die Rollen von deinem Skatebord denkst, stellst du dir vor, dass lauter Ohrclips an den Rollen hängen und du mit diesen über die Ohrclips fährst.
- Wenn du die Rollen für dein Skateboard hast, stellst du dir vor, wie du damit direkt in den Fotoladen fährst und die Filme kaufst.
- Die Filme steckst du dir in die Ohren, und dann fällt dir ganz

sicher noch ein, dass du ebenfalls einen neuen Kopfhörer für deinen CD-Spieler brauchst.

Wenn du Gedächtnisnachhilfestunden gibst, reicht auch das Taschengeld für all diese Anschaffungen.

Diese Verknüpfungen werden dir jetzt teilweise sehr grotesk und unpassend erscheinen. Dies kommt daher, weil ich diese Verknüpfungen gemacht habe. Versuche einmal selbst, diese Dinge nach deinem eigenen Stil zu verbinden, und du wirst sehen, dass du dir die selbst gemachten Verknüpfungen am besten und am leichtesten merken kannst.

Versuche es einfach und teste dich:

1. ____________________

____

2. ____________________

____

3. ____________________

____

4. ____________________

____

5. ____________________

6.

7.

8.

9.

10.

11.

Herzlichen Glückwunsch, dass du dich zu dieser Übung durchgerungen hast. Selbst, wenn du nur acht, neun oder zehn Erledigungen noch wusstest, ist dies doch der erste Anfang zu einem überdurchschnittlichen Gedächtnis, denn der Durchschnitt eines nicht trainierten Gedächtnisses liegt bei sieben Wiederholungen.

Übe weiter, um noch besser zu werden!

Die Grundmethode

Die Grundmethode ist einfach! Je mehr und je origineller du dir ein Vorstellungsbild schaffen, verändern, verknüpfen und umgestalten kannst, desto leichter kannst du es dir merken.

Nehmen wir einmal den Würfel und die Tür. Versuche nun, diese beiden Gegenstände bildhaft miteinander zu verknüpfen. Zum Beispiel sagst du: «Ich lege den Würfel vor die Tür.»

Dies genügt jedoch nicht, um sich die Bilder zu merken. Wenn ich dich einige Jahre später fragen würde: «Was haben wir vor die Tür gelegt?», würde dir das Erinnerungsbild des Würfels wahrscheinlich entschwunden sein. Nun, was können wir tun, um dem Vergessen vorzubeugen? Stell dir vor, dass du mit einem Riesen-Schaumgummi-Würfel durch die Tür willst und du ihn kräftig zusammendrücken musst, damit er durchpasst. Wenn ich dich jetzt nach fünf Jahren fragte: «Was haben wir mit der Tür verknüpft?», so wirst du wahrscheinlich sofort «Schaumgummi-Würfel» ausrufen. Ebenfalls auf die Frage nach dem Würfel wird dir sofort die Tür einfallen.

Dies ist eine einfache *Zweier-Verknüpfung*. Solche Zweier-Verknüpfungen wollen wir als Basistraining intensiv üben. Diese Übungen helfen, damit dein bildhaftes Denken flexibel wird, und du schneller Lösungen und Orientierung findest. Es führt dazu, dass du dein fotografisches Langzeitgedächtnis stärkst und entwickelst und eine hohe Kreativität erreichst.

Gleichzeitig bringst du dein bildhaftes Denken auf einen sehr hohen Aktivitätsstand. Denken und Verstehen werden schneller.

Also, ich könnte mir vorstellen, dass deine Eltern abends heimkommen und sehen, wie ihre Kinder die Tür mit der Laubsäge in über hundert kleine Würfelstücke zersägt und einen Würfel-Laden eröffnet haben.

Je origineller die Bildverknüpfung, desto besser

Um sich Bilder ins Gedächtnis möglich nachhaltig einzuprägen, ist Folgendes sinnvoll: *Übertreibe die Bildverknüpfungen so stark wie möglich.* Bei der Bildverknüpfung darfst du ruhig die Realität verlassen und dir ganz bewusst einige Fantasie erlauben. Dadurch entsteht mehr Spielraum im Geist für noch kuriosere Verknüpfungsmöglichkeiten. Du kannst nach Form, Größe, Anzahl, Bewegung und Originalität beliebig übertreiben; in Comics und beim Zeichentrickfilm passiert das ständig.

Je ungewöhnlicher und merkwürdiger das Bild ist, desto einprägsamer ist die Bildverknüpfung und desto dauerhafter bleibt sie im Langzeitgedächtnis. Dies steigert die Flexibilität deines Vorstellungsvermögens derart, dass du nicht nur über originelle Gedächtnisleistungen verfügst, sondern noch Wochen später an dir ein erstaunliches Lösungsfindungsdenken im Alltag feststellen wirst.

Nachdem ich mit dem Gedächtnistraining intensiver begonnen hatte, sagte mein konservativer Lehrlingsausbilder damals zu mir: «Mit dem Geisselhart ist schwer zu reden. Er hat immer schneller eine Ausrede als eine Maus ein Loch!»

Hier also einige weitere Übungen mit ausgefallenen Verknüpfungen:

Übung:

Merke dir die Verknüpfungen des jeweiligen Bildes! Lass dir ruhig Zeit, und sieh dir die Bilder genau an.

Traktor / Lampe

Dampfwalze / Tisch

Hochhaus / Schulranzen

Saurier / Waschbecken

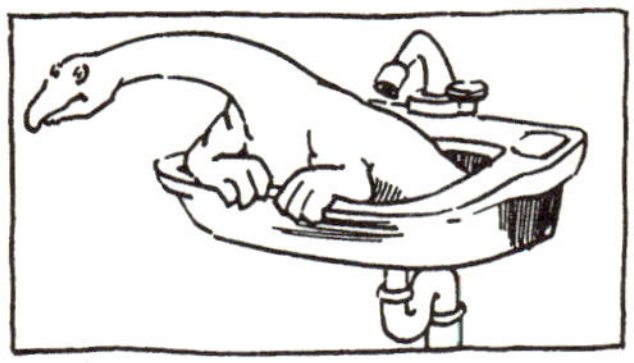

Krokodil / Hosentasche

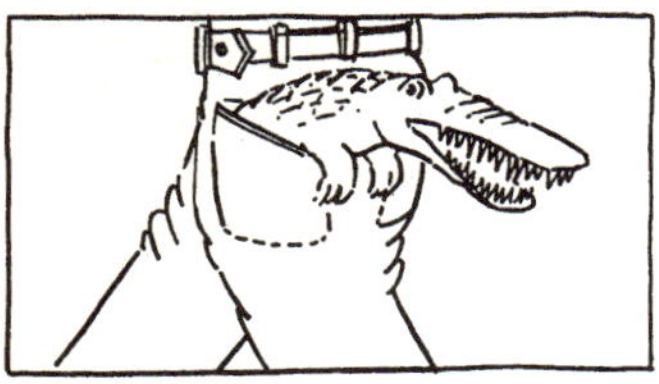

Schildkröte / Ohr

Flugzeug / Schuh

Tintenfisch / Hemd

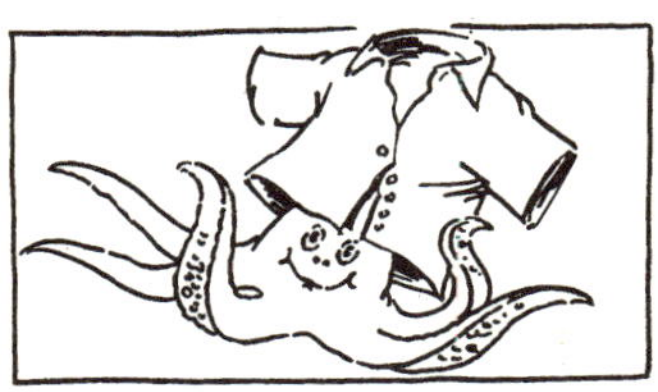

Kuh / Bank

Omnibus / Kleiderbügel

D-Zug / Schrank

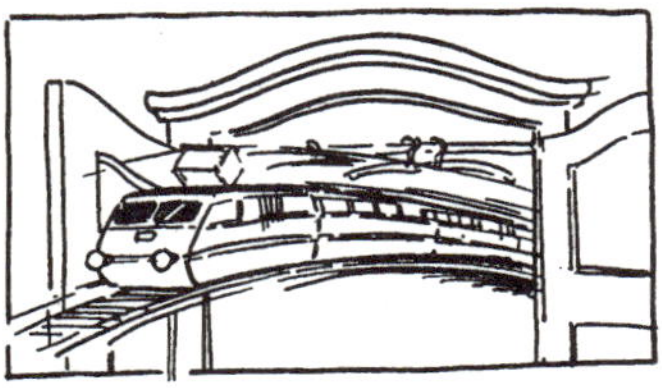

Bahnhof / Ecke

Milchstraße / Decke

Kinoleinwand / Fenster

Goldmine / Papierkorb

Mississippi-Dampfer / Stuhl

Fließband / Fensterbrett

Unterseeboot / Heizung

Krater / Parkettfußboden

Kronleuchter / Lehrers Kopf

Wenn du dir die Verknüpfungen gut angeschaut hast, müsstest du nach Abdecken der Bilder folgende Liste problemlos beantworten können: Weißt du noch, wo du die einzelnen Gegenstände untergebracht hast?

	Erfolgskontrolle
Traktor –	______________
Dampfwalze –	______________
Hochhaus –	______________
Saurier –	______________
Krokodil –	______________

Schildkröte – ____________________

Flugzeug – ____________________

Tintenfisch – ____________________

Kuh – ____________________

Omnibus – ____________________

D-Zug – ____________________

Bahnhof – ____________________

Milchstraße – ____________________

Kinoleinwand – ____________________

Goldmine – ____________________

Mississippi-
Dampfer – ____________________

Fließband – ____________________

Unterseeboot – ____________________

Krater – ____________________

Kronleuchter – ____________________

Nun, wie viele Richtige hast du?

Übungsergebnisse und was du daraus lernen kannst

5 bis 10 richtige Verknüpfungen:

Schau dir die Verknüpfungen ruhig noch einmal an. Versuche einige ähnliche Verknüpfungen selbst herzustellen. Grundsätzlich brauchen wir mehrere solcher kleiner Übungen, um deine Fantasie und dein Vorstellungsvermögen aus dem Dornröschenschlaf zu erwecken. Vielleicht hast du auch zu viele Dinge im Kopf oder du findest keinen ruhigen, ungestörten Ort, wo du dieses Buch ohne Ablenkungen oder lärmendem Umfeld lesen kannst.

Unabhängig von dieser Übung noch ein kleiner Tipp: Studiere bei jedem Lehrer pro Fach einfach die Schwerpunkte, die der Lehrer gesetzt hat und lerne nur diese mehr und gründlicher. Achte bei jedem Schulfach auf die Betonungen der Lehrkraft und achte ganz stark darauf, dass du die Meinungen und persönlichen Geisteshaltungen, Einstellungen genauer erforschst und diese Hintergrundstimmung einfach mehr beachtest. Wenn du dich so etwas auf die Lehrkraft einstellen kannst, hast du es viel leichter.

Der alte Chinese Lao-Tse sagte schon vor vielen tausend Jahren: «Anpassung verringert Leiden.» Vor allem hast du hiermit kein «Thema verfehlt im Aufsatz», und die Lehrkraft hat weniger Mühe beim Korrigieren von Klassenarbeiten.

Die Möglichkeit, dass Gelerntes von dir zu niedrig eingeschätzt wird, ist dann wesentlich geringer. Im Gegenteil, du kannst durch diese Auskundschaftungstaktik die Lehrkräfte besser kennen lernen.

Denke darüber nach. Dies nützt auch bei anderen Erwachsenen, die dir im Moment noch überlegen sind. Der Tipp ist natürlich kein Gedächtnistraining, dies ist ein erster *Hauch von Intelli-*

genz und Taktik. Diese Taktik wenden erfolgreiche Verkäufer im Beruf an. Gerade an diesem Trainingspunkt kannst du deine Gedächtnisfähigkeiten mit wenigen Übungen verdreifachen.

10 bis 15 richtige Verknüpfungen:

Dein Gedächtnis kann schon nicht mehr als durchschnittlich betrachtet werden, denn es ist besser. Wenn du dir klar darüber wirst, dass du mit wenig Freizeitaufwand trotzdem gute Noten schreiben kannst, dann ist dieses Buch genau richtig für dich.

Mach dir klar, was du in Zukunft wirklich willst, und gleichzeitig, was du als Notwendigkeit für die Schule tun musst. Zeige anderen deine Erfolge vielleicht erst später, dann du hast weniger Störungen. Mit einem brillanten Gedächtnis kannst du mit immer weniger Zeiteinsatz immer bessere Noten schreiben. Nach einigen Übungswochen kannst du schon während des Unterrichts passendere Bildverknüpfungen herstellen und ersparst dir somit viele Wiederholungen zuhause. Bleibe am Ball – es lohnt sich! Eine Vervierfachung deines Gedächtnisvermögens ist für dich sicher ein Kinderspiel. Am leichtesten ist der Einstieg für dich bei anschaulichen Fächern, wie Erdkunde, Geschichte, Chemie und Biologie.

15 bis 20 richtige Verknüpfungen:

Dein Gedächtnis ist sehr gut und kann phänomenal werden. Wenn du in diesem Buch einige Übungen überspringst, dürfte es dir wenig ausmachen. Die Entwicklung deines Gedächtnisses zum fotografischen Gedächtnis ist für dich durchaus zu schaffen; du hast das Zeug zum Gedächtnisweltmeister. Nutze deine Talente ruhig noch weiter. Mit der Vorstellungskraft, die du heute schon hast, kannst du alle Ziele, die du dir im Leben setzt, wesentlich leichter erreichen – bessere Noten mit weniger Zeitaufwand natürlich auch. Beachte Fremdwörter im Lerntext. Wenn dein Notendurchschnitt rascher ansteigt, versuche die Lehrer zu verstehen, die oft einen harten Job haben. Mit deinem Vorsprung in deiner Gedächtnisleistung kannst du deinen Mitschülern sehr leicht helfen, ebenfalls einen leichteren Weg zu besseren Noten einzuschlagen. Das Lernen durch Lehren als Hobby bringt dir sicher früher oder später Vorteile und mehr Taschengeld. Verblüffe doch deine Eltern einmal mit deinen Gedächtnisleistungen. Wie gefällt dir das Bild: deine Eltern sind deine Schüler im Gedächtnistraining?

Das Entscheidende bei Verknüpfungen

… ist die Art und Weise, *wie* du die Verknüpfungen gestaltest. Probiere einmal verschiedene Verknüpfungsarten aus. Hier ein paar Übungen, wo du bei jedem Beispiel verschiedene Gesichtspunkte berücksichtigst.

Übung:
Schaffe dir bei den nachfolgenden Begriffen eine gute und bildhafte Koppelung:

Kinoleinwand – Tinte
Schreibmaschine – Adler
Haus – Fischernetz

Nun eine recht originelle Koppelung:
Kuh – Trainingsanzug
Elefant – Klarinette
Tänzer – Taucheranzug

Übertreibung nach Größe:
Türe – Zigaretten
Schuhkarton – Pilze
Blumenvase – Kirschen

Übertreibung nach Anzahl:
Blumen – Kuss
Blätter – Schornstein
Rasenmäher – Ameisen

Übertreibung nach Farbe:
Nachthemd – Farbstifte
Schultafel – Pastellfarben
Fenster – Papierdrachen

Übertreibung nach Form:
Schwert – Schlüssel
Blumentopf – Radio
Fernseher – Kaktus

Übertreibung durch Aktion und Handlung:
Melone – Schlittschuhfahrer
Seifenblasen – Klassenzimmer
Dompteur – Großmutter

Übertreibung nach Besonderheiten und Witz:
Krokodil – Briefträger
Swimmingpool – Schlips
Klavier – Aquarium

Jetzt kommt die «Gegenprobe». Überprüfe, ob du die Begriffe ergänzen kannst.

Ameisen – ____________________

Adler – ____________________

Taucheranzug – ____________________

Elefant – ____________________

Trainingsanzug – ____________________

Kinoleinwand – ____________________

Fischernetz – ____________________

Aquarium – ____________________

Schlips – ____________________

Briefträger – ____________________

Melone – ____________________

Seifenblase – ____________________

Dompteur – ____________________

Schlüssel – ____________________

Radio – ____________________

Kaktus – ____________________

Nachthemd – ______________________

Schultafel – ______________________

Fenster – ______________________

Türe – ______________________

Pilze – ______________________

Blumenvase – ______________________

Erste Anwendungen

Bereits mit Kindern der ersten Schulklassen lassen sich bei ganz konkreten Bildern leicht Verknüpfungen herstellen. Die Bodenschätze Südafrikas merkten wir uns dadurch, dass wir uns einen Afrikaner mit einem riesigen Speer vorstellten, der folgende Gegenstände nacheinander aufspießt:

- Baumwolle
- Gold
- Diamanten
- Erdöl
- Blei
- Chrom
- Platin
- Steinkohle
- Uran
- Braunkohle

Bemerkenswert ist, dass Kinder ohne weiteres in der Lage sind, nach kurzer Zeit die Gegenstände wieder gedanklich vom Speer herunterzunehmen und nacheinander mühelos (zum Beispiel auch in einer Klassenarbeit) hinzuschreiben, während dieselbe Übung bei Erwachsenen schon nach wenigen Tagen kaum noch gelingt.

Wie beim «Memory»-Spiel sehen wir hier die kindliche Überlegenheit der Fantasie gegenüber dem Erwachsenen. Kinder können sich mit Fantasie ein «inneres Himmelreich» bauen.

So lassen sich auch leicht die Exportgüter aus Südamerika erlernen. Wenn wir mit Edelhölzern beginnen, so bauen wir aus Edelhölzern einfach eine Truhe, überziehen diese mit Krokodilhaut …

- Edelhölzer
- Krokodilhaut
- Zuckerrohr
- Zitrusfrüchte
- Kakao
- Kaffee
- Reis
- Sisalhanf
- Perlen
- Austern
- Bananen
- Baumwolle

Wenn du gleichzeitig deine Konzentrationsfähigkeit üben willst, versuche einfach, diese Kette von Erzeugnissen einmal rückwärts herzusagen. Es wirkt anfangs schwierig, geht aber nach einigen Übungen genauso leicht.

Übung:

Jetzt versuche einmal die selbst kombinierten Reihen aus dem Gedächtnis zu wiederholen:

Erzeugnisse aus Südafrika	Erzeugnisse aus Südamerika
1. Baumwolle	1. Edelhölzer
2.	2.
3.	3.
4.	4.
5.	5.
6.	6.
7.	7.
8.	8.
9.	9.
10.	10.

Mit Power-Eddy
ist alles happy!

Bleib dran, mit jeder Übung wirst du besser werden …

In Entspannung leichter lernen

Zuerst den Zeitfaktor meistern

Bei meinen Seminaren beobachte ich immer wieder, dass die Gedächtnisleistungen von Teilnehmern ganz rasch abnehmen, sobald Stress entsteht.

Ein Kursteilnehmer, der für eine halbe Stunde den Seminarraum verlassen musste, um wichtige Nachrichten von seiner Arbeitsstelle entgegenzunehmen, hatte Schwierigkeiten bei den Gedächtnisübungen. Natürlich beklagte er sich am Ende des Kurses über seine schlechten Ergebnisse, was mir eigentlich schon vorher völlig klar war.

Bei Schülern ist es nicht anders. Sie haben mit großen Mengen an Lernstoff, mit Zeitmangel, Termindruck und emotionalem Stress zu kämpfen. Das Klima im Umgang miteinander ist an den Schulen ebenfalls rauer geworden. Belegungen von Sportkursen oder Vereinsteilnahme tun das Ihrige.

Zeitstress betrifft vor allem die linke Gehirnhälfte und hängt im Grunde mit der Vorstellung zusammen, in einem kürzeren Zeitraum mehr tun zu wollen (oder zu müssen), als möglich ist. Eile bringt gar nichts und oft nur Rückschläge. Deswegen sind eine kluge Zeiteinteilung und die Festlegung von den Dingen, die einem wichtig sind (Prioritäten), weise und vorausschauend.

Stelle dir bei Gelegenheit einen Heißluftballon vor. Um höher steigen zu können, musst du einfach beim Start einige Sandsäcke abwerfen. Genauso ist es beim Lernen. *Lernen braucht Zeit.* Dass man in der Schule auch Dinge lernt, die einen nicht interessieren, können wir im Moment noch nicht ändern. Aber wir können etwas daran tun, dass wir mit dem Lernen dieser Dinge nicht so viel Zeit benötigen.

Lernen braucht Zeit, und in der jetzigen Phase sind wir dabei, deine Lernzeit für die Zukunft abzukürzen, damit du in schon wenigen Wochen wieder mehr Freizeit hast. Doch eben gerade dieser Abkürzungsweg braucht am Anfang auch erst einmal Zeit.

Wenn du bei einem aufsteigenden Fesselballon einige Sandsäcke abwirfst, steigt er sofort schneller. Mit den Sandsäcken sind Handlungen gemeint, die wir auf später verschieben können oder die wir eigentlich gar nicht machen müssten (Lernen wiederum lässt sich wegen der Klassenarbeiten oft nicht so lange herausschieben).

Also ist es sinnvoll, das Wichtige vom Unwichtigen zu unterscheiden. Prioritäten setzen nennt sich das in der Erwachsenensprache: Das Wichtige zuerst, das Unwichtige später oder gar nicht. Es kommt häufig vor, dass man sich zwischen zwei Dingen entscheiden muss, weil man nicht beides auf einmal machen kann. Wenn du einen interessanten Film anschauen willst, kannst du an diesem Abend nicht gleichzeitig zum Tischtennis oder zum Schwimmen gehen. Du musst also auswählen, was dir wichtiger ist.

Du kannst dich dann auch gleich fragen, mit was für unnötigen Aktivitäten du dich den lieben langen Tag beschäftigst. Ist das Herumhängen im Einkaufszentrum oder auf einem Platz in der Stadt mit anderen wirklich entspannend? Sind stundenlanges Fernsehen und andauerndes Spielen mit Computergames wirklich notwendig? Ist es wirklich wichtig, sich an Streitigkeiten und Zoff mit anderen Schülern zu beteiligen?

Gegen Fernsehen, Computergames und Zusammensein mit Freunden ist natürlich nichts einzuwenden, aber du musst entscheiden, was dir wichtiger und was dir weniger wichtig ist, und öfter auch einmal bewusst auswählen, was du machen willst und was nicht.

Denk einmal darüber nach, am besten an einem Ruhetag oder einem Wochenende. Aus der Vogelperspektive und mit etwas innerem Abstand triffst du die Entscheidungen leichter und genauer. Natürlich kannst du jede Entscheidung täglich selber ändern.

Du musst dir im Klaren darüber sein, dass das Erlernen dieser wirklich sehr guten Gedächtnistechniken etwas mehr Zeit benötigt – Zeit, die du später einsparen wirst.

Deine besten Freunde möchtest du trotzdem behalten, und deswegen kannst du denen später mit dem Gedächtnistraining auch in der Schule helfen, aber erst dann, wenn du selbst die ersten messbaren und deutlichen Erfolge erzielt hast. Dies kann ein bis zwei Tage oder auch ein bis zwei Wochen dauern. Wenn das Schulfach etwas schwerer ist, kann es sogar einen Monat dauern.

So, damit haben wir klare Vorgaben. Entscheiden darfst du selbst.

Ruhe finden

Du lernst alle Merktechniken leichter, wenn du deine ungestörte Ruhe hast. Wann das ist, findest du selbst am besten heraus. Vielleicht ist dies am Wochenende, morgens, abends, nachmittags oder in den Ferien so.

Ich habe mich als Schulkind mit einem interessanten Comicheft oft in den Wald gesetzt, um weder von Eltern, Lehrern, Geschwistern oder anderen Schulkameraden gestört zu werden. Das tue ich oft heute noch mit interessanten Büchern, und mancher Förster hat sich schon gewundert, was ich wohl auf seinem Jägerstand zu suchen habe.

Deshalb kommen wir auf einen wichtigen und interessanten Punkt:

In Entspannung lernen wir wesentlich leichter.

Genauso wie Lerntechniken von Erwachsenen weit unterschätzt werden, wird auch die Entspannung vor dem Lernen generell weit unterschätzt. Deshalb grundsätzlich ein paar Tipps zum besseren Lernen.

Lernen mit Kassette

Sprich das, was du lernen willst, auf eine Tonbandkassette, egal ob es große Stoffmengen und auch eine größere Anzahl von Vokabeln ist (mit der deutschen Bedeutung, oder zuerst die deutsche Bedeutung und dann die Vokabel aufsprechen). Höre sie dir vor oder beim Einschlafen nochmals an und lies gleichzeitig im Buch noch mit. Auf diese Weise nimmst du den Lernstoff über zwei Sinneskanäle, Sehen und Hören, auf.

Lieblingsmusik hören oder allein sein

Sammle deine Lieblingsmusik. Wenn du dich fünf Minuten vor dem Lernen kurz auf deine Lieblingsmusik einstimmst, hilft sie dir beim Entspannen und fördert leichteres Lernen.

Wenn du es mit der Entspannungsmusik nicht so hast, dann versuche einfach, täglich eine halbe Stunde oder Stunde allein zu sein. Es kommt darauf an, dass du deine Ruhe hast. Dann siehst du klarer.

Den Lernstoff vor dem inneren Auge ansehen

Wenn du dir den Lernstoff gut vorstellen kannst, wirst du mit etwas Fantasie und längerem Nachdenken den Stoff besser erfassen. Es wird dir möglich sein, auch sehr deutlich angrenzende Themengebiete zu «sehen», die von diesem Stoff und der Tatsache, dass du ihn lernst, beeinflusst werden (hört sich abstrakt an, ist aber so!).

Zuerst lernen, was man mag

Stärken stärken schwächt Schwächen: Wenn du zuerst deine Lieblingsfächer lernst und über deine Lieblingsfächer Unterhaltungen führst (Vorsicht: negative Äußerungen solltest du sofort erkennen und einschätzen können), wachsen deine Motivation und dein Selbstwertgefühl wesentlich schneller. Mit diesem Motivationsvorsprung fällt es dir dann auch leichter, die weniger interessanten Fächer ebenso zu lernen.

Frage deine Eltern immer wieder, was an den Fächern, die du nicht magst, interessant sein soll.

Hier ein Beispiel: Wenn du Schwierigkeiten mit Mathematik hast, quetschst du beide Elternteile aus, warum du Mathematik lernen solltest, obwohl es dich nicht interessiert. Dann fragst du deine Kameraden und deine Lehrer. Vielleicht fördern sie ein Argument zutage, das dir liegt. Bei Mathematik müssen wir die Grundlagen kennen, weil alles weitere Wissen wie bei einer Pyramide aufeinander aufbaut. Wer eine etwas anspruchsvollere Arbeit mit dem Computer machen muss, kann das ohne Mathematik glatt vergessen. Mathematik ist ein Teil der Naturgesetze. Ohne die Naturgesetze funktioniert gar nichts.

Du wirst viele aus Erwachsenensicht vernünftige Gründe hören, die für dich zu 90 Prozent uninteressant sind. Suche einfach so lange weiter, bis du den Punkt findest, der dir plausibel macht, warum du sogar Mathematik lernen solltest. Diesen Punkt gibt es ganz sicher!

Aber sei beruhigt, auch Albert Einstein war ein schlechter Schüler und hat den Wert der Mathematik selbst erst sehr spät erkannt. Er wurde sogar wegen schlechter Leistungen von der Schule verwiesen. Heute gilt er als einer der gescheitesten Naturwissenschaftler der Welt. Du siehst also: Die Dinge ändern sich, du brauchst nur etwas Geduld. Bleibe cool, bleibe entspannt.

Hinhören, was der Lehrer sagt

Dieser Rat hört sich besonders komisch an. Wenn es dir aber in jedem Fach gelingt herauszubekommen, was der Lehrer jeweils für besonders wichtig hält (du bemerkst es an der Betonung), kannst du dich darauf konzentrieren. So kommst du im Notendurchschnitt nach oben. Beobachte immer wieder bei Lehrern, Erwachsenen und Eltern, was denen wichtig ist. Wenn du damit umgehen kannst, beseitigst du gleichzeitig deine eigenen Hindernisse.

Zoff vermeiden

Genieße die Freizeit intensiver. Sei öfter allein. Lerne Träumen. Wenn du dich mit anderen unterhältst, versuche das Gespräch auf interessantere Dinge zu lenken. Gehe Streitigkeiten, wenn es geht, schon im Ansatz aus dem Wege. Zoff stört dein Lernflair. Zoff beeinträchtigt dein Langzeitgedächtnis. Schwebe wie ein Vogel über dem Lernstoff und suche dir die Rosinen heraus, die du leichter lernen kannst, und beginne damit.

Merken von Sätzen und Satzketten

Die nächsten zehn Seiten solltest du in einer freien Stunde in Ruhe durcharbeiten, denn das Merken von Sätzen und insbesondere von Satzketten kann schon deine nahe Zukunft wesentlich und positiv verändern.

Wann benötigen wir Satzketten?

Satzketten, also mehrere sachlich aufeinander folgende Sätze, werden zum Beispiel bei einer frei gehaltenen Rede benötigt. Satzketten nimmst du auch im Gespräch wahr, wenn du dir merkst, was der andere sagt oder wenn du mit jemandem diskutierst. Die Verknüpfung von Sätzen zu Satzketten kann dir auch bei deinen Gedächtnisübungen helfen.

Es lohnt sich also, sich mehrere Satzketten zu merken. Dabei gibt es eine leichte und eine schwere Lernart. Die schwere besteht darin, dass man versucht, sich alle Sätze sofort wortwörtlich merken zu wollen. Damit merkst du dir aber höchstens fünf Sätze hintereinander.

Wenn du zuerst die Sätze (es können ruhig fünf, acht oder zehn sein) nur sinngemäß miteinander verknüpfst, geht es wesentlich leichter und schneller.

Damit kommen wir zum Lernen: Wenn du zum Beispiel bei Gesetzestexten auf die rein wörtliche Wiederholung Wert legst, merkst du dir am besten zuerst die Schwerpunkte jedes Satzes mit Stichworten, und dann kannst du leicht und ohne viel Mühe die wörtliche Wiederholung in einem zweiten und dritten Durchgang ergänzen. Dieser Weg – also zuerst Stichworte, besser noch Bilder merken und verknüpfen und dann wörtlich weiterlernen – ist einfacher als das sture wortwörtliche Einpauken; es erhöht deine Merkfähigkeit um ein Vielfaches.

Merken von Sätzen

Es lohnt sich, sich an Sätze, Witze, Vorträge, Tests und Anekdoten zu erinnern. Ein Mensch mit einem normalen, untrainierten Gedächtnis kann sich durchschnittlich etwa an sieben bis acht einfache Sätze erinnern. Vielleicht schaffst du etwas mehr?

Im Folgenden werden wir eine etwas längere Übung machen. Dazu benötigst du:

- einen Schreibblock,
- einen Stift,
- dieses Buch und
- einen bequemen Stuhl, in dem du dich entspannen kannst.

Übung:

Lies die folgenden acht einfachen Sätze zwei- bis dreimal durch und versuche, diese dann wiederzugeben – gedanklich oder besser noch schriftlich auf einem separaten Blatt, dann hast du den Beweis deiner momentanen Merkfähigkeit schwarz auf weiß in der Hand. Du kannst den Test auch zu einem Zeitpunkt machen, wo du in einer guten Stimmung bist. Das Lernen geht meist viel müheloser vor sich.

1. Der Affe klettert auf den Baum.
2. Fritzchen gießt seine Blumen.
3. Der rote Regenschirm hat ein Loch.

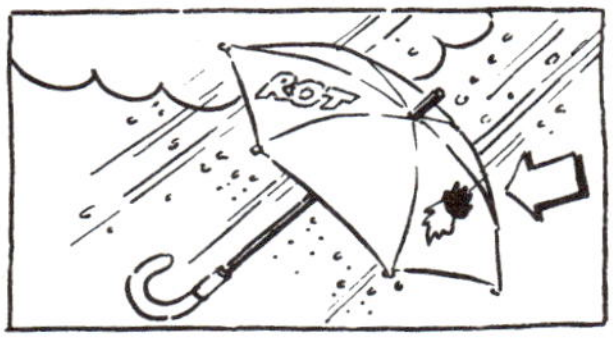

4. Das Nilpferd rast durch den Sumpf.
5. Die Straßenlaterne flackert.
6. Der Hausmeister schläft vor dem Fernseher ein.
7. Der Supermarkt hat Ausverkauf.
8. Die Kirchturmuhr schlägt 12 Uhr mittags.

Drehe nun das Blatt um und notiere die Sätze möglichst in der richtigen Reihenfolge. Die ersten fünf oder sechs Sätze dürften dir am leichtesten fallen.

Stelle nun fest, ob dir ein, zwei oder drei der Sätze fehlen. Welche sind es? Sieh dir diese fehlenden Sätze jetzt noch einmal an und wiederhole die Übung, um nun alle acht Sätze lückenlos niederzuschreiben.

Und so kannst du üben:

Schließe die Augen. Entspanne dich, träume etwas vor dich hin, bis du in einem angenehmen Entspannungszustand bist. Jetzt produziert dein Gehirn Alpha-Wellen wie nach dem Einschlafen oder wie beim autogenen Training, und deine Lern- und Vorstellungsfähigkeit nimmt zu.

Kannst du dir das Bild vorstellen, wie ein Affe gerade auf einen Baum klettert? So zum Beispiel:

Nur ein einsekundenlanges Bild wie bei einem Blitzlichtfoto genügt schon!

Im nächsten Schritt siehst du kurz vor deinem inneren Auge ein zweites Bild, nämlich wie Fritzchen die Blumen gießt. Siehst du deutlich, wie das Wasser auch aus der Gießkanne herausströmt und die Blumen tränkt? Als Erinnerungsauslöser genügt uns dieses Bild vollkommen. Auch brauchst du dir den Satz nicht wortwörtlich zu merken, sondern nur sinngemäß.

«Der rote Regenschirm hat ein Loch», lässt sich ebenfalls leicht vorstellen, denn jeder hat schon einmal einen roten Regenschirm gesehen, und wie ein Loch in einem Regenschirm aussieht, kann sich wohl jeder vorstellen.

Eines ist besonders wichtig: Es genügt nicht, dass du nur daran denkst, sondern du musst zu Beginn kurz die Augen schließen und dir von dem roten Regenschirm ein echtes Gedankenbild so plastisch und klar wie möglich erschaffen. Wenn du dir den Schirm etwas vergrößerst und das Loch zerfranst und zerfetzt vorstellst, wird es dir leichter fallen, dir das Bild zu merken.

Jetzt verkoppelst du einmal deine Bilder zu einer Geschichte. Zum Beispiel springt der Affe dem Fritzchen auf die Gießkanne, und dieser gießt dann ausgerechnet das Wasser durch das Loch im roten Regenschirm.

Nun der nächste Satz: Das Nilpferd rast durch den Sumpf.

Der Satz ist sehr anschaulich, und deshalb wird es dir leicht fallen, dir diesen bildhaft vorzustellen. Stell dir vor, wie das Nilpferd einen roten Regenschirm im Maul zerbeißt, und du hast die beiden Sätze miteinander verknüpft.

Die Bildverknüpfung ist eine sehr wichtige Technik. Alle großen Gedächtniskünstler und Gedankenakrobaten in Zirkussen, Varietés und im Fernsehen benutzen ihr Assoziationsvermögen; das heißt, sie sind in der Lage, durch Training die merkwürdigsten und plastischsten Verknüpfungen zu erfinden. Meist ist das erste Bild, das dir in den Sinn kommt, das Beste.

Jetzt koppelst du «Das Nilpferd rast durch den Sumpf» als Bildvorstellung mit einem Gedankenbild für den nächsten Satz «Die Straßenlaterne flackert an und aus».

Nun verbindest du diesen Satz mit «Der Hausmeister schläft vor dem Fernseher ein». Dann diesen mit dem Satz «Der Supermarkt hat Ausverkauf» und nun endlich diesen Satz mit «Die Kirchturmuhr schlägt 12 Uhr mittags». Eine ganz schön krause Geschichte, nicht wahr? Vielleicht schreibst du dir am Anfang die ganze Geschichte auch einmal auf, denn das hilft dir beim Erfinden von Geschichten.

Mache eine kurze Pause und wiederhole noch einmal die Gedankenbilder. Du wirst feststellen, dass sich durch diese Art der Verkoppelung nicht nur viel merken lässt, sondern sich deine Fähigkeit zu bildhaftem Denken erstaunlich rasch verbessert.

Du wirst feststellen, dass dir diese Bildverknüpfung auch hilft, die genannten Sätze beliebig auch rückwärts aufzusagen, was dir mit dem Normalgedächtnis mehr Schwierigkeiten bereiten würde.

Übung:

Übe mit den folgenden acht Sätzen und mache nun die Verknüpfungen selbst, denn mit deinen Verknüpfungen behältst du sie auch besser.

1. Wir hatten eine harte Preisverhandlung mit dem Autohändler.
2. Der Kunstmaler verwendet Pastellfarben.
3. Die Großmutter verliebt sich in den Straßenbahnschaffner.
4. Der Fuchs hat die Gans gestohlen.
5. Die Kinder fahren auf dem Dorfweiher Schlittschuh.
6. Der Raubritter rasselt mit dem Kettenhemd.
7. Der Elefant trompetet in der Wilhelma.
8. Der Manager schläft im Flugzeug ein.

Schreibe dir als erste Hilfe deine Verknüpfungen auf ein Blatt Papier. Versuche dann, die Sätze wiederzugeben:

1. ______________________________

2. ______________________________

3. ______________________________

4. ______________________________

5. ______________________________

6. ______________________________

7. ____

8. ____

Fehlt was? Knüpfe nun die Sätze, die dir noch fehlen, nachträglich an deine Bilderkette an, damit sie vollständig ist.

Mache ruhig eine kleine Verschnaufpause, atme ein paarmal tief ein und gehe dann mit dem Mehr an Sauerstoff, den dein Gehirn jetzt gut gebrauchen kann, an die nächste Übung heran.

Übung:
Die folgenden Sätze sind etwas komplizierter und teilweise etwas länger. Doch du schaffst ganz sicher auch dies!

1. Die Katze frisst die Maus.
2. Der Ölbohrturm brennt.
3. Das U-Boot taucht unter dem Eisberg durch.
4. Der Waschbär schüttelt sich.
5. Die Hausfrau kocht ein wundervolles Essen.
6. Der Jäger schießt ein Reh.
7. Der Kaminfeger umarmt seine Braut.
8. Der Klempner repariert die falsche Heizung.
9. Der Lehrer gibt heute keine Hausaufgaben.

Mache dir von jedem Satz ein Bild. Dieses Bild ist nur eine Stütze für dein Normalgedächtnis. Es soll – bildhaft übertragen – helfen, die Stelle aufzufinden, in der in deinem Normalgedächtnis der Satz gespeichert wurde. Wir speichern grundsätzlich alles, nur wissen wir oft später nicht mehr, wie wir es wieder abrufen können. Ein Hypnotisierter kann sich zum Beispiel auf Kommando an ganz frühe Kindheitsgeschehnisse erinnern, die er sonst nicht mehr wüsste.

Schreibe also die Sätze auf und ergänze in deiner Bilderkette die fehlenden.

1. ____________________

2. ____________________

3. ____________________

4. ____________________

5. ____________________

6. ____________________

7. ____________________

8. ____________________

9. ____________________

Jetzt bist du bereits viel weiter als ein untrainierter Mensch!

Übung:

Endspurt! Die Sätze werden noch etwas länger. Lasse dich nicht von den vielen trockenen Worten beeindrucken. Auch ein langer Satz gibt ebenso nur ein einziges Bildchen wie ein kurzer Satz.

1. Die Schaltungen des Computers werden heute ausgebaut.
2. Der Hydrant hat Hochdruck.
3. Der Geschäftsführer der Teilzeitfirma stellt lauter neue Leute ein.
4. Der Rechtsanwalt trägt vor dem Schöffengericht die Verteidigungsrede für seinen Mandanten vor.
5. Das Hochbauamt verbietet den Ausbau von Dachstockwohnungen.
6. Die Kaugummifirma Spearmint erhöht den Pfefferminzanteil um 10 Prozent.
7. Der Höhenmesser der Boeing 707 wird durch Radareinflüsse gestört.
8. Die siegreichen Sportler schwimmen eine Ehrenrunde im Olympiastadion.

Nun drehst du das Blatt um und schreibst diese acht Sätze auf, so weit du dich noch erinnern kannst.

1. ______________________________

____

2. ______________________________

____

____

3. ______________________________

____

4. ____

____

5. ____

____

6. ____

____

7. ____

____

8. ____

____

Wenn du nur vier oder sechs Sätze davon behalten hast, so ist dies schon eine reife Leistung für ein untrainiertes Gehirn. Kopple jetzt die Bilder der dir fehlenden Sätze noch hinzu. Nicht aufgeben, jetzt kommt das Wunder! Du kannst ruhig aufstehen, ein paar Atemübungen machen und ein paar Schritte gehen, damit dein Kreislauf wieder besser funktioniert und die Gehirndurchblutung besser zirkuliert. Jetzt pass auf, wie man ein Wunder fabriziert:

Kannst du dir jetzt in deiner Fantasie noch vorstellen, wie eine Koppelung zwischen dem letzten Satz der ersten Reihe «Die Kirchturmuhr schlägt 12 Uhr mittags» (in der Übung auf

Seite 57) und dem Satz aus der nächsten Serie «Wir hatten eine harte Preisverhandlung mit dem Autohändler» (in der Übung auf Seite 60) aussieht? Wie wäre es damit? Wir lassen die Kirchturmglocke auf das neue Auto fallen und bekommen dadurch den Wagen wesentlich billiger. Einfach, nicht wahr? Wenn du das Bild für eine Sekunde vor deinen Augen siehst, lies weiter!

Mache schnell noch eine Koppelung mit dem Satz «Der Manager schläft im Flugzeug ein» und «Die Katze frisst die Maus». Nachdem du diese Verknüpfung zustande gebracht hast, wird es dir sicher auch noch gelingen, die letzte, ja gewiss die allerletzte Verknüpfung für heute zu machen zwischen dem Satz «Der Lehrer gibt heute keine Hausaufgaben» und «Die Schaltungen des Computers werden heute ausgebaut».

Ob du es nun glaubst oder nicht: Wenn du dies erfolgreich zu Ende durchgeübt hast, bist du in der Lage, dein größtes Gedächtniskunststück zu vollbringen. Bisher war es dir nicht möglich, dir mehr als 10 oder 12 Sätze zu merken.

Nimm ein weißes Blatt Papier und fange an zu schreiben, indem du mit dem ersten Satz «Der Affe klettert auf dem Baum» beginnst, und du wirst staunen. Du wirst mindestens das Doppelte von 12 Sätzen frei aus dem Gedächtnis wiedergeben können (vorausgesetzt, du hast die bildhafte Verknüpfung auch wirklich innerlich gesehen).

Du hast es geschafft! Du hast 25 oder 30 Sätze frei wiedergeben können. Ein zweites Mal wirst du sicher alle 33 Sätze schaffen! Das ist ein echtes Erfolgserlebnis! Koste es aus und mindere es nicht durch irgendwelche Bedenken und Einwände. Solche verhaltenspsychologischen «Verstärker» brauchen wir alle beim Lernen, um freudig weiterzumachen. Dadurch lernen wir spielerischer und leichter.

Du hast hiermit dein Gedächtnis im Merken von Sätzen um mindestens 50 Prozent verbessert, und du kannst dir nach der gleichen Methode Vorträge, Witze und allerlei andere Dinge besser merken und behalten. Die Reihenfolge wird dir in späteren Übungen weniger Schwierigkeiten bereiten. Jetzt aber ist die Reihenfolge noch sehr wichtig.

Als Fortgeschrittener wirst du sie nicht mehr benötigen. Als sehr Fortgeschrittener wirst du auch einmal das bildhafte Vorstellen nicht mehr benötigen, weil sich dein Gedächtnis so stark verbessert hat. Menschen, die jahre- und jahrzehntelang nach dieser Methode geübt haben, konnten dies bezeugen.

Heute hast du einen großen Fortschritt gemacht, über den du dich wirklich freuen kannst!

Kreatives

Mit der Technik des bildhaften Denkens lassen sich auch andere, kompliziertere Dinge merken. An ein reales Bild kann auch ein Gedankenbild angehängt werden. Dies ist bei Gesprächen sehr nützlich. Wenn du beispielsweise an einem Gespräch teilnimmst und dir plötzlich eine zündende Idee einfällt, während dein Gesprächspartner dir etwas erzählt – was tun? Den anderen unterbrechen? Die Idee sofort aufschreiben und dadurch ein unhöflicher Zuhörer sein?

Mit der Gedächtnistechnik ist es möglich, ein Gedankenbild dieser Idee zu formen.

Als ersten Schritt bindest du dir geistig dieses Gedankenbild an einen Gegenstand im Raum, ohne aufzuhören zuzuhören. Du kannst es sogar – sofern es mit dem Gespräch zu tun hat – deinem Gesprächspartner ans Ohr hängen, und nachdem dieser mit seinem Beitrag geendet hat, wieder abnehmen und rhetorisch formulieren.

Schritt zwei ist eine kurzzeitige Teilung der Aufmerksamkeit: Versuche, aufmerksam zuzuhören und gleichzeitig dein Gedanken-Ideen-Bild auszuschmücken. Dies ist eine bemerkenswerte Konzentrationsleistung; du musst kurzzeitig die Aufmerksamkeit teilen und zwei Dinge gleichzeitig tun.

Gerade konstruktive und kreative Menschen, wie Erfinder, Ingenieure und Architekten, haben oft einen raschen Ideenfluss. Ihnen kann es passieren, dass sie bei Gesprächen, Verhandlungen und so weiter mehrere gute Ideen haben. Grundsätzlich sollte ein

Gedächtnistechniker erlernen, jede Idee in Sekundenschnelle in ein greifbares Gedankenbild umzuwandeln.

Nun ist es relativ leicht, dieses Gedankenbild an ganz reale Dinge «anzuhängen» oder daneben zu stellen, um es hinterher wieder aufzugreifen. Es gibt Menschen, die in der Lage sind, sich alle wertvollen Gedankenbilder eines ereignisreichen Tages – wie auf einem Computerbildschirm – in der Reihenfolge nacheinander an die Wand zu denken und sie durchzugehen, um diese Ideen der Nützlichkeit nach zu sortieren. Bei der gedanklichen Koppelung von Dingen kann auch die räumliche Anordnung eine Rolle spielen. Das Üben des «Abstellens» von Gedanken an Orten und Plätzen ist ein sehr geeignetes Training, um dreidimensional erfassen zu können.

So ist es leicht, Gegenstände, die du dir in einer Reihenfolge merken willst, alle auf einem bekannten Weg hinzustellen wie den Sperrmüll an der Straße.

Die Regisseur-Technik

Natürlich hat die Sache auch einen «Trick» und der «Trick» der Verknüpfungen besteht darin, dass wir unsere Informationen und unser Wissen in innere Filme umsetzen. Viele Filmregisseure und Drehbuchautoren arbeiten auch so: Sie denken sich Szene um Szene vorher zusammen, bevor sie überhaupt den ersten Meter Film belichtet haben. Und das Verrückteste ist: Diese Methode bewirkt eine beachtliche Steigerung des Langzeitgedächtnisses. Zur Erinnerung an Daten, Fakten, Ereignisse, Personen und Bedeutungen sind im Grunde nur zwei Dinge wichtig:

- der genaue Ort der Einspeicherung und
- der Zeitpunkt der Einspeicherung.

Eine gute bildhafte Vorstellung ermöglicht schnell, mühelos, genau eine mentale Rückversetzung an den richtigen Ort und damit meist auch automatisch an die richtige Zeit.

Es ist hier im «gedanklichen Universum» genauso wie im physikalischen Universum. Wenn du etwas suchst, solltest du wissen, wo du es abgelegt hat.

Archivieren und markieren der wichtigen Stellen auf dem Papier geht mit Buntstiften oder Farbmarker leichter. Beim Gedächtnis ist das ähnlich. Zum schnellen Wiederfinden benötigt das Gedächtnis Vorstellungsbilder. Vorstellungsbilder sind hochgradige geistige Energien, die du selbst besser kennen lernen und handhaben lernen solltest. Das Flair, mit dem du ein Vorstellungsbild kreierst, ist nach Dr. Murphy ausschlaggebend für die Auswirkung des Bildes in der realen Umwelt. Positives Flair bringt positive Handlungen, Begegnungen und Resultate. Das Flair kann durch antrainierte Vorstellungskraft erheblich gesteigert werden, so dass sich Ideen und Bilder rascher realisieren.

Achte also darauf, was du denkst. Allein dadurch, dass du Gelesenes und Gelerntes in einen Film umsetzt, steigert sich die Einprägemenge und -fähigkeit enorm.

Folgende Faktoren sind wichtig:

- **die Herausbildung der eigenen Vorstellungskraft,**
- **die Ordnung des Lernstoffes, Tätigkeitsfeldes und der Gedanken,**
- **das positive Denken und**
- **das Wissen, dass gedankliche Bilder als Ideen leichter zu realisieren sind.**

Gedächtnistraining ist also nicht einfach nur eine Art der Wissensspeicherung. Nein, es ist die Art und Weise, das Funktionieren des menschlichen Geistes zu erforschen; an sich selbst und mit wesentlich effizienteren Ergebnissen als bisher. Gerade Manager wenden diese Techniken in Teilen schon instinktiv von selbst an. Und nach den Erfahrungen einzelner Spitzenmanager lässt sich diese Kunst noch beachtlich ausbauen.

Die Erforschung der eigenen geistigen Möglichkeiten ist bedeutend interessanter und lohnender, als einfach nur zu arbeiten, Erfolg zu haben und materiellen Wohlstand anzusammeln. Hier wird das Mensch-Sein wieder Abenteuer, zu einer Entdeckungsreise ins Unbekannte Land (terra incognita). Und fast nebenbei – mit spielerischer Leichtigkeit – steigerst du deine Lernfähigkeit und deine Lerninteressen um das Dreifache.

Übung:

Nehmen wir einen schönen Ort, zum Beispiel einen Urlaubsort. Gehe gedanklich den Weg, der so lang ist, dass du ohne weiteres mehrere Gegenstände dort unterbringen kannst. Du willst dir zum Beispiel merken:

1. Zahnarzttermin
2. Briefe einwerfen
3. Telefonat nach Hause
4. Blumendünger kaufen

Und so könntest du die Aufgaben geistig «abstellen»: Du hattest den Urlaub auf einer Berghütte verbracht. Jetzt stelle dir vor der Berghütte deinen Zahnarzt mit dem Terminkalender hin, der gerade deinen Termin einträgt. Nun gehe einige Schritte weiter und hefte alle deine Briefe ans Hüttenfenster. Am Fensterbrett steht bereits ein Telefon, und du stellst dir ein Gespräch nach Hause vor. Nun geht es von der Berghütte die Treppen hinunter, und du schüttest Blumendünger auf die Stufen.

Probiere diese Übung einmal mit einer Einkaufsliste, einem Tagesplan, mit 20 Fakten, die du für eine Prüfung brauchst oder mit einer beliebigen Aufzählung.

Mit diesen Methoden
wirst du ganz schön schlau –
das weiß ich ganz genau!

Mit Zahlensymbolen lernen

Das geordnete, numerische Merken

Dies ist einer der wichtigsten Übungsschritte, weil die Technik der numerischen Abspeicherung die größten Anwendungsmöglichkeiten bei fast allen Schulfächern und sonstigen Alltagsbelangen eröffnet. Was ist damit gemeint?

Bisher haben wir uns als Grundtechnik von den Dingen, die wir uns merken mussten, Bilder «gemacht» und dann die Bilder zu einem möglichst kuriosen Film verknüpft. Wir haben uns sozusagen unsere eigene Bildgeschichte gebastelt. Dann haben wir mit der Regisseur-Technik gelernt, dass man Geschichten auch «abstellen» und neu ordnen und durchsehen kann. Das alles werden wir auch weiterhin machen.

Die nächste Stufe aber bringt dich mit ein wenig Übung in die Nähe der Gedächtnisprofis: Wir schaffen uns eine «Gedächtnisstütze» für Zahlen. Mit ihnen können wir uns dann noch mehr merken. Sie hat nur eine Sache zur Voraussetzung: Du musst dir für die Zahlen Bilder merken. Mit ihnen wirst du in der Lage sein, dir auch umfangreiche und komplizierte Dinge merken zu können. Wir kann das funktionieren?

Ich habe vor einigen Jahren ein Märchen mit dem Zwerg Knauli geschrieben, der zwei Kindern beibringt, wie man sich die wichtigsten Artikel des Grundgesetzes für eine Klassenarbeit in Sozialkunde merkt und so die Kinder vor einer verhauenen Arbeit rettet. Vielleicht bist du schon zu alt für Märchen. Lies aber die Geschichte, wie man sich das Grundgesetz merkt, trotzdem durch. Daran wirst du sehen, wie die Technik funktioniert.

Knauli rettet die Klassenarbeit

«Kommt mit zum Dorfspielplatz», sagte Knauli. «Wir stampfen erst mal die Sandfläche glatt und malen die Zahlen dann etwas konkreter, also, ich meine: so richtig sichtbar und auch zum Anfassen.»

Knauli lief los und die Kinder hinterher, die sofort anfingen, mit den Füßen im Sand eine Fläche gerade zu stampfen. «Klasse, dass ihr den Sand geglättet habt.» Er nahm einen Stock und fing an, in den Sand zu malen. «Und jetzt malen wir einmal eine Kerze.»

«So, seht ihr? Diese Kerze sieht einer Eins (1) ähnlich, und sie steht von nun an und für immer symbolisch für die Zahl Eins.»

«Jetzt passt auf», sagte Knauli dann, «die zentrale Aussage des ersten Artikels des Grundgesetzes lautet: ‹Die Würde des

Menschen ist unantastbar!› Ich stelle mir jetzt einfach einen würdigen Menschen mit Zylinder und Bart vor – es kann auch der Pfarrer sein –, und er trägt würdig eine Kerze. Diese ist unantastbar, sonst verbrennen wir uns die Finger. Gut so, könnt ihr euch das vorstellen?», fragte Knauli.

«Aber sicher, lieber Knauli – jedoch wozu?», riefen die Kinder.

«*Wozu*, werdet ihr bald genauer begreifen, doch so viel vorweg: Die unantastbare Menschenwürde steht bei Eins, das ist nun sicher und wird für euch auch morgen noch sicher sein», sagte Knauli und malte weiter.

«Dies ist ein Schwan.»

«Wegen seines Halses, der wie eine Zwei geformt ist, steht er für die Zahl Zwei (2). Im Artikel 2 heißt es zu Beginn: ‹Jeder hat das Recht auf die freie Entfaltung der Persönlichkeit.› Wir stellen uns jetzt einfach vor, dass der Schwan seine Flügel frei entfaltet.»

«Und hier ist die Drei (3).»

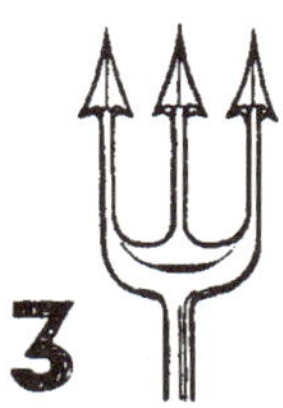

«Artikel 3 fängt an: ‹Alle Menschen sind vor dem Gesetz gleich›», eiferte Knauli.

«Und nun schaut her: Die drei Zacken des Dreizacks sind alle gleich lang, es ist nun nahe liegend, dass uns dies an die Gleichheit aller Menschen vor dem Gesetz erinnert. Glaubt es einfach!»

«Und hier ist ein vierblättriges Kleeblatt! Die vier Blätter stehen für die Vier (4).»

4

«Möge es uns Glück bringen und uns morgen daran erinnern, dass Artikel 4 die Glaubens- und Gewissensfreiheit garantiert: ‹Die Freiheit des Glaubens, des Gewissens und die Freiheit der religiösen und weltanschaulichen Bekenntnis sind unverletzlich.› Stellt euch vor, ihr presst das Kleeblatt im Gesangbuch; das Gesangbuch erinnert schon an Glauben und Gewissen.»

«Und jetzt male ich eine Hand mit fünf Fingern. Die fünf Finger erinnern an die Zahl Fünf (5).»

5

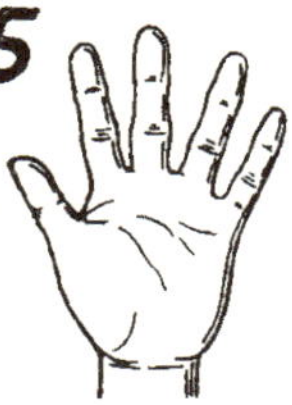

«Im Artikel 5 heißt es: ‹Jeder hat das Recht, seine Meinung in Wort, Schrift und Bild frei zu äußern …›, und damit wird die Meinungs- und Pressefreiheit bestätigt.

Ich stelle mir lebhaft vor, wie ich meine Meinung frei äußern darf und nicht die Hand vor den Mund halten muss beim Reden und nehme jetzt noch eine Zeitung in die Hand und presse diese zusammen.»

«Und hier ist ein Elefant, der seinen Rüssel wie eine Sechs (6) zusammenrollt.»

«Der Artikel heißt: ‹Ehe und Familie stehen unter dem besonderen Schutze der staatlichen Ordnung.› Da stelle ich mir einfach eine Elefantenfamilie vor, wo die kleinen von den großen Elefanten beschützt werden …»

«Und diese Fahne hier steht für Artikel sieben (7).»

«Da steht: ‹Das gesamte Schulwesen steht unter der Aufsicht des Staates.› Ich stelle mir einfach eine große Bundesflagge vor, die ich über das Schulhaus lege. Wenn ihr wollt, könnt ihr der Flagge noch ein Gesicht malen und eine Brille aufsetzen, damit sie besser die Aufsicht übernehmen kann. Mit Fantasie kann man das natürlich ausmalen.»

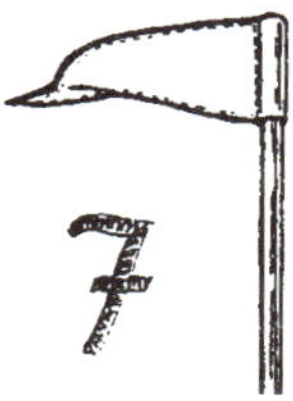

«Diese Sanduhr steht für Artikel acht (8).»

«Im Artikel 8 steht: ‹Alle Deutschen haben das Recht, sich ohne Anmeldung oder Erlaubnis friedlich und ohne Waffen zu versammeln.› Hier wird also die Versammlungsfreiheit garantiert. Unten in der Sanduhr seht ihr, wie sich dort die Sandkörner versammeln. Diesen Artikel solltet ihr nicht mit dem neunten verwechseln!»

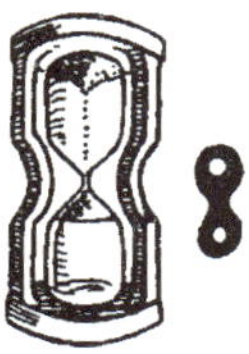

«Für die Zahl Neun (9) malen wir eine Schlange.»

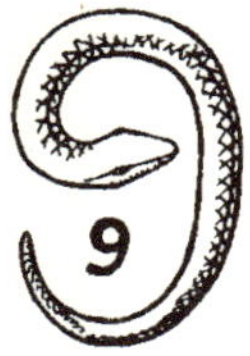

«Artikel 9 regelt : ‹Alle Deutschen haben das Recht, Vereine und Gesellschaften zu bilden.› Wir stellen uns vor, die Kreuzottern gründen einen Verein, um sich vor der Ausrottung durch die Menschen zu schützen.»

«Und hier haben wir einen Golfschläger mit Ball für zehn (10).»

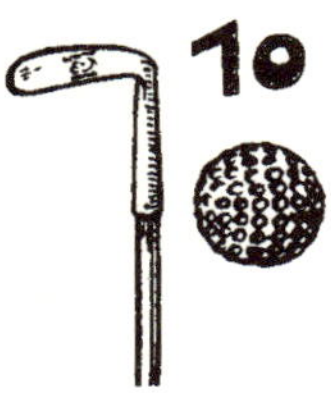

«Im Artikel 10 steht: ‹Das Briefgeheimnis sowie das Post- und Fernmeldegeheimnis sind unverletzlich.› Wir stellen uns vor, dass ihr euren Golfschläger mit Ball in einen großen Briefumschlag verpackt. Und da darf der Briefträger nicht hineinschauen, was denn da Sperriges drin ist, und ihr dürft den Empfänger anrufen, ob der Golfschläger mit Ball gut angekommen ist, und niemand sollte das Gespräch belauschen dürfen.»

«Für Nummer elf (11) malen wir einfach ein Spaghetti.»

«Im Artikel 11 steht: ‹Alle Deutschen genießen Freizügigkeit im ganzen Bundesgebiet.› Das heißt, wir dürfen reisen, wohin wir wollen. Wir denken uns bildhaft, dass wir ohne weiteres mit einem Koffer voll Spaghetti (wo noch einige herausschauen) durch ganz Deutschland von Pizzeria zu Pizzeria reisen dürfen.»

«Für die Zwölf (12) steht die Uhr.»

«Im Artikel 12 steht: ‹Alle Deutschen haben das Recht, Beruf und Arbeitsplatz und Ausbildungsstätte frei zu wählen.› Wir haben also freie Berufswahl. Es muss niemand gegen seinen Willen Uhrmacher werden; es ist auch nicht 5 vor 12 bei der Berufswahl, sondern ein genaues Zifferblatt von Berufen und mehr steht zur Verfügung.

Sooo – und nun müsst ihr euch noch ein wenig die Symbole zu den Zahlen einprägen. – Also! Was ist bei *sieben*?», rief Knauli.

«*Sieben* ist die Fahne, und hier steht das Schulwesen unter staatlicher Aufsicht!», riefen die Kinder.

«Und *drei*?» rief Knauli –

«*Drei* ist Dreizack und der erinnert uns an die Gleichheit *aller* vor dem Gesetz», jubelten die Kinder erfreut.

«Gut, hier stehen jetzt die Zahlen. Nennt die Grundgesetze (Zahlensymbole dürfen erfragt werden, sofern ihr sie noch nicht auswendig kennt).»

1. ______________________________

2. ______________________________

3. ______________________________

4. ______________________________

5. ______________________________

6. ______________________________

7. ______________________________

8. ______________________________

9. ______________________________

10. ______________________________

11. ______________________________

12. ______________________________

«Prima, prima», rief Knauli, «Kinder, ihr lernt schnell. Die Zahlensymbole, liebe Kinder, könnt ihr kopiert auf euer Mäppchen kleben und dieses Mäppchen ruhig mit in die Klassenarbeit nehmen, denn die eigentliche, verknüpfte Information ist ja im Kopf gespeichert. Nach wenigen Tagen habt ihr die Zahlensymbole fest im Kopf, und ihr benötigt dann dieses Hilfsmittel nicht mehr.»

Hier also noch einmal alle zwölf Symbole im Stück:

Übung:

Sieh dir noch einmal die Zahlensymbole an, dreh das Buch um und schreibe die einzelnen Symbole auf ein Blatt Papier.

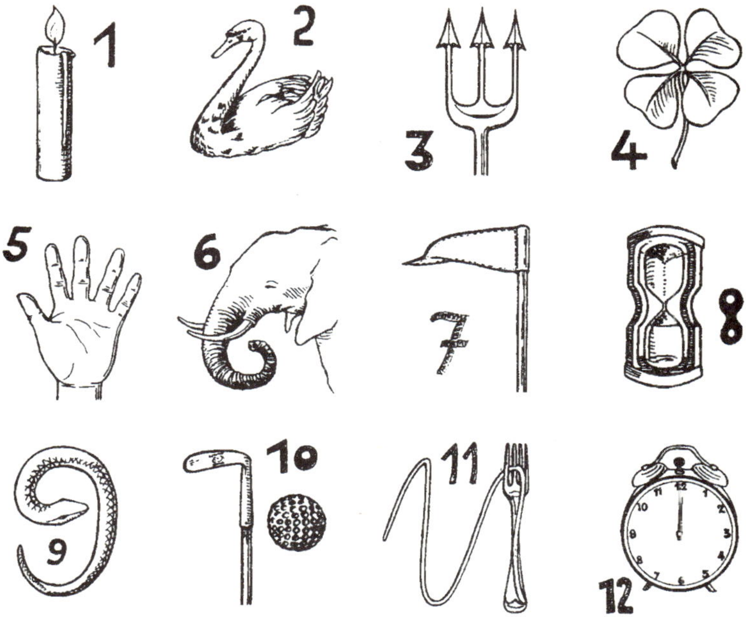

Wenn du es in deinem Kopf gespeichert hast, gibt es keine Verwechslungen mehr. Die Zahlen sind konkreter und anschaulicher geworden und mit einer lustigen Geschichte mit dem Sachverhalt verbunden.

Damit die Symbole nicht überlastet werden und damit es dadurch gerade zu Beginn auch keine Verwechslungen gibt, solltet ihr mit etwas mehr Konzentration und Ruhe Bilderketten erüben, ohne die Zahlensymbole zu verwenden.

Präge dir die Symbole von 1 bis 10 sehr gut ein. Klebe die Symbole 1 bis 10 auf das Schulmäppchen (später 1 bis 20, noch später 21 bis 100). Dies ist ein völlig legaler Spickzettel. Später, wenn sich die Symbole gut eingeprägt haben, kannst du sie auswendig, auch ohne hinzuschauen.

Weitere Möglichkeiten sind, die Bildsymbole verkleinert in den Geldbeutel zu kleben, den Stundenplan mit den Bildchen einrahmen, sie auf die Schreibunterlage zu legen, zu kleben oder zu malen, oder sie über das Bett zu hängen und eventuell auch innen an die Türe des stillen Örtchens. Die Zahlensymbole sollten so gut auswendig gelernt werden, dass sie auch im Schlaf sitzen. So, dass bei der Nennung der Zahl auch automatisch schon das Bild da ist.

Mit diesen Zahlensymbolen kannst du dir unendlich viel merken, und das viel leichter als mit allen bisherigen Methoden.

Es gibt nichts im Leben und bei allen Schulfächern, was wir nicht nummerieren könnten. Wir benutzen die Zahlensymbole eins bis zehn gleich noch einmal.

Bevor wir wieder auf den Schulstoff eingehen, machen wir, wie schon schon bisher, einige vorbereitende Übungen. Danach ist der Einsatz der Methode für den Schulstoff kein Problem mehr. Anschließend haben wir zehn Erledigungen aus dem Tagesplan eines Lehrers, die wir uns zwecks Übungserfahrungen jetzt ganz leicht, ohne Mühe und schnell mal merken. Du wirst erstaunt sein, wie leicht du mit Zahlensymbolen etwas einspeichern kannst.

Übung:

Die Erledigungsliste des Lehrers

1. Morgens früh den Rasen mähen.
2. Danach zum Friseur gehen.
3. Auf dem Rückweg beim Metzger ein großes Stück Leberkäse mit Brötchen holen.
4. Die Kinder zum Kindergarten bringen.
5. In die Schule fahren und eine Besprechung einrufen.
6. Den Computerspezialisten vom Flughafen abholen.

7. Einen Termin beim Patentamt wahrnehmen.
8. Mit dem Bürgermeister zu einem Gespräch zusammentreffen.
9. Zwei Theaterkarten besorgen.
10. Für den Urlaub die Reservierung der Hotelzimmer am Vierwaldstättersee nicht vergessen.

Versuche, die Zahlensymbole in der Reihenfolge mit den jeweiligen Erledigungen zu verknüpfen!

Hier ist *mein* Vorschlag zur Verknüpfung: Stell dir vor, wie es morgens noch dunkel ist und du die Kerze (Symbol für die Zahl 1) auf den Rasenmäher stellst und munter losfährst. Als Zweites gehst du zum Friseur. Sieh dich als hässliches Entlein hineingehen und als schöner stolzer Schwan (Zahl 2) wieder herauskommen. Danach gehst du in eine Metzgerei und spießt mit deinem Dreizack (Zahl 3) Leberkäse auf Brötchen auf. Viertens: Du drückst den Kindern ein Kleeblatt (Zahl 4) in die Hand und noch eines in den Mund und schickst sie zum Spielen auf die Kleewiese im Kindergarten.

Zu Nummer fünf: Du winkst mit beiden Händen den Mitarbeitern, begrüßt sie alle per Handschlag (Zahl 5) und schmückst mit Gesten deiner Hände die Rede aus. Sechstens: Du holst deinen Elefanten (Zahl 6) aus der Garage und reitest zum Flughafen. Dort holt der Elefant mit dem Rüssel deinen Computer-Techniker aus dem Jumbo-Jet.

Siebtens: Du meldest ein Patent an. Hurra, hurra, es hat geklappt. Mit wehenden Fahnen (Zahl 7) umwedelst du den Patentanwalt. Achtens: Beim Gespräch mit dem Bürgermeister siehst du die Sanduhr (Zahl 8) auf dem Tisch stehen, die dich daran erinnert, dass du dich kürzer fassen sollst. Neuntens: Mit der Frau im Schlangenledermantel stehst du bei der Theaterkasse

Schlange (Zahl 9), und als du endlich drankommst, zischt dich die Verkäuferin an. Doch das Hineinschlängeln zu den Sitzplätzen klappt. Zuletzt buchst du den Urlaub am Vierwaldstättersee nur im dortigen Golfhotel mit Blick auf den Golfplatz (Schläger und Ball = Zahl 10), weil dich das beruhigt.

Übung:

Nun kannst du von eins bis zehn zwei Dinge abrufen. Du kannst sowohl die Artikel des Grundgesetzes als auch die Erledigungen des Lehrers pro Zahl abrufen. Versuche es einmal, Stichworte genügen:

Grundgesetz	Erledigungsliste
1.	1.
2.	2.
3.	3.
4.	4.
5.	5.
6.	6.
7.	7.
8.	8.
9.	9.

10.	10.
11.	11.
12.	12.

Herzlichen Glückwunsch, du hast die zweite große Hürde hinter dir, ab sofort wird Gedächtnistraining nur noch leichter, und du hast jetzt die Straße der Sieger betreten. Es sind nur noch wenige Meter oder Tage zu einem brillanten Gedächtnis, über das du staunen wirst. Bleibe cool, bleibe entspannt und lass dich von niemandem demotivieren.

Bevor wir die Zahlensymbole bis zwanzig verraten, übe bitte einen Tag später noch einmal die Erledigungsliste von Seite 80. Bevor du damit beginnst, vergewissere dich, ob du sowohl die Artikel eins bis zwölf des Grundgesetzes noch im Kopf hast und ob du die Erledigungsliste des Lehrers noch weißt. Fehlende Punkte kannst du einfach neu verknüpfen und dich dann noch einmal testen. Dies wird später nicht mehr notwendig sein, weil du einfach lückenlos alles numerisch aufzählen kannst.

Die nächste Übung heißt: Einkaufsliste. Sie ist sehr leicht.

Übung:

Merke dir folgende zwölf Dinge. Mache die Verknüpfungen selbst. Versuche, fantasievolle, originelle und bewegte Bilder zu entwickeln.

1. Bluse
2. Krawatte
3. Tischtuch
4. Blumenvase
5. Taschentücher
6. Teebeutel
7. Sektkelch
8. Brillenetui
9. Kopfschmerztabletten
10. Shampoo
11. Schallplatte
12. Wasserball

1. __________

2. __________

3. __________

4. __________

5. __________

6. __________

7. __________

8. __________

9. __________

10. __________

11. __________

12. __________

Super! Prima! Hervorragend!

Die Bilder bis zur Zahl 20

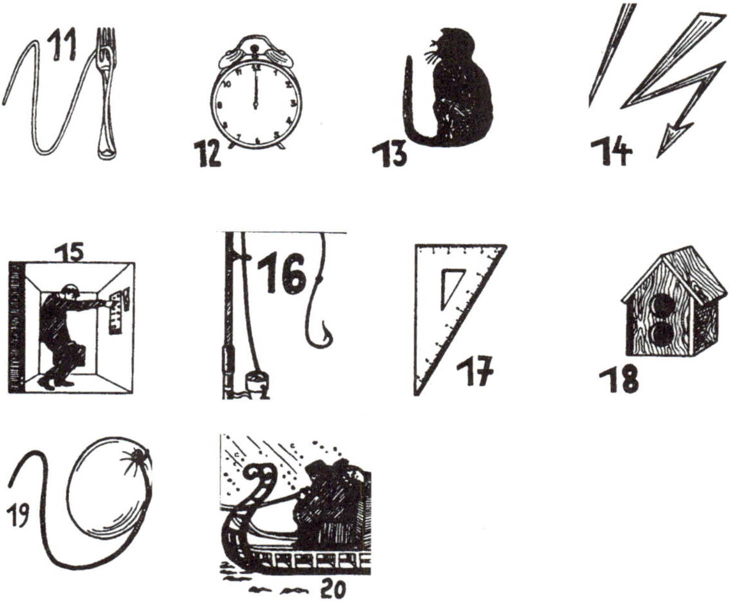

Im Folgenden behandeln wir alle Ziffern von 11 bis 20!

11. Betrachte das Spaghetti in diesem Bild. Dieses hat die Form einer *Elf*.
12. Einfach ist das Symbol der Zahl 12. Die Zeiger der Uhr stehen auf *zwölf* Uhr.
13. Beim Bild für die Zahl 13 stellt der Schwanz der Katze die *Eins* dar und die Linie des Katzenrückens mit dem Kopf eine liegende *Drei*.
14. Die Erklärung für das Bild der Zahl 14 ist sehr einfach: Der gerade Blitz ist die *Eins* und der gezackte Blitz die *Vier*.
15. Das Bild für die Zahl 15 stellt einen Menschen in einem Fahr-

stuhl dar. Die linke Außenkante des Fahrstuhls ist die *Eins*; der Mensch bildet durch seine Körperhaltung während des Drückens der Fahrstuhlknöpfe eine *Fünf*. Als zusätzliche Gedächtnisstütze kannst du dir merken, dass er in den *fünfzehnten* Stock will.

16. Die Angelrute bildet die *Eins*, der Angelhaken die *Sechs*.
17. Das Winkeldreieck als Symbol für die Zahl 17 ist ebenfalls leicht zu merken. Stell dir den senkrechten Schenkel (Ankathete) als *eins* und die beiden anderen Schenkel (Gegenkathete und Hypotenuse) als *sieben* vor.
18. Wenn du beim Zahlensymbol für die 18 die beiden Schlupflöcher in dem Vogelkasten als *Acht* identifiziert hast, so ergibt sich aus der Form des Daches mit etwas Fantasie leicht eine dazu passende *Eins*.
19. Die Zahl 19 ist «in einem Guss» dargestellt: Der Ballon und der nach unten zeigende Faden bilden die *Neun*, der nach oben abgeknickte Fadenrest die *Eins*.
20. Das Symbol für die Zahl 20 stellt einen Weihnachtsschlitten mit Gepäck dar. Die hochgezogenen Schlittenkufen bilden die *Zwei*, die Sitzfläche ist wie eine *Null* geformt.

Bitte schaue dir die Bilder von 13 bis 20 noch einmal genau an. Dann schließe die Augen und gehe die Zahlensymbole in Gedanken Bild für Bild durch. Zuerst vorwärts, dann rückwärts und zum Schluss in ungeordneter Reihenfolge.

Hier gilt der gleiche Tipp: Die Bilder kannst du dir verkleinert auf dein Schulmäppchen kleben. Jetzt beginnt das wirklich große Abenteuer. Dies ist der erste legale Spickzettel, denn die Bilder sind ja neutral und beinhalten keinen Lernstoff. Der Lernstoff ist in deinem Kopf gespeichert.

Dein Schulmäppchen mit den zwanzig Bildern darauf kannst du sogar mit in die Klassenarbeit nehmen. Dies ist nach einer Woche schon nicht mehr nötig, weil du dann die Bilder mühelos auswendig im Kopf hast. Danach können wir darüber sprechen, ob du dir nicht 50 Bilder merken kannst.

In der inneren Ruhe
liegt die wahre Kraft!

Positives Denken ist wichtig für deinen Lernerfolg.
«Ich werde der beste Schüler, ich schaffe es …»

II. Alle Techniken in der Praxis

Ein Schulmix

Ich kann mich noch sehr gut daran erinnern, wie ich als 14-jähriger Schüler das Gedächtnistraining erlernte. Zuerst prägte ich mir die Symbole 1 bis 15 ein. Nachdem ich sie gut beherrschte, verblüffte ich zuerst meine Eltern, indem ich mir 15 Gegenstände numerisch diktieren ließ. Es klappte gut; ich konnte alle 15 Gegenstände «herunterrattern» und damit mächtig Eindruck schinden.

Schnell lernte ich meine Symbole noch bis 20. Am anderen Tag stellte ich schon eine leichte Steigerung der eigenen Lerngeschwindigkeit fest. Von 20 Gegenständen wusste ich meist 18 oder 19 sicher. Oft sogar alle 20. Als ich die ersten Schulfreunde mit dieser Methode verblüffte, entdeckte ich, dass es keine Rolle spielt, ob die zu merkenden Fakten thematisch hintereinander oder durcheinander zugerufen werden. Also übte ich weiter und konnte auch bald die 20 Fakten nach Zahlen- oder Wortaufruf außerhalb der Reihenfolge beliebig hersagen.

Solange du nicht verrätst, wie diese Kunst funktioniert, hast du einen großen Vorsprung. Aber es ist günstig, sich einen Freund als Trainingspartner zu suchen. Dann macht das gemeinsame Lernen erst richtig Spaß. Du wirst feststellen, dass du Fakten, die sehr unterschiedlich sind, zum Beispiel Grundgesetz und Werkzeugkiste, unmittelbar hintereinander mit denselben Zahlensymbolen (1 bis 20) einspeichern kannst.

Wenn du jedoch ähnliche oder gar gleiche Fakten in kurzen Zeitabständen (zum Beispiel einer halben Stunde) nacheinander speichern willst, besteht anfänglich die Gefahr der Verwechslung. Vorerst löst du dies so, dass du von einer Zwanzigerübung zur anderen zwei Stunden verstreichen lässt (oder auch einen Tag). Weiterhin kannst du die anfangs verwendete Reihenverknüpfung mit den Zahlensymbolen kombinieren. So lassen sich Tabellen und anderes, auch Komplexes, besser merken.

Das werden wir jetzt üben, zuerst mit Gegenständen, dann mit Namen und dann mit kombinierten Namen, und zwar mit berühmten Forschern und Erfindern und ihren Forschungsgegenständen und mit Opernnamen und ihren Komponisten.

Zahlenübungen

Übung:

Übe einmal mit den Zahlenbildern 1 bis 10:

Kleidung:

1. Rock
2. Bluse
3. Unterhemd
4. Socken
5. Pullover
6. Hose
7. Turnanzug
8. Skihose
9. Handschuhe
10. Schal

Literaturklassiker:

1. Lessing
2 Goethe
3. Schiller

4. Raabe
5. Hauptmann
6. Löns
7. Grimm
8. Shakespeare
9. Molière
10. Sartre

Forscher und Erfinder und in welchem Gebiet sie tätig waren:

1. Alexander von Humboldt	1. Erdkunde
2. Fridtjof Nansen	2. Polarforscher
3. Roald Amundsen	3. Polarforscher
4. Gottlieb Daimler	4. Autohersteller
5. Marie Curie	5. Atomare Strahlung
6. Thomas Edison	6. Glühbirne
7. Alexander Fleming	7. Bakterien (Penicillin)
8. Robert Koch	8. Arzt
9. Christoph Kolumbus	9. Amerika
10. Fernando Magellan	10. Magellanstrasse

Opern:

1. Tosca	1. Verdi
2. Prinzessin Ida	2. Gilbert & Sullivan
3. Ernani	3. Verdi
4. Lohengrin	4. Wagner
5. Der Ring des Nibelungen	5. Wagner
6. Troubadour	6. Verdi
7. Carmen	7. Bizet
8. La Bohème	8. Puccini
9. Maskenball	9. Verdi
10. Zauberflöte	10. Mozart

Geografisches

Städte als Bildvorstellung

Hier siehst du ein paar Städtebilder, die wir von einem Titelblatt eines Schreibblocks genommen haben. Städtenamen lassen sich natürlich mit richtigen Gebäuden und Sehenswürdigkeiten leicht in ein Bild umsetzen. Du erinnerst dich? Wir haben die Fähigkeit, uns von einer Sache oder einem Gegenstand seelisch ein Bild zu machen, «Verbilderung» genannt. In diesem Falle können die Stadtwappen also auch als Hilfe zur Verbilderung genommen werden. Bei vielen Städten ist die Verbilderung (Visualisierung) sehr leicht. Da braucht es keine Sehenswürdigkeit, sondern einen Gegenstand, der eng mit der Stadt verbunden ist, zum Beispiel:

- der Hamburger Hafen
- die Münchner Weißwürste
- die Nürnberger Lebkuchen
- der Friedrichshafener Zeppelin
- die Bremer Stadtmusikanten
- der Berliner Bär
- die Flensburger Führerscheinkartei
- die Kurtherme in Baden-Baden
- die Stierkämpfe in Madrid

Bei Städten, wo du kein Wahrzeichen kennst, verwandelst du einfach den Namen selbst in eine bildhafte Vorstellung. Bei Regensburg sehe ich zum Beispiel einfach eine Burg im Regen vor mir.

Länder und Städte

Jetzt wollen wir versuchen, zwischen Staat und Hauptstadt eine Bildverknüpfung herzustellen. Je bildhafter du dabei vorgehst, desto leichter wird es. Wenn dir spontan nicht gleich etwas einfällt, so nimm das erste, beste Bild, welches dir bei einem Land in den Sinn kommt. Vielleicht fallen dir bei Island die Island-Ponys, grüne Wiesen und Geysire ein. Wenn du bei Norwegen keine Landeskenntnisse und daher auch keine Bilder parat hast, so verbildere einfach das Wort

«Nor» – und – «wegen»!

Das könnte zum Beispiel so gehen, ganz großzügig, in «verwegene Nordmänner» oder «wegen» des Schneefalls im «Nor»den ist es dort kalt, und schon hast du ein Bild. So fährst du mit allen Staaten fort und dann ebenso mit den Hauptstädten.

Übung:

Schaffe dir Bilder von Staaten und ihren Hauptstädten! Fantasie ist notwendig. Viel Spaß dabei.

	Staaten	Hauptstädte
1.	Island	Reykjavik
2.	Norwegen	Oslo
3.	Schweden	Stockholm
4.	Finnland	Helsinki
5.	Dänemark	Kopenhagen
6.	Großbritannien	London
7.	Irland	Dublin
8.	Frankreich	Paris
9.	Belgien	Brüssel
10.	Niederlande	Amsterdam
11.	Deutschland	Berlin
12.	Polen	Warschau

13.	Russland	Moskau
14.	Luxemburg	Luxemburg
15.	Tschechien	Prag
16.	Schweiz	Bern
17.	Österreich	Wien
18.	Ungarn	Budapest
19.	Italien	Rom
20.	Rumänien	Bukarest
21.	Albanien	Tirana
22.	Bulgarien	Sofia
23.	Griechenland	Athen
24.	Türkei	Istanbul
25.	Portugal	Lissabon
26.	Spanien	Madrid

Der Schweizer Lehrer Peter Wettstein aus Hombrechtikon veranstaltete in seiner 2. Realklasse (14-jährige Schüler) einen Test: Rund acht Monate nach der Behandlung des Themas «Europa» im Geografie-Unterricht fragte er zu den 26 Staaten die Hauptstädte ab. Der Klassendurchschnitt betrug 14 richtige Hauptstädte. Ein Schüler wusste noch alle 26. Das schlechteste Ergebnis war mit nur vier richtigen Städten.

Den Test wiederholte er, nachdem er mit seinen Schülern die Zweier-Verknüpfungen von Staat und Hauptstadt gedächtnistechnisch geübt hatte, zum Beispiel:

- Auf einem Eisfeld (Island) wickeln sich viele Leute um das Reck (Reykjavik).
- Herr Buck (Lehrer aus dem Schulhaus) sitzt im Arrest (Bukarest). Vor Kummer trinkt er Rum und Anisschnaps (Rumänien).
- Spanien (Land des Stierkampfes). Eine Made ritt als Torrero in die Arena (Madrid).

Der Klassendurchschnitt der richtigen Antworten war eindeutig besser: Es gab 25 richtige Antworten (darunter siebenmal alle 26, nur einmal zwölf richtige Städte).

Ein halbes Jahr später, ohne dass weitere Wiederholungen gemacht worden waren, erbrachte einen Klassendurchschnitt von 20,5 Punkten (darunter zweimal 26 und zweimal 25). Das schlechteste Resultat waren sechs richtige Städte.

Das sind Resultate, die für sich sprechen.

Die deutschen Bundesländer mit ihren Hauptstädten

Eine leichte Übung hatten wir kürzlich mit einem 14-jährigen Hauptschüler auf Video aufgenommen. Hier nun der lustige Text der Verknüpfungen von Hauptstadt und jeweiligem Bundesland:

Mecklenburg-Vorpommern	Schwerin

Du stellst dir eine Wiese mit lauter *meckrigen* Ziegen vor. Diese Wiese musst du überqueren, weil dies dein Weg zur Burg ist. Es ist *schwer*, die Wiese mit den meckrigen Ziegen zu überqueren. Hast du dieses Bild im Kopf? Mit einem Bild kannst du es dir ganz gut merken. Schwerin ist die Hauptstadt von Mecklenburg-Vorpommern. Vorher fütterst du noch die Ziegen mit Pommes Frites.

Brandenburg Potsdam

Du stellst dir eine *Burg* vor, die *brennt* (Brandenburg). Nun holst du in einem *Pott* Wasser vom **Damm**. Mit dem Wasser im Pott vom Damm löschst du die brennende Burg. Kannst du dir das vorstellen? Die Hauptstadt von Brandenburg ist also Potsdam.

Sachsen-Anhalt Magdeburg

In *Sachsen hältst* du *an* (Sachsen-Anhalt). Du fährst also mit dem Auto und hältst an, weil auf der *Burg* eine schöne *Magd* ist. Somit merkst du dir Magdeburg als die Hauptstadt von Sachsen-Anhalt.

Sachsen Dresden

Wenn ich dir etwas Unerfreuliches *sage* (die Sachsen würden wahrscheinlich sagen *sache*), dann *drehst* du durch. Also, die Hauptstadt von Sachsen ist Dresden (durchdrehen).

Thüringen Erfurt

Ich mache dir die *Tür* auf und lege einen Teppich aus, über den ich dich *ehrfürchtig* hinüberführe. Stell dir das bildlich vor, und du weißt dann genau, dass die Hauptstadt von Thüringen Erfurt ist.

Schleswig-Holstein Kiel

Du stellst dir folgendes Bild vor: Du fährst in einem Boot mit *Kiel* daran auf dem See und stößt auf einen *hohlen Stein*. Du *holst* den *Stein* und *schließt* ihn *weg* (einschließen). Die Hauptstadt von Schleswig-Holstein ist Kiel.

Hessen Wiesbaden

Wenn du *abgehetzt* bist (Hessen), musst du erst in einer *Wiese baden*, um wieder frisch zu werden. Das ist lustig zu merken und Wiesbaden ist die Hauptstadt von Hessen.

Saarland Saarbrücken

Das ist ja ganz leicht. Im Saarland fließt die *Saar* und über diesen Fluss führen viele *Brücken* darüber. Saarland hat zur Hauptstadt Saarbrücken.

Bayern München

Das weiss man bestimmt von der Fussball-Mannschaft *Bayern-München*. Bayern hat also München zur Hauptstadt.

Baden-Württemberg Stuttgart

Baden tun wir in Württemberg in dem schönen Bodensee. Zum Baden nimmst du einen Apfel aus einem Obst*garten* mit und *studierst* ein Buch. Stuttgart ist die Hauptstadt von Baden-Württemberg.

Rheinland-Pfalz Mainz

Im Rheinland da gefällts mir so gut, weil es *meins* ist (*mein Land*). Das ist ja ganz einfach, Mainz ist die Hauptstadt von Rheinland-Pfalz.

Niedersachsen Hannover

Du fährst auf einem Mofa mit *Sachs-Motor* und *niedrigem* Sattel. So merkst du dir Niedersachsen. Auf dem Mofa hast du einen handgestrickten warmen Pull*over* an, damit dich der Fahrtwind nicht kühlen kann. Also, die Hauptstadt von Niedersachsen ist Hannover.

Nordrhein-Westfalen Düsseldorf

Im *nördlichen Rheinland* gibt es lauter *fahle* Leute. Diese fahlen (bleichen) Leute wohnen alle in einem *dusseligen Dorf*. Hast du das Bild in deinem Kopf? Also, Düsseldorf ist die Hauptstadt von Nordrhein-Westfalen.

So, jetzt hast du alle 16 Bundesländer mit den dazugehörenden Hauptstädten gelernt. Du musst nur noch selbst lernen, lustige Verknüpfungen herzustellen. Je mehr Fantasie du in die Verknüpfung einbringst, desto besser ist der Lernerfolg so macht das Lernen doch sicher mehr Spaß, oder?

Erdkundearbeit – in 10 Minuten gelernt

Diese Methode funktioniert auch für die Erdkundearbeit mit den Städten Frankreichs. Dabei nummerieren wir die zu lernenden Städte durch und verknüpfen sie mit den Zahlenbildern.

1. Kerze Strasbourg

Mönche laufen eine *Straße* zur *Burg* hinauf, stellen ihre *Kerzen* ab und setzen sich ringsum auf den Boden.

2. Schwan Marseille

Am Teich sind *zwei Schwäne*, eine Frau und ein *Mann*. Der Mann hat lauter *Seile* um den Hals, weil er sich gerauft hat.

3. Dreizack Lyon

Eine *Lyoner Wurst* steckst du auf den Dreizack und fütterst einen *Löwen* (Lyon) damit.

4. Kleeblatt Bordeaux

Wir *bohren* ein Loch in die Wiese mit *Kleeblättern,* und ein Kleeblatt verstopft das *Ohr*.

5. Hand Nantes

Wir sind über eine Wiese gelaufen und haben ein kleines Küken gefunden. Wir hoben es mit der *Hand* auf und *nannten* es Kiki.

6. Elefant Toulouse

Zwei (englisch: *two*) Elefanten spielen Monopoly, einer ist der *Looser* und rennt beleidigt davon.

7. Fahne Lille

Wir sehen von weitem eine *Fahne*, jedoch nicht, was draufsteht. Wir nehmen unsere *Brille,* und dadurch sehen wir *Lille* auf der Fahne stehen.

8. Sanduhr Brest

Bei der *Sanduhr* läuft der Sand nicht mehr durch. Wir *pressen* von oben mit dem Daumen drauf, damit er wieder durchläuft.

9. Schlange Nizza

Die *Schlange* geht nach *Nizza* und frisst 'ne ganze *Pizza*.

10. Golfball Montpellier

Wir gehen auf den *Mont* Everest mit unserer Golfausrüstung. Von oben kicken wir alle *Golfbälle* ins Tal und treffen jemanden auf den Kopf, so dass es *peng* macht.

11. Zwei Spaghetti Le Havre

Mit den *Spaghetti* haben wir Saiten gespannt wie bei einer *Harfe* und spielen mit der Gabel.

Jetzt das Gleiche mit den Flüssen Frankreichs:

12. Wecker Garonne

Im Backofen ist der Kuchen gar. Der *Wecker* klingelt, und wir rennen von der *Wassertonne* weg, um den Kuchen aus dem Ofen zu holen. In der Zeit läuft die Wassertonne über.

13. Katze Loire

Die *Katze Lutz* brachten wir zu den Nachbarn und sagten, das ist *eure*.

14. Blitz Seine

Der *Blitz* schlägt beim Nachbarn ein, das ist *sein* Problem.

15. Fahrstuhl Rhône

Der Mann im *Fahrstuhl* hatte Blähungen, das ist nicht *ohne*!

Und jetzt die Berge Frankreichs:

16. Angel Alpen

Wir gehen in die *Alpen* und *angeln* im Alpsee.

17. Geodreieck Vogesen

Auf dem *Geodreieck* ist Vogelmist, also sind dort *Vögel gewesen*.

18. Vogelhaus Pyrenäen

Der Missionar *Pirmin* aus früher Zeit *mäht* den Rasen vor dem *Vogelhaus*.

19. Luftballon Languedoc

Wir stellen uns lauter *Luftballons* mit einer Schnur dran vor. Einer der Ballons ist ohne Schnur, wir hängen einen *langen Hund (long dog)* als Ersatz für die Schnur dran.

Und schließlich die Sehenswürdigkeiten Frankreichs:

20. Nikolaus/Schlitten Eiffelturm

Der *Nikolaus* fährt mit seinem *Schlitten* nach Frankreich zum *Eiffelturm*. Er steigt auf den *Turm* und schmeißt seine Geschenke zu den Leuten runter. (Siehe Hunderter-Schlüssel auf Seite 143.)

21. Note Triumphbogen

Ein Trio spielt Musik nach *Noten,* und das ist ein *Triumph.*

22. Nonne Metro

Die *Nonne* setzt sich auf einen *Meteoriten* und fliegt in den Himmel.

23. Klingelschild Notre Dame

Eine Dame fällt ins Wasser und ist in Not. Der Retter hängt ein *Klingelschild* an den Angelhaken und fischt die *Dame in Not* raus.

24. Narr Élysée Palast

Ein *Narr* macht Fez im *Palast* von Königin *Élysée.*

So ist eine Erdkundearbeit über Frankreich in zehn Minuten mit viel Spaß gelernt! Man kann diese Lerntechnik auch ganz prima auf Nebenfächer anwenden: Schreibe einfach aus dem komplexen Text die Stichworte raus und verbildere diese.

Der schlimmste Schüler-Feind
ist der Zeitmangel.

Zu wenig Zeit, zu wenig Lerntage vor der nächsten Klassenarbeit – das ist der Hauptengpass.

Durch rechtzeitige Vorplanung und rechtzeitiges Lernen kannst du dir diesen Stress sparen. Lernprobleme sollte man immer gleich angehen – o. k.?

Übungen für die Assoziationskraft – Knacke den Gedächtnisring

Das folgende Spiel ist sehr gut geeignet, das Bewusstsein für assoziative Querverbindungen und bildhaftes Denken zu fördern. Du kannst es allein, aber auch mit anderen zusammen spielen.

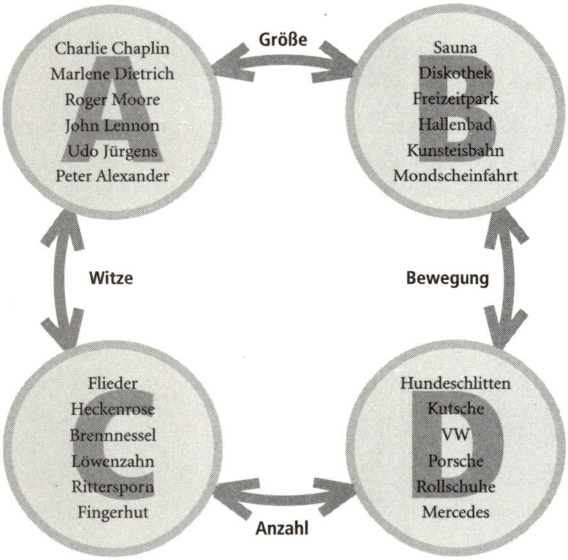

Und so geht es:

1. Kopple nacheinander die Begriffe des A-Kreises mit denen des B-Kreises, indem du durch Größe übertreibst; zum Beispiel: ein überlebensgroßes Chaplin-Poster hängt in der Sauna oder: Marlene Dietrich tanzt in einer überdimensional großen Diskothek …

2. Kopple nacheinander die Begriffe des C-Kreises mit denen des D-Kreises, indem du durch Anzahl, Menge oder Umfang übertreibst, zum Beispiel: ein riesengroßer Fliederhaufen liegt auf dem Schlitten oder: ich fahre mit der Kutsche durch einen

Heckenrosenwald. Es kann auch die Kutsche so mit Heckenrosen gefüllt sein, dass sie überquillt; du siehst hundert Kutschen mit Heckenrosen geschmückt, oder Ähnliches. Jetzt fragt ihr euch gegenseitig ab, und zwar so lange, bis alle Koppelungen rasch und sicher sitzen.

3. Gehe nun das Spiel noch einmal durch, indem du die Zweierpaare tauschst.
Kopple nun die A-Liste mit der C-Liste, indem du dir nach Witz und Humor etwas besonders Ausgefallenes einfallen lässt; zum Beispiel Charlie Chaplin wird mit Flieder überhäuft und läuft als Fliederbüschel weiter. Marlene Dietrich sticht sich den Hintern an einer Heckenrose.

4. Jetzt koppelst du die B-Liste mit der D-Liste, indem du nach Bewegung und Geschwindigkeit übertreibst. Wir rasen mit dem Hundeschlitten durch die Sauna oder auf dem fahrenden Hundeschlitten ist eine Sauna, und die Passagiere werden geschüttelt. Wir eröffnen in einer fahrenden Kutsche eine Diskothek.

Passivlernen

Als ich vor einigen Jahren ein Gedächtnisseminar im Großraum München hielt, kam ein junger Student zu mir. Er schwenkte in der Hand einen Haufen Blätter, auf denen mehrere hundert Münchner Straßennamen, Plätze, Hotels und so weiter aufgelistet waren.

«Und wie soll ich das alles für die Taxifahrerprüfung lernen?», fragte er mich. «Tja, mit bildhaften Verknüpfungen müssten Sie da schon etwas geschickter sein, als Sie es nach einem Tag Einführungsseminar sein können», antwortete ich nachdenklich. «Versuchen wir es doch einfach mit dem Passivlernen, das geht oft schneller. Außerdem müssen Sie alles ja nur auf den Prüfungstermin hin können.»

Ich riet ihm, sich zunächst einmal den Stadtplan übers Bett zu hängen. Dieser war, passend zu der Einteilung seiner Auflistung von Straßennamen, in acht Bezirke eingeteilt. So konnte er sie mit bildhafter Vorstellung in wenigen Tagen auswendig im Kopf unterscheiden. Dann ließ ich ihn sich alle Straßennamen pro Bezirk auf eine Kassette aufsprechen. Schließlich sollte er das Band abspielen und während des Abhörens gleichzeitig auf dem Blatt mitlesen.

Drei Wochen später erschien der Student in einem Oberstufenseminar und berichtete mir freudestrahlend von der bestandenen Taxifahrerprüfung. «17 Bewerber waren da, 12 haben nur bestanden, und ich war dabei», erklärte er stolz. «Da waren alteingesessene Münchner, die sagten: ‹Die Straßen von München kenne ich›, und trotzdem nicht bestanden haben.»

Er berichtete über seine Vorgehensweise beim Lernen: «Ich habe zuerst, wie Sie geraten haben, alle Straßen, Plätze und Hotels aufs Band gesprochen. Dann habe ich mich einfach jeden Tag zwei Stunden früher ‹schlafen gelegt›, das Tonband eingeschaltet und beim Klang meiner eigenen Stimme die Blätter mitgelesen. Jedesmal, wenn eine neue Bezirkseinteilung kam, schaute ich kurz auf die an der Wand hängenden Karte hoch. So ließ ich mich berieseln, während ich mit den Augen den Zeilen meiner Notizen folgte. Die letzten vier Tage vor der Prüfung habe ich die ganze Prozedur morgens noch einmal gemacht. Und am Tag der Prüfung war ich gut ausgeruht und bin vorher zur Entspannung Paddelboot gefahren, wie Sie es im Seminar empfohlen haben. Hurra, ich habe bestanden – und dies, obwohl ich kein besonders guter Lerner bin!»
Das Beispiel des fröhlichen Taxifahrer-Studenten zeigt, dass Passivlernen eine wichtige Lerntechnik sein kann. Wende sie auf eine Lernsituation in deinem täglichen Aufgabenbereich an. Du kannst auf Band nicht nur Vokabeln, sondern grundsätzlich alles aufsprechen: Formeln, Mathematik, eine Rede, Argumente und wichtiges Gelesenes.

Achte bei Texten darauf, vorher alle Fremdwörter mit einem Filzstift anzustreichen und dann diese Fremdwörter im Lexikon nachzuschlagen. Jetzt sprichst du dir die Fremdwörter *mit der erklärenden Bedeutung* zuerst alle auf Band. Das ist wie ein vorangehendes Vokabellernen. Und dann erst sprichst du dir den Text auf. So kannst du alles lückenlos verstehen und deshalb wesentlich leichter und einprägsamer lernen.

Verstehen ist wichtiger als Wissen. Verstehen ist Voraussetzung zur erfolgreichen Anwendung.

Erfolgreiche Prüfungsvorbereitung

Einer meiner früheren Kursteilnehmer, Herr Marco Sacher aus Lübeck, berichtet, wie er mit der Geisselhart-Methode sein Examen zum Diplomkaufmann mit Bravour meisterte. Mit Hilfe des visuellen Abspeicherns und der Verbilderung gelang es ihm, nicht nur komplexe Themengebiete und große Stoffmengen in relativ kurzer Zeit zu bewältigen, sondern im Gedächtnis auch Teilgebiete jederzeit abrufbar zu haben.

«Ich hatte noch etwa sechs Monate Zeit bis zu den Examensklausuren», erzählt er. «An diesem Nachmittag wollte ich die gesamten Unterlagen zusammenstellen, die ich für die Prüfungen in den einzelnen Fächern benötigte. Nach mehreren Stunden hatte ich sie schließlich sortiert und nach den verschiedenen Fächern getrennt in DIN-A4-Ordnern abgeheftet. Diese Ordner standen nun vor mir auf dem Schreibtisch. In diesem Moment wurde mir zum ersten Mal bewusst, welch immense Stoffmenge ich in den nächsten Monaten zu lernen hatte: *Es waren zehn Ordner mit jeweils etwa 500 Seiten Material.*»

Obwohl Marco Sacher sich schon zu den Semesterklausuren jeweils ausgiebig mit den einzelnen Fächern beschäftigt hatte, war ihm bis dahin nicht bewusst gewesen, welches Gesamtvolumen zur Endprüfung auf ihn zukommen würde. Im ersten Moment hielt er es für aussichtslos, in der noch verbleibenden Zeit diese ganzen 5000 Seiten effektiv durchzuarbeiten. «Effektiv» bedeutete, den Stoff nicht nur intensiv durchzulesen, sondern auch große Teile davon auswendig zu können, und zwar so, dass Herr Sacher auf einzelne Details noch nach Tagen zurückgreifen konnte.

Was tun? «Als Erstes einmal ganz tief durchatmen», erzählt Marco Sacher, «denn eines war mir klar: Es war aussichtslos, mit dem Lernen für die einzelnen Fächer zu beginnen, ohne eine bestimmte Methodik zu verfolgen. Ich musste also innerhalb kurzer

Zeit ein System finden, mit dessen Hilfe ich die einzelnen Themengebiete effektiv bearbeiten und anschließend auch sinnvoll und zuverlässig reproduzieren konnte.»

Versetze dich einmal in diese Situation hinein: Stell dir vor, du müsstest in den kommenden vier Wochen die gesamten Unterlagen für ein Klausurfach durcharbeiten. Der Stoff umfasst etwa 700 Seiten, die du am Ende komplett beherrschen musst. Wie würdest du vorgehen?

Herr Sacher nahm sein fotografisches Gedächtnis zu Hilfe, das er inzwischen in meinen Kursen und durch beharrliches Üben zu Hause entwickelt hatte. Als Erstes besorgte er sich ein Blatt Papier von etwa einem Quadratmeter Fläche. (Es kann auch etwas größer oder kleiner sein, aber man sollte auf jeden Fall darauf achten, dass das Blatt nur so groß ist, dass man es noch mit einem Blick vollständig erfassen kann. Das ist wichtig für die Visualisierung; man kann auch mehrere Blätter zusammenkleben.)

Danach notierte er am oberen Ende des Blattes das Thema des jeweiligen Fachgebiets. Darunter schrieb er die Überschrift des ersten großen Themenbereichs, auf die nächste Ebene die jeweils dazugehörigen Unterpunkte. Anschließend notierte er Überschrift und Unterpunkte für den folgenden Themenbereich, bis das gesamte Fachgebiet auf diesem Blatt schematisch festgehalten war.

«Bei diesem Vorgehen müssen Sie darauf achten, dass sämtliche in Ihren Unterlagen existierenden Überschriften zu den einzelnen Themenbereichen und Unterpunkten genau im gleichen Wortlaut auf Ihrer Überschrift erscheinen», rät Sacher, «außerdem – und das erwies sich für mich im Nachhinein als sehr hilfreich – ergänzte ich zu den einzelnen Unterpunkten jeweils noch in ein paar Worten die wesentliche Kernaussage.»

Eine solche Teilübersicht sah zum Beispiel folgendermaßen aus:

Konjunkturpolitik

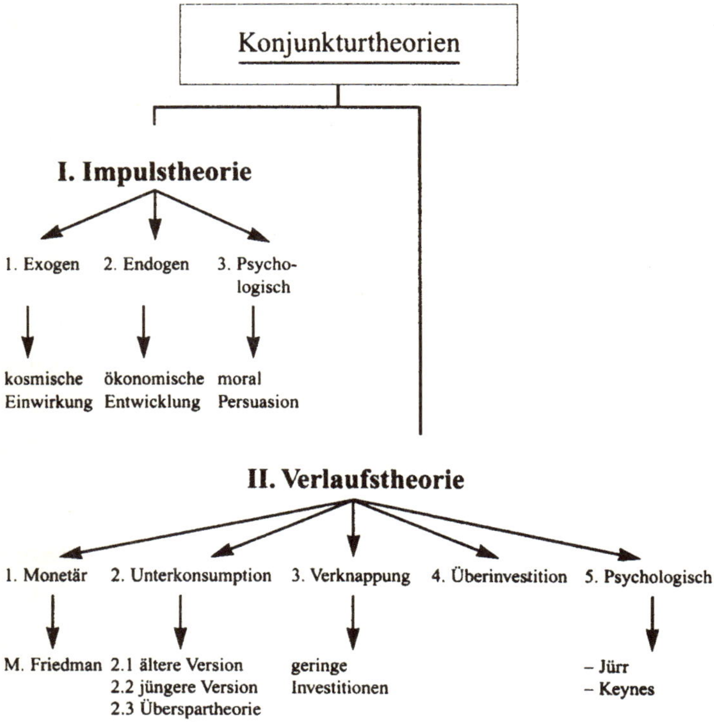

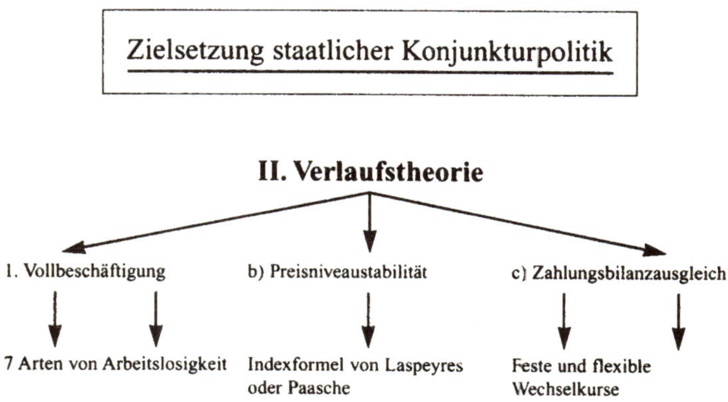

«Auf diesem einen Blatt hatte ich also den gesamten Stoff zum Thema, der aus mehreren hundert Seiten bestand, mit allen Bereichen und Untergliederungen schematisch dargestellt. Bevor ich nun daran ging, die Unterlagen im Detail zu bearbeiten, prägte ich mir diese Übersicht ganz genau ein.»

«Ich sah mir dieses Blatt genau an», erzählt Herr Sacher. «Ich ‹fotografierte› es im Geiste und speicherte es in allen Details in meinem Gedächtnis ab. Erst dann begann ich mit dem eigentlichen Studium der Unterlagen. Ich hängte die Übersicht direkt vor mir an die Wand über meinem Schreibtisch. Während ich nun die einzelnen Kapitel bearbeitete, hatte ich jederzeit Blickkontakt zu der Übersicht und wusste immer ganz genau, an welcher Stelle des komplexen Stoffgebiets ich mich gerade befand. So konnte ich jede einzelne Seite einer Zeile auf der Übersicht bildhaft zuordnen. Das war für das Abrufen der Informationen während der Klausur sehr wichtig. Man sollte nie den Fehler machen, die Übersicht beiseite zu legen und die Unterlagen unabhängig davon zu bearbeiten!»

Das bildhafte Zuordnen sah nun im Einzelnen so aus, dass Herr Sacher sich die jeweilige Seite genau ansah, konzentriert durchlas und sie dann im Geiste auf die entsprechenden Punkte der Übersicht «kopierte». Das ständige Zuordnen jeder einzelnen Seite hatte außerdem den wichtigen und nützlichen Effekt, dass Sacher nach dem ersten Durchgang durch die Unterlagen auch die zugehörige Übersicht im Schlaf beherrschte. Auf diese Art erarbeitete er sich in den folgenden Wochen auch die anderen Stoffgebiete, und so ging er dann mit einem recht sicheren Gefühl in die Klausur: Ihm war bewusst, dass er jederzeit auf alle Informationen zurückgreifen konnte, die er brauchte. Die ersten beiden Klausurfragen konnte er dann auch ohne große Mühe beantworten.

Aber bei der dritten kam der gefürchtete Blackout: Er wusste plötzlich rein gar nichts mehr. «Viele meiner Kommilitonen hätten in dieser Situation vielleicht den Hörsaal verlassen, aber das wollte ich nicht», erzählt Marco Sacher. «Ich besann mich darauf, dass ich ja in meinem Gedächtnis alles abrufbar eingespeichert hatte. Es ging also in diesem Moment nur darum, möglichst schnell an die relevanten Informationen zu kommen. Ich schloss die Augen und konzentrierte mich. Im Geiste sah ich meine Übersicht vor mir an der Wand hängen, und dann ging ich sie Stufe für Stufe durch bis zu dem Punkt, wo sich meiner Ansicht nach die gesuchten Informationen befinden mussten. Mit einer Verzögerung von höchstens fünf Minuten konnte ich die Klausur fortsetzen – und wusste genau die richtigen Antworten.»

In diesem Augenblick wurde Herrn Sacher klar, wie ungeheuer wertvoll die Methode der Visualisierung für ihn war. Es war ihm mit ihrer Hilfe nicht nur möglich, ein bestimmtes Thema von A bis Z komplett auswendig zur Verfügung zu haben – nein, was noch viel wichtiger war: Er konnte auch einzelne Detailinformationen aus dem gesamten Kontext gezielt abrufen und sogar seinen Professor in weiten Passagen wörtlich zitieren (was sich später bei der Benotung äußerst positiv auswirkte).

Nach drei Monaten hingen die Ergebnisse der Klausur am schwarzen Brett, und als Herr Sacher sein Ergebnis sah, traute er seinen Augen nicht: Er hatte als Zweitbester des gesamten Examensjahrs abgeschlossen! Auch seine Kommilitonen waren ziemlich erstaunt, weil seine Semesterklausuren in diesem Fach vorher eher mittelmäßig gewesen waren und niemand (am allerwenigsten er selbst) mit einer derartigen Leistungssteigerung gerechnet hatte.

Die hier beschriebene Visualisierungsstrategie ist nur ein Beispiel von vielen, wie sich das bildhafte Vorstellungsvermögen auch im Beruf immer wieder erfolgreich einsetzen lässt. Vor allem wenn es darum geht, komplexe Stoffmengen zu beherrschen und bei Bedarf abrufen zu können, ist diese Methode äußerst variabel und effektiv. Lass dich von diesem Beispiel anregen und entwickle deine eigene Prüfungsvorbereitungsstrategie. Du wirst sehen: Deine Fantasie und Kreativität kennen keine Grenzen! «Fotografiere» innerlich die schematische Übersicht deines Lernstoffs einfach ab!

Die Tiefenspeicherwirkung

Max hatte Interesse an Sprachen. Schon die ersten Sprachstunden in der Schule verglich er mit einer Entdeckungsreise in fremde Kulturen. Er hatte ein wenig etwas von Heinrich Schliemann, dem Wiederentdecker Trojas, an sich. Durch den Klang einer fremden Sprache fühlte er sich sofort in die dortige Kultur versetzt. Ja, er träumte dann nachts von anderen Zeiten und Ländern und von fremdländischen Sprachklängen.

Diese Geistes- und Gemütshaltung machte es ihm leicht, sich gefühlsmäßig in eine andere Sprache einzuleben, einzufühlen, ja förmlich «darin mit der Seele zu atmen», wie er selbst sagte.

Inzwischen hatte Max auch einige interessante Entdeckungen in seinem ganz persönlichen, privaten Lernbereich gemacht. Er studierte täglich eine Stunde sein Französisch und fühlte sich dabei ganz zwischen Louvre, Eiffelturm und den Seine-Brücken zu Hause. Manchmal dachte er auch daran, seine ersten Sprachkenntnisse bei einem Kurzurlaub an der Cote d'Azur oder in der Provence bei den Weinbauern oder in Auslandskursen zu testen. Allein das Vorstellungsbild, bald in das ersehnte Land zu fahren, gab ihm mehr Interesse, Ausdauer und Durchhaltevermögen beim täglichen Vokabellernen.

Er erinnerte sich dabei an eine Sprachlehrerin, die einmal

eine Gruppe zu unterrichten hatte, welche drei Wochen später einen Frankreichurlaub geplant hatte. Wie sie berichtete, konnte sie ausgezeichnete Erfolge verzeichnen, weil die Vorstellung, das Gelernte in Kürze anwenden zu können, auf die einzelnen Teilnehmer so motivierend wirkte, dass alle sehr fleißig mitarbeiteten.

Max lernte schließlich pro Tag immer eine Stunde lang französische Vokabeln und kleine Redewendungen. Um leichter mit seinem Wortschatz umgehen zu können, versuchte er – sobald er vier, sieben oder zehn Vokabeln gelernt hatte –, diese in irgendeinem Zusammenhang zu bringen bzw. kleine Sätze zu bilden. So aktivierte er seine Vokabeln und konnte wesentlich schneller als die anderen Schüler kleine Sätze bilden. Dies weckte auch sein Interesse für die ersten grammatikalischen Regeln.

Was können wir daraus lernen? Interessiere dich für die Kultur der Sprache, die du lernst. Versetze dich gedanklich vor dem Einschlafen – und wann immer es dir möglich ist – durch deine bildhafte Vorstellungskraft oder auch durch einen Film oder mittels eines Buches in die historischen Plätze und Ereignisse des Landes.

Dringe so neutral und gefühlsmäßig immer ein Stückchen weiter in den Volkscharakter ein. «Sauge» innerlich am Flair der Sprache. Nimm es im Traum in dich auf. Sollte dir das nicht gleich gelingen, so höre dir eine Woche lang vor dem Einschlafen die Nationalhymne des entsprechenden Landes an. Studiere auch den Text der Nationalhymne tagsüber im Original und in der deutschen Übersetzung. Schaue dir Bücher, Filme, Dias über das Land an. Du wirst feststellen, dass du die Sprache wesentlich leichter lernst, mehr behältst, dich leichter in viele Aussprachebesonderheiten hineinversetzen und diese nachahmen kannst, alles locker und ohne Leistungsdruck. So macht das Sprachenlernen Freude.

Plane mit viel Fantasie einige nahe liegende Anwendungsziele deiner Sprachkenntnis ein, vor allem solche, die sich leicht, schnell, ohne viel Geldaufwand und mit so viel Zeit wie möglich realisieren lassen. Danach motiviere dich auch über Fernziele und über die wachsende Verbesserung deiner Lernfähigkeiten und einen kombinatorischen Einsatz einer Vielzahl von Lernerkenntnissen.

Das Lernen mit Tonträgern

Das Lernen mit dem Gehör fällt gefühlsbetonten Menschen wesentlich leichter. Sie kommen auch schneller in das akustische Lernen hinein. Willensbetonte Menschen lernen dagegen leichter mit dem Auge. Sie müssen Lerninhalte geschrieben sehen oder sich diese in der Praxis vorstellen können.

Das Lernen mit dem Kassettenrekorder oder Tonbandgerät kann mit den bekanntesten Entspannungsmethoden sehr gut gekoppelt werden, zum Beispiel mit dem autogenen Training (sehr gut dafür geeignet), mit der Muskelentspannung nach Jacobsen (sehr einfach und in wenigen Stunden erlernbar) sowie mit Entspannen mit Musikunterstützung (je nach Geschmack), mit Yoga (benötigt etwas Zeit und Veranlagung dafür), mit Entspannen mit Bildimagination (Resultate nach 1 bis 2 Stunden) und mit anderen Techniken.

So liegt das Lernen in Entspannung auf einer Linie mit Kreativität, Spontaneität, Intuition, Kunst, Musik, Traumsteuerung und Erholung. Am besten funktioniert es in den Ferien, wenn du etwas ohne Zeitdruck – und absichtslos gelassen – aus eigenem Interesse lernst.

Doch diesen Idealfall haben wir in der Praxis selten. Die besten Resultate mit Lernkursen dieser Art haben wir bei einem langsamen, stufenweisen Einstieg, so dass sich unser Innenleben und auch unser Unterbewusstsein schrittweise daran gewöhnen können. Die Entspannung ist überhaupt ein wichtiger Faktor auf diesem Lerngebiet. Du erreichst beim Lernen bessere Resultate, wenn du nach jeder Viertelstunde Lernen eine kleine Pause von einer bis zwei Minuten einschaltest. Diese kurze Zeit reicht aus, um ein wenig zu entspannen und doch gedanklich nicht allzu weit vom Lernstoff abzuschweifen.

Viele Sprachkurse werden abends besucht, Dauer rund 90 Minuten, einmal wöchentlich. Doch oft ist der behandelte Inhalt eine Woche später vergessen, sofern in der Zwischenzeit keine Heimarbeit oder keine Auffrischung des Stoffes vorgenommen wurde. Der Hauptgrund dafür liegt darin, dass unmittelbar nach dem Sprachkurs viele andere Eindrücke aufgenommen werden.

Nach dem Unterricht redet man mit Bekannten, hört die Straßenbahn vorbeirattern und begibt sich aus dem Unterrichtsraum heraus. Dadurch bleibt keine Zeit, dass der gehörte Lernstoff etwas verarbeitet werden könnte. Die Aufnahme ist oberflächlich. Einige fortschrittliche Sprachlehrer hatten mit folgender Methode sehr gute Resultate: Es werden nur 80 Minuten Sprachkurs abgehalten. Die verbleibenden zehn Minuten legt der Sprachlehrer eine gute Entspannungskassette in den Rekorder und spielt sie ab. Die vom Tagesablauf schon etwas beanspruchten Kursteilnehmer entspannen sich sehr rasch.

Der Inhalt des Sprachkurses dringt in tiefere Bereiche der Persönlichkeit, ins Unterbewusstsein und ins Langzeitgedächtnis. Es erfolgt keine sofortige «Umschaltung», wie bei einem gewöhnlichen Ende des Unterrichts, sondern es ist entspannendes Verweilen bei den Themen der letzten 80 Minuten gewährleistet, wodurch auch ein Einordnen und Anpassen des Stoffes an bisher Gewusstes – bewusst und unbewusst – geschehen kann.

Das Resultat ist verblüffend. Wir haben Erfolgsquoten von bis zu 30 Prozent mehr Erinnerungskapazität festgestellt. Die Resultate sind individuell sehr unterschiedlich und von der jeweiligen Persönlichkeitsstruktur und vom Lerntyp abhängig.

Ein Schüler aus unseren Kursen legte sich – wenn er länger als eine Stunde Mathematik gepaukt hatte – für 20 Minuten schlafen, ließ sich dann durch einen Wecker wecken und ersparte sich dadurch Wiederholungen. Gleichzeitig stellte er eine bessere Verarbeitung und ein besseres Verständnis von Mathematik fest. Das Verweilen auf derselben thematischen «Wellenlänge» ist also eine wesentliche Konzentrations- und Lernverbesserung.

An dem Lernen in Entspannung und am Vorschlafstadium ist demnach mehr dran, als bis jetzt erforscht und bekannt ist. Ähnliche Erfahrungen können Sie bei einem Zwei-Tages-Kurs am Wochenende machen. Wenn Sie nach dem ersten Kurstag nicht genügend ausgeschlafen haben, ist das Resultat am zweiten Kurstag stark beeinträchtigt.

Neben anderen Faktoren braucht eine längere Lernzeit als ein Kurstag einfach Zeit, damit das neue Lernmaterial im Schlaf verarbeitet und dem bisherigen Wissen angegliedert werden kann. Wir alle kennen den Spruch vom Schulbuch unter dem Kopfkissen. Und hier können wir mit dem Training beginnen:

Lernen beim Einschlafen

1. Woche:

Für den ersten Abend *zehn* Vokabeln (zweimal auf Band gesprochen) vor dem Einschlafen anhören. An den folgenden zwei bis drei Abenden jeweils weitere *zehn* Vokabeln vor dem Einschlafen neu aufsprechen und wieder anhören. Wer diese Vokabeln beherrscht, spricht sich für die danach folgenden zwei Abende 15 bis 20 Vokabeln auf eine Kassette auf.

Lernt man die Vokabeln gut in der kurzen Zeit abends, kann man die Menge der Vokabeln individuell aufstocken. Du kannst dir auch sofort nach dem Aufwachen die Vokabeln anhören. Oder du kaufst dir einen Timer (eine Zeitschaltuhr), stellst ihn auf die gewünschte Zeit ein und lässt dich mit Vokabeln aufwecken. Überprüfe, ob du die Vokabeln gut auswendig kannst, teste dich jeweils an dem auf den Abend folgenden Tag, indem du jeweils die eine Seite (zum Beispiel Englisch) mit einem Blatt zuhältst. Und schreibe die Worte entsprechend der deutschen Bedeutung aufs Blatt.

2. Woche:
Mit Suggestionsformeln und/oder Musik führst du die Praxis der ersten Woche fort. Die Formel bzw. Musik nimmst du auf Band auf, bevor du jeweils die Vokabeln aufsprichst. Es geht darum, das Unterbewusstsein einzustimmen. Benütze zum Beispiel die Formel: «Ich lerne gern», «das Experimentieren mit neuen Lernmethoden macht mir Freude», «meine Lernfreude steigert sich zur Begeisterung» und so weiter. Das sind autosuggestive Formeltypen, wie sie auch beim autogenen Training verwendet werden. Stelle dir eigene Formeln zusammen!

3. Woche:
Nimm Suggestionsformeln oder Einschlafmusik auf Band auf. Lass nun zehn Minuten das Band, ohne etwas aufzunehmen, leer durchlaufen (Ruhepause). Nun sprichst du 10, 15, 20, 30 oder gar 40 Vokabeln, je nachdem, wie weit du in den zwei Wochen aufgestockt hast, auf das Band. Bis zu 30 Minuten kannst du in der Einschlafphase lernen. Schüler können dies oft bis zu einer Stunde praktizieren, ohne an Schlafmangel zu leiden.

Absichtsloses Lernen – die neue Masche

Die Entdeckung des absichtslosen Lernens kam so zustande: Eine Dame im Großraum München besuchte einen Gedächtniskurs, in dem ich die Lernmethode des Passiv-Lernens (siehe das Beispiel «Taxifahrer» auf Seite 108f.) erwähnte. Beim Nachhausekommen stöhnte ihre Tochter: «Oh, jetzt müssen wir auch noch Latein lernen. Wie lerne ich nur die vielen Lateinvokabeln?»

«Latein lernst du?», fragte die Mutter. «Gib mir doch mal für einen Tag dein Lateinbuch. Das interessiert mich.»

Um die Passivmethode auszuprobieren, sprach die Mutter die Vokabeln der ersten Lektion auf Kassette. Die Tochter ging etwas früher schlafen als die Mutter; beide schliefen im selben Raum. Als die Mutter für sich den Kassettenrekorder leise einschaltete, um beim Einschlafen die Passivmethode mit Lateinvokabeln auszuprobieren, bekam die Tochter noch etwas mit. Sie drehte sich herum und sagte noch: «Ah, du lernst Lateinvokabeln», schlief dann aber weiter. Der Knalleffekt für die Tochter kam am nächsten Morgen in der Schule. Die Lateinvokabeln wurden durchgenommen, und die Tochter brauchte die Vokabeln anderntags nur noch einmal zur Bewusstwerdung zu hören, um sie dann sofort und bleibend zu können.

Experiment:

Sprich dir einmal 20 bis 30 Vokabeln mit der deutschen Bedeutung auf Kassette. Lass die Kassette während der Einschlafphase abspielen. Sorge dafür, dass sich der Rekorder anschließend von selbst abschaltet, so dass du gleich danach von der Einschlaf- in die Weiterschlafphase sinken kannst. Lass die Kassette beim Aufwachen oder während deiner Morgentoilette vor dem Spiegel nebenher laufen. Du wirst überrascht sein, wie leicht du diese Vokabeln lernst.

Prüfung im Schlaf bestanden

Auf einem Treffen des Münchener Dr.-Murphy-Vereins erzählte ein Heilpraktiker ausgefallene Lernerlebnisse. So hatte er, als er auf seine Heilpraktikerprüfung hinarbeitete, rund 80 Infektionskrankheiten lernen müssen. Diese ausführliche Darstellung der 80 Krankheitsbildern beschäftigt die Prüfungswärter meist mehrere Monate, wenn nicht ein ganzes Jahr lang.

Nun, unser cleverer Heilpraktikeranwärter hatte sich auch ausgiebig mit den 80 Infektionskrankheiten und deren Beschreibung auseinander gesetzt. Bei dem Problem, dies alles in Erinnerung zu behalten, kam er auf die Idee, die er so schilderte: «Ich reduzierte das Terrain der Infektionskrankheiten auf ein Minimum, so dass ich es in genau 68 Minuten auf ein Tonband sprechen konnte. Dieses Tonbandgerät lief eine Woche lang.» Immer. Bei Tag und bei Nacht, wie er sagte. Selbst, wenn er sich ein Brot strich, hörte er sich im Hintergrund auf dem Band die Infektionskrankheiten aufsagen.

Er ging optimistisch in die Prüfung hinein und konnte sich an alle Infektionskrankheiten lückenlos und bestens erinnern – was tut man nicht alles, um gut in einer Prüfung zu sein.

Übrigens, wusstest du schon, dass es Ingenieure und Techniker gibt, die mit der Problem-Vorstellung einer Maschine oder eines Motors abends einschlafen und morgens mit der fertigen Lösung aufwachen? Auch Erfinder arbeiten manchmal so. Bevor du diese Technik anwenden kannst, solltest du dich vor dem Einschlafen einmal an alle Positiverlebnisse aus deiner bisherigen Zeit bildhaft erinnern, so dass du beim Einschlafen von zehn Erinnerungsbildern die drei besten auswählen kannst.

Nimm Bilder, wo du beispielsweise eine gute Note geschrieben hast, deine Eltern dein Talent bewundert haben, du eine Prüfung bestanden hast und dein Lehrer mit deiner Arbeit zufrieden war. Versetze dich beim Einschlafen an den Ort des Erfolgserlebnisses und an den Zeitpunkt, wo du dich gefreut hast.

Nachdem du dies einige Tage gemacht hast, werden die positiven Bilder in deinem Unterbewusstsein dominieren. Das ist ganz wichtig für weitere Erfolge.

Zunächst stellst du dir einige Bilder und Szenen von Tätigkeiten und Hobbys vor, die du gerne tust, und nimmst dir diese Tätigkeitsbilder mit dem intensiven Wunsch mit in den Schlaf, damit noch mehr Erfolg zu erzielen.

Ich kenne einen Tischtennis-Meister, dem nachts um zwei im Traum der passende Konterschlag gegenüber seinem schwersten Gegner einfiel. Er wachte kurz auf, schrieb sich diese Variante auf, um danach ruhiger wieder einzuschlafen. Die Bildmuster von Szenen und Handlungsabläufen entwickeln sich im Schlaf nach einem anderen Muster weiter, weil die bewusste Kontrolle durch das Denken fehlt. Dadurch kannst du zu neuen kreativen Verknüpfungen finden, die du im wachen Zustand niemals entdeckt hättest.

Als der große Maler Salvador Dalí feststellte, dass ihm die besten Bildideen beim Einschlafen einfielen, er sie dann aber vergaß, weil er eben einschlief, entwickelte er die einfache Löffeltechnik: Er legte sich beim Einschlafen einfach hin, streckte seinen Arm aus dem Bett und hielt in der Hand einen Löffel. Auf dem Boden neben dem Bett stand ein Teller. Nun konnte er über die besten Gemäldeideen nachdenken; der große Geistesblitz kam meist unmittelbar vor dem Einschlafen. Wenn er einschlief, ließ er automatisch den Löffel los, der auf den Teller fiel und Dalí wieder weckte. Daraufhin konnte sich Dalí noch mühelos an die eben gedachte Idee erinnern.

Wenn du den Geisteszustand des Tiefschlafes einigermaßen «wach» erleben kannst (also den Körper etwas einschlafen lassen und den Geist noch etwas länger wach halten), dann wäre dies ein höherer Bewusstseinszustand, vergleichbar mit der indischen Meditation.

Diesen Vorgang hat der bekannte Kreativitätsforscher Mihaly Csikszentmihalyi in Bezug auf den kreativen Prozess folgendermaßen beschrieben: «Der Inhalt des bewussten Denkvorgangs wird vom Unbewussten aufgegriffen, und dort, außer Reichweite der Bewusstseinszensur, hat das abstrakte wissenschaftliche Problem die Chance, sich selbst als das zu zeigen, was es ist – als Versuch, einen sehr persönlichen Konflikt zu verarbeiten. Neu belebt durch den erfolgreichen Austausch mit seiner wahren Quelle kann das unbewusste Denken dann wieder in seiner alten Maske im Bewusstsein auftauchen, und der Wissenschaftler kann seine Forschung mit frischer Kraft fortsetzen.»

Erweitere deine Sprachkenntnisse

Übung:

Stelle eine sinnvolle Entspannungslernkassette selbst her. Nimm eine Leerkassette und sprich deutlich und langsam die nachfolgenden unregelmäßigen Verben auf diese Kassette auf.

to awake	awoke	awoke	auf-, erwachen
to bear	bore	born(e)	(er)tragen, gebären
to beat	beat	beaten	schlagen
to become	became	become	werden
to begin	began	begun	beginnen, anfangen
to bend	bent	bent	(sich) beugen, biegen
to bid	bade	bidden	heißen, gebieten
to bind	bound	bound	binden
to bite	bit	bitten	beißen
to blow	blew	blown	blasen

to break	broke	broken	brechen
to breed	bred	bred	brüten; züchten; erziehen
to bring	brought	brought	(her)bringen
to build	built	built	bauen
to burn	burnt	burnt	brennen
to burst	burst	burst	bersten, brechen
to buy	bought	bought	kaufen
to cast	cast	cast	werfen
to catch	caught	caught	fangen
to choose	chose	chosen	wählen, (sich) aussuchen
to come	came	come	kommen
to cost	cost	cost	kosten
to creep	crept	crept	kriechen
to cut	cut	cut	schneiden
to deal	dealt	dealt	handeln
to dig	dug	dug	(um)graben
to do	did	done	tun
to draw	drew	drawn	ziehen, zeichnen
to dream	dreamt	dreamt	träumen
to drink	drank	drunk	trinken
to drive	drove	driven	treiben, fahren
to eat	ate	eaten	essen
to fall	fell	fallen	fallen
to feed	fed	fed	füttern
to feel	felt	felt	(sich) fühlen
to fight	fought	fought	(be)kämpfen

Es ist sehr sinnvoll, sich diese unregelmäßigen englischen Verben gut einzuprägen, da du diese beim Gebrauch der englischen Sprache ständig wieder verwenden wirst. Dadurch, dass du die Verben mit der eigenen Stimme aufgesprochen hast, gewöhnt sich dein

Unterbewusstsein rascher daran, sie aufzunehmen, da die eigene Stimme leichter akzeptiert wird als eine fremde.

Selbstverständlich dient jedes Arbeiten mit diesen unregelmäßigen Verben der Einprägung. So ist das Sprechen aufs Band natürlich auch eine Lernvorbereitung.

Übungen zur Autosuggestion

Übung:

Setze oder lege dich in ruhiger Atmosphäre bequem hin und entspanne dich. Nachdem du es dir bequem gemacht hast, beobachte einfach deinen Atem, ohne ihn willentlich beeinflussen zu wollen. Wenn du deinen Atem als stiller Beobachter einfach wahrnimmst und ihn in seinem Rhythmus strömen lässt, hast du die natürlichste Bewusstseinsentspannungs- und Vertiefungsmethode, die man sich denken kann. Durch die reine Atembeobachtung tritt mit der Zeit ein besonderes Phänomen ein: dein Atem wird ganz von selbst langsamer, ohne dass du das Geringste dazutun musst, und deine Muskulatur entspannt sich. So ist es natürlich und gesund.

Dieses Langsamerwerden äußert sich durch eine gedehnte und lang gezogenere Ein- und Ausatmung sowie auch durch längere Zwischenpausen vor der Umschaltung auf das Gegenteil; also von der Ein- auf die Ausatmung. Genieße die dadurch entstehende Ruhe!

Deine Seinswahrnehmung vertieft sich. Dein Bewusstsein wird feiner. Dein Sprachgefühl sensibilisiert sich. Deine intuitive Menschenkenntnis wächst bis zu einem solchen Ausmaß, dass du die Gedanken und Intuitionen anderer Mitmenschen erfühlen und erspüren kannst. Tauche mit der Zeit ruhig tiefer ein. Dies erleichtert dein Lernen künftig mehr und mehr.

Unterstütze das Erlebnis tiefster Ruhe auf deine eigene, persönliche Art: Du kannst dir zum Beispiel eine Schaukel vorstellen, mit der du bei der Einatmung aus dem Körper herausschwingst. Mit der Verlängerung und Vertiefung des Atmens verlängert und verlangsamt sich eben auch die Schaukelbewegung. Große Genauigkeit ist in der Vorstellung nicht erforderlich und würde die tiefe Ruhe nur in eine intensive Konzentration umwandeln.

Oder wähle ein Freizeit- und Urlaubsbild: Träume dich gedanklich an einen weißen oder goldgelben Meeresstrand. Die Sonne scheint dir ins Gesicht, und der Himmel ist strahlend blau. Mit dem Einatmen verbindest du das Heranrauschen der Meereswellen auf den Strand, und mit dem Ausatmen fließen die Meereswellen wieder zurück. Fühle dich wohl und geborgen dabei, wie in einem warmen, mit Decken ausgestatteten Strandkorb. Es ist dir so, als ob du dir innerlich zulächeln würdest. Wenn du diesen erquickenden Zustand einmal erreicht hast, so verweile darin, so lange du kannst (dazu müsstest du natürlich von Anfang an genügend Zeit einplanen).

Solltest du anfangs dabei einschlafen, so ist dies nicht weiter schlimm. Das solltest du aber nicht zur Gewohnheit werden lassen! Das Fernziel ist, den Körper ruhen oder schlafen zu lassen und dein Bewusstsein in einem sehr wachen, sehr bewussten Zustand zu halten. Wenn dein Bewusstsein – wie während des Schlafs – nicht mit den Funktionen und Ablenkungen des Körpers beschäftigt ist, so ist es wirksamer, wacher, aufnahmefähiger, intelligenter.

Dieser Zustand ist als so genannter Alpha-Zustand messbar und nachgewiesen. Tiefere Bewusstzustände (eigentlich müsste es «höher» heißen) werden mit weiteren Buchstaben des griechischen Alphabets bezeichnet und reichen – nach einem langen Meditationstraining – bis zur Schmerzunempfindlichkeit. Der Geist ist dann weniger an den Körper gebunden und schweift freier umher.

Ich erkläre diese Dinge nur, um dich durch die Vorstellung weiterer Erfolge zu einem längeren und ausdauernden Üben zu motivieren. Diese Übung ist simpel und einfach. Auch Mahatma Gandhi, der mit seiner gewaltigen Geisteskraft seinem Land zur Unabhängigkeit verhalf, erreichte solche Zustände bis zur Schmerzunempfindlichkeit. Beobachte einmal den Atemrhythmus eines Menschen, der tief schläft. Die Atemzüge sind sehr langsam, lang und ausgedehnt. Die Zwischenpausen sind ebenfalls länger.

Das ist genau das, was wir heute in unserem hektischen, betriebsamen und zu sehr nach außen gerichteten Weltgeschehen als gesunden Ausgleich wieder benötigen.

Yogananda beschreibt dies in seinem sehr empfehlenswerten Buch «Autobiographie eines Yogis» genauer als Vorstufe des so genannten Kriya-Yogas, die schon nach kurzer Zeit des Praktizierens deine Lern- und Geistesleistungen gewaltig verbessern kann.

Nun aber zurück zu unseren Vokabeln.

Übung:

Im Entspannungszustand schaltest du nun deinen Kassettenrekorder ein und hörst dir die aufgenommenen unregelmäßigen Verben an. Diese hast du vorher so auf das Band gesprochen, dass du zuerst die deutsche und dann die englische Bedeutung – langsam, klar und deutlich – genannt hast. Während du dich im entspannten Zustand von deiner eigenen Stimme berieseln lässt, liest du in den anfänglichen, leichteren (weniger tiefen) Entspannungsstadien die unregelmäßigen Verben in diesem Buch gleichzeitig mit. So prägst du dir nicht nur die genaue Schreibweise besser ein, sondern du nimmst über zwei Sinneskanäle gleichzeitig wahr, wodurch sich deine Lernleistung mehr als verdoppelt und vor allem dein Langzeitgedächtnis maximal wächst.

In den von dir später erreichbaren, noch tieferen Entspannungsstadien hörst du dir dann die Kassette ohne das Mitlesen an und hältst die Augen geschlossen. Um den Entspannungszustand besser beibehalten zu können, während du die Worte der englischen Sprache hörst (die du betont langsam und ruhig auf Band gesprochen hattest), stelle dir die Fremdwörter innerlich klar und deutlich selbst geschrieben vor.

Zum Ausklang dieser Übung kreuze dir dann einfach die Verben an, die du noch nicht perfekt beherrschst. Sprich diese nun auf eine neue Kassette, und – wenn es wenige sind – sprich einfach 20 weitere Vokabeln aus einem Buch noch zusätzlich auf. Viel Erfolg damit!

Die Verbindung beider Lernmethoden – des aktiven Lernens mit den Augen und des passiven Lernens über das Ohr – garantiert in tiefer Entspannung sowohl das Funktionieren der einen als auch das Erfolgsziel der anderen Methode.

Und gerade dadurch, dass du so die Ergebnisse von Auge, Ohr und Tiefenentspannung kombinierst, werden deine Lernleistung und natürlich auch die angrenzenden geistigen Fähigkeiten weiterentwickelt: Kreativität, Intuition, Sensibilität, Feingefühl, Willenskraft, Denker- und Erfindergabe und Einsicht!

Damit du mit diesen Methoden einen optimalen Erfolg hast, ist eine harmonische Lebensführung förderlich. Eifere niemandem nach, sondern sei einfach du selbst. Jeder Mensch verbessert sich in seiner eigenen Art, in der Verwirklichung seiner eigenen Gedanken und Ideen, auf seine ganz individuelle Art und Weise.

Du wirst feststellen, dass du dir nach einigen Tagen Übung

und Wiederholung die Hälfte bis zwei Drittel der Verben merken kannst.

Lernen als gute Gewohnheit

Viele Schülerinnen und Schüler stöhnen über den Schulstoff und hoffen, möglichst flott durch die Schule zu kommen. Dann, so denken sie, hat die elende Paukerei ein Ende. Aber diese Vorstellung ist ein ganz übler Trugschluss. Das Gegenteil ist richtig: Dann fängt sie erst an! Wer sich heutzutage für seine Zukunft ein glückliches Leben wünscht, sollte sich daran gewöhnen, dass Lernen zu seinem lebenslangen Begleiter wird.

Deine Möglichkeiten wachsen während des Lernens erst langsam und dann schneller und stetiger. Kombinationen tun sich auf. Das Leben wird allgemein interessanter. Dein Selbstvertrauen wächst. Vielleicht planst du einmal einen Auslandsurlaub, um deine Sprachkenntnisse an Ort und Stelle noch gekonnter zu verbessern. Sprachen und Vokabeln lernen sind oft nur der Anfang für eine weitergehende persönliche Entwicklung.

Lernen ist die Grundlage des Erfolgs. Und Erfolg ist ebenfalls lernbar, egal, ob er in kleinen oder großen Schritten «produziert» wird. Wenn du über deine eigenen Lernprozesse regelmäßig Protokoll führst, entwickelt sich daraus dein persönliches «Lerntagebuch». Schreibe deine Erkenntnisse in ein Tagebuch.

Deine Einstellung und das positive Denken

Die Schönheit der Freiheit besteht darin, dass sie keine Spur hinterlässt. Der Adler im Flug hinterlässt keine Spur; anders als der Wissenschaftler.

Um die Frage der Freiheit zu untersuchen, ist nicht nur wissenschaftliche Beobachtung vonnöten, sondern auch der Flug des Adlers, der überhaupt keine Spur hinterlässt.

Jiddu Krishnamurti

Es sind ein paar Worte notwendig, die nicht nur die Arbeitstechnik des Denkens betreffen, sondern auch den eigenen Umgang mit dem Denken. Eine ganz wesentliche Bedeutung in der Arbeit des Lernens und des Denkens nimmt dabei die Meditation ein. Was ist damit gemeint?

Meditation, sagt der Brockhaus, ist «eine in vielen Religionen und Kulturen praktizierte Besinnung oder Sammlung des Individuums; eine Abwendung von der Betriebsamkeit der Außenwelt hin zur Innerlichkeit mit dem Ziel, der wahren Wirklichkeit … inne zu werden …»

Wie du schon bei den bisherigen Übungen feststellen konntest, ist es ganz wichtig, sich beim Lernen in eine ruhige und entspannte Lage zu bringen – eine Voraussetzung für jede Meditation. All diese Techniken sind zum Teil schon Jahrtausende alt und haben erst in den letzten 80 bis 100 Jahren in Europa Eingang gefunden. Die bekanntesten Philosophien und Techniken finden sich im

- Yoga (aus dem Zen-Buddhismus),

- Autogenen Training nach Professor Schultz (aus der Psychiatrie),
- Superlearning (aus der Suggestopädie) und in der
- Analytischen Psychologie.

Wir können uns an dieser Stelle nicht all diesen Dingen widmen. In diesem Zusammenhang soll aber darauf hingewiesen werden, dass wir eine Menge aus ihnen lernen können. Die Geisselhart-Methode greift auf diese Erkenntnisse zurück und verarbeitet sie so, dass sie optimal für das Gedächtnistraining verwendet werden können.

Ein weiterer wichtiger Aspekt ist die Frage des positiven Denkens. Aus der psychologischen Forschung weiß man, dass unser Gehirn über außerordentlich viele Mechanismen verfügt, um mit Konfliktsituationen fertig zu werden. Es kann sein, dass wir Schwierigkeiten verdrängen (also nicht zur Kenntnis nehmen wollen); es kann ebenso sein, dass wir uns innerlich gegenüber Problemen blockieren (wir wollen sie also nicht an uns heranlassen). Es kann aber auch sein, dass wir uns durch das innerliche, negative Blockieren selbst daran hindern, eine positive Lösung zu finden.

Es ist also hilfreich, wenn wir unsere Zeit und unsere Seelenarbeit nicht mit negativen Blockaden verplempern. Im Gegenteil: Es ist sinnvoll, sich innerlich auf positives Denken einzustellen. Unser Gehirn arbeitet, und unsere Denkarbeit funktioniert besser, wenn wir uns mit positiven Zielen auseinander setzen. Alle Techniken des autogenen Trainings gehen davon aus, dass gewünschte Ziele nur erreicht werden, wenn man sich *positive Ziele* setzt.

Bei einem Erwachsenen ist es also schlecht, wenn er sich das Ziel setzt: Nie mehr rauchen! Gut ist es hingegen, wenn er sich sagt: Rauchfrei ist besser (als Rauchen nämlich). Im ersten Fall setzt er sich ein negatives Ziel (nie mehr), obwohl es natürlich gut ist, wenn er mit dem Rauchen aufhört. Wenn er aber an diesem Ziel mit Hilfe des autogenen Trainings arbeiten wollte, müsste er seine Ziele positiv formulieren und nicht negieren.

Ähnlich, aber noch etwas komplizierter ist es mit dem positiven Denken. Wenn wir uns mit Problemen negativ beschäftigen und sie als Problemberg vor uns herschieben, werden wir uns schlecht fühlen und keine Lösungen finden.

Wenn wir uns aber nach positiven Dingen – sowohl als Ziel als auch in der Formulierung – orientieren, stärken wir jene Dinge, die wir mögen und die unseren Geist leichter werden lassen. Wenn wir also lernen wollen, ist es besser, dass wir lernen *wollen*, als dass wir mit dem Gefühl anfangen, dass wir lernen *müssen*. Es ist wichtig, sich positiv darauf einzulassen und die Chancen zu sehen, die sich daraus ergeben.

Daraus lassen sich ein paar Regeln zum positiven Denken ableiten:

1. Nutze jede Gelegenheit, um dein positives Denken weiter zu verbessern. Auch wenn du schon eine positive Einstellung hast, kann diese immer noch positiver werden. Sie hilft dir, aus Feinden Freunde, aus Schwierigkeiten Chancen und aus Kleinem Großes werden zu lassen.

2. Nach C. G. Jung (einem der Vertreter der Analytischen Psychologie) ist unser wachbewusstes Denken nur die Spitze des Eisbergs. Erfahrungen, Erinnerungen und deine Träume bei Nacht haben einen weitaus größeren Einfluss auf die Erfolge des Tagesgeschehens, als uns im Allgemeinen bewusst ist.

Deswegen solltest du in deinem Unterbewusstsein immer mehr positive Bilder und Erlebnisse speichern als negative.

3. Verliere nicht zu viel Zeit mit negativen Nachrichten, Meldungen und zweitklassiger Literatur, sondern belebe alle Erfolgserlebnisse und positiven Erlebnisse, alles privat Erfreuliche, um deine Persönlichkeitsstruktur mit angenehmen Schwingungen zu «durchtränken».
   Je mehr Platz du positiven Eindrücken gibst, desto mehr Zeit und Raum entziehst du den negativen Erinnerungen. So «programmierst» du dich zuverlässig auf Erfolg.

4. Die beste Zeit, um dein Unterbewusstsein mit positiven Eindrücken zu «imprägnieren», ist fünf bis zehn Minuten vor dem Einschlafen, ebenso die gleiche Zeit unmittelbar nach dem Erwachen.

5. Suche dir Zielbilder, die du kraft deiner positiven Gedanken mit geistiger Energie lädst. Versuche dann, deine Ziele mit allen fünf Sinnen zu erfassen und zu konkretisieren. So bekommst du das nötige Gefühl der Sicherheit, um deine Ziele verwirklichen zu können.

Selbstentfaltung durch Traumsteuerung

Diese Überlegungen haben Konsequenzen auf deinen Umgang mit deinen Träumen. Träumen ist ein Ausgleichsmechanismus, der auf höherer Ebene deine Zufriedenheit dadurch herstellt, dass er dich all das erleben lässt, was dir der Tagesablauf «nicht gegönnt» hat. Dadurch bleibt dein inneres Gleichgewicht zwischen «Haben wollen» und «tatsächlich Erreichen» gewahrt. Darum träumen beispielsweise arme Menschen von viel Geld und Reiche von Gesundheit und Freizeit. Der Traum ist die Bildersprache des Unterbewusstseins. Das kannst du nutzen. Deshalb folgende Ratschläge:

6. Nutze die höhere Weisheit der Traumfunktion für die Entspannung während des Tages, denn du kannst deine Träume auch steuern: All das, was noch nicht ist, solltest du dir vorstellen, damit es in dir werden (wachsen) kann. Dadurch, dass du das Fehlende als Fantasiebild in dir erschaffst, erwirbst du die Fähigkeit, es draußen leichter zu finden und zu erkennen. Alles, was du brauchst, ist irgendwo in irgendeiner Weise bereits vorhanden. Schaue dich um!

7. Präge dir dein Unterbewusstsein mit positiven Bildern. Wenn die positiven Bilder mehr als 50 Prozent einnehmen, beginnst du zu siegen. Die sichtbaren Resultate des Tages sind nur die Spitze des Eisbergs.
   Durch Erfolgsbilder können wir unser Unterbewusstsein in eine gewünschte Richtung programmieren und nach Erfahrungsauswertung Richtungsänderungen vornehmen. Das gedankliche Festhalten von Erfolgserlebnissen hilft, «die motivierenden Wellenlängen» öfter aktivieren zu können.

8. Steuere beim Einschlafen die Traumrichtung und -ebene selbst. Jeder ist seines Glückes Schmied. Gedanken erzeugen Bilder, Bilder innere Eigenschaften, Eigenschaften führen zu Fähigkeiten, Fähigkeiten zu Taten. Mit Worten und Taten formst du dein Schicksal selbst. So erhebst du dich nach und nach über die momentanen Umstände und schaffst innere und äußere Freiheiten.

Geistige Arbeitstechniken

Damit du diese Dinge tatsächlich praktizieren kannst, solltest du dir einige Arbeitstechniken für den Alltag angewöhnen. Es sind nicht viele, aber ihre Wirkung kann gewaltig sein:

1. Verwende Merkzettel zur Einübung derzeit wichtiger Eigenschaften, wie zum Beispiel: Lerne schweigen; verstärke Erfolgreiches; erschaffe Zielbilder.

2. Achte auf deine geistige Wellenlänge und womit du deine Gedanken nährst. Tausche Illustrierte, zu viel Fernsehen und zweitklassige Literatur gegen Erfolgsliteratur und Literatur über positives Denken aus.

3. Unterscheide täglich Wichtiges und Unwichtiges. Lege in das Wichtige gedanklich mehr Absicht hinein und verbessere ständig deine Einstellung in diese Richtung. Unsere Einstellung ist ausschlaggebend für den raschen Erfolg unseres Tuns.

4. Denken heißt erschaffen. Gedanken sind Urbilder, die sich verwirklichen. Gedanken, die sich schneller realisieren sollen, müssen wir nur in ein Vorstellungsbild kleiden, und wir haben den Realisierungsprozess beschleunigt.
   Der Mensch, der mehr in Bildern denkt, wird zu einem mächtigen Baumeister seiner Welt. Er leitet so seine täglichen Aufmerksamkeiten direkter auf wesentliche Punkte. Vorstellungskraft sammelt die Konzentration in geordneten Zielbildern und ist sehr wirksam bei jeglicher Vorplanung bis dahin, damit wir das Bildhafte dann auch leichter und wirksamer tun können.

Durch Bilder verwirklicht sich jeder Gedankenvorgang. Das Denken besteht aus einer Reihe fortschreitender Bilder, welche zusammen zu einer Handlung führen können. Der Gedanke ist also die erste Tat. *Arbeite daran, wie sich deine Vorstellungen verwirklichen könnten. Jeder positive Entschluss intensiviert unsere Geisteskräfte beachtlich.*

Wenn du so deine innere Entfaltung vorantreibst, solltest du dich gleichzeitig auch mit der äußeren Umsetzung beschäftigen. Ob es um deine ständig zunehmenden Sprachkenntnisse oder um deine langsam anwachsenden geistigen Fähigkeiten geht, besteht die «Praxis» in beiden Fällen oft darin, ein Gespräch mit dem nächsten Menschen zu führen, den du triffst.

Mache dir bewusst, dass alle zusätzlich in diesem Buch gelehrten Faktoren das Lernen motivierend unterstützen, die Sinnfragen verbessern und die wichtigste Voraussetzung, die innere Einstellung zum Lernen und Leben, entwickeln helfen. Sie sind unverzichtbar, und oft bringt erst zweimaliges Lesen des Buches die richtige geistige Verdauung und Vertiefung und so das richtige Verständnis.

Verstehen ist wichtiger als lernen.

III. Lerntechniken für Fortgeschrittene

Ein ganzes Tablett von Übungen

Was jetzt kommt, ist Fleißarbeit für Profis und solche, die es werden wollen. Die Lernprinzipien sind erklärt, und wenn man kleine Wunderwerke der Gedächtniskunst erschaffen will, muss man sich – tut mir Leid, es sagen zu müssen – die weiteren Begriffe einpauken.

Als Vorprüfung für Profis bitte ich dich aber, die folgenden Übungen auf der Basis des 20er-Schlüssels (Seite 85) vorzunehmen, denn sie helfen dir, die Begriffe richtig im Kopf zu speichern. Es ist klar, dass dir der Zahlenschlüssel, also das numerische Merken, dabei eine wichtige Hilfe sein soll. Einige Übungen dienen der Rekapitulation der Merktechnik, andere Übungen solltest du dir dauerhaft merken. Die Übungen kannst du dir mit Hilfe des Stoffes aus dem Unterricht oder des Fischer Weltalmanachs selbst zusammenstellen. Die zweite Übungsreihe legt die Grundlagen zur Verbindung von Gedächtnistraining mit Rhetorik, Formulierungstraining sowie Konferenz- und Verhandlungstechniken – natürlich alles ohne Stichwortmanuskript.

Übungen:

- Merke dir 20 beliebige Gegenstände!
- Mache dir einen Tages- oder Wochenplan mit 20 Erledigungen und erlerne ihn, bis du ihn mühelos erfassen und wiedergeben kannst!
- Mache dir eine Einkaufsliste verschiedenster Art, die du jederzeit im Kopf abrufen kannst!

- Mache dir eine Teilnehmerliste mit 15 bis 20 Personen und gib sie richtig wieder!
- Merke dir die Klingelschilder eines Hochhauses von Stockwerk 1 bis 10 und gib die Namen richtig wieder!
- Lege eine Reiseroute und/oder eine Wegbeschreibung mit 20 aufeinander folgenden Positionen fest und gib sie der Reihenfolge nach vor- und rückwärts wieder!
- Zähle die einzelnen Gegenstände eines Erste-Hilfe-Koffers, einer Werkzeugkiste oder eines Nähkästchens numerisch auf!
- Speichere eine Bestsellerliste aus dem «Spiegel» oder «Focus» mit 15 oder 20 Titeln und gib sie mit Verfasser richtig wieder!
- Merke dir numerisch eine CD mit allen Liedertiteln!
- Merke dir das Kinoprogramm deiner Stadt (oder einer Großstadt, wenn du in einem kleineren Ort lebst) mit Filmtheater und Filmtiteln und gib sie richtig wieder!
- Merke dir innerhalb von 15 Minuten 10 bis 20 Städte eines Landes in der Reihenfolge ihrer Größenanordnung!
- Merke dir die 20 größten Länder, Flüsse und Bauwerke der Erde!
- Merke dir die 10 oder 20 der bedeutendsten Literaturklassiker der Welt!
- Merke dir 10 bis 20 wichtige Opern!
- Merke dir 10 bis 20 bedeutende Forscher und Erfinder der Weltgeschichte und das, was sie hervorgebracht haben!
- Merke dir 20 verschiedene Automarken, Messen, Museen oder Zootiere in der Reihenfolge, wie du sie miteinander koppeln kannst!
- Merke dir die 20 wichtigsten Exportartikel eines beliebigen Landes!
- Merke dir 20 Baumsorten!

- Merke dir 20 Blumensorten!
- Merke dir 20 Sportgeräte!
- Merke dir 20 verschiedene Artikel in der richtigen Anordnung, die du nur kurz in einem Schaufenster gesehen hast!
- Merke dir 20 Gesichter mit Namen in der Reihenfolge nach einer Nummer oder einem bestimmten Platz!

Übung:

- Du solltest in der Lage sein, 20 hintereinander folgende Jahre deines Lebens (weniger oder mehr, je nach Zahl deiner Lebensjahre) numerisch aufzuzählen und zu jeder Zahl ein positives und freudiges Ereignis, das sich in diesem Jahr abgespielt hat, zu nennen. Fange im 4. oder 5. Lebensjahr an.
- Speichere diese Liste ein und teste dich einige Tage später bei einer entspannten Gelegenheit, wie zum Beispiel bei einem Spaziergang in unbelebter Gegend, ob du die Dinge abrufen, gedanklich weiterverarbeiten und neue Erkenntnisse und tiefere Einsichten bildhaft symbolisch dazu addieren kannst. Natürlich solltest du die Symbolbilder bei Bedarf wieder zurück in eine sprachliche Formulierung bringen können.
- Teste dich, ob es dir gelingt, eine Anordnung wichtiger Ideen als Aufbau zu einer Rede zusammenzustellen und stichwortartig (oder länger numerisch) einzuspeichern. Ist dieser Schritt gelungen, dann wäre der nächste Übungsschritt, ob du dich zum Beispiel vor dem Spiegel bei Geräuschablenkung (Plattenspieler, Radio etc.) trotzdem sicher erinnern und alles vortragen kannst. Danach teste dich vor einem kleineren und später vor einem größeren Publikum.

Die Oberstufe – der 100er-Schlüssel

Die Oberstufe des modernen Gedächtnistrainings – das ist die volle Beherrschung des 100er-Schlüssels. Jetzt merken wir uns nämlich neben den bekannten Bildern zu den Zahlen außerdem noch Buchstaben. Warum? Weil die reine Verbilderung der einfachen Zahlen nicht ausreicht, um sich kompliziertere Dinge zu merken.

Die Ziffer 1 kann man sich als Kerze und die 2 als Schwan vorstellen, aber was machst du mit der Zahl 357020? (Das wäre die Quadratmeterfläche der Bundesrepublik.) Schwierig. Bis du dir da eine Bildergeschichte gebastelt hast, ist der Schultag um. Im Grunde ist dies eine reine Fleißaufgabe.

Deshalb habe ich eine Merkmethode entwickelt, die mit Mitlauten (Konsonanten) arbeitet. Das Prinzip bleibt gleich, aber die Zwischenstufe hilft uns, für komplexere Dinge einfache Bilder zu entwickeln. Wir merken uns also die Buchstaben zu den Zahlen, und damit wir uns die Buchstaben besser merken können, gibt es auch ein «Bild» dazu.

Hier der Buchstaben-Code als Merkliste: Links findest du die Zahlen, in der Mitte die Konsonantenkombination und rechts ein Bild. Achtung: Jetzt wird's tricky …

Der Buchstaben-Code – der zweite Zahlenbilderschlüssel

1 =	t, d	= Tee	6 =	j, ch, sch	= Schuh
2 =	n	= Noah	7 =	k, g	= Kuh

3 =	m	= Oma	8 =	f, v	= Vieh(herde)
4 =	r	= Reh	9 =	p, b	= Bau
5 =	l	= Löwe	0 =	s, z	= Tasse

Ohne Zahl sind die Buchstaben

a, e, i, o, u.

Aber man kann sich die Selbstlaute leicht merken mit dem Satz:
«Annas Eimer ist oben undicht.»

Wenn du dir diesen Code von 1 bis 9 plus 0 gut einprägst, dann schaffst du in ein bis zwei Stunden den Sprung, dir Zahlenbilder von 21 bis 100 zu merken. Nach dieser kleinen Mühe wird dein weiteres Lernen zum Kinderspiel, denn du besitzt 100 «Speicherplätze»!

10 =	Tasse	(wie bei der 0)
11 =	td	= Teddy
12 =	tn	= Tanne
13 =	td, m	= Dom
14 =	tr	= Tor
15 =	tl	= Tal
16 =	tsch	= Tasche
17 =	tg	= Tag (oder Dogge)
18 =	tf	= Tiefe
19 =	tp, b	= Taube
20 =	ns	= Nase

Damit du mit dem neuen System besser zurecht kommst und um Zeit zu sparen, kannst du die bisherigen Symbole 1 bis 20 (also Kerze, Schwan bis Schlitten) beibehalten. Dann lernst du das neue

Code-System einfach erst ab der Zahl 21 (Note), denn die unteren Ziffern benötigst du erst sehr viel später!

Wie geht man jetzt mit dem neuen Zahlenschlüssel um?

Wenn du die Zahl 21 schreibst oder denkst, so solltest du (nach Erlernung des Buchstaben-Schlüssels von 1 bis 10) sofort Folgendes denken:

2	=	n
1	=	t

Folglich ist 21 = nt. Wenn du diese beiden Buchstaben pro Zahl erst einmal weißt, fallen dir die Vokale als Füllmaterial sofort ein. Also:

21	=	nt	=	Note
22	=	nn	=	Nonne
23	=	nm	=	Name
24	=	nr	=	Nero
25	=	nl	=	Nil
26	=	nsch	=	Nische
27	=	nk	=	Nacken
28	=	nf	=	Neffe
29	=	nb	=	Nabe
30	=	ms	=	Maus

Sieh bitte jeden der Begriffe von Note bis Maus in einem Bild. Behalte dieses Bild immer bei. Jetzt fällt es dir sicher ganz leicht, sich 10 Dinge mit der ganzen dazugehörigen Nummerierung zu merken. Da das Grundsystem hier etwas komplexer ist, merken wir uns zunächst damit ganz einfache Dinge. Nehmen wir an, du gehst zum Gärtner und kaufst Folgendes:

21 (Note)	:	1 Bund gelbe Rüben
22 (Nonne)	:	1 Kiste Futterrüben
23 (Name)	:	1 roten Rettich
24 (Nero)	:	weißen Rettich
25 (Nil)	:	Radieschen
26 (Nische)	:	Spargelstangen
27 (Nacken)	:	Schwarzwurzel
28 (Neffe)	:	1 Sack Kartoffeln
29 (Nabe)	:	1 Sellerieknolle
30 (Maus)	:	1 Kopf Weißkraut

Bei dieser Übung kommt es darauf an, sich die zu merkenden Gemüsearten gut bildhaft vorzustellen. Einige sind sich sehr ähnlich und können dadurch nur durch exaktes bildhaftes Vorstellen unterschieden werden, wie zum Beispiel roter und weißer Rettich oder Spargel und Schwarzwurzel. Jetzt teste dich selbst:

21 = nt = Note = 1 Bund gelbe Rüben
22 = ____ = ______________ = ______________________
23 = ____ = ______________ = ______________________
24 = ____ = ______________ = ______________________
25 = ____ = ______________ = ______________________
26 = ____ = ______________ = ______________________
27 = ____ = ______________ = ______________________
28 = ____ = ______________ = ______________________
29 = ____ = ______________ = ______________________
30 = ____ = ______________ = ______________________

Um dir ein genaues Bild dieser komplexeren Übung zu geben, zeige ich dir ein paar Verknüpfungsvorschläge:

21: Wir hängen den Bund gelbe Rüben einfach über den Notenständer, so dass wir deutlich die Noten unter den gelben Rüben sehen.

22: Die Nonne hat im Klostergarten auf dem Feld gearbeitet und kommt von dort gerade mit einer großen Kiste Futterrüben herein. Die Kiste ist so voll, dass einige Rüben herausfallen und über den Boden rollen.

23: Stelle dir das Namensschild an deiner Wohnungstür vor. Nehmen wir an, das Namensschild ist nicht ganz an die Wand geschraubt, so dass zwischen Schild und Wand eine Lücke ist. Jetzt kommst du nach Hause und reibst mit dem roten Rettich einige Male über das Namensschild, und der Rettich ist fertig geschnitten.

24: Wir sehen den Kaiser Nero mit seiner Leier in der Hand. Jetzt nimmt er einen weißen Rettich und drückt ihn durch die Saiten der Leier. Jetzt ist der weiße Rettich fertig geschnitten, und er braucht ihn nur noch zu salzen.

25: Wir sehen den Nil vor uns mit Palmen und Pyramiden im Hintergrund und Krokodilen darin. Du wirfst eine Hand voll Radieschen ins Wasser. Die Krokodile schnappen danach. Doch die Radieschen bleiben ihnen zwischen den Zähnen stecken. Die restlichen Radieschen schwimmen auf der Wasseroberfläche.

26: Stell dir eine Nische vor und stelle die ganze Nische voll mit Spargel. Sieh deutlich den Spargel vor dir in der Nische stehen. Setz dich in die Nische und iss den Spargel.

27: Stell dir einen japanischen Sumo-Ringkämpfer vor, mit einem großen Stiernacken. Er hängt sich jetzt Schwarzwurzeln um den Nacken, und der Hals färbt sich dunkel.

28: Stelle dir deinen Neffen vor. Wenn du keinen Neffen hast, so «erschaffe» dir einen. Dieser kommt dich heute besuchen. Er hat einen ganzen Sack Kartoffeln dabei und schüttet dir diese mitten in eurem Wohnzimmer aus.

29: Stelle dir die Nabe an einem Fahrrad vor, also die Mitte des Rades, wo alle Speichen im Mittelpunkt zusammentreffen. Nimm eine Sellerieknolle und klemme sie zwischen die Speichen. Fahre nun los.

30: Du schneidest Weißkraut. Plötzlich siehst du so etwas wie einen schwarzen Faden. Du willst den «schwarzen Faden» entfernen und hältst eine zappelnde und quiekende Maus in den Fingern.

Ich habe die Verknüpfungen hier möglichst bildhaft anschaulich gewählt.

Kommen wir zu den Zahlen 31 bis 40! Bei der Zahl 31 fallen dir sicher sofort die Buchstaben mt ein und dann das Wort Matte.

31	=	mt	=	Matte
32	=	mn	=	Mohn
33	=	mm	=	Mumie
34	=	mr	=	Meer
35	=	ml	=	Maul
36	=	msch	=	Masche
37	=	mk	=	Mücke
38	=	mf	=	Muff
39	=	mp	=	Mappe
40	=	rs	=	Rose

Versuche es noch einmal im Kopf mit geschlossenen Augen (später geht es auch mit offenen Augen) herzusagen. Siehst du Matte, Mohn, Mumie etc. deutlich und bildhaft vor deinem inneren Auge? Gut, dann kommt die nächste Übung:

Übung:

Verknüpfe rasch, spontan, bildhaft und lebhaft anschaulich!! Schreib dir vielleicht zum Anfang deine Geschichten auf Papier!

Übung:

Mache kurz die Gegenprobe und trage die richtige Zahl ein:

Meer = ____________________

Maul = ____________________

Matte = ____________________

Mohn = ____________________

Mappe = ____________________

Mumie = ____________________

Rose = ____________________

Muff = ____________________

Masche = ____________________

Mücke = ____________________

Gut so! Und jetzt nehmen wir einmal an, du fährst nach dem Gemüseeinkauf bei der Forstverwaltung vorbei und kaufst für deinen Garten folgende Bäume und Sträucher in *numerischer* Reihenfolge:

31	=	mt	=	Matte	=	eine Weißtanne
32	=	mn	=	Mohn	=	eine Rottanne
33	=	mm	=	Mumie	=	eine Eiche
34	=	mr	=	Meer	=	ein Ahornbaum
35	=	ml	=	Maul	=	eine Eberesche
36	=	msch	=	Masche	=	eine Buche
37	=	mk	=	Mücke	=	eine Linde
38	=	mf	=	Muff	=	ein Haselnussstrauch
39	=	mp	=	Mappe	=	ein Walnussbaum
40	=	rs	=	Rose	=	ein Kaktusbaum

Hauptsymbole für Koppelungen: 100er-Schlüssel

Zahl	Bild
1	Kerze
2	Schwan
3	Dreizack
4	Kleeblatt
5	Hand
6	Elefant

Zahl	Bild
7	Wimpel
8	Sanduhr
9	Schlange
10	Golfschläger und -ball
11	Spaghetti
12	Uhr

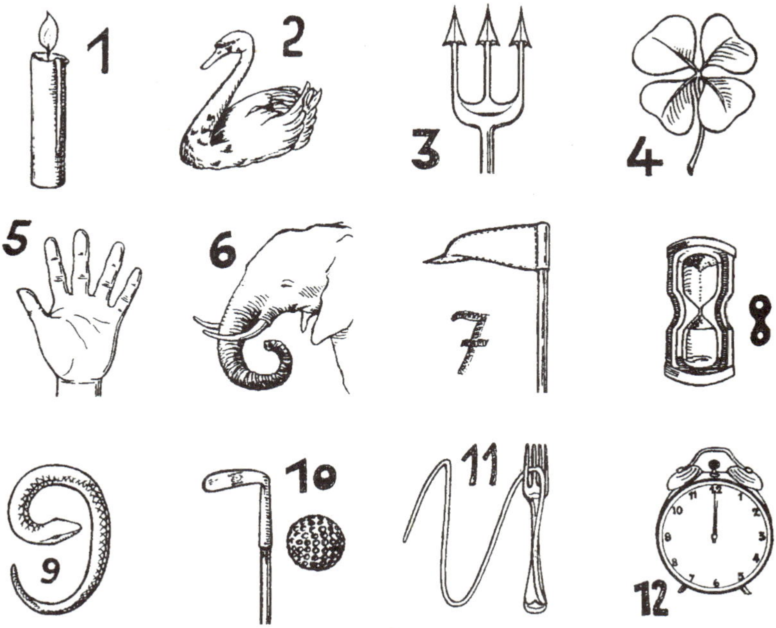

13 Katze
14 Blitz
15 Aufzug
16 Haken
17 Dreieck
18 Baum mit zwei Starenhäusern
19 Luftballon
20 Schlitten und Schneeball
21 Note
22 Nonne
23 Name
24 Narr
25 Nil
26 Nische (Erker)
27 Nacken
28 Neffe
29 Nabel
30 Maus
31 Matte
32 Mohn
33 Mumie
34 Meer
35 Maul
36 Masche
37 Mücke
38 Muff
39 Mappe
40 Rose

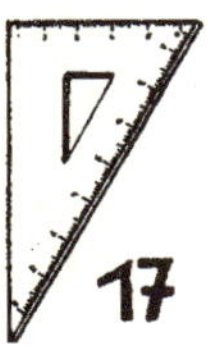

25

26

27

28

29

30

31

32

33

34

35

36

3 7

38

39

40

41 Rad
42 Rinne
43 Rahm
44 Rohr
45 Rolle
46 Rüsche
47 Rock
48 Riff
49 Rabe
50 Lasso
51 Latte
52 Leine
53 Lama
54 Lehrerin
55 Lilie
56 Lasche
57 Lack
58 Lava
59 Lippe
60 Schatz
61 Schutt
62 (Geld-)Schein
63 Schwamm
64 Schere
65 Schal
66 Scheich
67 Scheck
68 Schiff
69 Schippe
70 Käse
71 Kitt
72 Kanne
73 Kamm
74 Karre
75 Kohle
76 Koch
77 Kuckuck
78 Kaffee
79 Kappe
80 Fass

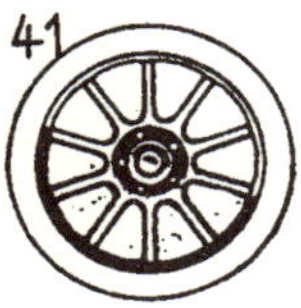

49
50
51
52
53
54
55
56
LACK
57
58
59
60
61
62
50
63
64
65
67
68
71
KIT
72

81	Fett	91	Boot
82	Finne	92	Bohne
83	Familie	93	Baum
84	Fuhre	94	Bar
85	Feile	95	Ball
86	Fisch	96	Busch
87	Feige	97	Bock
88	Vivil	98	Apfel
89	Fibel	99	Puppe
90	Bus	100	As

85

86

87

88
VIVI
aturliches Pfeff

89
A
B
ÄPFEL

90
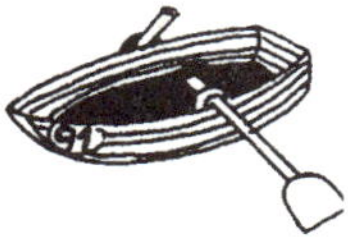
91

92

93

95

96

97

98

99

A 100 A
100
100

Die Hohe Schule – abstrakte Formeln

Kürzlich sprach mich ein Freund wegen medizinischer Begriffe an. Also befasste ich mich etwas mit abstrakten Wörtern, Apotheken-Listen, Arzneien und dergleichen.

Generell habe ich – auch in den Kursen – festgestellt, dass du dir leichter etwas darunter vorstellen kannst, je besser du weißt, was das jeweilige Fremdwort bedeutet. Deshalb ist es gut, bei jedem Fremdwort, das man nicht kennt, sofort zu einem Lexikon zu stürzen und die Bedeutung nachzuschlagen. Für ein rasches Nachschlagen ist natürlich die hundertprozentige Kenntnis des Alphabetes Voraussetzung. Die ganze Gedächtnistechnik beruht auf der «Verbilderung», entweder, weil dir ein Bild zum jeweiligen Gegenstand einfällt, oder weil dir «lautmalerisch» etwas anderes dazu einfällt. Zur Aminosäure könnte dir auch das Rhino(zeros) einfallen. Man nennt diese Technik auch Assoziationstechnik (lateinisch-französisch = Vereinigung). Also: Je klarer du ein Wort oder einen Begriff verstanden hast, desto leichter und besser lässt sich eine bildhafte Vorstellung in der Fantasie davon anfertigen.

Wenn du zum Beispiel bei Worten, die aus dem Lateinischen kommen, auch noch das Wort in Teile zerlegen und die genaue Bedeutung der Wortwurzeln herleiten kannst, umso besser. Dies ermöglicht die klarste und unmissverständlichste Art bildhafter Verknüpfung. Gerade bei abstrakten Wörtern haben wir etwas mehr Arbeit, daraus eine Geschichte, die bildhaft merkbar ist, zu konkretisieren. Je besser du im Konkretisieren, Veranschaulichen, also «Verbildern» bist, desto leichter funktioniert Gedächtnistraining.

Darum solltest du auch abstrakte Worte möglichst in einen beliebigen Sinnzusammenhang oder in eine kurze Handlung, ein Beispiel, eine Praxisübertragung, eine Anwendung kleiden. Dies ist ein sehr wertvoller Tipp zum Lernen, doch er sollte geübt und praktiziert werden. Gedächtnisfähigkeit besteht mitunter auch aus Motivation und Übung. In Entspannung lernst du grundsätzlich leichter.

So macht Lernen Spaß!

Gehen wir gleich an die schwereren Sachen, zum Beispiel an den Chemie-Unterricht. Wir fangen jetzt an, mit der Summe der erlernten Techniken zu arbeiten. Im Folgenden zeige ich, wie man auch «trockenen» und abstrakten Themen Leben einhauchen kann.

Dabei solltest du aber zuerst sicher sein, dass du die Grundbausteine (die Buchstaben, Abkürzungen) deiner Formeln klar verstanden hast.

Also:

H = Wasserstoff, also ein farbloses Gas, das bei der Entstehung unserer Erde hauptbeteiligt war.
(HYDROGENIUM)

C = Kohlenstoff, zum Beispiel erhärtet im Diamanten, meist fest vorkommend unter anderem auch im Graphit des Bleistiftes.
(CARBONIUM)

N = Stickstoff, Gas zu 70 Prozent in der Luft, dient den Pflanzen als Nahrung.
(NITROGENIUM)

O = Sauerstoff, wird von unserer Lunge aufgenommen.

S = Schwefel, dunkelgelb, fest zum Beispiel in Schwefelstäbchen, mit denen Weinfässer ausgeschwefelt (geräuchert) werden.

CH = Kohlen-Wasserstoff-Verbindung

Jetzt setzt du die Buchstaben ihrer Bedeutung entsprechend in ein Bild um:

= H: eine feine Gaswolke im All vor Entstehung der Erde.

= C: ein Diamant mit einem C eingeritzt, den wir evtl. auch am Karneval am großen Zeh tragen könnten.

= N: ein Baum, der von Nitrogenium (Stickstoff) lebt, und deshalb haben wir das N in den Stamm geritzt

= O: Oxigenium (Sauerstoff) – O auf der Lunge abgebildet, erinnert uns an Sauerstoff

Dieses Grundbild sollten wir uns bildhaft an die Wand oder an eine Tafel gemalt vorstellen können:

- Oben geht es los mit einem Diamanten, in den ein C eingeritzt ist (wir werden so an Kohlenstoff erinnert), dann folgen 2 Lungen mit einem O darauf (wir werden an Oxigenium, also an lebenswichtigen Sauerstoff erinnert) und dann folgt eine H-förmige Gaswolke (H = Hydrogenium = Wasserstoff).
- In der Mitte darunter ist wieder ein Diamant. Daneben rechts eine H-Wolke. Daneben links eine H-Wolke plus ein

Schwan, der von der Form her die Zahl 2 symbolisiert und anzeigt, dass die linke H-Wolke zweimal vertreten ist. Neben dem Schwan ist ein Baum, mit dem N für Nitrogenium (Stickstoff) darin.

= S: für Schwefel – wir stellen uns ein s-förmig gebogenes Schwefelstäbchen vor.

Jetzt lernen wir einige Aminosäuren

Der Grundbaustein der häufigsten Aminosäuren sieht so aus:

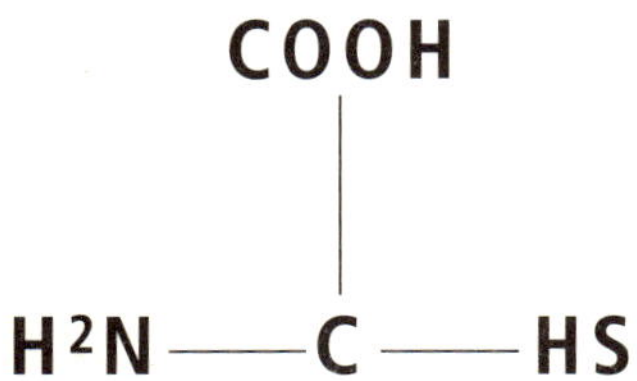

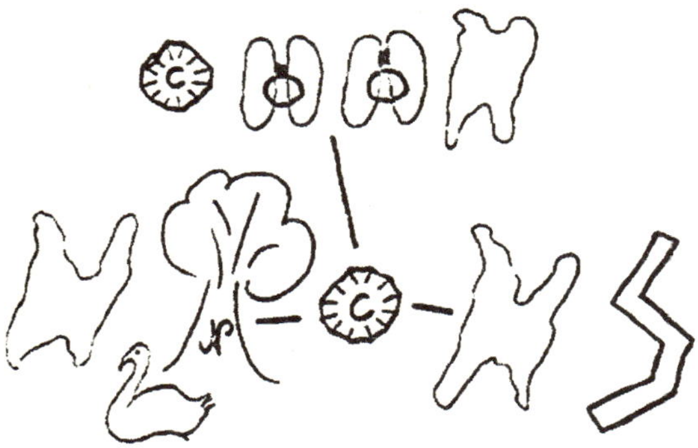

Da dieser Grundbaustein immer (einzige Ausnahme ist Prolin) vorkommt, malst du ihn auf, um ein genaues Bild davon zu bekommen.

Jetzt machst du einmal eine Pause und kontrollierst, ob du dir dieses Bild oft, spontan und sicher vorstellen kannst. Wenn wir die Grundform sicher haben, speichern wir die gesamten «Rattenschwänze», die wir an die Grundform anhängen.

Zum Beispiel Alanin:

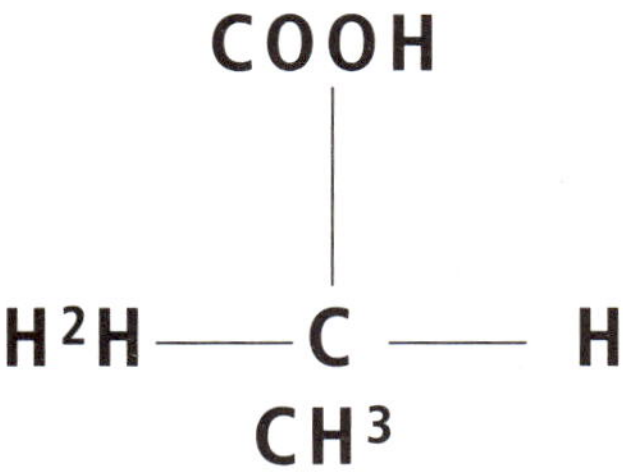

Als Eselsbrücke siehst du einen Mohammedaner (denn Alanin erinnert dich an Allah), der einen Schnarchlaut «CH» von sich gibt und sich dreimal dabei gen Osten verbeugt = CH^3, oder der einen Diamanten in der Hand hält und mit seiner Tabakpfeife 3 schöne H-förmige Wolken bläst.

Valin und Leuzin solltest du nicht verwechseln:

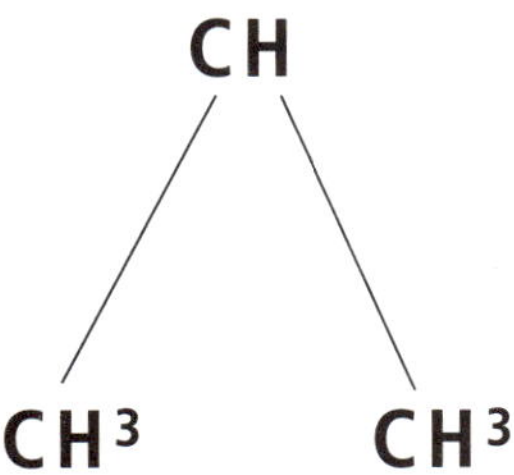

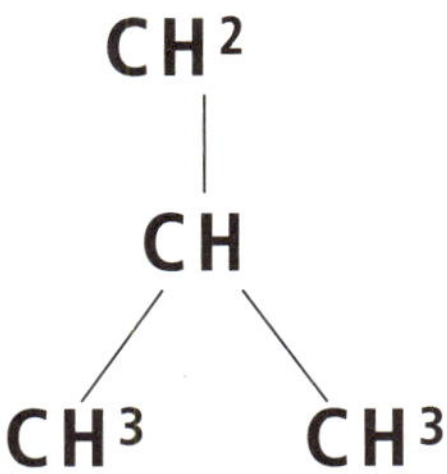

Gehen wir einmal ein paar Beispiele durch. Ich habe hier eine Reihe von Aminosäuren aufgezeichnet:

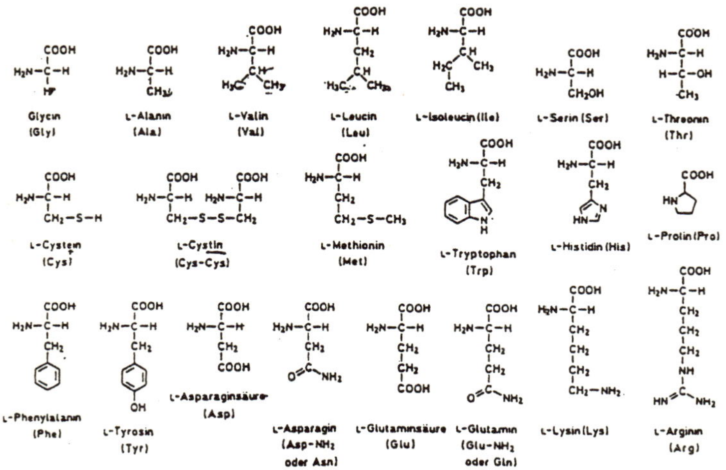

Wir müssen jetzt nicht alle behandeln, aber wir gehen einfach einmal ein paar Beispiele durch:

- Valin ist leicht zu merken: Wir denken uns 3 Araber, und nur 2 davon haben ein dreiblättriges Kleeblatt.
- Aber bei Len*cin* machen die Leute vor die drei Burschen noch ein CH^2 hin (mit dem Reim merken).
- Bei Isolencin ist das CH^2 wieder wegisoliert, dafür bekommt es noch eine Isolierschicht mit CH^3 verpasst.
- Bei Serin gibt es nur eine Serie von vier Buchstaben hin: CH^2OH (ein Scharchlaut, ein Schwan, und ein OH-Seufzer).
- Bei Threorin haben wir es wieder leicht: Wir erhalten noch einen Diamanten, an den 3 (englisch: *three*, daran merken wir uns auch das Th) Hs angehängt sind: links ein H, rechts ein OH und unten CH^3.

- Bei Cystein: Cyst klingt wie Gerüst. Wir stellen uns ein Gerüst vor.
- Damit wir Cystein nicht mit Cystin verwechseln, stellen wir bei Dystein ein Tablett auf das Gerüst hin. Auf dem Gerüst gibt ein Maurer einen Schnarchlaut von sich, ein Schwan läuft ihm über den Bauch, der Maurer macht S… in die Hosen, erwacht, erschrickt: H (stößt den H-Laut aus).
- Bei Cystin sind es 2 Gerüste, die dicht beieinander stehen. Zwischen den beiden Gerüsten liegen 2 Schwefelstäbchen, rechts und links flankiert von zwei Schläfern (Schnarchern) mit Schwan.
- Lysin: Die Liese schnarcht viermal auf dem Schwanenbett, erwacht, sagt N (nein) lauscht H (Hä? wie bitte) und schüttelt zweimal den Kopf.

Das periodische System der Elemente in 20 Minuten

Bei einem Wochenendkurs für Fortgeschrittene hatten wir gerade eine Speisekarte und ein Inhaltsverzeichnis eines Buches mit den Zahlensymbolen von 50 bis 100 numerisch eingespeichert, und jeder konnte es mühelos und lückenlos wiedergeben. Da zückte eine Schülerin das periodische System der Elemente: «Das soll ich in der Schule können. Das muss ich auswendig lernen.» Ich sah mir das Ganze an, und sie meinte, dass sie nur die großen acht Elemente-Gruppen auswendig können müsse.

Periode	I	II	III	IV	V	VI	VII	VIII
1 K-Schale	H Wasser- stoff							He Helium
2 L-Schale	Li Lithium	Be Beryl- lium	B Bor	C Kohlen- stoff	N Stick- stoff	O Sauer- stoff	F Fluor	Ne Neon
3 M-Schale	Na Na- trium	Mg Magne- sium	Al Alumi- nium	Si Silicium	P Phos- phor	S Schwe- fel	Cl Chlor	Ar Argon
4 N-Schale	K Kalium	Ca Calzium	Ga Gallium	Ce Germa- nium	As Arsen	Se Selen	Br Brom	Kr Krypton
5 O-Schale	Rb Rubi- dium	Sr Stron- tium	In Indium	Sn Zinn	Sb Antimon	Te Tellur	J Jod	Xe Xenon
6 P-Schale	Cs Cae- sium	Ba Barium	Tl Thal- lium	Pb Blei	Bi Wismut	Po Polo- nium	At Astat	Rn Radon
7 Q-Schale	Fr Fran- cium	Ra Radium						

Jetzt bist du sicher gespannt, wie wir das gemacht haben. Doch vorher bitte ich dich, kurz einen Test zu machen.

Übung:

Präge dir bitte nur die Wortketten der Gruppe I und II ganz normal (ohne Verbilderung) ein und stoppe die Zeit. Du wirst nämlich später feststellen, dass du diese Begriffe auch in einem Zehntel der normalen Zeit lernen kannst. Ehrenwort! Blättere also zurück und lies erst dann weiter, wenn du nur eine (also die Senkrecht-Wortkette I oder eine andere) normal gelernt hast.

Übe das bitte zehn Minuten lang.

Wie kann man im Gedächtnistraining vorgehen?

Wir sehen die Elementenschalen untereinander als die K-

Schale, L-Schale und so weiter, also: K, L, M, N, O, P und Q. Diese Buchstabenfolge verwandelte ich kurzerhand in einen Satz, dessen Anfangsbuchstaben die Schalen in der Reihenfolge ergeben:

Kaufe langen Mantel nie ohne prima Qualität.

Nachdem wir die Schalen untereinander hingeschrieben haben, schreiben wir waagrecht die Zahlen I bis VIII.

Nun sieht man auf Anhieb, dass sowohl die erste (I) und letzte (VIII) Elementenkette oben beginnt (also K-Schale) und alle dazwischen liegenden in der zweiten waagerechten Reihe anfangen (also L-Schale). Damit haben wir auch schon das Gerüst, das wir brauchen. Der Rest besteht nur noch aus einigen leichten Koppelketten mit originellsten Kopplungen – kein nachmittagelanges Pauken und ewiges Wiederholen, sondern etwas Witz und Humor, und es sitzt. Also, los gehts:

- Für die Gruppe I nehmen wir das Wort TEE aus dem Zahlen-Buchstaben-Schlüssel (siehe Seite 143). Wir haben bewusst nicht die einfacheren Zahlenbildsymbole 1 bis 8 genommen, da du diese ja sicher öfter wieder benutzt. Wir stellen uns eine Tasse Tee vor, in der Wasserstoff ist. Da kannst du dir die Haare blond färben. Dann kommt Lithium, ein ganz dünnes Metall, aus dem wir ein dünnes Metallband für das Augen*lid* und um den Kopf herum machen. Um das Lithiumband legen wir noch eine (Ringel-)Natter herum.

Dies erinnert uns an Natrium. Die Natter frisst ein paar Haare, und wir sind um den Kopf jetzt etwas kahl herum = Kalium. Die kahlen Stellen schmücken wir mit Rubinen = Rubidium. Die Rubine fassen wir in Käse ein = Caesium. An den Käse hängen wir Fransen. Dies erinnert uns natürlich an Franzium.

Wiederhole ein- oder zweimal die Bildverbindungen, und schreibe sie auf.

- Jetzt kommt Gruppe II. Da wird es noch lustiger. Zahlenbild für II = Noah. Nun, der Noah geht Beeren pflücken. Doch bevor er sie isst, zieht er um jede Beere mit dem Fingernagel eine Rille. Dies erinnert uns an Beryllium. Die Beeren schlagen ihm auf den Magen = Magnesium. Jetzt braucht er eine = Kalzium-Spritze. Die zieht er schnell wieder heraus und schleudert sie auf die Stromleitung; dies erinnert uns an = Stronzium. Jetzt legt er sich auf die Bahre = Barium. Dann ist er wieder fit und fährt mit dem Fahrrad herum = Radium.
- Gruppe III: Zahlenbild: Mai = Maibaum. Mit dem Maibaum bohre ich ins Aluminium = Bor = Aluminium. Das durchbohrte Aluminium bringe ich dem Asterix nach Gallien = Gallium; dieser läuft mit mir in Indien herum = Indium. Wir binden ein Tuch um die Taille = Thallium.

- Gruppe IV: Zahlenbild ist das Reh. Dieses sperren wir in unseren Kohlenkeller = Kohlenstoff; von dort flüchtet es nach Sizilien, das erinnert uns spontan an = Silizium. Es kommt wieder zurück nach Deutschland = Germanium, dort trifft es Zinnsoldaten, die mit Bleikugeln schießen = Zinn = Blei.
- Gruppe V: Zahlenbild ist der Löwe. Er hustet und erstickt fast = Stickstoff.

Dann brennt der Löwe hinterm Ohr = Phosphor. Er springt erhitzt in einen Kessel mit = Arsen; danach könnte man ihn fast auf den Mond schießen. Das will er aber nicht = Antimon. Jetzt weiß er um seinen Mut = Wismut.
- Gruppe VI: Zahlenbild ist der Schuh. Jemand zieht seinen Schuh aus. Ich schnappe nach = Sauerstoff, bekomme aber von ihm einige = Schwefelstäbchen; die stecke ich in eine Seele (langes Weißbrot) = Selen, lege auf den Teller meine Uhr = Tellur.
- Gruppe VII ist am lustigsten: Zahlenbild ist die Kuh. Die Kuh bekommt mit = Fluor die Zähne geputzt, = Chlor zu trinken und Brombeeren zu essen = Brom, wird mit = Jod eingerieben. Jetzt kommt der Bauer und sagt: «Welches Aas tat das?» = Astat.

- Gruppe VIII; die Edelgase sind die letzte große Gruppe. Sie fängt wie die erste wieder in der obersten Reihe an. Kennwort ist das Vieh. Über der Viehherde schwebt der Zeppelin und erinnert uns an = Helium; dann schwebt er um die = Neonleuchte, stößt sich dort arg an = Argon, fällt in eine Krippe = Krypton, geht zum Xerox-Kopierer rüber = Xenon und fährt mit dem Rad davon = Radon.

Überprüfe dich kurz, indem du die Bild-Verbindungen mit dem Text noch mal kurz siehst und nachkoppelst. Überall, wo du gekoppelt und das Bild deutlich gesehen hast, wird es jetzt funktionieren.

Teste dich!

Schreibe auf ein leeres Blatt alle acht Gruppen in der richtigen Anordnung zu den Schalen. Frage einmal Freunde, wie lange sie am periodischen System der Elemente lernen.

Eine echte Erleichterung: Grundsätzlich kannst du so beinahe alle Tabellen merken (sofern nützlich wie hier). Du koppelst nur an das Zahlenbild eine Gruppe, d. h. eine Kette von Bildern. Ein wenig Übung gehört natürlich auch dazu.

Viel Spaß bei weiteren selbst erfundenen Übungen.

Anhang

Im Anhang habe ich einige Übungen und Spiele zusammengestellt, mit denen man sein Gedächtnis trainieren kann. Sie sind sowohl für jüngere Schüler gedacht als auch zum Spielen mit mehreren Personen.

Wie bei allen Dingen in diesem Buch, steckt auch hinter den Spielen und Übungen ein ernster Kern. Wir sollten – um einmal mit Pestalozzi zu sprechen – den sich bildenden Anlagen des Kindes entgegenkommen. Es gilt, Anlagen und werdende Persönlichkeitsstrukturen und Interessenrichtungen des Kindes zu erkennen und zu fördern. Erziehung sollte das Entwickeln vorhandener Anlagen sein und nicht das Hineinstopfen von Wissensmaterial, welches das Kind noch gar nicht mit seinen Fähigkeiten integrieren kann.

Die Welt des Kindes kann anfangs völlig verschieden von der Welt der Erwachsenen sein und nicht der Erwachsenenlogik entsprechen – manchmal zum Leidwesen der Erwachsenen.

Trotzdem dürfen die Erwachsenen/Eltern sich ruhig einmal in die Beobachterrolle zurückziehen oder sich auf die Verständnisebene eines Kindes einlassen, gerade beim Spiel. Sie werden von ihrem Kind vieles in Bezug auf ihre eigene Selbstentfaltung und Selbstverwirklichung lernen können. Vielleicht sehen sie Ähnlichkeiten zwischen ihrer Entwicklung und der Sicht, wie sie die Entwicklung des Kindes beurteilen.

Sicher können die Eltern Fragen an das Kind stellen. Dies sollten sie sogar tun. Während einem Kind das Gedächtnisspiel erklärt wird, sollte es nach seinem Verständnis gefragt werden. Auf jeden Fall sollte man nicht von vornherein die Ideenansätze des Kindes abblocken, nur weil man als Erwachsener sofort erkennt, dass diese nicht so leicht zu realisieren sind. Ein Kind soll probieren können. Es wird aus möglichen Fehlern seine eigenen Erkenntnisse und Schlussfolgerungen ziehen.

Anhang I

Mit folgenden Übungen kannst du auch deinen kleineren Geschwistern, die noch nicht so gut lesen können wie du selbst, beim Lernen helfen.

Wenn dir alle bisherigen Übungen gut gelungen sind, so kannst du dieses Kapitel überspringen. Wenn du deine Geschwindigkeit und Flexibilität beim Verknüpfen von Bildern noch verbessern möchtest, dann bietet die folgende Übung das ideale Grundlagentraining. Nach diesen Übungen werden dir die Eselsbrücken nur so zufallen, ohne dass du nachdenken musst.

Zum Aufbau – für sieben- bis zwölfjährige Schüler

Der folgende Teil für sieben- bis zwölfjährige Kinder hilft deren geistige Anlagen im Nicht-Verbalen auszubauen. Dies ist gut vor allem für die Fächer Geschichte, Erdkunde, Deutsch (Aufsatz schreiben) und alle anschaulichen Denkformen, von denen es mehr gibt, als wir denken. Wenn Kleinkinder in dieser Altersgruppe Einkaufslisten, Bodenschätze eines Landes, Kofferinhalte und jede Menge Gegenstände als Kette frei fantasierend verknüpfen können, entsteht sehr viel Lernspaß. Darüber hinaus können sie leicht und vielseitig mit den Symbolen 1 bis 20 arbeiten und auch das Tieralphabet einsetzen.

Und selbst Erwachsene können beim Üben gewinnen: Sie finden die verloren gegangene Fantasie ihrer Kindheit wieder, die ihnen durch Erziehung und Schule ausgetrieben wurde; sie wird mit einfachsten Zweier-Verknüpfungen stufenweise wiedererweckt, und gleichzeitig werden Kreativität, Flexibilität, Vorstellungs- und Kombinationsgabe gefördert sowie positives Denken und Imaginieren und das so wichtige Lösungsfindungsdenken weiterentwickelt.

Erwachsene und Eltern, aber auch ältere Schüler mit jüngeren Spielgefährten können so im gemeinsamen Spiel viel Fantasie und Kreativität erwerben. Bildkärtchen-Spiele wie Memory und Saga-Land und so weiter unterstützen den positiven Prozess.

Für ganz eilige Leser: Falls du zum Beispiel durch kommende Prüfungen oder Ähnliches unter Zeitdruck bist und trotzdem glaubst, das bisher Geübte gut zu beherrschen, kannst du die Spiele-Übung auslassen. Trainiere jedoch die Spiele zu einem späteren Zeitpunkt nach, da du dadurch die richtige Vertiefung und mehr «Schliff» in punkto Geschwindigkeit der Verknüpfungen erhältst.

Das Gedächtnis-Spiel

Zur Vorbereitung des Spiels kopierst du am besten die folgenden zwölf Bilder heraus und schneidest sie auseinander.

Das Spiel beginnt so, dass ein Elternteil oder Freund die Kärtchen einmal so auslegt, dass von links nach rechts folgende Bilder auf dem Tisch liegen:

Buch – Schaf – Tür

darunter:
Hase – Sektkübel – Fernseher

darunter:
Vogel – Tauchsieder – Teller

dann:
Tisch – Sofa – Kleiderhaken

Bevor ihr anfangt, prüft ihr, ob alle jeden Gegenstand, der auf den Kärtchen abgebildet ist, kennen.

Merke: Gegenstände, die euch nicht bekannt sind, könnt ihr euch nicht oder nur sehr unvollständig merken. Es ist kein Fehler, wenn ihr die Gegenstände der Kärtchen einmal in die Hand nehmt, sie betastet und euch so ein wenig mit ihnen vertraut macht.

Gut, fangen wir an:

Die Bilder liegen auf dem Tisch. Nun liegt zuerst das Buch auf, und dein Gegenüber nimmt das Bild des Aschenbechers und fragt dich, ob du dir vorstellen könntest, dass der Aschenbecher auf das Buch gelegt wird. Kannst du dies nicht, so solltest du dir ein Buch und einen Aschenbecher besorgen und es praktisch ausprobieren, indem du den leeren Aschenbecher auf das Buch stellst. Sobald du dies getan und erkannt hast, lege das Kärtchen des Aschenbechers auf das Kärtchen des Buches. Kannst du dir mit geschlossenen Augen dieses Bild (Buch und Aschenbecher) vorstellen?

Kannst du dir geistig vorstellen, wie du mit dem Aschenbecher auf das Buch klopfst? Oder wie du den Aschenbecher und das Buch auf dem Arm trägst und betastest? Oder kannst du den Aschenbecher eventuell auch in das aufgeschlagene Buch legen oder das Buch in den Aschenbecher?

Nun nehmen wir das zweite Beispiel. Lege die Kärtchen mit

dem Männchen so auf das Kärtchen mit dem Schaf, dass das Schaf darunter noch gut sichtbar ist. Stell dir nun vor, wie das Männchen mit dem Schaf spazieren geht. Deine Zusatzgedanken gelten ebenfalls. Vielleicht kommst du sogar auf die Idee, dass das Männchen auf dem Schaf reitet.

Es genügt eine einzige Gedankenverbindung, um sich eine Beziehung zwischen den beiden Kärtchen vorzustellen. Schmücke diese ruhig aus, ohne dass du jedoch zu weit abschweifst.

Wenn du alle Kärtchen der zweiten Folge schon auf die ersten gelegt und du eine innere Gedankenfolge gesehen hast, so kannst du raten, welche ursprünglichen Kärtchen unten liegen und nun verdeckt sind. Nach dem Raten (bzw. Erinnern der eigenen Bildkoppelungen) darfst du die entsprechende Karte abheben, um nachzusehen und nimmst die beiden Kärtchen zu dir und erhältst (einen oder zwei) Plus-Punkte. Hat dies geklappt, so hast du ein Erfolgserlebnis, und deine Gedächtnisfähigkeit wird rasch zunehmen.

Für jede Kombination, die ihr euch gemerkt habt, gebt ihr euch jeweils Punkte. Wer am Ende die meisten Punkte hat, hat gewonnen.

Du kannst das Spiel mit den Kärtchen auch umbauen. Weitere Kombinationen mit dem Spiel sind leicht möglich, indem du aus fünf oder zehn Kärtchen eine selbst erfundene Geschichte zimmerst. Wenn ihr zu dritt oder viert spielt, könnt ihr auch so vorgehen, dass sich jeder eine andere Geschichte zusammendichtet – am Schluss aber sollte jeder wiedergeben können, welche Bilder er gehabt hat.

Viel Spaß!!

Was ist darunter? Wie baue ich eine Eselsbrücke?

Zur Vorbereitung des Spiels kopierst du am besten die A- und B-Kärtchen heraus und schneidest sie auseinander.

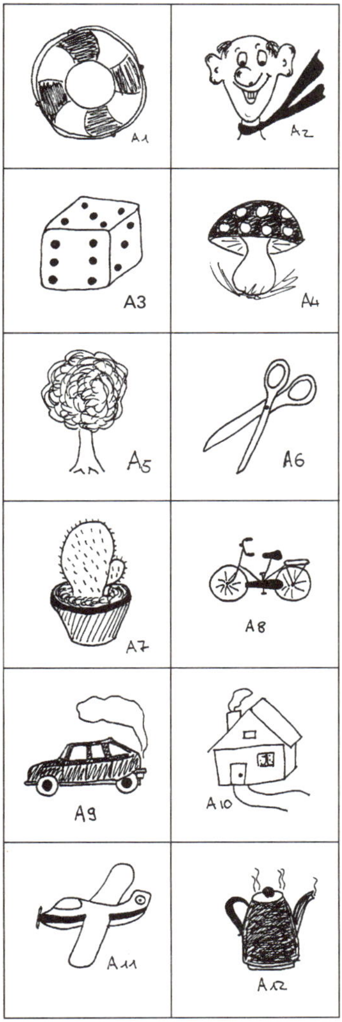

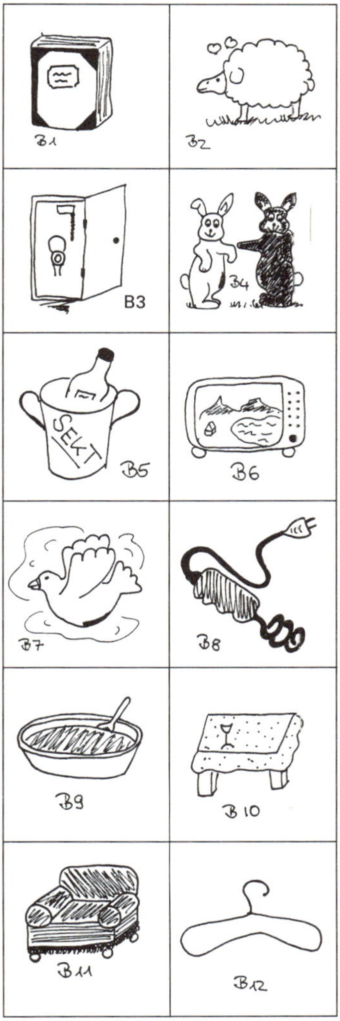

Wir legen die A-Kärtchen in der Reihenfolge untereinander auf den Tisch. Jetzt legen wir die B-Kärtchen in der richtigen Zahlenzuordnung langsam darauf, also das B1-Kärtchen auf das A1-Kärtchen, usw. Beide Spieler versuchen während des Auflegens, zwischen beiden Kärtchen eine möglichst bildhafte Eselsbrücke herzustellen, bei den ersten vier Kombinationen zum Beispiel:

A-Karte + B-Karte ergibt Eselsbrücke

Die Eselsbrücke könnte man sich beispielsweise folgendermaßen denken:

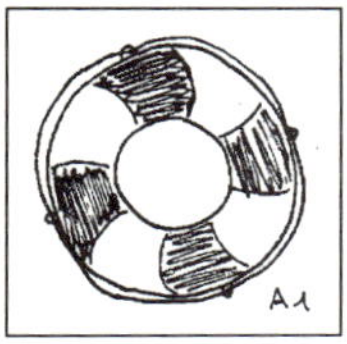

+

=

A1 + B1 = Ich lege das Buch in den Schwimmring und es wird nass.

+

=

A2 + B2 = Das Männchen reitet auf dem Schaf.

Sobald alle A-Kärtchen mit B-Kärtchen abgedeckt sind, geht das Spiel los.

Bilde dir Gedächtnisstützen zu den Eselsbrücken

+

=

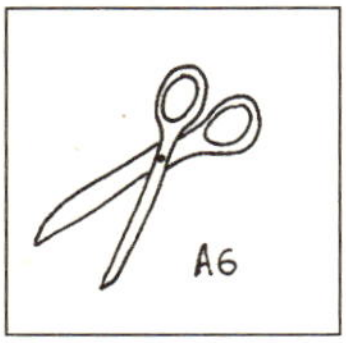

+

=

+

=

+

=

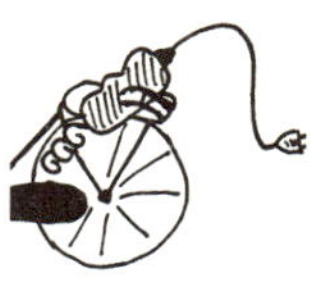

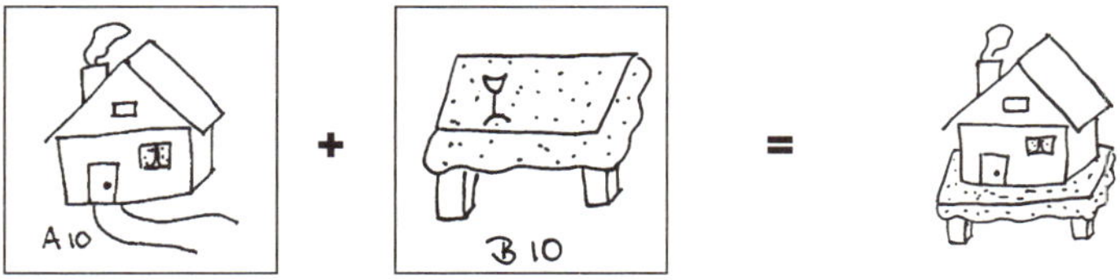

Ein Spieler deutet auf ein Kärtchen und sagt: «Was liegt darunter?» Kann es der Mitspieler erraten, so bekommt er beide Kärtchen. Wer am Schluss die meisten hat, hat gewonnen. Dann fragt der andere Mitspieler: «Was ist darunter?» Kann es der Mitspieler nicht erraten, so bekommt der Frager beide Kärtchen, sofern er selbst weiß, was darunter ist.

Sind alle Kärtchen erraten worden, wiederholen wir das Spiel, indem wir nun die B-Kärtchen hinlegen und diese mit den A-Kärtchen abdecken. Wir spielen also alles noch einmal umgekehrt. Um die Spielvariante etwas zu steigern, legen wir beim nächsten Mal die B-Kärtchen in der richtigen Reihenfolge aus und mischen die A-Kärtchen durcheinander. Haben wir diese genügend gemischt, legen wir sie willkürlich ohne Berücksichtigung der Nummer darauf. Dann fragen wir uns wieder gegenseitig ab.

Nach diesem Spieldurchgang sind das bildhafte Anschauungsvermögen und die Kunst, Eselsbrücken zu bauen, so weit gestiegen, dass wir sowohl A- als auch B-Kärtchen wild durcheinander mischen können. Wir sind nun in der Lage, beliebig zwei Kärtchen, ohne Berücksichtigung von Buchstabe und Zahl, aufeinander zu legen. Diese Spielkombination wird so lange bunt gemischt gespielt, bis beide Spieler so sicher sind und sich die Bilder so gut merken können, dass das Spiel mehrmals mit unentschieden endet.

Spielsteigerung für Fortgeschrittene

Alle Kärtchen werden wieder durcheinander gemischt. Zahlen und Buchstaben spielen jetzt keine Rolle mehr. Die gemischten Kärtchen werden alle mit dem Bild nach unten auf einen Haufen gelegt. Jetzt darf jeder Spieler drei Kärtchen herausnehmen, und nachdem er seine Eselsbrücke dem Mitspieler mitgeteilt hat, legt er diese drei Kärtchen übereinander.

Jetzt nimmt der Partner drei Kärtchen aus dem Haufen, teilt die Eselsbrücke dem Mitspieler mit und legt die Karten übereinander. Das oberste Bild bleibt sichtbar.

Schließlich fragt ihr euch ab, ob ihr euch die Verknüpfung merken konntet.

Sobald wieder ein mehrfaches Unentschieden entstanden ist, nimmt sich jeder Mitspieler vier Kärtchen. Bei jüngeren Schülern und Erwachsenen empfiehlt es sich, die vier Kärtchen nicht übereinander, sondern umgedreht nebeneinander zu legen, weil man sich das leichter merken kann. Das erste Kärtchen darf immer aufgedeckt werden.

Profis gehen bald auf fünf Kärtchen über und spielen danach eine Zeit lang mit sechs Kärtchen. Beim Spiel mit sechs Kärtchen können regelrechte Geschichten, lustige Geschichten, Handlungen, viel Bewegung und Märchen erfunden werden. Indem ihr mit den Karten immer neue Geschichten erfindet, steigert sich eure Fantasie spürbar. Das bildhafte Vorstellungsvermögen weitet sich immer mehr aus.

Es kann durchaus mit zwölf Kärtchen nacheinander gespielt werden. Wir erreichen immer mehr Konzentration durch längere Handlungsketten. Jeder Spieler bekommt dabei so viele Kärtchen der Kette, wie er sich richtig an sie erinnern kann. Weiß sie der Mitspieler, so darf er sie an sich nehmen.

Das Spiel mit diesen Bildern ist erst dann erschöpft, wenn es beiden Spielern gelingt, eine Kette als Geschichte mit 10, 20 und dann 24 Bildern zu merken.

Indem die Kette rückwärts hergesagt wird, kann noch eine Punkt-Verdoppelung erreicht werden.

Anhang 2

Gedächtnisfördernde Gesellschaftsspiele

Das Kärtchenspiel mit geschriebenen Wörtern

Für folgendes Spiel sind zwei Personen erforderlich (du kannst natürlich auch alleine spielen).

Schneidet euch aus Papier oder Pappe jeweils zehn Kärtchen in Spielkartengröße.

Nun schreibt der Spieler A auf seine zehn Kärtchen als Text verschiedene Blumen, immer eine Blume je Karte, und der Spieler B macht dasselbe mit Kleidungsstücken. Sobald ihr beide damit fertig seid, beginnt das Spiel. Bedingung ist, dass ihr euch gegenseitig nicht in die Karten schauen lasst. Lege die Kärtchen hintereinander.

Nun ruft Spieler A dem Mitspieler zu, was auf seinem ersten Kärtchen zuoberst steht. Mitspieler B sagt, was bei ihm auf dem ersten Kärtchen steht. Jeder stellt zwischen diesen beiden Worten eine möglichst lustige und anschauliche Verknüpfung her. Ihr könnt euch die Verknüpfung gegenseitig erzählen. Jeder merkt sich trotzdem die Verknüpfung, die er selbst hergestellt hat. Denn das Spiel ist zwar für beide amüsant, aber die Lernerfolge sind immer individuell.

Sobald alle zehn Worte zu Paaren verknüpft worden sind, fragt ihr euch gegenseitig so ab: Keiner sagt, was auf seinen Kärtchen steht, die er in der Hand hält. Jeder der beiden darf dem anderen nur das Wort zurufen, das auf dem Kärtchen des Mitspielers steht. Dazu müsst ihr euch jeweils an die Verknüpfung erinnern, die ihr anfangs gemacht habt. So überprüft ihr euch ständig gegenseitig. Wer am meisten Richtige hat, gewinnt.

Ihr könnt auf die Rückseite auch noch andere Begriffsgruppen schreiben und so das Spiel variieren.

Spielt so viele Kärtchenspiele wie möglich (ca. 10 Stück), bis ihr sehr, sehr gut und auch schnell mit der Methode seid. Jedes Kärtchenspiel verbessert deine Verknüpfungsfähigkeit erheblich.

Bei den Spielen mit einem Partner kommt ein sehr wesentlicher Faktor hinzu: die Kommunikation. Tatsächlich ist das menschliche Vorstellungsvermögen ohne Kommunikation kaum vorstellbar. Wer nicht kommuniziert, also sich mit anderen Menschen austauscht und unterhält, bleibt zurück. Solche Fälle von «Zurückgebliebenheit» kennen wir als Kaspar-Hauser-Phänomen. Kaspar Hauser wuchs völlig isoliert auf. Fazit: Je mehr du mit anderen, sympathischen Menschen solche Kärtchenspiele übst, desto besser wird dein Vorstellungsvermögen. Voraussetzung ist natürlich, dass der andere ebenfalls Interesse hat und mitspielen möchte.

Das Kärtchenspiel als Spiel mit Listen für eine Person

Hier ist eine Gedächtnisübung, die du für dich allein machen kannst. Hier bist zu sowohl Spieler A als auch Spieler B. Dabei gehst du dann vor wie beim Vokabeln lernen, indem du nach dem Verknüpfen immer eine Seite mit einem Stück Papier zudeckst und dich selbst testest.

Viel Spaß beim Üben!

Duo-Play-Listen

Liste 1

Spieler A

1. Rosen
2. Orchideen
3. Glockenblumen
4. Gänseblümchen
5. Flieder
6. Vergissmeinnicht
7. Veilchen
8. Schlüsselblumen
9. Tulpen
10. Nelken

Spieler B

1. Hut
2. Hose
3. Jacke
4. Schuh
5. Gürtel
6. Kopftuch
7. Regenmantel
8. Badeanzug
9. Strümpfe
10. Schal

Liste 2

Spieler A

1. Adenauer
2. Kennedy
3. Napoleon
4. de Gaulle
5. Edison
6. Kolumbus
7. Wernher von Braun
8. Cäsar
9. Beatles
10. Cleopatra

Spieler B

1. Tennisschläger
2. Flugdrachen
3. Surfbrett
4. Boxhandschuhe
5. Pfeil und Bogen
6. Speer
7. Disco-Roller
8. Ruderboot
9. Springseil
10. Fußball

Liste 3

Spieler A

1. Roy Black

Spieler B

1. Grill-Party

2. John Lennon
3. Roger Moore
4. Charly Chaplin
5. Romy Schneider
6. Alain Delon
7. Demi Moore
8. Robbie Williams
9. Elvis Presley
10. Britney Spears

2. Surfen
3. Tennis
4. Wandern
5. Roller Skates
6. Disco
7. Mondschein-Tour
8. Bergsteigen
9. Tauchen
10. Schlittschuh-Laufen

Liste 4

Spieler A

1. Mixer
2. Kühlschrank
3. Bratpfanne
4. Toaster
5. Spülmaschine
6. Löffel
7. Gabel
8. Quirl
9. Kaffeemaschine
10. Waschmaschine

Spieler B

1. Eiche
2. Haselnuss
3. Walnuss
4. Holunder
5. Farn
6. Weißtanne
7. Rottanne
8. Apfelbaum
9. Pflaumenbaum
10. Birke

Liste 5

Spieler A

1. Töpfer
2. Schreiner
3. Maler
4. Tapezierer
5. Fahrlehrer
6. Tennislehrer

Spieler B

1. Affe
2. Bär
3. Chamäleon
4. Dachs
5. Esel
6. Fisch

7. Fußballtrainer
8. Gärtner
9. Bäcker
10. Pilot

7. Gockel
8. Igel
9. Kamel
10. Lama

Liste 6

Spieler A

1. Sofa
2. Stuhl
3. Tisch
4. Hängematte
5. Himmelbett
6. Schrank
7. Fernseher
8. Teewagen
9. Garderobenspiegel
10. Eckbank

Spieler B

1. Tarzan
2. Micky Maus
3. Donald Duck
4. Dagobert Duck
5. Daniel Düsentrieb
6. Goofy
7. Asterix
8. Obelix
9. Leutnant Blueberry
10. Die Simpsons

Liste 7

Spieler A (Briefmarken)

1. Afrika-Marke (Schwarzer)
2. Amerika-Marke (Freiheitsstatue)
3. Indien-Marke (Ghandi)
4. Japan-Marke (aufgehende Sonne)
5. Deutschland-Marke (schwarz-rot-gold)
6. Österreich-Marke (Berge)

Spieler B

1. Nase
2. Wange
3. Stirn
4. Mund
5. Ohr
6. Augenbrauen

7. Schweiz-Marke (Käse)	7. Hals
8. Frankreich-Marke (Eiffelturm)	8. Kinn
9. Italien-Marke (Pizza)	9. Schulter
10. England-Marke (Tower Bridge)	10. Arm

(stärkt das Gesichter-Gedächtnis)

Liste 8

Spieler A	*Spieler B*
1. Schlange	1. Zahnarztbesuch
2. Vogel	2. Kaffeekränzchen
3. Wasser	3. Post
4. Feuer	4. Zähneputzen
5. Haus	5. Finanzamtbesuch
6. Turm	6. Tankstelle anfahren
7. Sonne	7. Bücherei
8. Wirbelsturm	8. Gemüseladen
9. Boot	9. Friseur
10. Dickicht	10. Telefon

Und so könnten die Geschichten aussehen. Hier einige Beispiele aus einigen Listen:

Beispiele zu Liste 3:

1) Roy Black fällt in den Grill und wird schwarz.
2) Wir treffen John Lennon mit der Gitarre beim Surfen (er verfängt sich mit den Haaren am Segel).

3) Wir spielen mit Roger Moore Tennis (er bekommt den Tennisschläger auf den Kopf).
4) Charly Chaplin beim Wandern.
5) Romy Schneider fährt Roller-Skate.
6) Demi Moore in der Disco.
7) Wir treffen Robbie Williams im Mondschein.
8) Peter Alexander dirigiert den Montanarachor.
9) Elvis Presley tauchte die letzten Jahre seines Lebens unter.
10) Britney Spears beim Schlittschuhfahren.

Beispiele zu Liste 7

1) In Afrika malen wir uns eine schwarze Nase.
2) Wir tätowieren uns eine Briefmarke mit der Freiheitsstatue von Amerika.
3) Beim Ghandi-Denkmal in Indien bewundern wir die hohe Stirn dieses Mannes (Punkt auf der Stirn).
4) Wir bestaunen in Japan mit offenem Mund den Sonnenaufgang.
5) Wir wickeln uns die Deutschlandfahne (schwarz-rot-gold) um die Ohren.
6) Die Augenbrauen sehen aus wie Berge in Österreich.
7) Der Schweizer Käse bleibt uns im Hals stecken.
8) Während der Frankreichreise fällt einem der Besucher bei der Besichtigung des Eiffelturmes der «Kinnladen» herunter.
9) In Italien klopft der Papst einem Besucher auf die Schulter.
10) Wir hängen uns mit den Armen in England schaukelnd an die Tower Bridge.

Beispiele zu Liste 8

1) Der Zahnarzt zieht der Schlange den Giftzahn.
2) Der Vogel landet in der Kaffeetasse.

3) Wir schicken eine Flaschenpost vom Postamt aus über das große Wasser.
4) Die Zahnpasta brennt wie Feuer.
5) Das Haus, in dem das Finanzamt untergebracht ist, bricht zusammen.
6) Die Tankstelle hat die Form eines riesigen Ölturms.
7) Beim Sonnenaufgang holen wir beim Bäcker sonnengelbe Brötchen.
8) Ein Wirbelsturm fegt durch den Gemüseladen, und das Gemüse fliegt auf die Straße.
9) Der Friseur schneidet auf dem Boot die Haare.
10) Im Dickicht gibt es zur Tarnung grüne Telefone.

Das Duo-Kartenspiel

Zwei Stöße Bilderkarten werden benötigt. Anfangs genügen ca. 20 Karten, im weiteren Spielverlauf benötigst du mehr. Du hast drei Möglichkeiten, an Bilderkarten zu kommen:

1) Du nimmst Karten aus verschiedenen Bilder-Quartetten.
2) Du nimmst Memory-Karten.
3) Du bastelst die Karten, indem du Bilder aus Illustrierten in Spielkarten herausschneidest und sie auf gleich große Pappen klebst. Das sieht zwar aus wie selbst gemacht (ist es ja auch), hat aber auch den Vorteil, dass du dir die Bilder wahrscheinlich besser merkst.

Die Kartenserien sind variabel: zum Beispiel 20 Prominentenköpfe und 20 Landschaften oder Haushaltsgeräte und Tiere, Blumen und Autotypen etc.

Das alte Tarot-Spiel (22 oder 78 Karten) sowie andere Symbole, Kennzeichen und Wappen können ebenfalls verwendet werden. Außerdem eignet sich natürlich auch ein Kartensatz mit

Filmschauspielern oder mit Situationen zum Kennenlernen wie zum Beispiel bei Tennis, Bar, Schwimmen, Spaziergang, Kino, Disco, Grillparty etc. Verwende bekannte Symbole.

Und nun geht's los:

Jeder Spieler erhält einen Kartenstoß. Bei Spielbeginn nimmst du die oberste Bildkarte und zeigt sie deinem Partner.

Dein Partner formt jetzt mit seiner kreativen Fantasie eine kleine Bildgeschichte aus beiden Karten. Er teilt dir die Bildassoziation der Karte, die er von dir gezeigt bekommt, mit und zeigt dabei auch seine erste Karte. Es sollten möglichst lustige Bildverbindungen gewählt werden, da diese leicht erinnerbar sind. Beide merkt ihr euch die Bildgeschichte zwischen den ersten beiden Karten.

Nun ist dein Partner an der Reihe: Er zeigt dir seine zweite Karte, und du formst jetzt aus der gesehenen Karte plus deiner eigenen zweiten Karte ebenfalls eine originelle kurze Bildassoziation, die du deinem Partner mit dem Vorzeigen deiner Karte mitteilst. Sobald dein Mitspieler sich die Bildassoziation vorstellen kann, nickt er, und das Spiel geht weiter. Jeder Spieler steckt die gesehenen Karten unter sein Kartenbündel. Es werden anfangs ca. 20 Karten für beide Spieler verwendet.

Jetzt wird es spannend. Wenn ihr beide die Karten 1 bis 20 angeschaut und assoziiert habt, geht es von vorne los. Und zwar nimmt ein Spieler eine Karte, verrät sie aber nicht, sondern sagt die Karte des Mitspielers. Der Mitspieler bestätigt die Richtigkeit seiner oben liegenden Karte durch Vorzeigen und nennt die noch nicht verratene Karte des anderen. Nur wenn er die Karte richtig nennt, bekommt er diese zu sehen. Wer sich an die meisten Karten richtig erinnert, gewinnt.

Die Spielanforderungen können erhöht werden durch

- mehr Karten,
- abstraktere Karten,
- Einschränkung der Assoziationmöglichkeiten; zum Beispiel dürfen nur Assoziationen verwendet werden, die beide Bilder in Bewegung bringen oder die eine dritte völlig neue Situation entstehen lassen. So sollte aber nur von Profis gespielt werden.

Viel Spaß beim Spielen, Erfinden von Spielen und der Herstellung neuer Karten.

Das «Duo-Play» mit Listen

Das folgende Spiel funktioniert wie das Spiel für eine Person auf Seite 187f. – jetzt mit dem Unterschied, dass ihr euch eigene Listen aufstellt. Jeder der Spieler bekommt eine Tabelle mit 10 Begriffen. Jeder nennt seinen ersten Begriff, so dass beide Begriffe beiden Spielern bekannt sind.

Nun ist abwechslungsweise ein Spieler an der Reihe, eine Assoziation zwischen beiden Begriffen zu bilden, egal, ob diese Bildverknüpfung deinem Gegenüber passt oder nicht. Beide Spieler merken sich die Bildverknüpfung. So werden alle 10 Begriffe beider Listen nacheinander verknüpft.

Dann geht es weiter wie gehabt: Der erste Spieler nennt nicht seinen ersten Begriff, sondern den des Mitspielers, den er aufgrund der bildhaften Gedächtnis-Verknüpfung noch wusste, bzw. das Gegenstück nennen konnte. Es wird nur das Gegenstück genannt. Die Verknüpfung beider Stücke wird nicht wiederholt.

Nun ist der Mitspieler aufgefordert, das Gegenstück zu nennen. Jeder erhält einen Punkt. Der Punktesieger ist Gedächtnissieger. Mit vielen Spielbegriffen können die Sieger mehrere

Zweierpaare so lange gegeneinander spielen, bis ein Endsieger ermittelt ist. Die weniger starken Assoziierer können bei den Endausscheidungen viel von den Siegesanwärtern in Bezug auf Nennung der Koppelungen lernen und dieses Wissen später beim erneuten Spielen verwenden.

Hier einige Vorschläge für Listen:

Liste A	*Liste B*
Blumen	Kleidungsstücke
Prominente Personen	Sportgeräte
Filmstars	Freizeitangebote
Haushaltsgeräte	Pflanzen und Bäume
Berufe	Tiere und Tierkreiszeichen
Möbelstücke	Comic-Figuren
Briefmarken	Körper- und Gesichtsteile
Großstädte	Ereignisse

Und hier schwere Spielkoppelungen für Fortgeschrittene:

Liste A	*Liste B*
Firmenzeichen	Landschaften
Traumbilder	Alltagssituationen
Tarotkarten	Hoffnungen, Wünsche, Träume
Werbespots	Ausflugziele, bekannte Orte
Historische Persönlichkeiten	Science-Fiction-Ideen
Schlagzeilen der Zeitung	Blumen
Buchtitel	Plätze am Ort (Straßenkreuzungen, Bäckerladen, hohe Linden)
Filmtitel	Kochgeschirr
Fernsehfilme	Werkzeuge, Ersatzteile, Schminkgeräte etc.

Überlegungen und Testfragen zum Duo-Kartenspiel

Wie alle Gedächtnisspiele in diesem Buch dienen auch die Duo-Kartenspiele zur Verbesserung deiner Merkfähigkeit. Ich habe einige Tipps und Fragen zusammengestellt, die dir helfen, die Aufmerksamkeit auf die wichtigen Dinge zu lenken. Zuerst die Tipps:

- Beobachte genau, wie sich deine Aufmerksamkeitsverschiebung von Anfang an beim Kartenspielen entwickelt!
- Achte mehr und gezielter auf die einzelnen Karten!
- Konzentriere dich entweder mehr auf die Gegnerkarte oder mehr auf die eigene Karte!
- Konzentriere dich mehr darauf, wie du eine Verbindung (Verknüpfung) zwischen zwei Karten herstellst!
- Schreibe Zweierkarten-Verknüpfungen auf, die dir besonders gut gefielen!

Beantworte für dich bitte folgende Fragen. Sie beziehen sich nicht nur auf das Spiel, sondern auch auf Anwendungsmöglichkeiten in deinem Leben und in deiner Zukunft!

1. Merkst du, dass nach einigen Testspielen deine Aufmerksamkeit in Bezug auf Zweier-Kartenkoppelungen gestiegen ist?
2. Hat sich durch die stärkere Aufmerksamkeit bei der Schaffung einer Verbindung zwischen zwei Karten deine Merkfähigkeit schon etwas verbessert?
3. Gibt es bei den Verknüpfungen Regelmäßigkeiten oder immer wiederkehrende Phänomene?
4. Konntest du schon das gegenteilige Phänomen beobachten, dass sich einerseits Karten zu einer lustigen Verbindung oder Geschichte geradezu anbieten und dass andererseits Karten wiederum gar nicht zusammenpassen?
5. Kannst du dir die leicht passenden Verbindungen länger merken? Nach einigem Üben können die unpassenden Karten-

verbindungen durch Fantasie passend gemacht werden und werden dann einprägsamer.

6. Vergisst du nicht gut zusammenpassende Kartenverbindungen schnell oder gelingt es dir, recht fantasievoll doch eine Koppelung zu finden, und sei diese auch an den Haaren herbeigezogen?
7. Resignierst du, wenn zwei Karten nicht zusammenpassen?
8. Legst du dich darauf fest, wenn zwei Karten nicht passen und sagst du: «Diese passen nicht?», «Hier geht es nicht?» Nenne dann bitte diese Kartenverbindungen und nimm sie aus dem Spiel.
9. Könntest du dir vorstellen, dass deine Fähigkeit im Merken von Zweierkarten durch Üben steigt?
10. Könntest du dir vorstellen, dass sich so dein bildhaftes Vorstellungsvermögen ausbilden lässt?
11. Könntest du dir vorstellen, dass es deinem bildhaften Vorstellungsvermögen hilft, wenn du einmal allein und in Ruhe jede einzelne Karte anschaust, die Augen schließt und die Karte innerlich vor den Augen «nachzeichnest»? Zunächst die Umrisse der Karte, dann die Umrisse des Bildes, danach die genauen Farben und Konturen des Bildes?
12. Könntest du dir vorstellen, dass dir deine Fähigkeit, innerlich schöne Farben zu sehen, hilft, jede Karte in Großformat (zum Beispiel 1 x 2 Meter) einige Meter entfernt zu sehen?
13. Welche Vorteile hat bessere Farbwahrnehmung durch eine stärkere Aufmerksamkeitsverschiebung und durch ein Erfühlen der Farben?
14. Könnten Farben deine Lebensfreude steigern (zum Beispiel Farben der Natur im Frühling)?
15. Könntest du durch Farben meditative Impulse in dir gefühlsmäßig erkennen?

16. Glaubst du, dass ein gezielteres Üben mit den Karten für Fähigkeiten, wie sie in den Berufen von Bildhauer, Maler, Brückenbauer, Ingenieur, Architekt, Designer, Werbefachmann, Konstrukteur und Maschinenbauer vorkommen, von Bedeutung sein kann?
17. Welche Hindernisse bei der Entfaltung von Fähigkeiten und Lernvermögen glaubst du persönlich zu haben?
18. Welche Fähigkeiten möchtest du speziell mit dem Kartenspiel bei dir entfalten?
    - ☐ Fantasie
    - ☐ Konzentration
    - ☐ Gedächtnis
    - ☐ Aufmerksamkeitslenkung
    - ☐ das Spiel immer zu gewinnen
    - ☐ bessere Imagination
    - ☐ besseres inneres Erleben und Erbauung
    - ☐ Entspannung
    - ☐ Meditation
    - ☐ Entwicklung künstlerischer Fähigkeiten
    - ☐ dein Gedächtnis für Gesichter und Namen zu verbessern.

Meine Empfehlung: Kreuze die dir wichtigen Dinge an, dann bist du besser in der Lage, darauf hinzuarbeiten.

Gedächtnisanwendungsspiele

Gelerntes sollten wir rasch anwenden können. Das Training der Anwendungsfähigkeit ist genauso wichtig wie Lerntraining. Der geschickte Anwender lernt schneller und leichter.

Spiel: Trainer und Übender

Der Trainer schreibt die Zahlen 1 bis 10 auf ein Blatt. Er nennt außerhalb der Reihenfolge dem Übenden eine Zahl. Der Übende sollte gedanklich sofort das Zahlensymbol (Seite 79) bildhaft vor sich sehen.

Der Trainer nennt zum Beispiel 7 und nennt dann eine Tätigkeit, wie zum Beispiel «Eier kaufen». Der Übende koppelt rasch, indem er sich vorstellt, wie er die Eier auf die Fahne wirft und die verklebte Fahne kurz vor sich sieht. Dann sagt der Trainer die Zahl 3 und sagt: «Lohnsteuerkarte holen». Der Übende koppelt.

Sind alle 10 Tätigkeiten außerhalb der Reihenfolge genannt, so schreibt der Übende diese stichwortartig in der Reihenfolge 1 bis 10 auf ein neues Blatt und vergleicht anschließend mit dem Trainer.

Dann tauscht ihr die Rollen; der Trainer wird zum Übenden.

Dank dieses Anwendungsspiels hatten viele Teilnehmer meiner Kurse im Alltag fast keine Anwendungsschwierigkeiten mehr. Diese Technik funktioniert am besten, wenn die Tagesaufgaben schon am Vorabend «einprogrammiert» wurden. Interessant ist, dass einige Teilnehmer dadurch ihre Aufgaben am nächsten Tag schneller und problemloser erledigen konnten, als wenn sie diese auf einem Notizblock notiert hätten.

Spiele zur Entwicklung der Gedächtnisspielfähigkeit

Das Wesentliche bei einem Gedächtnisspiel ist, dass das Unterscheidungsvermögen in Bezug auf Regeln geschärft wird. Das trainieren wir am besten, indem wir Gegensatzpaare finden.

Das Spiel benötigt mindestens zwei Spieler. Einer nennt ein Wort und der andere nennt ein Gegensatzwort. Wir gehen davon aus, dass jedes Wort in jeder Sprache ein Gegensatzwort hat, und dass der Sinn eines Wortes in seiner Bedeutung durch Nennen des Gegensatzes klarer wird.

Beispielsweise sagt einer: «Kalt».
Daraufhin antwortet der andere: «Heiß».
Einer sagt: «Winter».
Der andere antwortet: «Sommer».

Das Nennen des Gegensatzwortes sollte möglichst spontan und ohne direktes Überlegen geschehen. Sobald das Spiel einigermaßen klappt, kann die Schnelligkeit gesteigert werden. Gewinner ist, wer rascher reagiert und mehr Gegensätze sofort erkennt. Für jedes Wort, für das der Mitspieler nicht innerhalb einiger Augenblicke einen Gegensatz nennen kann, erhält der Nenner des Wortes einen Pluspunkt, wenn er selbst den Gegensatz nennen kann.

Eine interessante Spielsteigerung erzielt man, wenn jetzt nicht einfach nur Gegensatzpaare genannt werden, sondern Begriffe, an denen man nicht sofort erkennt, dass in ihnen Gegensätze enthalten sind. Jeder Mitspieler darf so viele Gegensätze nennen, wie er Erklärungen dazu geben kann.

Zum Beispiel sagt ein Partner: «Wasser», und der Mitspieler sagt «Feuer» und erklärt, dass Feuer nach oben steigt und Wasser nach unten.

Oder er sagt «Stein» als weiteren Gegensatz und erklärt, dass Feuer sehr beweglich flackert, während der Stein eine feste Form hat.

Die Gegensatzanschauungen können variieren, so dass auf Feuer auch Eis (heiß – kalt) genannt werden kann. Auf den Begriff Wolke kann auch mit Beton geantwortet werden, denn die Wolke verändert sich ständig, und der Beton bleibt fest.

Die Gegensatzanschauung sollte formuliert und betont werden. Der Mitspieler kann auf ein Wort so viele Punkte sammeln, wie er Gegensätze nennen kann, die er formulieren und mitteilen kann. Bedingung ist aber: Die Formulierung sollte dem Mitspieler einleuchten. Es sollte also nicht so zugehen wie beim Scrabblespielen, wo Mitspieler manchmal Fantasieworte auslegen und Fantasiebegründungen dafür abgeben, weil sie noch ein paar Buchstabensteine übrig haben («Lkyjdsncoj», «Was soll das denn bitte sein?» «Ist doch klar: Sternbild im Sternquadranten KR 15 …» :–))

Ein Rat noch: Seid anfangs gegenseitig etwas großzügiger gegenüber den gegenseitigen Antworten, damit das Spiel ins Laufen kommt.

Eine weitere Spielsteigerung ist möglich, indem ihr die Wörter auf Hauptwörter, Tätigkeits- und Eigenschaftswörter eingrenzt, zum Beispiel:

- Sonne und Mond = Ausstrahlung zu Widerspiegelung
- Laufen und Stehen = Bewegung zu Nichtbewegung
- rund und eckig = direkter Formgegensatz

Anhang 3

Das Lernen im Urlaub

Urlaub, Freizeit und Wochenende sind die idealsten Lerngelegenheiten deines ganzen Lebens. Der Zeitdruck ist weg, und du hast viel freie Energie, Muße und die Unbelastetheit deiner Gedanken. Nütze diese Zeit für intensive Lernfortschritte.

Ja, auch aus dem Lesen und Anwenden dieses Buches profitierst du maximal viel, wenn du dich im Urlaub täglich ca. zwei Stunden an einen einsamen Ort ungestört für die Vertiefung zurückziehen kannst. Das regeneriert die geistigen Kräfte und legt innere Ursachen für jetzige und spätere, noch bessere Lernfortschritte.

Auch ähnliche Freizeiten, wie zeitweise Arbeitslosigkeit, können sehr fruchtbar sein, sofern sie nicht von Existenzsorgen und Ähnlichem überschattet sind. Ist dies der Fall, so verwende erst all deine geistige Energie, Findigkeit, Aktivität, Ausdauer, Geduld, Konzentration und Intelligenz zur stufenweisen Lösung des momentanen Problems. Und erst danach, wenn du einen Lösungsansatz praktizierst und (evtl. nach einigen experimentellen Misserfolgen), wenn du wieder die ersten Lösungen in den Händen hältst, erst dann lernst du weiter – unbeschwert und gelassen.

Urlaub und jede Art von Freizeit ist für dein geistiges Arbeiten bestens geeignet. Wenn du Ferien hast, dann sieh das Lernen als Erholung an und begrenze es, um dich auch wirklich noch zu erholen. Wenn du längere Zeit – egal wodurch – keinen Beruf ausgeübt hast, dann sieh das Vokabellernen einfach als Vorbereitung auf eine berufliche Karriere oder als Möglichkeit zur Fähigkeitsoptimierung für bessere Einstiegschancen ins Berufsleben an.

Die Art der Betrachtung spielt für den Lernerfolg jetzt und für die spätere Anwendung eine große Rolle.

Gedächtnistraining und Erfolg im Leben

Der Erfolg des Gedächtnistrainings hängt logischerweise davon ab, auf welcher Bewusstseinsstufe das Training praktiziert wird. So, wie der Lebenserfolg eben auch von deiner Lebenseinstellung abhängt.

Es ist ein minimaler Unterschied, ob das Training auf der Bewusstseinsebene eines Genies, einer Hausfrau, eines Handwerkers, Verkäufers oder einer Führungskraft praktiziert wird.

Ein Beispiel: Ein Computer wird in der fachmännischen Bedienung in der Arbeit eines Profis immer wertvoller, unschätzbarer, unbezahlbarer etc. Derselbe Computer ist in der Hand eines Wilden völlig wertlos. Genauso der Computer, den wir im Kopf tragen – unser Gedächtnis. Der Wert eines geschulten Gedächtnisses ist letztendlich ständig steigend im Anwendungswert. Je mehr Schulausbildung, berufsfördernde Fortbildungsstationen im Wechsel mit Berufserfahrungen ein Mensch durchlaufen hat, desto wertvoller ist seine Arbeit. Der Wert seiner Arbeit steigt also von der ersten Sprosse der Karriereleiter, die das gesamte Persönlichkeitsbild in schillernden Farben deutlichst zeigt.

Deswegen ist Gedächtnistraining eine Bewusstseinseröffnung auf einer Karrieretreppe Nr. 1. Und von dieser ersten Stufe aus zeigen sich nach dem ersten Seminar wesentlich weitere Blickwinkel als vorher. Diese solltest du tagebuchartig schon während und vor allem unmittelbar nach dem Seminar notieren, wenn das Erfolgserlebnis bisherige Lerngrenzen beachtlich erweitert hat.

Um die Bewusstseinsebene einer Führungskraft zu erreichen, bedarf es vor allem der täglichen Erfahrung mit Menschen. Voraussetzungen, die der Verkäufer und Marketingspezialist schon mitbringt. Um die Ebene eines Kreativgenies zu erreichen, sind wieder andere autodidaktische Schritte nötig.

Da jedoch nur wenige Menschen gute Autodidakten (Selbstlehrer – Privatgelehrte) sind, ist das Weiterüben als Partnerspiel mit Kommunikation notwendig, desgleichen das sehr vorteilhafte und die raschesten Ergebnisse zeigende Lernen durch Lehren.

Hier gilt es, die Bewusstseinsebene des anderen und die eigene bis zur Höhe der Begeisterung zu heben. Um Freiheiten und Fähigkeiten zu steigern, können wir einem Menschen immer nur auf der Bewusstseinsebene dienen, die er gerade einnimmt. Hohe Stimmungsebenen und Urlaubsmuße garantieren für spielerische Erfolge und eine gute Weiterentwicklung der Methodik. Negative Stimmungszustände sind Hindernisse und können separat beachtet werden.

Zu guter Letzt

Wenn du Fragen und Tipps zum Gedächtnistraining hast, sende einfach eine E-Mail an:

info@geisselhart.com

oder gehe auf die Website im Internet:

www.geisselhart.com

Es geht aber natürlich auch per Post:

Roland Geisselhart
Postfach 2904
D-88048 Friedrichshafen

Sigrid Engelbrecht

8 Starkmacher für die Seele

Das Buch

Mit beiden Beinen fest im Leben stehen, auch wenn uns Krisen und Schicksalsschläge treffen – wie geht das? Verluste, Trennungen oder Rückschläge ereilen uns häufig unvermittelt und können uns leicht den Boden unter den Füßen wegreißen. Die große Liebe endet in Zank und Streit, der Job wird wegrationalisiert, ein nahestehender Mensch stirbt: Scheinbare Gewissheiten weichen Zukunftsängsten, die zu einer tiefen seelischen Krise führen können. Jetzt sind Flexibilität und Widerstandskraft gefragt. Was aber lässt uns resilient sein, also fähig, gerade in schwierigen Situationen neue Energien zu mobilisieren? Sigrid Engelbrecht, öffnet uns einen neuen Blick auf unsere innere Kraft: Ebenso wie das Immunsystem können wir auch unsere Seele stärken und krisenfest machen. Anhand von zahlreichen Beispielen und Übungen zeigt das Buch, wie wir die acht Starkmacher in unser Leben integrieren können. So wird es möglich, der Krise selbstbewusst und zuversichtlich zu begegnen und gestärkt aus ihr hervorzugehen.

Die Autorin

Sigrid Engelbrecht ist selbstständig tätig als Trainerin und Coach in den Bereichen Persönlichkeitsentwicklung, Stressmanagement und Kreativität, Buchautorin. Sie lebt in Berlin.

Weitere Informationen unter: www.engelbrecht-media.de

Sigrid Engelbrecht

8 Starkmacher für die Seele

Krisenfest leben

HERDER

FREIBURG · BASEL · WIEN

HERDER spektrum Band 6577

MIX
Papier aus verantwortungsvollen Quellen
FSC® C083411

Titel der Originalausgabe: Krisenfest leben

ISBN 978-3-7831-3455-1

www.herder.de

Umschlagkonzeption: Agentur R·M·E Roland Eschlbeck
Umschlaggestaltung: Verlag Herder
Umschlagmotiv: © Cultura /Mauritius Images

Satz: de·te·pe, Aalen
Herstellung: Clausen & Bosse, Leck

Printed in Germany

ISBN 978-3-451-06577-4

Inhalt

Wegweiser zum Test und zu den Übungen

Vorwort

Worte wie »Krise«, »Scheitern«, »Versagen« oder »Verlust« waren früher geradezu verpönt, widersprachen sie doch dem Bild des erfolgsorientierten Machers oder der effizient nach oben strebenden Karrierefrau. In den letzten Jahren hat das Leitbild des »immer weiter, immer höher, immer besser« jedoch einige Dellen abbekommen. In Zeiten wirtschaftlichen und gesellschaftlichen Wandels stoßen wir vermehrt an unsere Grenzen, wenn es darum geht, Niederlagen zu verkraften und wenn wir es hinnehmen müssen, dass ständige Unsicherheit zu unserem Leben gehört. Dazu kommen oft auch noch persönliche Schicksalsschläge. Wie leicht kann etwas schief gehen! Die wirtschaftliche Selbständigkeit scheitert, die große Liebe endet in Zank und Hader, die Kündigung liegt im Briefkasten, ein nahe stehender Mensch stirbt: Plötzlich scheint der Boden unter den Füßen brüchig. Wo wir uns auf der sicheren Seite wähnten, haben wir plötzlich das Gefühl im Treibsand zu versinken.

Was tun in so einer Lage, wenn von jetzt auf gleich die Anpassung an eine völlig veränderte Situation erforderlich ist? Gibt es ein Patentrezept dafür, wie man mit den Unwägbarkeiten des Lebens so zurechtkommt, dass man den Kopf oben behält? Was genau hilft uns dabei, schwierige Lebenslagen trotz widriger Umstände zu bewältigen? Wie können wir es schaffen, Lebenskrisen nicht nur zu überstehen, sondern sogar gestärkt aus ihnen hervorzugehen? Was kann es uns erleichtern, mit diesen Krisen klarzukommen? Was hilft uns dabei, das Lebensschiff selbst durch heftige Stürme zu steuern, ohne zu kentern?

Es gibt Fähigkeiten, Überzeugungen und Fertigkeiten, die besonders hilfreich dafür sind, auch große Krisen zu bewältigen. Und diese Fähigkeiten lassen sich stärken, und die Überzeugungen und Fertigkeiten können wir uns aneignen. Wir sind, wie nicht zuletzt auch neue Erkenntnisse aus der Psychologie und den Neurowissenschaften gezeigt haben, keineswegs festgelegt, zeitlebens immer nach den gleichen Mustern zu denken, zu fühlen und zu handeln. Vielleicht hat Sie vor einiger Zeit ein Schicksalsschlag getroffen und Sie leiden noch immer unter den Folgen, wissen nicht, wie Sie damit fertig werden sollen. Oder vielleicht stecken Sie akut in einer Krise und fühlen sich desorientiert und aus der Bahn geworfen, können sich nicht vorstellen, jemals aus dem Schlamassel, der Ihnen da zugestoßen ist, wieder herauszukommen. Wenn nur diese nagenden, lastenden, schmerzlichen Gefühle nicht wären ... Doch niemand ist dazu verdammt, in einer Endlosschleife persönlichen Kummers hängen zu bleiben: Aus jeder Krise führen Wege heraus. Das ist die wichtigste Botschaft dieses Buches.

Manche Menschen sind scheinbar von Natur aus Glückspilze und werden wenig vom Schicksal herausgefordert – das sei ihnen gegönnt. Doch auch als Nicht-Glückspilz kann man das eigene Lebensschiff immer wieder flott machen, die sonnigen Seiten des Lebens immer wieder entdecken und genießen lernen, wie ich nicht zuletzt aus vielfacher eigener Erfahrung gut weiß.

Wie Sie Ihre individuellen Wege aus der Krise finden und wie Sie sie mit Mut und Zuversicht gehen können, das erfahren Sie in diesem Buch. Sie lernen, wie Sie in einer schwierigen Lage nicht nur »zurechtkommen«, sondern sich zusehends imstande fühlen, neue, befriedigende Perspektiven zu entwickeln. Krisenfest zu sein hat nichts damit zu tun, eine rosarote Brille aufzusetzen und Probleme oder Kummer zu ignorieren, ganz im Gegenteil. Einer Niederlage ins Auge zu blicken, sich Trauer, Wut und Zorn zuzugestehen, sind Voraussetzungen dafür, dass es konstruktiv weitergehen kann. Krisenfestigkeit zu entwickeln bedeutet vor allem aber auch, dass Sie mit schwierigen Situationen, die noch auf Sie zukommen, von Anfang an besser umgehen können. So wird sich die eine oder andere Situation gar nicht mehr zu einer Krise entwickeln.

Das Buch enthält viele praktische Übungen. Damit Sie später auf Ihre Ergebnisse zurückgreifen können, legen Sie sich am besten einen Ordner an, in dem Sie alles einheften, was Ihnen auf dem Weg aus Ihrer Krise begegnet und für Sie wichtig ist: Übungsblätter, Ideen, Ziele usw. Natürlich können Sie auch ein großes Notizbuch verwenden, in dem Sie die Übungen machen und Ihre Ideen notieren. Sie sollten Ihren Weg in jedem Fall schriftlich dokumentieren.

Ich wünsche Ihnen, dass Sie aus diesem Buch Inspirationen und Zuversicht für Ihr eigenes Leben ziehen.

Ihre Sigrid Engelbrecht

Wenn es nicht mehr weitergeht …

Veränderungen kommen meist von außen

Beziehungskrisen, Finanzkrisen, Arbeitsmarktkrisen, Umweltkrisen … die Medien, und mit ihnen auch unser Alltag, sind voll von Krisen-Berichten und »Rettungspaketen«. Krisen in der Wirtschaft, der Finanzwelt, der Ökologie, der gesellschaftlichen Entwicklung usw. haben meist auch Folgen für das individuelle Leben vieler Einzelner. Eine Rezession führt zum Verlust von Arbeitsplätzen, ein Orkan oder eine Überschwemmung zerstören Haus und Besitz, eine Finanzkrise vernichtet mühsam erspartes Geld. Doch auch verschiedene Entwicklungen in unserem persönlichen Umfeld oder in uns selbst können dazu führen, dass unser bis dato scheinbar fest gefügtes Selbst- und Weltbild erschüttert wird.

Viele der Veränderungen, mit denen wir es im Lauf unseres Lebens zu tun haben, haben wir uns nicht ersehnt und auch nicht aktiv herbeigeführt, sondern sie wurden uns von außen mehr oder weniger aufgezwungen. Das Leben zeigt sich dann ganz anders als wir erwartet hatten. Erwartungen werden enttäuscht, Beziehungen zerbrechen, es gibt Krankheiten, Unfälle, Verluste, Niederlagen, Intrigen, Betrug, Gewalt und Zerstörung, oft aus heiterem Himmel und gänzlich ohne das eigene Zutun – und wir sind gefordert, damit zurechtzukommen.

In aller Regel reagieren wir auf solche massiven Einschnitte in unser gewohntes Leben zunächst einmal verstört. Wir sind durcheinander, ratlos, verwirrt, spüren vielleicht auch intensiv unsere Angst, wenn wir an das denken, womit wir da konfrontiert sind. Dies sind deutliche Indizien für eine sich anbahnende innere Krise. Was wir bisher für sicher hielten, ist ins Wanken geraten und eingestürzt – und wir irren nun in den Trümmern herum und wünschen, wir könnten alles ungeschehen machen.

Was ist eine Krise?

Der Begriff »Krise« bezeichnet eine Lebenssituation, in der die Erfahrungen, die wir bisher gemacht haben, und unser Repertoire an Handlungsmöglichkeiten nicht ausreichen, um mit dem Geschehen zurechtzukommen. Es ist, als sähen wir eine Wand oder einen Abgrund vor uns. Wir sind emotional aufgewühlt oder niedergedrückt, wir haben Angst, fühlen uns hilflos und der Situation ausgeliefert. Oft ist dies damit verbunden, dass wir unsere bisherigen Werte und Ziele in Frage stellen. Eine Krise ist eine labile Situation, wo das Alte nicht mehr so funktioniert wie bisher und noch nichts Neues gefunden ist.

Auslöser für eine Krise sind Ereignisse oder Lebensumstände, von denen wir befürchten, sie nicht meistern zu können. Etwas Wichtiges oder Bedeutsames ist schief gegangen oder aus dem Ruder gelaufen, das Schicksal hat uns urplötzlich etwas in den Weg geschleudert, mit dem wir nicht gerechnet hatten – und nun scheint es nicht mehr weiter zu gehen.

Krisen erschüttern, sie machen bewusst, wie verletzlich die eigene Existenz doch im Grunde ist. Sie können das Selbstverständnis, die Sicherheit oder auch Gefühle von Zugehörigkeit grundlegend in Frage stellen. Es braucht Zeit, um die veränderte Realität tatsächlich als »wahr« zu begreifen, bevor man daran gehen kann, sich mit ihr zu arrangieren. Dabei ist eine Krise aber keineswegs ein krankhafter Zustand, ganz im Gegenteil: Krisen gehören zum Leben dazu. Sie können jeden Menschen in jeder Lebensphase treffen. Es geht nicht darum, Krisen um jeden Preis vermeiden zu wollen, sondern zu lernen, wie man gestärkt aus ihnen hervorgehen kann.

Gefahr, Chance und Wendepunkt

Das chinesische Schriftzeichen für Krise *wai-chi* bedeutet sowohl Gefahr als auch Chance – dies weist darauf hin, dass Krisen nicht nur negativ, sondern auch positiv zu sehen sind. Im romanischen Sprachraum beinhaltet das Wort Krise (gr. *krisis:* Entscheidung, entscheidende Wendung) soviel wie Entscheidung oder Zuspitzung, eine problematische, auf einen Wendepunkt zielende Entwicklung. Krisen fordern von uns, über das hinauszuwachsen, was wir bisher wussten und konnten, und uns somit neue Strategien zur Lebensbewältigung zu erschließen.

Jede Krise ist mit – oft recht tief greifenden – Veränderungsprozessen verbunden. Genau da liegt aber auch das Lern- und Entwicklungspotenzial und genau deswegen können Krisen tatsächlich zu Chancen werden, sich weiterzuentwickeln und innerlich stärker zu werden.

Eine Krise beinhaltet stets Gefahren und Chancen.

Um dies zu erreichen, ist es wichtig, sich zu öffnen für neue Informationen, Erkenntnisse und Handlungsmöglichkeiten, und vor allem auch, diese zu erkunden und sie auszuprobieren.

Wenn Sie allerdings gerade mitten in einer Krise stecken

und jemand Ihnen rät, dies auch als Chance oder als Wendepunkt zu sehen, haben Sie dafür höchstwahrscheinlich überhaupt nichts übrig. Wahrscheinlich kommt Ihnen dieser Rat eher besserwisserisch oder weltfremd vor, und dies völlig zu Recht. In einer Krise sind Sie zunächst einmal damit beschäftigt, das Geschehene tatsächlich zu erfassen. Es bedeutet tiefe Einschnitte in Ihr Leben, Sie befinden sich mitten in einem Wechselbad heftiger Gefühle, von dem Sie sich vielleicht regelrecht überwältigt fühlen. Da liegt nichts ferner, als sich Gedanken über irgendwelche Chancen zu machen. Erst wenn Sie diese Emotionen bewältigt haben, wenn Sie das Geschehene mehr oder weniger akzeptiert und einen gewissen Abstand dazu gefunden haben, können Sie sich für die Betrachtungsweise »Krise als Chance« öffnen.

Das Positive an einer Krise ist, dass sie dazu zwingt, neue Sichtweisen einzunehmen und neue Wege einzuschlagen. Oft wird erst später, mit einigem zeitlichen Abstand, erkannt, dass sich bestimmte Fähigkeiten ohne eine in der Vergangenheit liegende Krise wohl nie entwickelt hätten. Die Krise gab den Ausschlag für das persönliche Wachstum.

Krisen werden aber dann problematisch, wenn dieser Lerneffekt ausbleibt, die Krise also zum Dauerzustand wird, zu einem Labyrinth der Sorgen und Zweifel, wo jeglicher Ausgang verstellt zu sein scheint und die Gedanken immer nur im Kreis laufen. Wer mit einem »Das hätte einfach nie passieren dürfen« aufgibt, niedersinkt und liegen bleibt, beraubt sich damit nicht nur jeglicher Hoffnung und Zuversicht, sondern gibt auch das Zutrauen in die eigenen Kräfte auf. Er wird deprimiert und mutlos, hadert mit dem Schicksal. Wird die Krise innerlich nicht gemeistert, können dadurch weitere Probleme entstehen. Unbewältigte Gefühle von Zorn, Angst, Kränkung und Hilflosigkeit verschwinden schließlich nicht einfach von selbst, sondern wirken unterschwellig weiter, was nicht nur Tatkraft und Lebensfreude beeinträchtigt, sondern beispielsweise auch die Gesundheit, vor allem auch die Immunabwehr, schwächen kann.

**Aufstehen oder liegen bleiben:
Jede Entscheidung hat Konsequenzen.**

Eine Krise ist immer ein Punkt, an dem Weichen gestellt werden. Es wird entschieden, wie das Leben weiter geht. Entweder bewältigen wir die Krise oder wir scheitern an ihr, was in den meisten Fällen ein Absinken in Ängste und Depressionen bis hin zu Suizidgedanken bedeutet. Wenn Sie merken, dass Sie aus der Krise aus eigener Kraft nicht mehr herausfinden, dass Sie mit einem bestimmten Ereignis in Ihrem Leben nicht zurechtkommen, sollten Sie sich nicht scheuen, professionelle Hilfe in Anspruch zu nehmen.

Resilienz – die Kraft, die aus der Krise führt

Warum kann der eine ertragen und verarbeiten, was den anderen verstört und zermürbt? Manche Menschen entwickeln in bedrohlichen Lebenssituationen eine starke psychische Kraft, statt in Verzweiflung zu versinken. Sie fühlen sich vielleicht vorübergehend, aber nicht dauerhaft hilflos und hoffnungslos. Warum reagieren Menschen so unterschiedlich? Wovon hängt es ab, ob jemand aus einer Krise wieder herausfindet, die Folgen eines Schicksalsschlages überwindet?

Entscheidend ist, ob wir unsere *Sichtweise* der Dinge, unsere Bewertungen und Überzeugungen so steuern können, dass es uns gelingt, die Situation anzunehmen, Zuversicht zu entwickeln und aktiv zu werden. Diese Art psychischer Kraft und Widerstandsfähigkeit bezeichnet man als Resilienz. Resiliente Menschen verfügen über die erforderlichen Kompetenzen, schwierige Situationen zu bewältigen, flexibel und kreativ auf unerwartete Probleme zu reagieren. Oft nennt man sie auch »Überlebenskünstler« oder »Stehaufmännchen«, weil sie sich selbst durch eine ausweglos erscheinende Situation nicht dauerhaft entmutigen lassen, sondern immer wieder »aufstehen«.

Das Wort »Resilienz« leitet sich ab vom englischen »resilience« und bedeutet so viel wie Elastizität oder Unverwüstlichkeit. Der Begriff kommt ursprünglich aus der Physik. Er beschreibt, dass ein Material die Eigenschaft hat, nach einer Belastung wieder in den Ausgangszustand zurückzukehren.

Resilienz ist jedoch keine einzelne Eigenschaft, die für sich steht, sondern eine Kombination von Einstellungen, Überzeugungen und Verhaltensweisen, die uns dazu befähigen, schwierige Lebenssituationen zu bewältigen, ohne psychisch Schaden zu nehmen.

Mittlerweile beschäftigen sich Forscher weltweit mit diesen psychischen Schutzfaktoren, mittels derer wir negative äußere Umstände ausgleichen und abwehren können. Und es gibt eine gute Nachricht: Nahezu alle Forscher sind davon überzeugt, dass Resilienz-Faktoren nicht ausschließlich eine Frage der Gene oder Einflüssen in der frühkindlichen Erziehung zu verdanken sind, sondern dass wir auch als Erwachsene Resilienz erlernen können.

Es ist nie zu spät …

Lange Zeit galt der Satz: »Was Hänschen nicht lernt, lernt Hans nimmermehr.« Man war überzeugt, die Prägungen in der Kindheit seien so entscheidend, dass man später kaum noch etwas Wesentliches daran ändern könne, wie ein Mensch denkt und fühlt.

Wie man heute weiß, stimmt dies jedoch nur zum Teil. Zwar sind die Dinge, die man in der Kindheit lernt, tief verwurzelt. Auch lernen Kinder vieles wie von selbst oder zumindest fällt es ihnen leichter als Erwachsenen. Das gilt jedoch für nahezu alle Bereiche: für die Fähigkeit, aus Krisen gestärkt hervorzugehen, ebenso wie für das Erlernen von Sprachen, physikalischen Zusammenhängen, geografischen Fakten oder den Umgang mit technischen Geräten. Ebenso, wie ein 40- oder 50-Jähriger natürlich noch Ungarisch oder die Anwendung eines neuen Computerprogramms erlernen kann, so kann auch jeder Erwachsene zu jedem Zeitpunkt seines Lebens seine Krisenfestigkeit stärken. Wenn man die 50 überschritten hat, dauert es vielleicht etwas länger – doch hat man zu diesem Zeitpunkt in der Regel auch schon mehr Geduld und Durchhaltevermögen entwickelt.

Wem die innere Stärke nicht in die Wiege gelegt wurde, der muss sich nicht damit abfinden.

Für unseren Umgang mit Krisen bedeutet dies: Größtenteils entscheidet die Einstellung gegenüber einer Situation darüber, als wie belastend wir sie erleben – unabhängig von der tatsächlichen Belastung. Einstellungen, die wir irgendwann im Laufe unseres Lebens gelernt und die sich mit der Zeit verfestigt haben, lenken unser Denken, Fühlen und Tun, bilden Verhaltensmuster aus. Sie ähneln häufig begangenen Wegen, die sich mit der Zeit immer mehr ausprägen. Gelingt es, eine Einstellung zu verändern, so beeinflusst dies natürlich auch Gedanken, Gefühle und Verhalten. Um beim Beispiel des Weges zu bleiben: Ein neuer Pfad wird gebahnt und je häufiger er begangen wird, umso prägnanter und breiter kann auch er werden. Während der alte Weg langsam zuwächst, wenn er nicht mehr oder nur selten begangen wird, gewinnt der neue Weg dann immer mehr an Kontur. Wir haben also die Chance, Einstellungen, Überzeugungen und Denkmuster, die für unsere Persönlichkeit und unsere Weiterentwicklung ungünstig sind, positiv zu verändern bzw. durch förderliche Muster zu ersetzen. Wir können es in jedem Lebensalter lernen, an Herausforderungen zu wachsen, uns von Schicksalsschlägen nicht unterkriegen zu lassen und auf die Wechselfälle des Lebens flexibel zu reagieren.

Die acht Stärken krisenfester Menschen

Niemand muss mehr glauben, er sei eben ein Pechvogel oder ihm würden wesentliche Fähigkeiten für ein gutes Leben fehlen. Jeder kann sich in eine Richtung entwickeln, die ihn (wieder) mehr Freude am Leben haben lässt. Doch was macht stark? Im nachstehenden Kasten sind acht Fähigkeiten aufgeführt.

Das macht stark

- Die Fähigkeit, sich einer schwierigen Situation zu stellen, sie wahrnehmen und einschätzen zu können.

- Die Fähigkeit, Unabänderliches zu akzeptieren.
- Die Fähigkeit, bei Fehlschlägen und ungünstigen Entwicklungen mit sich selbst wieder ins Reine zu kommen.
- Die Fähigkeit, auf andere zuzugehen und Unterstützung anzunehmen, aber auch anderen Unterstützung zu geben.
- Die Fähigkeit, auf eigene Kräfte und Ressourcen zu vertrauen.
- Die Fähigkeit zum Optimismus.
- Die Fähigkeit, lösungsorientiert zu denken und zu handeln.
- Die Fähigkeit, sich nach Schicksalsschlägen neue Ziele zu setzen.

Wahrnehmung, Akzeptanz, mit sich ins Reine kommen, Unterstützung suchen, Selbstvertrauen, Optimismus, Lösungsorientierung, sich neue Ziele setzen. Das klingt gut, aber: Wie geht das? Wie lässt sich diese Krisenfestigkeit erlernen? Was können Sie dafür tun, die entsprechenden Fähigkeiten in sich selbst zu fördern?

In diesem Buch werden Sie diese acht Stärken, die Bestandteil der Krisenfestigkeit sind, näher kennenlernen. In jedem Kapitel entdecken, erleben und trainieren Sie eine dieser speziellen Stärken und wenden das Erfahrene in Ihrem Alltag an. Dabei beinhalten die acht Stärken krisenfester Menschen Talente und Fähigkeiten, die Sie wahrscheinlich zum größten Teil bereits in sich tragen. Nun geht es aber darum, sie bewusst wahrzunehmen und weiterzuentwickeln.

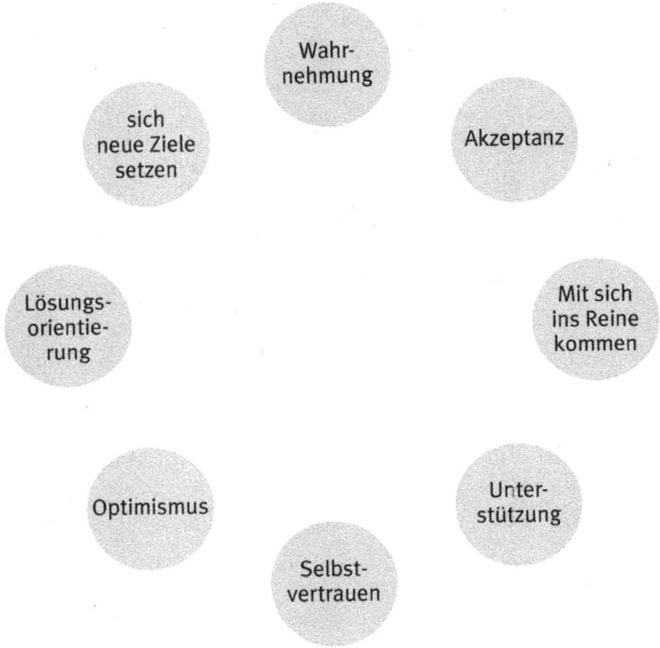

Doch noch bevor Sie sich der ersten Stärke zuwenden, möchte ich Sie zu einem Test einladen: Stellen Sie für sich fest, wo Sie eigentlich stehen. Welches sind Ihre starken Seiten? Wo besteht Lernbedarf? Jede Kette ist so stark wie ihr schwächstes Glied, und daher sind diejenigen Eigenschaften und Fähigkeiten zu fördern, die bislang in Ihrem Krisenmanagement eine eher geringe Rolle spielten.

Test: Wie gehen Sie mit Krisen um?

Mit Hilfe des nachfolgenden Tests finden Sie heraus, mit welchen Denk- und Handlungsmustern Sie Krisen im Alltag bewältigen. Wenn Sie Ihre starken und Ihre schwachen Seiten kennen, wissen Sie, worauf Sie bauen können und in welchen Bereichen Sie etwas für mehr Krisenfestigkeit tun sollten. Die Fragen umfassen vier Bereiche.

- *Soziale Ressourcen:* Sind Sie jemand, der sich in Krisenzeiten zurückzieht und versucht, alles mit sich selbst auszumachen? Oder vertrauen Sie sich anderen an und bauen Sie auf andere?
- *Selbstwertgefühl:* Sind Sie jemand, der angesichts einer Krise oder eines persönlichen Versagens wieder gut mit sich ins Reine kommt? Oder machen Sie sich lange Zeit selbst Vorwürfe und können sich eigene Unwissenheit oder Fehlverhalten nicht vergeben?
- *Optimismus:* Sind Sie jemand, der die Chancen in der Krise sieht? Oder haben Sie eher Risiken und Gefahren im Auge?
- *Lösungskompetenz:* Sind Sie jemand, der leicht in die Opferrolle fällt und sich in Krisenzeiten nur schwer aktivieren kann? Oder gehen Sie nach der Reflexion des Geschehenen zügig zum Handeln über?

So machen Sie den Test

Lesen Sie die folgenden Aussagen und entscheiden Sie jeweils, inwieweit sie auf Sie ganz persönlich zutreffen. Dementsprechend vergeben Sie für jede Aussage Punkte. Lassen Sie bitte keine Aussage aus.

Trifft immer zu	= 3 Punkte
Trifft häufig zu	= 2 Punkte
Trifft manchmal zu	= 1 Punkt
Trifft nie zu	= 0 Punkte

Aussage	Punkte	
Ich versuche Fehler und Schwächen vor anderen zu verbergen.		A
Wenn ich auf einen Vorschlag impulsiv antworte, verwende ich häufig die Worte »Ja, aber …«.		C
Ich kann oft schlecht einschlafen, weil ich einfach keinen Abstand zu meinen Sorgen bekomme.		B
Es fällt mir schwer, anderen Menschen zu vertrauen.		A
Wenn es mir schlecht geht, will ich niemanden sehen.		A
Ich beneide andere darum, dass es ihnen besser geht als mir.		D
Ich kann mich nur dann wirklich akzeptieren, wenn ich erfolgreich bin.		B
Andere sagen mir, dass ich oft ernst aussehe.		C
Ich bemerke häufig zuerst die Nachteile einer Sache.		C
Ich habe etwas Schreckliches erlebt und kann daher nie wieder glücklich sein.		D
Wenn ein Vorhaben scheitert und ich das zu verantworten habe, dann mache ich mir viele Vorwürfe deswegen.		B
Es ist mir peinlich, mit anderen über meine Probleme zu sprechen.		A
Andere können meine Gefühle leicht verletzen.		D

Aussage	Punkte	
Ich habe oft Schuldgefühle.		B
Mir kann ohnehin keiner helfen.		A
Wenn mir etwas misslingt, habe ich noch lange danach schlechte Laune und bin reizbar und nervös.		B
Ich fühle mich oft demotiviert, schlapp oder lustlos.		D
Mit Ungewissheit komme ich nur schlecht zurecht.		C
Ich bin es gewohnt, meine Probleme allein zu lösen.		A
Ich fühle mich oft von anderen ausgenutzt.		D
Ich habe häufig das Gefühl, versagt zu haben.		B
Ich habe ohnehin keine Chance.		C
Man weiß nie, was andere mit dem machen, was man ihnen erzählt.		A
Persönliches Versagen kann ich mir nicht verzeihen.		B
Jemandem, der mir geschadet hat, werde ich das niemals vergeben können.		D
Ich finde häufig Gründe, warum etwas nicht möglich ist.		C
Ich fühle mich eigentlich nirgendwo zugehörig.		A
Ich habe oft Angst, mich falsch zu entscheiden.		C

Aussage	Punkte	
Es kommt mir häufig so vor, als ob ich mein Leben nicht richtig im Griff hätte.		D
Ich mache mir oft Sorgen um die Zukunft.		C
Ich zeige nur selten meine wahren Gefühle.		A
Ich grüble oft darüber nach, was ich in einer Situation hätte anders machen können.		B
Ich kann mir einfach nicht vorstellen, wie es nach einem Rückschlag weitergehen soll.		C
Ich fühle mich oft hilflos und überfordert.		D
Ich frage mich häufig, weshalb das, was geschehen ist, gerade mir passieren musste.		D
Ich will andere nicht mit meinen Problemen behelligen.		A
Ich zweifle häufig an mir und meinen Fähigkeiten.		B
Es kommt mir oft so vor, als würde niemandem wirklich etwas an mir liegen.		D
Wenn etwas schiefgegangen ist, bin ich oft tagelang deprimiert.		B
Aus Angst, das Falsche zu tun, tue ich lieber nichts.		C

Auswertung

Zählen Sie nun die Punktezahlen für jeden Buchstaben separat zusammen und tragen Sie die ermittelte Punktezahl in die nachfolgende Skala ein.

A	
B	
C	
D	

A: Soziale Ressourcen

20 oder mehr Punkte
Sie sind überzeugt, mit allen Problemen und Konflikten alleine fertig werden zu müssen. Vielleicht sind Sie oft im Leben enttäuscht worden oder empfinden es als Schwäche, andere um Hilfe zu bitten. Vielleicht haben Sie auch nie wirklich gelernt, wie man andere Menschen ins Vertrauen ziehen kann. Wichtig für Sie ist, zu erkennen, dass es völlig in Ordnung ist, auf andere zuzugehen und um Unterstützung zu bitten. In Krisenzeiten jemanden an der Seite zu haben, macht vieles einfacher.

8 bis 19 Punkte
Manchmal wagen Sie es, bei anderen Hilfe und Unterstützung zu suchen, doch haben Sie oftmals innere Vorbehalte dagegen und fragen sich, wie dieses Verhalten bei Ihrem Gegenüber wohl ankommt. Da Sie aber wissen, dass der Blick von außen oft hilfreich ist, um neue Lösungen zu finden, sollten Sie häufiger einmal diesen Schritt tun.

Unter 8 Punkte
Sie haben keine Scheu, Zutrauen zu fassen und sich bei der Lösung von Problemen und Konflikten helfen zu

lassen. Wahrscheinlich haben Sie schon oft von der Unterstützung anderer profitiert und haben auch anderen helfen können.

Tipp
Wenn Sie über 8 Punkte haben und lernen möchten, mehr auf andere zuzugehen, dann finden Sie ab Seite 76 Strategien und Tipps, die Sie dabei unterstützen, Ihr Vertrauen in andere zu stärken.

B: Selbstwertgefühl und Selbstvertrauen

20 oder mehr Punkte
Sie sind häufig sehr hart gegen sich selbst und nehmen es sich übel, wenn Sie Ihren Erwartungen oder den (vermuteten) Erwartungen anderer nicht entsprechen. Echtes oder vermeintliches eigenes Fehlverhalten lässt Sie kaum zur Ruhe kommen und äußert sich abwechselnd in Angst, Zorn und Niedergeschlagenheit. Wichtig für Sie ist, eine stabile positive Haltung sich selbst gegenüber zu entwickeln.

8 bis 19 Punkte
Schuldgefühle und Selbstvorwürfe sind Ihnen nicht fremd, doch ziehen Sie sich nicht automatisch jeden Schuh an. Nach einer Niederlage oder einer Fehlentscheidung brauchen Sie jedoch meist viel Zeit, bis Sie mit sich selbst wieder im Reinen sind.

Unter 8 Punkte
Wenn ein krisenhaftes Ereignis Sie getroffen hat, brauchen Sie etwas Zeit, um zu reflektieren und sich zu arrangieren. Doch dann befinden Sie sich wieder in Ihrer Mitte. Wahrscheinlich können Sie auf etliche Herausforderungen in Ihrem Leben zurückblicken, die Sie gut bewältigt haben.

Tipp
Wenn Sie über 8 Punkte haben und lernen möchten, mehr Selbstakzeptanz und Selbstwertschätzung zu entwickeln, dann finden Sie ab Seite 58 und ab Seite 86 Strategien und Tipps, die Sie dabei unterstützen, Selbstwertgefühl und Selbstvertrauen zu stärken.

C: Optimismus

20 oder mehr Punkte
Sie neigen dazu, mit Sorgen und Bedenken in die Zukunft zu blicken und haben wenig Hoffnung, dass sich die Dinge in eine gute Richtung entwickeln. Ihr Sinn für mögliche Gefahren ist sehr ausgeprägt und so sind Sie eher vorsichtig und lassen sich ungern auf Ungewisses ein. Wichtig für Sie ist, einen ausgewogenen Blick zu entwickeln, der Sie neben den Risiken auch die Chancen erkennen lässt.

8 bis 19 Punkte
Obgleich Sie in mancherlei Hinsicht eher zu den Bedenkenträgern gehören, haben Sie doch Ihr Quäntchen Zuversicht, das Ihnen hilft, in einer Krise nicht zu versinken, sondern den Kopf oben zu behalten und auch einmal ungewohnte Wege einzuschlagen.

Unter 8 Punkte
Sie sind in aller Regel optimistisch und zuversichtlich und betrachten Probleme eher als eine Herausforderung. Wahrscheinlich können Sie auf eine stattliche Anzahl von Situationen zurückblicken, wo Sie durch Ihren Optimismus Wege aus Konflikten und Krisen gefunden haben.

Tipp
Wenn Sie über 8 Punkte haben und lernen möchten, optimistischer und zuversichtlicher zu denken und zu handeln, dann finden Sie ab Seite 101 Strategien und

Tipps, die Sie dabei unterstützen, Optimismus zu trainieren.

D: Lösungskompetenz

20 oder mehr Punkte
In Krisenzeiten – und nicht nur dann – neigen Sie dazu, sich als Opfer der Umstände zu fühlen und wenig Vertrauen darin zu haben, dass Sie aus der Misere wieder herausfinden. Wichtig für Sie ist, Ihr Vertrauen in sich selbst zu stärken und weniger das Warum (»Warum musste mir das passieren?«) als vielmehr das Wie (»Wie kann es jetzt weitergehen, welche Möglichkeiten gibt es?«) in den Blick zu nehmen.

8 bis 19 Punkte
Obgleich es Ihnen nicht immer leicht fällt, gelingt es Ihnen längerfristig doch gut, das gedankliche Rotieren um das krisenhafte Geschehen zu beenden und sich auf mögliche Lösungen zu konzentrieren. Je öfter Sie sich als lösungskompetent erleben, desto mehr wird Ihr Zutrauen in die eigenen Fähigkeiten zunehmen.

Unter 8 Punkte
Im Finden von Lösungen, die aus Krisen und Konflikten herausführen, sind Sie sehr geübt. Wahrscheinlich hatten Sie hinsichtlich Ihrer Lösungskompetenz Menschen um sich, die Ihnen gute Vorbilder waren oder sind.

Tipp
Wenn Sie über 8 Punkte haben und lernen möchten, lösungsorientierter als bisher zu denken und zu handeln, dann finden Sie ab Seite 41 und ab Seite 121 Strategien und Tipps, Ihre innere Standfestigkeit zu stärken und sich das Denken in verschiedenen Lösungswegen anzugewöhnen.

Erste Stärke: Wahrnehmen, was ist

Krisen erkennen

Eine Krise zu erleben geht meist mit tiefer Unzufriedenheit, emotionaler Unausgeglichenheit, tiefgehender Verunsicherung und heftigen Gefühlsausbrüchen einher. Doch Krise ist nicht gleich Krise. Es gibt ganz unterschiedliche Arten von Krisen: kleine, große, harmlose, bedrohliche ... Manche haben mit Veränderungen in den Existenz- und Lebensbedingungen zu tun oder mit den Übergängen zwischen verschiedenen Lebensphasen, manche mit der persönlichen Entwicklung, mit dem Erwerbsleben, der Karriere, den Beziehungen zum Partner, zur Familie und dem Freundeskreis, wieder andere brechen völlig unvorhergesehen über uns herein.

Grob lassen sich zwei unterschiedliche Formen von Krisen unterscheiden: Entwicklungs- und Veränderungskrisen, die sich durch Vorboten oder Warnzeichen ankündigen und plötzlich auftretende Krisen, denen ein Schockerlebnis vorausgeht.

Entwicklungskrisen

Entwicklungskrisen kann man als »normale« Krisen betrachten. Sie können entwicklungsbedingte Übergänge begleiten, beziehen sich also auf Situationen, die in der Regel zum Leben gehören. Manchmal werden diese Übergänge auch als positiv erlebt; genauso gut ist es aber möglich, dass sie unser Potenzial zur Problembewältigung überfordern.

Beispiele: Pubertät, Verlassen des Elternhauses, erster Job, Schwangerschaft, Geburt von Kindern, Wechseljahre, Älterwerden, Auszug der Kinder, das Ausscheiden aus dem Berufsleben, Konfrontation mit der eigenen Sterblichkeit usw.

Veränderungskrisen

Dies sind Krisen, die sich durch bestimmte Indizien oder Warnzeichen ankündigen. Sie können sich auf Veränderungen in uns selbst beziehen aber auch auf unsere Lebensumstände oder unsere Beziehungen zu anderen Menschen.

Beispiele: Krankheiten, berufliche Veränderungen, Verlust des Arbeitsplatzes, soziale Ausgrenzung, Umzüge, finanzielle Notlagen, anhaltender Streit und Konflikte in der Familie, Trennungen, Scheidung, usw.

Mögliche Vorboten und Warnzeichen

Veränderungen in den Existenz- und Lebensbedingungen bahnen sich über einen längeren Zeitraum an, meist über Wochen oder auch Monate hinweg. Sie haben immer eine Vorgeschichte. Oft sind körperliche Symptome die ersten Indizien, wie häufige kleinere Erkrankungen, ständig wiederkehrende Spannungskopfschmerzen, Schwindelgefühle, Rückenschmerzen und auch Magen- oder Verdauungsstörungen.

Doch nicht nur der Körper, auch die Psyche gibt uns oft Hinweise darauf, dass etwas außer Balance gerät: Da gibt es beispielsweise kleine Konflikte, die sich nach und nach summieren oder vor sich hin schwelen und so immer größer werden. Oder wir sind nervöser, reizbarer oder auch vergesslicher, als wir es sonst von uns kennen, erleben diffuse Angstgefühle oder sind schnell erschöpft – lauter Zeichen einer latenten Überforderung, die weder durch ein verlängertes Wochenende noch durch gezielte Entspannung verschwinden. Auch Schlafstörungen oder anhaltende Müdigkeit sind deutliche Hinweise darauf, dass etwas in unserem Leben nicht stimmig ist.

Häufige Niedergeschlagenheit und miese Stimmung sollten Sie ernst nehmen!

Wenn Sie häufig schlecht gelaunt sind und den Spaß an Dingen verlieren, die Ihnen sonst Freude gemacht haben, dann sollten Sie dies ernst nehmen. Auch wenn Ihre Leistungsfähigkeit nachlässt, Sie sich beispielsweise schwerer konzentrieren können, wichtige Dinge vergessen, mehr Fehler machen als sonst, oder wenn Ihnen die Ideen ausgehen und Routinearbeiten Sie plötzlich anstrengen, können das Hinweise sein, dass sich etwas anbahnt. Weitere Indizien sind ständig wiederkehrende Gedanken, die immer um dasselbe Problem oder um einen bestimmten Konflikt kreisen, ohne dass Sie zu einer Lösung kommen oder auch diffuse Ängste, die sich auf nichts Bestimmtes zu beziehen scheinen.

Treten solche Signale vereinzelt auf, kann es dafür natürlich auch andere Gründe geben, die nichts mit einer persönlichen Krise zu tun haben. Doch wenn die Phänomene sich häufen oder wenn sie über längere Zeit hinweg anhalten, dann steigt die Wahrscheinlichkeit, dass sie die Vorboten einer Krise sind. Sie einfach zu übergehen und zu glauben, das würde schon »alles irgendwann wieder aufhören« ist eine untaugliche Strategie.

Das Krisen-Dilemma

Je früher Sie eine sich anbahnende Krise erkennen, desto besser können Sie darauf reagieren. Doch oft ist genau das so schwer: Wir nehmen die entsprechenden Signale im aktuellen Geschehen einfach nicht zur Kenntnis – oder wir wollen uns nicht damit auseinandersetzen. Warum ist das so?

Wenn sich Krisen ankündigen, ist dies meist mit starken und unangenehmen Gedanken und Gefühlen verbunden, mit Ängsten, Konflikten, Selbstzweifeln, Rat- und Hilflosigkeit. Dem setzt sich niemand gerne aus. Damit wollen wir uns nicht beschäftigen und ziehen es daher – bewusst oder unbewusst – vor, Warnsignale auszublenden oder mit einem beruhigenden »Das wird schon wieder« zu übergehen, weil eben »nicht sein kann was nicht sein darf«.

Je deutlicher aber spürbar wird, dass etwas schief läuft, desto größer wird auch der Leidensdruck – innerer ebenso wie oft auch äußerer Druck – und dementsprechend wächst der Zwang zur Veränderung. Genau dies ist es aber ja, was man vermeiden möchte: Sich der Situation stellen, Klarheit schaffen, Konsequenzen ziehen, Entscheidungen treffen müssen. Druck auszuhalten ist jedoch eine sehr erschöpfende Angelegenheit, daher wächst gleichzeitig und genauso stark auch das Verlangen nach Entspannung, das Bedürfnis danach, das Unangenehme zu ignorieren, auszublenden, es einfach vergessen zu wollen. Eine echte Zwickmühle.

Nur allzu bereitwillig lenken wir uns dann ab und geben uns besagter Illusion hin, es werde alles von selbst wieder in Ordnung kommen. Doch wenn wir aus den Signalen nicht frühzeitig die richtigen Konsequenzen ziehen, spitzt sich das Ganze in aller Regel weiter zu. Das gilt für Konflikte am Arbeitsplatz ebenso wie für Gesundheitsprobleme, Beziehungskrisen, finanzielle Engpässe oder Selbstwertkonflikte. Leider wird uns der Zusammenhang zwischen diesen Phänomenen des Wegschiebens und der späteren Eskalation oft erst im Nachhinein bewusst. Dann ist man, wenn die Zeichen auf Sturm stehen, schon zu überarbeitet, gesundheitlich zu angeschlagen oder einfach zu erschöpft, um zu spüren, was genau in einem selbst vor sich geht, oder um zu ergründen, wo es im Verhältnis zum Chef, zum Partner, zur Familie usw. eigentlich hakt und nachzuvollziehen, wie es zu dem Desaster hat kommen können.

Fassen Sie also Mut, die Zeichen zu beachten und sich rechtzeitig bewusst zu werden, dass Sie auf eine Krise zusteuern. Dann können Sie handeln, das Ruder herumreißen und verhindern, dass es zum Schlimmsten kommt.

Schock ohne Vorwarnung

Manchmal jedoch ereilt uns eine Krise ohne jede Vorwarnung über Nacht, so dass das Leben auf einmal schlagartig eine Richtung bekommt, die völlig abwegig erscheint. Mit diesen Schicksalsschlägen aus heiterem Himmel kommen wir sehr schwer klar.

Plötzliche Krisen sind unerwartet auftretende schmerzliche Situationen, die die physische und psychische Existenz, die soziale Identität und Sicherheit bedrohen können, wie beispielsweise Todesfälle in der Familie oder im Freundeskreis, schwere Erkrankung, plötzliche Invalidität, Brände usw.

Solche Krisen zwingen dazu, wahrgenommen zu werden. Sie können nicht ignoriert werden, denn von jetzt auf gleich ist nichts mehr so, wie es war. Trotzdem ist gerade hier die Realitätsverweigerung eine häufige Reaktion. »Es kann doch einfach nicht sein, dass der geliebte Partner nie mehr den Arm um mich legen wird.« Oder: »Völlig ausgeschlossen, dass ausgerechnet ich Krebs haben soll.« Wir begreifen nicht, was passiert ist, fühlen uns wie betäubt oder verlieren uns in ziellosen Aktivitäten.

Schicksalsschläge bewirken oft, dass wir uns zunächst völlig hilflos und handlungsunfähig fühlen. Wir sind niedergedrückt, haben keine Energie, jede Bewegung ist ein Kraftakt. Es braucht seine Zeit, sich mit dem Geschehenen zu arrangieren. Manche Menschen finden relativ rasch wieder aus diesem Schockzustand heraus, andere brauchen länger. Je nachdem, wie gravierend das Ereignis ist und über welche psychischen Bewältigungsstrategien wir verfügen, kann sich eine Krise nach einem Schockerlebnis auf unterschiedliche Weise äußern:

- Erhöhte Anspannung, Nervosität
- Schlafstörungen
- Allgemeine Verunsicherung, Irritation
- Furcht, Schreckhaftigkeit
- Zorn, Aggressivität, erhöhte Gewaltbereitschaft
- Niedergeschlagenheit, Depression
- Verwirrtheit, Benommenheit
- Ausgeprägtes Rückzugsbedürfnis
- Ungewohntes, oft auch unangemessenes Verhalten
- Ablösung von der Realität, Gefühle der Unwirklichkeit

Das alles kann, muss aber nicht so sein. In der Regel sind Krisen mit überwältigend heftigen Emotionen der Angst, des Zorns oder der Trauer verbunden, manchmal ist es aber auch so, als säßen wir hinter einer Art Nebelwand, so dass uns nichts mehr wirklich erreicht oder berührt. Jeder hat seine persönliche Art zu reagieren.

Die Art und Weise, wie wir das, was geschehen ist, bewältigen, ist ausschlaggebend dafür, welchen Weg wir künftig einschlagen. Doch dies geschieht nicht von heute auf morgen. Setzen Sie sich nicht unter Druck. Sie müssen nicht sofort alles wieder im Griff haben, Sie müssen niemandem etwas beweisen. Haben Sie vielmehr Verständnis für sich selbst, akzeptieren Sie, dass es einige Zeit dauert, sich in der veränderten Realität zurechtzufinden.

Jede Krise verläuft in Phasen

Wie die Psychoanalytikerin Verena Kast herausfand, werden bei Krisen nacheinander stets vier Phasen der Bewältigung durchlebt.

Krisenphasen

1. *Phase des Nicht-Wahr-Haben Wollens*
   Wir wehren uns gegen eine Veränderung, wollen nicht wahrhaben, dass es nicht mehr so ist, wie es bisher war.
2. *Phase der aufbrechenden Gefühle*
   Wir fühlen uns hoffnungslos und machtlos, hadern mit dem Schicksal, verspüren Ängste und Unsicherheit, Wut, Schuldgefühle und Selbstzweifel.
3. *Phase der Neuorientierung*
   Wir fangen an, nach Lösungsmöglichkeiten und Auswegen Ausschau zu halten.
4. *Phase: Neues Gleichgewicht*
   Wir haben uns mit der neuen Situation arrangiert.

Alle vier Phasen sind wichtige Etappen auf dem Weg zur Bewältigung einer Krise. Gefühle der Bedrohung, der Unsicherheit und der Niedergeschlagenheit, teilweise auch extreme Stimmungsschwankungen, begleiten in der Regel alle Phasen des Krisenprozesses, insbesondere aber Phase eins und Phase zwei. Auch besteht die Gefahr, in der ersten oder zweiten Phase lange stecken zu bleiben. Wenn negative Emotionen chronisch werden, wenn sie Ihren Alltag, Ihre Beziehungen und Ihre Leistungsfähigkeit dauerhaft beeinträchtigen, wenn auch Gespräche mit Familienmitgliedern oder Freunden keine Erleichterung bringen, sollten Sie sich professionelle Unterstützung suchen.

Vom Wagnis des Hinsehens

Natürlich kann es eine wichtiger Schutzreaktion unserer Psyche, ja, unseres ganzen Organismus sein, das Geschehene zunächst einmal auszublenden, um etwas Distanz dazu zu gewinnen. Das Verdrängte verschwindet so zunächst aus dem Bewusstsein, ist aber dadurch nicht »vergessen«, sondern bleibt als ein mit Gefühlen aufgeladener innerer Film im Unbewussten bestehen.

In dieser ersten Phase kann es geschehen, dass wir uns in die Vergangenheit zurückziehen und uns immer wieder vor Augen halten, wie schön doch alles war – bevor das passierte, was »nicht hätte passieren dürfen«. Dann ist auch das Selbstmitleid nicht weit. Damit weigern wir uns aber, die Realität anzuerkennen und uns darauf im Denken und im Handeln einzustellen.

Nicht-Wahrhaben-Wollen kann auch bedeuteten, so zu tun, als sei nichts geschehen, als sei alles genau so wie zuvor. Wir gehen nach einem Schockerlebnis einfach zur Tagesordnung über, ohne uns mit dem Geschehenen auseinanderzusetzen. Dahinter steckt die Furcht vor unseren Gefühlen. Wir befürchten, dass wir von Trauer, Angst, Scham, Schuld, ohnmächtiger Wut und Verzweiflung überwältigt werden. Wir vermeiden es, an das Erlebnis zu denken, weil diese Gefühle wie ein Sturzbach über uns hereinbrechen und uns völlig überfordern könnten. Eine häufige Strategie, das Erleben einer Krise zu umgehen, ist, die eigenen Gefühle zu betäuben mit Alkohol, Drogen, Tabletten, Rauchen, aber auch Computerspielen, stundenlangem Fernsehen usw. Dies führt aber nur dazu, dass das Problem zwar weggedrängt, aber nicht gelöst wird.

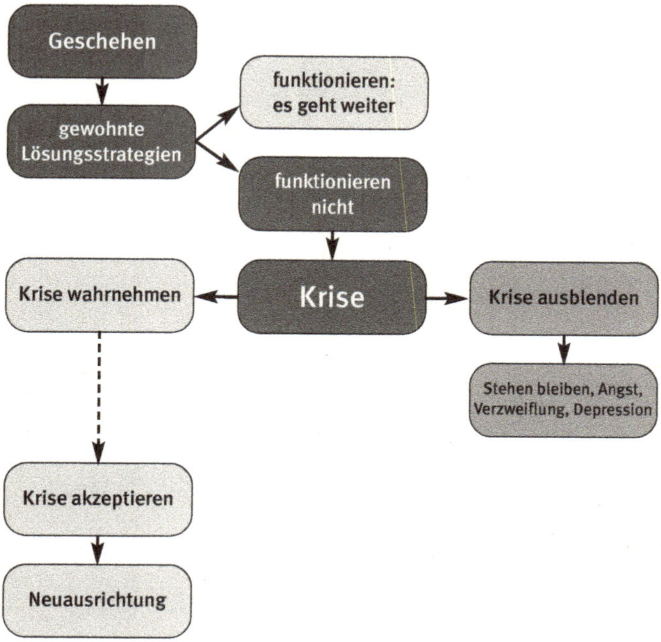

Zu erkennen, dass gewohnte Lösungsstrategien der Situation nicht gerecht werden, ist zweifellos bitter. Man neigt dazu, es immer wieder auf die vertraute Art und Weise zu probieren, bis man erkennt, dass noch mehr von demselben zu keiner Lösung führt. Die Krise ist da.

In dieser ersten Phase, dem Nicht-Wahrhaben-Wollen, sehr lange zu verharren, kostet viel Energie. Die dauerhafte Blockade der Gefühle ist anstrengend und schadet Körper und Seele gleichermaßen. Wenn das Gehirn ständig damit beschäftigt ist, heftige Gefühle unter Verschluss zu halten, dann kostet das Kraft, die anderswo im Organismus fehlt. Daher beginnt jede Krisenbewältigung mit der Wahrnehmung dessen, was ist.

Nehmen Sie also wahr, was geschehen ist: Auf Dauer wegsehen zu wollen, macht nichts besser. Um die Wahrnehmung kommen Sie nicht herum, jedenfalls nicht, ohne negative Folgen für Ihre Gesundheit und Ihr Wohlbefinden. Deshalb ist es gut, sobald Ihnen dies möglich ist, die Lage zu sondieren. Sie müssen dabei weder eine Lösung parat haben noch Entscheidungen treffen. Machen Sie zunächst nur eine Bestandsaufnahme.

Bestandsaufnahme

Suchen Sie sich eine ruhige Umgebung, nehmen Sie Papier und Stift zur Hand oder setzen Sie sich vor Ihren Computer und machen Sie sich schriftliche Notizen zu den folgenden Fragen:

- Was ist geschehen?
- Was führte dazu, dass es geschehen konnte?
- Was sind meine hauptsächlichen Gedanken, wenn ich an das Geschehene denke?

- Wie geht es mir?
- Was fühle ich, wenn ich an das Geschehene denke?
- Was könnte mir dabei helfen, mit dem, was ich denke und fühle, zurechtzukommen?
- Wie könnte ich mich selbst unterstützen?

Nehmen Sie sich Ihre Notizen in den folgenden Tagen immer mal wieder zur Hand und ergänzen Sie sie, wenn Ihnen weitere Aspekte zu Ihrer Situation einfallen.

Eine Bestandsaufnahme unterstützt den inneren Klärungsprozess und hilft Ihnen, das Geschehen zu verarbeiten. Indem Sie Ihre Gedanken und Gefühle wahrnehmen, bleiben Sie im Kontakt mit sich selbst. Nehmen Sie es auch hin, erst einmal keine Lösung parat zu haben. Manchmal neigen wir dazu, in einer Krise übereilt nach dem ersten besten Strohhalm zu greifen, nach einem Rettungsanker, der uns möglichst schnell aus unseren schmerzlichen Gefühlen herausführen soll. Die Lösungen, die so gefunden werden, sind aber oftmals nicht die besten. Lassen Sie sich Zeit, sich mit der veränderten Situation anzufreunden; setzen Sie sich nicht unter Druck.

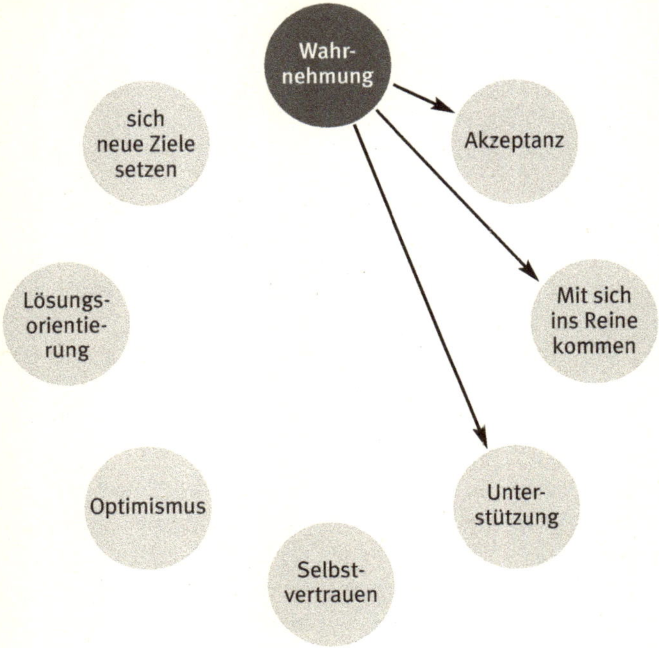

Ausblick

- Die Situation, so wie sie ist, wahrzunehmen, stellt die Voraussetzung dafür dar, sie schließlich auch akzeptieren zu können.
- Wahrzunehmen was ist, stärkt darüber hinaus die Fähigkeit, mit sich wieder ins Reine zu kommen und sich die geeignete Unterstützung suchen zu können.
- Wenn Sie sich dem Geschehen stellen, versetzen Sie sich damit auch in die Lage, Wege aus der Krise herauszufinden – alleine oder mit Hilfe von anderen.

Zweite Stärke: Die Wirklichkeit akzeptieren

Die Situation annehmen

Beglückwünschen Sie sich! Indem Sie sich der Wahrnehmung der Krise gestellt haben – mit allen unangenehmen und beängstigenden Konsequenzen, die dies vielleicht mit sich bringt, haben Sie bereits Stärke bewiesen. Es gibt mehr Menschen als Sie vielleicht denken, die diesen ersten Schritt niemals tun.

Zu *erkennen*, dass Sie es mit einer Krise zu tun haben, ist das eine. Nun geht es darum, das, was geschehen ist, zu *akzeptieren*. Wenn es Ihnen gelingt, die Situation anzunehmen und sie als Herausforderung zu verstehen, befinden Sie sich bereits auf dem Weg, Ihr Schicksal wieder selbst in die Hand zu nehmen.

Möglicherweise dringt das ganze Ausmaß des Geschehens nur langsam und bruchstückhaft ins Bewusstsein. Die Situation kommt uns vielleicht längere Zeit unwirklich oder wie ein Alptraum vor. Wenn wir jedoch den Mut gefasst haben, uns dem Geschehen zu stellen, haben wir damit gleichzeitig die Illusion aufgegeben, alles könnte sich als Irrtum herausstellen oder gar nicht wirklich passiert sein. Es wird uns immer deutlicher, dass die Veränderung unwiderruflich ist.

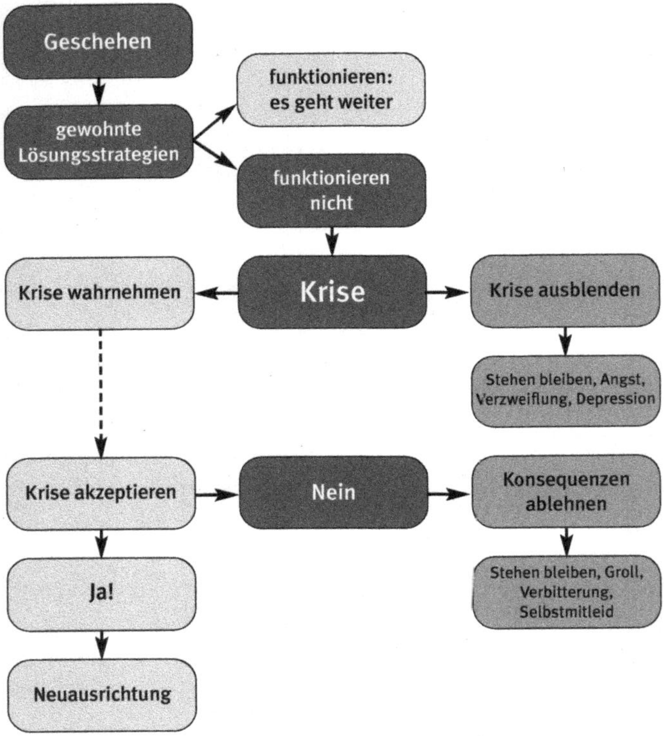

Gefühle können sehr weh tun

Nun verspüren wir aber auch den ganzen Schmerz und die Verzweiflung, die diese Erkenntnis mit sich bringt. Wir leiden unter der Intensität und Unstetigkeit unserer Gefühle, fangen vielleicht plötzlich an zu weinen oder schreien völlig unvermittelt jemanden an. In Schüben wallen Trauer, Wut und Furcht auf, dann wieder fühlt sich alles wie betäubt an. Wir erleben Momente, in denen wir nur lethargisch vor uns hinstarren und uns auch zu nichts weiter in der Lage fühlen. Unruhe, Schreckhaftigkeit und Angst münden immer wieder in eine tiefe Erschöpfung, in der alles trübe und sinnlos erscheint und wir den Eindruck haben, völlig orientierungslos zu sein.

Meist sind in dieser Phase auch die natürlichen Körperrhythmen aus dem Takt geraten. Wir können schlecht einschlafen, wachen nachts immer wieder auf oder kommen morgens kaum aus dem Bett. Vielleicht fällt es überhaupt schwer, zur Ruhe zu kommen, oder wir fühlen uns so kraftlos, dass wir uns kaum von der Stelle bewegen können und jeden Handgriff als anstrengend erleben. Vielleicht essen wir zuviel und haben regelrechte Heißhungerattacken – oder aber wir bekommen keinen Bissen hinunter. Kopfschmerzen, Verspannungen, Atembeschwerden, Magenprobleme, Kreislaufstörungen ... Der Körper zeigt sich in einer akuten Krise oft ebenso belastet wie die Psyche und auch die Denk- und Konzentrationsfähigkeit.

In einem solchen Zustand haben die meisten Menschen an nichts mehr richtig Freude, sind tief entmutigt und vielleicht sogar überzeugt davon, nie wieder Glück empfinden zu können. Die Gedanken kreisen fast ununterbrochen um das Geschehene. Was um uns herum passiert, erscheint uns weit weg, wie ein Film, den wir an uns vorüberziehen sehen und an dem wir uns nicht beteiligt fühlen.

Der Weg von der Wahrnehmung zur Akzeptanz ist die schmerzvollste und schwierigste Phase in der Krisenbewältigung. Es ist verständlich, hier ausweichen zu wollen, um diesen heftigen Stimmungsschwankungen und ihren Begleiterscheinungen zu entgehen. Schließlich geben wir uns im Leben ohnehin meist ziemliche Mühe, schmerzhafte Gefühle *nicht* fühlen zu müssen.

Hadern mit dem Schicksal verlängert den Schmerz

Die Versuchung ist groß, mit dem Schicksal zu hadern und sich immer wieder zu fragen: »Warum gerade ich?«, »Warum musste ausgerechnet mir so etwas zustoßen?« Das Unglück wird wie eine (ungerechtfertigte) Strafe empfunden. Manchmal beginnt man auch, andere dafür anzuklagen.

Eine solche Reaktion mag für den Moment erleichtern, sie blockiert jedoch das Vermögen, das Geschehene zu reflektieren, und zementiert so letztlich das Unglück. Dies verhindert auch eine Neuorientierung. Der Berliner Psychiater Michael Linden hat dafür den Begriff »Posttraumatische Verbitterungsstörung« geprägt und meint damit vor allem auch die mangelnde Bereitschaft, erfahrenes Leid loszulassen. Mit dem Schicksal zu hadern, wegzulaufen, sich zu betäuben oder die Decke über den Kopf zu ziehen hilft nicht, zumindest nicht dauerhaft. Tatsächlich ist der Rückzug in die Passivität eines der größten Hindernisse auf dem Weg dahin, die innere Balance wiederzufinden.

Nehmen Sie sich Zeit, sich auf die veränderte Situation einzustellen.

Erwarten Sie nicht, dass die Erinnerungen an das Geschehen irgendwann wie durch Zauberhand ausgelöscht sein werden. Die Zeit wird zwar tatsächlich »Wunden heilen«, doch vieles wird uns immer wieder an das Geschehen erinnern und die damit verbundenen Gefühle erneut wachrufen. Es wird eine Weile dauern, bis Sie sich mit der veränderten Realität tatsächlich arrangiert haben. Nehmen Sie es daher als gegeben hin, jetzt noch keinen Ausweg zu sehen, keine Lösung zu wissen und immer wieder Erinnerungen ausgesetzt zu sein. Sagen Sie sich selbst etwas wie: »Ich stecke momentan in einer schwierigen Lage, das macht mir Angst. Manchmal bin ich auch traurig oder wütend darüber. Das ist jetzt so. Ich will und darf mir Zeit lassen, Abstand dazu zu finden.«

Abstand finden in der Natur

Gehen Sie hinaus in die Natur, zu einem Fluss oder Bach und lassen Sie sich am Ufer nieder. Betrachten Sie das Wasser, wie es plätschert und strömt, wie immer neue Wellen kommen und gehen. Das Fließen des Wassers erinnert daran, dass wir nichts im Leben festhalten können. Nicht das Schöne und auch nicht das Schlimme. Das Leben ist ständig im Wandel, wie dieser Bach oder Fluss. Das Wasser fließt und fließt, ob es Ihnen gefällt oder nicht. Es ist einfach so. Und so ist es auch mit dem Leben …

Die Natur mit ihren Lebensrhythmen, die sich seit Jahrtausenden Tag um Tag, Jahr um Jahr wiederholen, kann uns auf einfache Weise dabei unterstützen, unsere eigenen Rhythmen wiederzufinden. Wenn wir uns aus der Bahn geworfen fühlen, ist es heilsam, dem Immer-Wiederkehrenden Aufmerksamkeit zu schenken; der Stetigkeit des Wassers, dem Sonnenaufgang und -untergang, dem Werden, dem Vergehen und dem Neubeginn. Dies schafft eine Resonanz für die Freisetzung der Lebenskraft in uns, die wir in Krisenzeiten brauchen.

Eine solche annehmende Einstellung richtet unser Denken und Fühlen unterschwellig darauf aus, Lösungen zu finden. Wenn wir dagegen in Passivität und Selbstmitleid stecken bleiben, andere oder »das Schicksal« anklagen oder darauf warten, dass sich alles von alleine »irgendwie klärt«, wird die entstandene Situation, unter der wir leiden, uns noch viel länger belasten. Dies sollten wir uns gerade in Zeiten der Mutlosigkeit und des Zweifelns vor Augen halten.

Sagen Sie sich immer wieder, dass Ihre momentanen Gefühle ganz normal sind und zur Bewältigung einer Krise einfach mit dazugehören. Trauer nach Verlusterlebnissen, Angst angesichts existenzieller Bedrohung oder Niedergeschlagenheit in Konfrontation mit ausweglos erscheinenden Lebensumständen: das alles sind völlig natürliche Reaktionen auf Schicksalsschläge, Verluste und Enttäuschungen.

Leben Sie nur einen Tag auf einmal

Gerade wenn Sie mit sehr vielen Unwägbarkeiten konfrontiert sind, können Sie leicht die Orientierung verlieren und das Gefühl haben, überhaupt nicht mehr zurechtzukommen. Dies ist oft nach einem schweren Verlust, dem Tod eines nahestehenden Menschen, dem Scheitern eines Lebensentwurfes oder dem Erleiden einer Katastrophe der Fall. Die Fülle oder die Schwere dessen, was nun zur Bewältigung ansteht, scheint erdrückend.

Hilfreich ist es dann, in »zeitdichten Schotten« zu leben, wie Dale Carnegie es einmal anschaulich formuliert hat. Das heißt, Sie nehmen sich immer nur für einen einzigen Tag vor, mit der Situation zurechtzukommen.

So wie die wasserdichten Schotten eines Schiffes verhindern, dass der Ozean in die Kabine schwappen kann, verhindern die zeitdichten Schotten, dass das Meer der Sorgen, der Befürchtungen und der Verzweiflung uns überschwemmt.

Der Ausblick auf Wochen voller Leid und Trauer oder auf eine Heerschar drohender Ungewissheiten kann uns in der Vorstellung tatsächlich wie ein endloser Ozean vorkommen. Ein einzelner Tag hingegen ist zu schaffen; ein Tag ist eine überschaubare, handhabbare Einheit. Sagen Sie sich etwas wie: »Heute kann ich es schaffen, mit der Situation zurechtzukommen. Nur für heute nehme ich mir vor, den Kopf oben zu behalten und den Tag so gut wie möglich zu meistern.«

Beginnen Sie jeden neuen Tag damit, sich selbst zu versichern: »Nur für heute …« und konzentrieren Sie sich mit Ihren Gedanken auf die Bewältigung dieses einen Tages – bis Sie irgendwann spüren, dass Sie die Realität allmählich annehmen können ohne in Verzweiflung zu verfallen.

Gefühle akzeptieren und loslassen

Der amerikanische Physiker und Unternehmer Lester Levenson hat in den 1950er Jahren angesichts einer lebensbedrohlichen Erkrankung eine Methode entwickelt, die eng verwandt ist mit der Tag für Tag-Betrachtungsweise. Hier geht es darum, die Realität – zunächst für eine kurze Zeitspanne – als gegeben hinzunehmen, ohne sich dagegen aufzulehnen. Die Übung kann jederzeit und überall durchgeführt werden. Sie beinhaltet vier Fragen, die sich auf ein Gefühl richten, unter dem Sie momentan leiden oder von dem Sie sich überwältigt fühlen.

Wenn Sie sich also über etwas ärgern, sich ängstigen oder deprimiert sind, dann gehen Sie nach innen und denken Sie an das, worauf sich dieses Gefühl bezieht, an die Person oder Situation, um die es geht. Nehmen Sie nun bewusst wahr, was Sie gerade fühlen und beantworten Sie spontan und aufrichtig die folgenden Fragen:

1. Kann ich dieses Gefühl in diesem Moment akzeptieren?
2. Kann ich dieses Gefühl jetzt loslassen – nur für diesen Moment?
3. Würde ich dieses Gefühl auch ganz loslassen?
4. Wann würde ich dies tun?

Es kann gut sein, dass Ihnen bei dieser Übung klar wird, dass dieser Schritt, das Geschehen zu akzeptieren, einfach vollzogen werden muss. Es kann aber auch die Erkenntnis reifen, wie schwer es Ihnen fällt, die Situation und Ihre Gefühle zu akzeptieren, wie sehr Sie sich dagegen sträuben, die Realität wirklich anzunehmen. Wiederholen Sie die Übung einige Male und beobachten Sie, was sich dabei ändert. Es wird Ihnen zusehends leichter fallen, zumindest für den Moment Abstand zu finden. Damit gewinnen Sie auch ein Stück weit Souveränität zurück.

Verändern Sie Ihren Blickwinkel!

Es ist absolut normal, dass Schicksalsschläge, bittere Erkenntnisse oder schwierige Lebensphasen Sie gehörig aus dem Gleichgewicht bringen können. Wenn Sie sich jedoch bei Gedanken wie »Hätte ich doch …«, »Das hätte nie passieren dürfen …«, »Wie konnte mich mein Partner bloß so hintergehen …« usw. ertappen, ersetzen Sie diese hadernden Gedanken durch akzeptierende wie: »Ich erkenne an, dass ich Fehler gemacht habe.«, »Ich bin bereit zu akzeptieren, dass die Situation jetzt so ist wie sie ist.« »Ich bin bereit zur Kenntnis zu nehmen, dass mein Partner das getan hat.«

Akzeptieren meint *nicht*, dass Sie gut heißen müssen,

was geschehen ist oder was jemand anders Ihnen vielleicht angetan hat. Es geht auch nicht um das Abwägen von Vor- und Nachteilen, sondern darum, sich emotional wieder in der Realität zu verwurzeln. Was geschehen ist, ist geschehen. Dies funktioniert auch bei Mutlosigkeit und mit Befürchtungen. Ersetzen Sie daher auch entmutigende und beängstigende Gedanken wie etwa: »Das schaffe ich nicht«, »Damit werde ich nie fertig werden« oder »Es wäre schrecklich, wenn …« durch Gedanken wie »Ja, das ist so, das macht mir momentan Angst.«, »Ja, im Augenblick weiß ich nicht, wie es weitergehen kann. Ich akzeptiere, dass ich noch keinen Weg sehe.«, »Ja, ich akzeptiere, dass ich mich momentan verlassen, verletzt und hilflos fühle.«

Anfangs wird sich dieses Ersetzen von Gedanken vielleicht »falsch« anfühlen, doch mit stetiger Übung wird die neue Sichtweise ihnen »richtiger« und selbstverständlicher erscheinen. So wird die innere Zustimmung zum akzeptierenden Blick auf die Dinge wachsen und Sie werden damit wieder mehr Zuversicht bekommen.

Finden Sie Ventile für Ihre Emotionen

Drücken Sie Ihre Gefühle aus, und zwar auf eine Weise, die nicht destruktiv ist. Zum einen wachsen dadurch Klarheit und Akzeptanz, zum anderen fördert das Ihre Selbstheilungskräfte. »Ausdrücken« bedeutet, dass Sie sich immer wieder etwas Zeit nehmen, um wahrzunehmen, wie es Ihnen geht, und dem, was Sie bewegt, eine Form zu geben.

Lesen sie sich die folgenden Vorschläge durch und wählen Sie jene aus, die Ihnen am meisten liegen.

- Schreiben Sie sich von der Seele, was Sie bedrückt. Führen Sie ein Tagebuch, verfassen Sie Gedichte oder Briefe (die Sie jedoch nicht abschicken). Schreiben Sie alles ungefiltert auf, so wie es kommt. Sie schreiben nicht für andere, sondern ausschließlich für sich selbst.
- Tauschen Sie sich mit Menschen Ihres Vertrauens aus, sprechen Sie mit Freunden, mit Ihrer Familie – mit Menschen, die Ihnen nahestehen.
- Hören Sie Musik, von der Sie sich berührt fühlen und bewegen Sie sich dazu, wenn Sie mögen. Falls Sie ein Instrument spielen, wählen Sie Rhythmen und Tonfolgen, die Ihre Gefühle am besten widerspiegeln.
- Malen oder zeichnen Sie oder fertigen Sie Collagen an. Drücken Sie Ihre Gefühle durch die Farben und Formen aus.
- Bewegen Sie sich: Am besten eignen sich einfache Tätigkeiten, die Sie körperlich beanspruchen, wie Haus- oder Gartenarbeit, aber auch Schwimmen, Radfahren oder Laufen. Suchen Sie dabei auch die Nähe anderer Menschen, ohne dass die Krise ein Thema sein muss. Es geht nur darum, mit anderen zusammen zu sein und sich gemeinsam mit etwas zu beschäftigen.

Was Krisen auch mit sich bringen

Manchmal schleichen sich in einer Krise schlechte Gewohnheiten ein, weil nichts mehr wirklich wichtig erscheint oder weil wir meinen, jetzt einfach keine Kraft mehr für alltägliche Dinge zu haben. Das kann sich dann in ungepflegtem Äußeren, Unpünktlichkeit, Stapeln von ungeöffneter Post, einer unaufgeräumten Umgebung und ähnlichem zeigen. Versuchen Sie, Ihren alltäglichen Verrichtungen so gut wie möglich gerecht zu werden. Verurteilen Sie sich aber nicht dafür, wenn manches einfach liegen bleibt, weil Sie sich nicht in der Lage fühlen, sich darum zu kümmern. Seien Sie großzügig und drosseln Sie Ihre Erwartungen an sich selbst. Akzeptieren Sie diese Begleiterscheinungen als vorübergehende Phänomene. Wenn das Schlimmste überstanden ist, ist dann auch die Zeit gekommen, Ihren Alltag wieder in den Griff zu bekommen. Ein Tagesplan, in dem Sie sich nur kleine Schritte vornehmen, wird Sie dabei unterstützen, zumindest das Nötigste zu regeln. Wichtig ist dabei auch, sich für die Wochenenden etwas vorzunehmen. Denken Sie sich jeden Tag auch etwas aus, das Sie für sich selbst tun können. Das kann ein Spaziergang sein, vielleicht auch zusammen mit jemand anderen, dessen Gegenwart Ihnen gut tut. Vielleicht machen Sie auch eine Reise, die Ihnen dabei helfen kann, etwas Abstand zu finden und die Ereignisse mit anderen Augen zu sehen.

Um eine Krise durchzustehen, brauchen Sie Energie und Geduld. Sorgen Sie so gut wie es Ihnen jetzt eben möglich ist dafür, dass Sie bei Kräften bleiben. Dies erleichtert es Ihnen, Halt zu finden und langsam auch Zuversicht zu entwickeln.

Auch wenn dies schwer fällt: Je umfassender wir das Geschehene akzeptieren und je besser wir uns mit der neuen Situation arrangieren können, desto besser wird es uns langfristig – seelisch wie körperlich – gehen. Akzeptanz erfordert psychische Kraft und es dauert manchmal eine Weile, bis wir uns beispielsweise nach einem Scheitern oder einem großen Verlust halbwegs dazu in der Lage fühlen.

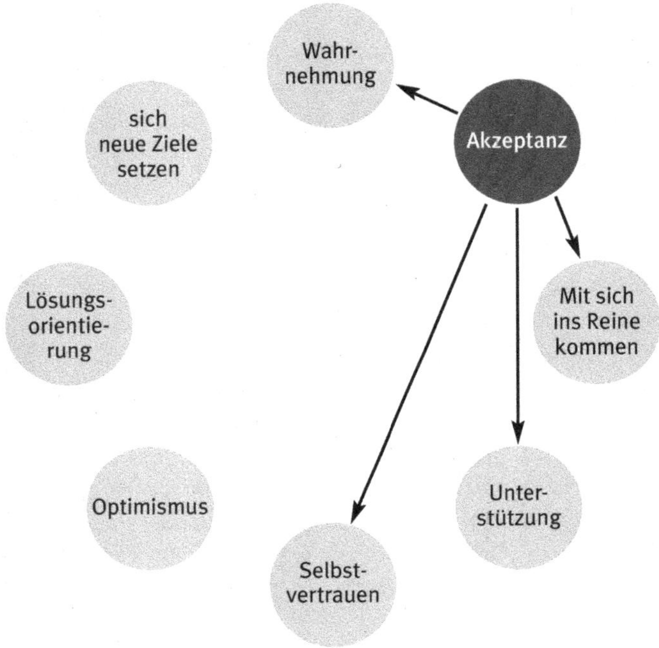

Ausblick

- Je besser Sie Ihre Situation akzeptieren können, desto fester wird auch der Boden unter Ihren Füßen.
- Dies ist eine gute Basis dafür, mit sich selbst ins Reine zu kommen.
- Akzeptanz verändert auch die Art und Weise, wie andere Sie unterstützen können. Ihnen nahestehende Menschen können Ihnen Hilfsangebote machen. Sie schrecken nicht mehr vor Ihren heftigen Gefühlen zurück, da Sie durch die Annahme Ihrer Situation zumindest teilweise die Kontrolle zurück gewonnen haben.
- Die Kontrolle über Ihre Gefühle mehr und mehr wieder zu gewinnen, steigert auch Ihr Selbstvertrauen.

Interview mit Boris Grundl

Boris Grundl brach sich mit 25 die Wirbelsäule, als er in einem Mexikourlaub von einer hohen Klippe ins Meer sprang. Trotz dieses heftigen Schicksalsschlages hat er später als Führungskraft und Führungsexperte Karriere gemacht. Er ist heute Management-Trainer, Kongress-Redner, Unternehmer, Autor sowie Inhaber der Grundl Leadership Akademie.

Herr Grundl, als Ihnen nach Ihrem schweren Unfall bewusst wurde, querschnittsgelähmt zu sein, was war da Ihre erste Reaktion, was dachten Sie und was fühlten Sie?

Bevor die Krise so richtig emotional losging, war die allererste Reaktion: Ich will nichts wissen, ich will mich zurückziehen und will nur Ruhe und Abstand. Ich habe nichts bewertet, nicht nachgedacht, nichts. Ich habe alles einfach nur verdrängt. Es war wie ein völliger Rückzug, ein innerlicher, mentaler Rückzug.

Was war für Sie am schwersten zu akzeptieren? Was hat Ihnen am meisten zu schaffen gemacht?

Im Grunde waren das zwei Dinge: Einmal ging es um die Bewältigung von dem, was ich für Erwartungen habe, was ich mir vorstelle, was ich mache und tue. Das andere ist: ich als Behinderter in dieser Gesellschaft. Das erste ist eine Sache, die können Sie mit sich ausmachen und dann sagen, okay, die Verantwortung ist zu übernehmen. Das war praktisch die erste Hürde und ich dachte: So, wenn du die hast, dann hast du es. Doch dann kam noch eine größere Hürde: die Reaktion von anderen auf den Rolli, dass man beispielsweise über mich spricht, während ich da bin. Dass die anderen zu wissen glauben, was ich brauche. Damit klarzukommen, ist schwer. Wenn die Leute den Rolli sehen, denken sie sofort: hilflos.

Inzwischen ist es aber anders. Wenn die mich kennenlernen und mehr darüber wissen, was ich mache, kommen manche auf mich zu und entschuldigen sich sogar dafür, wie sie mich innerlich wahrgenommen haben am Anfang. Ein Gesprächspartner sagte einmal: »Sie haben mir, nur dadurch, dass ich Sie kennenlernen konnte, beigebracht, was Vorurteile sind.«

Gab es Reue, Selbstvorwürfe, Selbstmitleid, Hadern mit dem Schicksal?

Das Schlimme waren wirklich die Vorwürfe an meinen Selbstwert. War ich lebensverachtend, weil ich diese Grenzsituation gesucht hatte? War ich einfach nur jemand, der denkt: Mir kann eh nichts passieren? Was war's denn, dass ich mit dem Leben so unachtsam umging, so sorglos? Vor allem in den Nächten kamen die Angst und die ganz großen Vorwürfe: Wie konntest du dir so etwas antun? Und fast noch schlimmer: Welchen Wert kann es jetzt noch geben?

Selbst bemitleidet habe ich mich nicht so sehr, vielmehr habe ich stark gezweifelt, ob ich in mir die Größe finde, das zu tragen. Zuerst habe ich versucht, die Verantwortung wer weiß wo zu suchen, habe aber gemerkt, dass es mir damit eher schlechter ging. Die emotionale Stärke ist gewachsen, je mehr ich komplett die Verantwortung übernommen und alles bei mir belassen habe. Da habe ich gemerkt: Jetzt werde ich handlungsfähiger.

Was gab Ihnen damals die Kraft, nach vorn zu denken und optimistisch zu sein?

Im Grunde war es die Sicherheit, dass es irgendetwas geben wird, auch wenn ich es noch nicht sehe.

Gab es nach Ihrem neuen Anfang auch Zeiten, in denen Sie an sich zweifelten und sich mutlos fühlten?

Ja, das waren die ganz normalen Niederlagen, die dann kamen. Zum Beispiel die erste Ehe, die nicht gehalten hat. Oder als ich von einem Konzern abgeworben wurde und nach einer Weile gemerkt habe, dass das nicht meine Zukunft sein wird. Viel umgezogen bin ich, das ist für Rollstuhlfahrer nicht so einfach. Ich bin häufig an Grenzen gestoßen: meiner körperlichen Kräfte, der mentalen Kraft, meiner Willenskraft, wenn es einfach nicht weiterging. Das Gute war, dass ich gar nicht so ein Riesenbild davon hatte, wo ich hin will. Das, was ich jetzt mache, das sehe ich erst seit drei bis vier Jahren. Davor habe ich immer den nächsten Schritt gemacht und mir gesagt: Der führt mich irgendwo hin. Auf den Schritt habe ich mich dann konzentriert. Mit der Kraft und dem Selbstvertrauen, das ich dazugewonnen habe, wurden dann die Bilder immer größer. Am Anfang hatte ich kein Selbstvertrauen, also hatte ich auch kein Bild. Für mich steht vor einem Ziel immer das Selbstvertrauen.

Welche Menschen haben Sie in der Zeit, als Sie Ihr Leben neu organisierten, als inspirierend erlebt und warum?

Das Wichtigste, was ich lernen musste, war, dass ich mich nicht nur an einem Menschen orientiere.

Ich habe unterschiedliche Menschen kennengelernt und gemerkt, dass ich von jedem bestimmte Dinge lernen kann – und das ist heute noch so. Immer wenn mich etwas beschäftigt hat, habe ich jemanden gesucht, der in dem Bereich erfahren ist und etwas kann – und dann habe ich mir das abgeguckt.

Woher beziehen Sie Ihre Energie und Ihre Zuversicht?

Ich habe über zehn Jahre an meiner »Mission« gearbeitet. Also an der Frage: Wer bin ich? Die Selbsterkenntnis erfolgt stufenweise. Der letzte große Durchbruch war, dass ich mich als Möglichkeit sehe, anderen zu Kraft, Wachstum und Größe zu verhelfen. Damit war meine Positionierung abgeschlossen. Ich habe meine Mission gefunden. Energie und Zuversicht kommen aus der Mission heraus.

»Konzentriere dich auf das, was da ist« ist ein wesentlicher Bestandteil Ihrer Philosophie. Sich konsequent auf das Machbare zu zentrieren: Ist dies eine Qualität, die Sie von Hause aus hatten oder haben Sie dies erst entwickeln müssen?

Das musste ich entwickeln. Das war eine Strategie. Wir sind ja gewohnt zu vergleichen und zu urteilen. Doch »bei sich zu bleiben« ist wichtig. Immer wieder zu sich gehen: Wo sind meine Möglichkeiten? Wo sind meine Wege? Im Ideal wird das zu einer inneren Haltung. »Bei sich bleiben« ist für mich eine Überlebensstrategie gewesen, die später auch gewisse mentale Fähigkeiten mit sich brachte. Anerkennen, was ist. Egal in welcher Krise man sich befindet: Dieses Anerkennen halte ich für die größte Leistung.

Welchen großen Vorteil bringt jede Krise und wie kann man ihn nutzen?

Das Wichtige ist, aus der eigenen Erfahrung heraus zu wissen, dass die Krise für irgendetwas hilfreich ist, auch wenn ich es jetzt nicht erkenne. Die Krise will mir nichts Böses. Aus jeder Krise kann ich lernen zu sehen, welche Anzeichen es vorher gab, die ich nicht wahrgenommen habe. Krisen sind vertagte Probleme. Ein Problem klopft an und wir sagen: Nee, will ich nicht, Tür zu. Problem kommt wieder, etwas größer und von einer anderen Seite: Nee, will ich nicht, Tür zu. Dann klopft es irgendwann nicht mehr an, sondern kommt wie eine Lawine durch die Tür.

Was muss beachtet werden, damit aus einer Krise eine Chance entsteht?

Das Wichtigste ist, dass Krisenbewältigung einen nötigt, mehr Tiefgang zu entwickeln, um eine Antwort zu bekommen. Sie können die Krise mit dem momentanen Bewusstseinszustand nicht lösen, müssen also tiefer einsteigen als bisher. Und das ist Ihre Chance.

Wie motivieren Sie sich in schlechten Zeiten?

Grundlage ist immer: Annehmen, was da ist. Es ist die Dankbarkeit für alles, was da ist. Mit diesem Annehmen von dem, was ist, kommt automatisch wieder die Kraft zu handeln. Das Gegenteil davon ist die Ohnmacht. Ich komme aus der Ohnmacht nur heraus, wenn ich annehme, was da ist.

Dritte Stärke: Mit sich selbst ins Reine kommen

Die Bewertung einer Situation ist entscheidend

Krisen schaffen Instabilität, sie erschüttern unser Weltbild, schleudern uns aus unserer inneren Mitte, verunsichern uns, machen Angst und stiften Verwirrung. Wenn Sie sich dem Geschehenen gestellt haben und bereit sind, die Realität zu akzeptieren, so sind das bereits wichtige Stärken, die dabei helfen, wieder zur persönlichen Balance zurückzufinden. Diese Schritte befreien nicht unmittelbar von den mit der Krise verbundenen schmerzlichen Gefühlen, schaffen jedoch die Voraussetzung dafür, das Geschehene konstruktiv bewältigen zu können.

Schicksalsschläge verursachen in uns vor allem das Gefühl von Hilflosigkeit. Der Tod des Partners, die Kündigung eines für sicher gehaltenen Arbeitsplatzes oder auch der Verlust von Hab und Gut sind schwer zu bewältigen. Eine solche Situation kann ohnmächtige Wut aufwallen lassen, aber auch zum resignativen Rückzug, zu tiefer Trauer und zu Selbstmitleid führen.

Wenn jemand anders verantwortlich für das Geschehen ist, beispielsweise der Chef, der einen entlassen hat, der Finanzberater, der einem faule Aktienpakete andrehte, der untreue Freund usw., sind Zorn, Wut und Rachegedanken häufige Reaktionen. Wir fühlen uns enttäuscht, frustriert, im Stich gelassen, werfen uns auch vielleicht vor, »dumm« gewesen zu sein, vertrauensselig gehandelt und keinerlei Vorahnung gehabt zu haben.

Wenn etwas schiefgegangen ist, sind Schuldgefühle fast unvermeidlich. Wenn wir den Eindruck haben, selbst verantwortlich für eine entstandene Misere zu sein – etwa durch Unaufmerksamkeit, Fehlentscheidungen, Versäumnisse –, dann quälen wir uns mit Selbstvorwürfen und empfinden oft neben Schuld auch Scham.

Manche Lebensphasen scheinen fast vorherbestimmt für Krisen zu sein, beispielsweise die Lebensmitte oder das Ausscheiden aus dem Berufsleben. Das Erleben, dass etwas unwiderruflich zu Ende geht, kann dazu führen, sich müde, mutlos und resigniert zu fühlen. Wir wissen, dass wir die Zeit nicht zurückdrehen können, sind vielleicht unzufrieden mit unserer Lebensbilanz und trauern verpassten Gelegenheiten nach, Chancen, die sich nun nicht mehr wahrnehmen lassen.

All diese Reaktionen sind zunächst einmal völlig verständlich und in Ordnung. Schwierig wird es dann, wenn wir in solchen Zuständen über längere Zeit hinweg fest hängen: Denn dieses Verharren lässt das Vertrauen schwinden, selbst etwas verändern und uns wieder neu ausrichten zu können. Gelingt es uns jedoch, der Situation längerfristig einen Sinn abzugewinnen, dann kann die Krise als Herausforderung begriffen und als Chance genutzt werden, neue Wege einzuschlagen. Doch wie kommen wir dahin?

Innere Muster erkennen

Wir schreiben allem, was in unserem Leben und in unserer Umgebung passiert, eine Bedeutung und auch Ursachen zu. So können wir die vielfältigen Ereignisse einordnen und verstehen. Es gibt jedoch hilfreiche und weniger hilfreiche innere Muster, mittels derer wir die Ursachen und die Bedeutung von Ereignissen einschätzen und unsere Schlüsse daraus ziehen.

Manche Menschen schieben sich oft selbst den Schwarzen Peter zu: »Hätte ich doch…«, »Wäre ich doch …« Oder sie laden die Verantwortung grundsätzlich auf jemand anders ab: »Dieser blöde Hund, wenn der nicht alles versiebt hätte …«, »Sie ist schuld daran, weil…« Dies führt jedoch ebenso wenig weiter, wie im Selbstmitleid zu versinken: »So etwas kann doch immer nur mir passieren …«, »Die hatten es einfach auf mich abgesehen …«.

Besser ist es hingegen, wenn Sie Ihren eigenen Anteil an der Krise realistisch einschätzen und zudem der Frage nachgehen, welche äußeren Umstände ebenfalls zur Eskalation der Lage beigetragen haben. Mit dieser Strategie finden Sie Ihr inneres Gleichgewicht schneller wieder als jemand, der lange bei der Schuldfrage verharrt oder sein Selbstmitleid pflegt.

Schätzen Sie Ihren Anteil am Geschehen realistisch ein.

Der amerikanische Psychologe Bernhard Weiner hat in den 1970er Jahren ein Modell entwickelt, das hilft, besser zu verstehen, weshalb manche Menschen in einer Krise ihr Gleichgewicht schneller wieder finden als andere. Nach Weiner wird die Frage nach der Ursache für ein Ereignis von drei Dimensionen beeinflusst. Die jeweilige Ausprägung der einzelnen Dimensionen bestimmt den Umgang mit einer Krise.

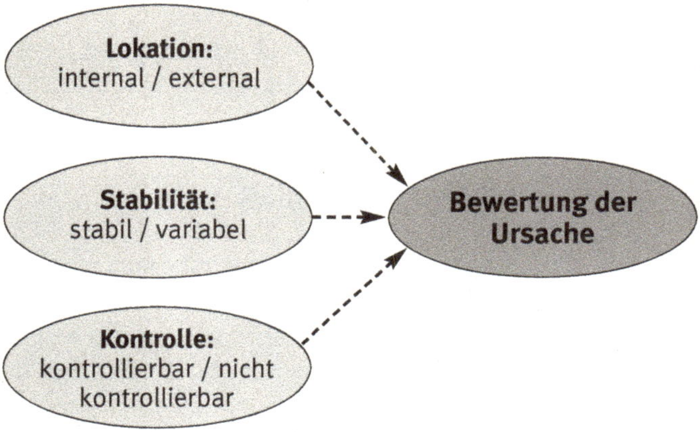

Es macht also einen Unterschied, ob wir in einer Krise eher dazu neigen, uns selbst für das Geschehen verantwortlich zu machen (internal) oder die Ursache eher äußeren Einflüssen zuschreiben (external). Ebenso beeinflusst es unsere Gefühle, ob wir die Krise als lange oder sogar »immer« andauernd betrachten (stabil) oder als eine Phase, auf die auch wieder gute Zeiten folgen werden (variabel). Zudem spielt es eine Rolle, inwieweit wir davon überzeugt sind, die Situation beeinflussen zu können (kontrollierbar) oder dem Geschehen machtlos ausgeliefert zu sein (nicht kontrollierbar).

Je nachdem, welche Ausprägung diese drei Dimensionen für Sie in Ihrer Situation haben, beeinflusst dies Ihre Motivation und auch Ihr Vertrauen in sich selbst und andere. Wenn Sie die Ursachen für Ihre Situation als Kombination von bestimmten inneren und äußeren Gründen betrachten und zudem überzeugt sind, es würden nach diesen harten auch wieder bessere Zeiten kommen und Sie könnten das Ihre dazu tun, aus der Krise herauszukommen, dann haben Sie trotz allem Widrigen einen recht guten Stand: Sie werden anders handeln, als wenn

Sie glauben, nur Sie selbst oder nur jemand anders hätte Schuld und überdies würde die schlimme Lage andauern und Sie könnten ohnehin nichts ändern.

»Hätte ich doch bloß ...«

Schuld- und Schamgefühle sind äußerst unangenehme und nur schwer zu ertragende Gefühle, denn sie beschädigen das eigene Selbstbild und untergraben das Selbstwertgefühl. Wenn die Verantwortung tatsächlich bei Ihnen gelegen hat und Sie schwerwiegende Fehler gemacht haben, tun Sie sich allerdings auch keinen Gefallen damit, dies einfach wegzuschieben, um sich weniger schuldbeladen zu fühlen. Das funktioniert, wenn überhaupt, nur kurzzeitig, aber nicht auf Dauer. Solange Sie sich mit Ihren unangenehmen Gefühle nicht auseinandergesetzt haben, werden sie immer wieder auftauchen oder sich in Form von psychosomatischen Symptomen wie Kopfschmerzen, Magenbeschwerden, Verspannungen, hohem Blutdruck äußern.

Ebenso wenig Sinn hat es, sich begangene Fehler ständig weiter vorzuwerfen. »Hätte ich ...« und »Wäre ich ...« sind nutzlos. Sie haben in der Situation getan, wozu Sie zu diesem Zeitpunkt in der Lage waren. Wenn Sie es aus der heutigen Warte anders sehen und zu wissen glauben, welches Verhalten damals besser gewesen wäre, dann zeigt das, dass Sie zwischenzeitlich mehr Erfahrung und ein anderes Urteilsvermögen entwickelt haben. Damals hatten Sie diese Ressourcen jedoch nicht – sonst hätten Sie sie natürlich genutzt. Sie wissen, wie Sie sich heute verhalten würden, aber Sie können sich nicht *gestern* anders verhalten.

Vergeben Sie sich also Ihre – von Ihnen so empfundene – Unvollkommenheit. Sich selbst für Fehler zu geißeln, macht Sie nicht zu einem besseren Menschen, sondern raubt Ihnen Ihre Energie und verhindert, dass Sie lösungsorientiert aus der Krise heraussteuern. Dies hat auch eine interessante Studie aus den USA belegt.

»Hätte ich doch bloß ...« führt nicht zur Änderung des Verhaltens

Wenn sich Menschen nach traumatischen Erlebnissen, etwa einem Verkehrsunfall, selbst mit Vorwürfen wie »Ach, hätte ich doch bloß nicht rechts überholt« konfrontieren, führt dies nicht, wie lange angenommen, zu einer Verhaltensänderung in der Zukunft, sondern lediglich zu einer Einbuße an Selbstvertrauen.

Zu diesem ernüchternden Ergebnis kam die Studie der Psychologinnen Denise Beike und Deirdre Slavik, University of Arkansas (2000).

Das sogenannte »kontrafaktische«, in die Vergangenheit gerichtete Denken (Hätte, wäre ...) führte lediglich dazu, dass die Probanden sich schlecht fühlten, es motivierte sie jedoch nicht zu einer Verhaltensänderung.

Wofür sind Sie verantwortlich – und wofür nicht?

Denken Sie nicht in Kategorien des »hätte« und »wäre« und weisen Sie sich nicht pauschal die Schuld an der Entwicklung zu. Werden Sie sich lieber darüber klar, wie weit Ihre Verantwortung tatsächlich ging und welche anderen Faktoren beim Zustandekommen der Situation ebenfalls eine Rolle gespielt haben könnten.

Checkliste Verantwortung

Betrachten Sie das, was geschehen ist und stellen Sie sich die folgenden Fragen. Notieren Sie sich bitte Ihre Antworten darauf schriftlich.

- War das Geschehen überhaupt vermeidbar?
- Wenn ja: Wie wäre es zu vermeiden gewesen?
- Wer hatte wann Einfluss auf die Entwicklung der Situation? Listen Sie bitte alle Beteiligten und deren Handlungsmöglichkeiten auf.
- Haben Sie selbst oder jemand anders Fehler gemacht?
- Falls ja: welche Fehler wurden gemacht?
- Falls ja: wurden die Fehler vorsätzlich, grob fahrlässig oder unwissentlich begangen?
- Wurden dieselben Fehler mehrfach gemacht?
- Wie stellt sich die Situation momentan dar?
- Welche Lehre ziehen Sie aus dem Geschehenen?
- Was werden Sie künftig anders machen?

Differenzieren Sie. Es kann auch sein, dass Sie keinerlei Verantwortung für das Geschehen hatten und es beim besten Willen nicht hätten beeinflussen können, Sie sich aber trotzdem schuldig fühlen. Auch in diesem Fall ist es wichtig, auszuloten, ob es Möglichkeiten zu handeln für Sie gab oder nicht, und welche äußeren Faktoren Sie daran hinderten, Einfluss zu nehmen. Vielleicht können Sie aus Ihren Antworten erkennen, dass nicht ein einzelnes Geschehen in die Krise führte, sondern dass verschiedene Faktoren ineinander griffen und sich wechselseitig beeinflussten und Ihr eigener Anteil daran viel geringer war, als Sie zunächst dachten. Sie sehen dann nicht mehr ausschließlich internale Ursachen (»ich bin schuld«), sondern ziehen mit in Betracht, was andere oder auch die Rahmenbedingungen zu der Situation beigesteuert haben.

Falls es jedoch tatsächlich überwiegend Ihr eigenes Verhalten gewesen ist, das in die Krise geführt hat, dann sehen Sie dies jetzt klarer. Bekennen Sie sich dazu und übernehmen Sie die Verantwortung dafür. Es ist wichtig, sich gemachte Fehler und Versäumnisse einzugestehen, denn sonst können Sie nichts daraus lernen.

Sagen Sie sich selbst etwas wie: »Ich habe so gehandelt wie ich meinte, die Situation würde es erfordern. Das war jedoch ein Irrtum. Es ist jetzt so wie es ist. Ich habe die Lage falsch eingeschätzt und Fehler gemacht. Ich lerne daraus ... und werde künftig ...«. Beschreiben Sie, was Sie gelernt haben und was Sie künftig anders machen wollen.

Gestehen Sie sich Reue zu

Gibt es etwas an Ihrem eigenen Verhalten, das Sie bereuen? Vielleicht eine Entscheidung, die Sie getroffen haben und die sich im Nachhinein als falsch herausstellte? Etwas, was Sie gesagt oder getan haben?

Reue ist ein schmerzliches Gefühl, kann aber auch sehr heilsam sein.

Anhand der Fehler, deren Folgen wir nun ins Auge sehen, können wir lernen, uns künftig anders zu verhalten. Diese Art der Reue ist nicht wie ein »Hätte ich doch ...« *rückwärts* gewandt sondern ein positiv in die *Zukunft* gerichtetes Gefühl, mit dem wir unsere Gegenwart aktiv gestalten. Überlegen Sie zudem, ob Sie etwas tun können, um den Fehler wieder gutzumachen. Und wenn dies möglich ist – tun Sie es! Tätige Reue entlastet meistens unmittelbar und Sie können Ihren Blick leichter wieder nach vorn richten.

Die Erkenntnisse, die wir durch falsche Entscheidungen gewinnen, helfen uns dabei, unser Denken und Verhalten so zu verändern, dass wir in Zukunft diese Fehler vermeiden können. Dies funktioniert aber nur, wenn wir ernst nehmen, was wir erkannt haben und entschlossen sind, uns konstruktivere Denk- und Verhaltensweisen anzueignen.

Wenn keine Schuld Sie trifft

Wenn wir uns selbst nichts vorzuwerfen haben, also durch eine Katastrophe, einen Schicksalsschlag oder das Verschulden anderer in eine problematische Situation geraten sind, empfinden wir dies als zutiefst ungerecht und schmerzlich. Gerade, weil es etwas war, das von außen kam, lähmt es uns oft mehr, als Fehler, die wir uns selbst zuzuschreiben haben. Wir haben nichts, rein gar nichts kommen sehen, es brach unvermittelt über uns herein und wir erleben es als besonders bedrohlich, dass so etwas immer wieder geschehen kann. Es kann wieder passieren, dass ein uns nahestehender Mensch plötzlich nicht mehr da ist, noch einmal schwer erkranken usw. Wir sind nicht in der Lage, dies zu verhindern.

Schwerwiegende Ereignisse wie Gewalterfahrungen oder die Diagnose einer lebensbedrohenden Krankheit sind meist alleine kaum zu bewältigen. Hier sollten Sie sich sachkundige Hilfe von außen suchen, sich beispielsweise an einen örtlichen Krisendienst oder an ein therapeutisches Zentrum wenden, an Menschen, die Erfahrung damit haben, bei traumatischen Erlebnissen wirksam Hilfe und Beistand zu leisten.

Das Gefühl, hilflos und ohnmächtig zu sein, hat deutliche Auswirkungen auf unseren allgemeinen Zustand und auf unser Verhalten. Es entmutigt, drückt nieder und erstickt jede Initiative schon im Keim. Auch wenn wir durch andere schwer gekränkt oder zurückgewiesen wurden, wenn wir Ungerechtigkeit erlebt haben, verdüstert es das Erleben zusätzlich, wenn wir uns nur als Erleidende betrachten und immer wieder zwischen Selbstmitleid, ohnmächtiger Wut und dem Gefühl der Sinnlosigkeit hin- und herschwanken.

Warum Selbstmitleid Sie nicht weiterbringt

Selbstmitleid ist etwas anderes als Mitgefühl mit sich und der eigenen Lage zu empfinden. Mitgefühl mit sich selbst in einer Krisensituation ist durchaus etwas Positives – ähnlich dem Mitgefühl, das wir für andere spüren, wenn wir hören, dass sie von einem Unglück betroffen sind. Selbstmitleid dagegen wirkt destruktiv. Mitgefühl bedeutet Verständnis, Empathie und Wertschätzung; es behindert das Handeln nicht sondern fördert es oft sogar. Selbstmitleid hingegen ist von Passivität, Hoffnungslosigkeit und Resignation geprägt – und schielt danach, wie viel besser es anderen zu gehen scheint, wie schlimm gerade das eigene Leben ist, wie ungerecht das Schicksal mit einem umgeht usw. Wenn wir darüber jammern, verfestigen wir damit leider das, worüber wir uns beklagen.

Die Überzeugung, nichts machen zu können, wird rasch zur sich selbst erfüllenden Prophezeiung.

Auch wenn Sie nicht die Verantwortung für das tragen, was passiert ist: Sie tragen die Verantwortung dafür, wie es mit Ihnen weitergeht. Das mögen Sie als ungerecht empfinden, aber es ist dennoch die einzige Betrachtungsweise, die Sie weiterbringt. So verständlich Passivität und

Selbstmitleid in einer Krise auch sein mögen: Sie verhindern, einen Ausweg zu finden und verhelfen dazu, sich sozusagen im Elend einzurichten und andere machen zu lassen. Und die treffen Entscheidungen nach ihren eigenen Maßstäben, das muss nicht unbedingt zu Ihrem Besten sein.

Übung: Selbstmitleid stoppen

Sobald Sie bemerken, dass Sie beim Nachdenken über das Geschehene sich nur als Opfer anderer sehen können und sich immer mehr bedauern, probieren Sie einmal Folgendes aus:

- Schauen Sie auf die Uhr und erlauben Sie sich genau 10 Minuten lang, sich selbst leid zu tun – so intensiv wie möglich.
- Rufen Sie sich alle Gründe ins Bewusstsein, die gut dafür sind, sich selbst zu bedauern.
- Wenn die 10 Minuten vorüber sind, beenden Sie Ihre selbstbedauernden Gedanken.
- Wenn der nächste Anfall von Selbstmitleid kommt, wiederholen Sie die Übung: Exakt 10 Minuten lang tun Sie sich selbst so leid wie nur irgend möglich und dann: stopp.

Sie werden merken, dass die Anwandlungen von Selbstmitleid rasch weniger werden, wenn Sie sich diese »verordnen«. Gut so. Dies führt Sie heraus aus dem passiven Erleiden und dahin, sich Gedanken zu machen, wie Sie aus der Krise herauskommen.

Haben Sie Mitgefühl mit sich und ihrer Situation, seien Sie gut zu sich. Aber gehen Sie davon aus, dass Sie – trotz allem, was passiert ist und wer immer die Verantwortung für das Geschehene trägt – jetzt selbst entscheiden müssen, wie es in Ihrem Leben weitergehen wird. In dem Maße, wie Sie sich verantwortlich sehen für Ihre Gefühle, Ihre Gedanken und Ihr Handeln, erobern Sie sich ein Stück Freiheit zurück. Sobald Sie die Verantwortung für sich selbst und Ihr Leben übernehmen, sind Sie nicht mehr in der Opferrolle. Sagen Sie sich: »Es gibt für mich nicht nur ein einziges festgelegtes Muster wie ich reagieren kann, sondern es steht mir frei, auch anders zu fühlen, zu denken und zu handeln.«

Sogar wenn Ihr Spielraum in der akuten Krise nicht besonders groß ist – es gibt ihn. Ein wenig Entscheidungsfreiheit ist besser als gar keine Entscheidungsfreiheit.

Selbst wenn Sie im Moment noch keine Lösung sehen – völlig egal. Sie haben das Recht, sich die Zeit zu nehmen, die erforderlich ist.

Wichtig ist, dass Sie willens sind und sich in Bewegung setzen, die Situation für sich selbst zu bereinigen und Erkenntnisse daraus für künftiges Handeln fruchtbar zu machen.

Lassen Sie los

Um mit sich ins Reine zu kommen, müssen Sie loslassen. Verabschieden Sie sich von Illusionen, gestehen Sie sich ein, dass bestimmte Erwartungen verfehlt waren und sich nicht erfüllen werden. Dann hört der innere Kampf auf und es vertieft sich die Akzeptanz für die Situation: Es ist eben so, wie es ist. Nach einem überstandenen Herzinfarkt müssen Sie Ihren Lebensstil ändern. Wenn Sie Vermögen verloren haben, müssen Sie bescheidener als bislang wirtschaften.

Es ist schmerzhaft, sich von Dingen zu verabschieden, die nicht mehr rückholbar oder von Vorstellungen, die nicht mehr realisierbar sind. Wir weigern uns manchmal vehement, einzusehen, dass wir einiges von dem, was wir erträumt hatten, nicht mehr erreichen werden. Doch am Status Quo festhalten zu wollen führt in die Stagnation. Die nüchterne Klarheit über die verbliebenen Möglichkeiten mag zunächst nicht besonders verlockend erscheinen. Dennoch lohnt es sich, diesen Schritt zu tun, denn dies bildet die Basis für Ihr künftiges Handeln.

Anderen und sich selbst verzeihen

Wenn wir Gefühle wie Zorn, Ärger und Wut – mögen sie auch noch so berechtigt sein – nach relativ kurzer Zeit wieder von unserer inneren Festplatte löschen können, leben wir ausgeglichener, als wenn wir im Kopf eine Strichliste darüber führen, wer uns wann was angetan hat.

Erst wenn sich in einer Krise die aufgewühlten Gefühle etwas beruhigt haben, sind wir in der Lage an Verzeihen zu denken. Rachegedanken scheinen oft ein erster Impuls zu sein, aber Rache ist letztlich ebenso eine Falle wie das Selbstmitleid, wenn es darum geht, Ihr Lebensschiff aus der Krise herauszusteuern. Es mindert die Lebensfreude enorm, sich selbst oder anderen etwas nachzutragen: Sie müssen innerlich ständig etwas dafür tun, um die Aggression am Brodeln zu halten. Dazu gehört es, dauerhaft in der Opferposition zu verharren, zu hadern, zu grollen und auf Genugtuung zu lauern und immer wieder zu beschwören, wie egoistisch, kaltschnäuzig, berechnend oder tölpelhaft sich der andere Ihnen gegenüber verhalten hat.

Sich selbst verzeihen

Diese Übung eignet sich dazu, sich über die eigenen Gefühle klar zu werden und einen inneren Versöhnungsprozess einzuleiten.

1. Sorgen Sie dafür, dass Sie etwa eine halbe Stunde ungestört sind und halten Sie Stift und Papier bereit.
2. Schreiben Sie auf, was Sie glauben, verkehrt gemacht zu haben. Machen Sie dies »aus dem Bauch heraus«: so, wie Sie es im Moment empfinden. Notieren Sie alles, was Ihnen einfällt.
3. Dann streichen Sie aus Ihren Notizen all das heraus, was in Richtung Selbstanklagen oder Selbstbeschimpfung geht. Stellen Sie sich hilfsweise dabei vor, Ihre Notizen würden nicht eigene Fehler beschreiben, sondern Fehler einer guten Freundin oder eines guten Freundes.
4. Dann schließen Sie mit dem Satz ab: »Ich habe das getan, was mir in dieser Situation möglich war bzw. was mir richtig erschien.«
5. Betrachten Sie die einzelnen Punkte noch einmal und schreiben Sie dann: »Ich bin jetzt bereit, mir zu verzeihen.«
6. Lenken Sie Ihren Blick dann auf Ihre Gegenwart und Ihre Zukunft und finden Sie Antworten auf die beiden Fragen:
   - »Was habe ich daraus gelernt?«
   - »Was werde ich künftig anders machen?«
7. Wann immer Sie sich wieder Vorwürfe machen wollen, dann ziehen Sie diese Notizen wieder zu Rate und vergewissern Sie sich erneut: »Ich bin bereit, mir zu verzeihen. Ich habe getan, was

mir zum damaligen Zeitpunkt richtig erschien und was mir möglich war. Ich habe Folgendes daraus gelernt: (...) und will künftig Folgendes anders machen (...)«

Natürlich erfordert es viel Kraft, mit erlittenem Unrecht innerlich abzuschließen – aber auf diese Weise nutzen Sie Ihre Energie *für* sich statt *gegen* sich. Sich selbst verzeihen bedeutet nichts anderes, als die eigenen Grenzen und die eigene Verletzlichkeit und Unzulänglichkeit zu akzeptieren, sich Fehler offen einzugestehen – und sich trotzdem zu mögen. Sagen Sie »ja« zu sich selbst mitsamt den Fehlern, die Sie vielleicht gemacht haben. Sich selbst verzeihen schließt stets auch den Vorsatz ein, künftig anders zu handeln.

Sich selbst Fehler, Versäumnisse und Scheitern zu verzeihen fällt den meisten Menschen nicht leicht. Anderen ein uns zugefügtes Unrecht zu verzeihen ist oft noch schwieriger. Denn wir verbinden – bewusst oder unbewusst – verzeihen und gutheißen miteinander. Verzeihen heißt jedoch keineswegs, mit dem überein zu stimmen, was der andere getan hat. Indem wir verzeihen, tun wir in erster Linie etwas für uns selbst und unseren inneren Frieden.

Wenn wir einem anderen verzeihen, dann bedeutet dies, unsere mit dem Vorfall verbundenen Gefühle, vor allem unsere Wut und unsere Enttäuschung loszulassen und das, was der andere getan hat, als eine Tatsache zu betrachten, mit deren Auswirkungen wir nun möglichst konstruktiv umgehen wollen. Wir entscheiden, es nicht länger zuzulassen, dass unsere Gedanken weiterhin um das Geschehene kreisen und es unser Leben negativ beeinflussen kann.

Mit dem Verzeihen setzen Sie einen Heilungsprozess in Gang, der dazu führt, besser aus der Krise herauszufinden. Verzeihen ist stets auch Ausdruck eines Perspektivwechsels: weg von dem, was geschehen ist, hin zur gegenwärtigen Situation und den aktuellen Handlungsmöglichkeiten. Wenn wir verzeihen, sind wir entschlossen, das, was war, ohne Groll und Bitterkeit hinter uns zu lassen und den Blick auf das zu richten, was ist und welche Chancen uns aus der Krise erwachsen können.

Übung: Anderen verzeihen

Diese Übung eignet sich dazu, sich über die eigenen Gefühle klar zu werden und einen Prozess des Vergebens einzuleiten.

1. Sorgen Sie dafür, dass Sie etwa eine halbe Stunde ungestört sind.
2. Legen Sie ein Foto der entsprechenden Person, ein Symbol, das Sie an sie erinnert oder einfach einen Zettel mit dem Namen vor sich hin.
3. Sprechen Sie laut aus, was Sie Ihrem Gegenüber zu sagen haben. Geben Sie noch einmal Ihrem Zorn, Ihrem Ärger oder Ihrer Enttäuschung Ausdruck.
4. Wenn Sie den Eindruck haben, alles über das Vorgefallene gesagt zu haben, dann fügen Sie etwas an wie: »Ich bin jetzt bereit dir das, was du getan hast, zu verzeihen. Ich will meine Gedanken und mein Leben davon befreien.« Vielleicht geht Ihnen das »verzeihen« zunächst schwer über die Lippen – doch wenn Sie diese Übung einige Male wiederholt haben, werden Sie spüren, dass Sie tatsächlich loslassen und verzeihen können.

Die Kunst, Geschehnissen einen Sinn abzugewinnen

Krisen zwingen zu Veränderungen und Veränderungen sind für unsere Entwicklung unverzichtbar. Entscheidend ist, was wir aus unserer Lage machen, welche Weichen wir neu stellen.

Manche Menschen finden in der Krise zum Glauben, andere besinnen sich auf lange vernachlässigte Freunde und wieder andere suchen professionelle Hilfe und Unterstützung beim Coach oder in einer Therapie. In vielen Fällen lassen sich neue Möglichkeiten finden, in anderen Fällen kann nur der bejahende Umgang mit der entstandenen Situation die Lösung sein. Oft können wir gerade durch das Negative, das uns zugestoßen ist, das, was es an Positivem gibt, viel intensiver wahrnehmen und genießen.

Wenn es gelingt, die Krise als Erfahrung oder Entwicklungsimpuls zu sehen, kommen wir mit dem Geschehen besser zurecht. Diese Sichtweise unterstützt unser Selbstvertrauen und unseren Optimismus, denn wenn wir davon überzeugt sind, dass das, was uns widerfahren ist, für irgend etwas gut sein wird, stärken wir damit unsere Zuversicht. Dann wird es uns auch gelingen, uns neue Ziele zu setzen und mit Vertrauen in die Zukunft zu gehen.

Krisen können uns dazu befähigen, uns auf neue Verhältnisse einzustellen und neue Sicht- und Verhaltensweisen anzunehmen. Manchmal müssen wir dazu gezwungen werden, etwas zu lernen. Vielleicht ist genau das die Botschaft, die Ihre Krise für Sie bereithält.

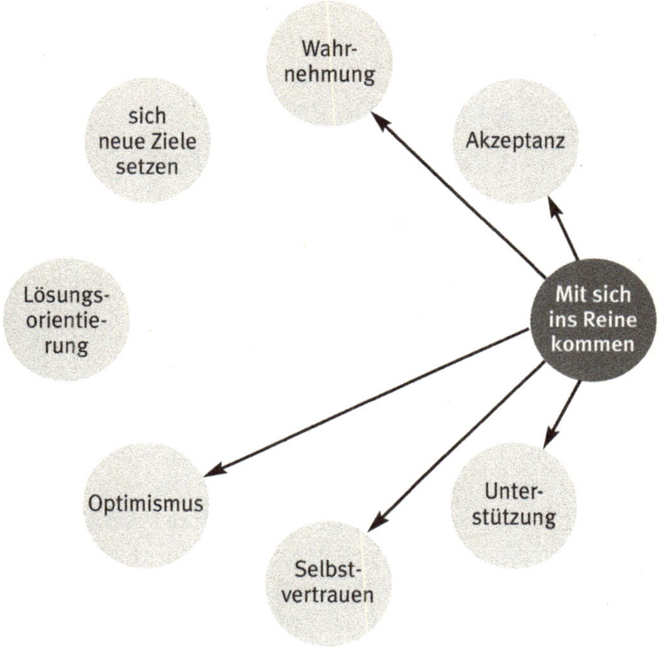

Ausblick

- Wenn Sie mit sich selbst ins Reine kommen, beeinflusst dies Ihre Wahrnehmung von sich selbst und von dem, was geschehen ist, erheblich.
- Die Akzeptanz vertieft sich und Sie können anderen gefasster und gelassener begegnen. Es fällt Ihnen leichter, Unterstützung anzunehmen.
- Mit sich ins Reine kommen stärkt Ihr Selbstvertrauen und lässt erste Hoffnung aufkommen, dass Sie es dauerhaft schaffen könnten, mit der neuen Situation zurecht zu kommen.

Vierte Stärke: Unterstützung finden

Sich helfen lassen

Jeder von uns lebt in seiner ganz persönlichen Welt und hat auch seine ganz eigenen Erfahrungen, Überzeugungen, Normen und Werte, die sein Weltbild und seine Art zu leben prägen. Diese inneren Muster beeinflussen unser Denken, unsere Gefühle, unsere Bewertungen und unser Handeln. Dass jeder Mensch sein eigenes Modell von der Welt hat, macht die Kommunikation oft kompliziert und manche Gespräche drehen sich deshalb fast nur darum, wer wann was wie gemeint hat ... Das ist schon in »normalen« Zeiten manchmal nicht leicht zu klären. In den Zeiten, in denen es uns nicht gut geht, wird die Kommunikation noch schwieriger. Meist gibt es eine ganze Reihe von Vermutungen und Befürchtungen, die uns davon abhalten, jemand anderen ins Vertrauen zu ziehen und um Unterstützung zu bitten.

- Kann ich dem anderen vertrauen, dass er das, was ich ihm sage, für sich behält?
- Was wird der andere von mir denken? Vielleicht verliert er seine gute Meinung von mir und hält mich für dumm oder für wehleidig?
- Werde ich mich überhaupt so ausdrücken können, dass ich verstanden werde?
- Wird er ehrlich zu mir sein?

- Vielleicht ist ihm das lästig und er wimmelt mich ab, was mache ich dann?

Solche Vorbehalte führen oft dazu, innerlich von vorne herein den Rückzug anzutreten und zu meinen, es sei das Beste, alles für sich zu behalten und alleine damit fertig zu werden. Dennoch spricht viel mehr dafür, den Schritt hin zum Anderen zu machen, als mit Sorgen und Kummer alleine zu bleiben. Natürlich sollten Sie nur Menschen ins Vertrauen ziehen, die selbst stabil sind und sich nicht leicht von Schwierigkeiten und Konflikten verunsichern lassen, Menschen, die einfühlend und unterstützend sind, Mut machen können und es nicht versäumen, Sie auch an ihre ureigenen Stärken zu erinnern.

Teilen Sie sich mit

Wenn Sie über das sprechen, was Sie bedrückt, wollen Sie in erster Linie, dass sich jemand wirklich Zeit nimmt und Ihnen zuhört. Geteiltes Leid ist halbes Leid, sagt ein Sprichwort, und diese Volksweisheit ist mittlerweile auch wissenschaftlich bestätigt worden.

Geteiltes Leid ist tatsächlich halbes Leid

Wenn Menschen über Emotionen wie Ärger, Wut und Trauer sprechen, hilft es ihnen – unabhängig davon, ob es ein Gespräch mit der besten Freundin, mit einem Therapeuten oder mit dem Barkeeper ist. Wie Matthew Lieberman und sein Team an der University of California mittels einer Studie herausfanden, dämpft offenbar das Aussprechen von Gefühlen nachweisbar die Reaktion in der

Amygdala, dem Gefühlszentrum im Gehirn. Das Gehirn dämpft das Empfinden dieser Gefühle. Das wäre eine plausible Erklärung dass viele Menschen sich besser fühlen, nachdem sie im persönlichen Gespräch ihre negativen Emotionen benannt und über sie geredet haben.

Treffen kritische Lebensereignisse und eine geringe soziale Unterstützung aufeinander, so haben die Betroffenen meist mehr gesundheitliche Probleme als Menschen mit umfassender zwischenmenschlicher Unterstützung. Sich einsam fühlen schwächt. Schon Aristoteles wusste: »Alle Menschen brauchen Freunde.« Entscheidend ist dabei für die Person, die sich mit Sorgen und Problemen herumschlägt, zu wissen, dass jemand da ist und sie nicht völlig auf sich allein gestellt ist. Ob Hilfe dann tatsächlich in Anspruch genommen wird, spielt eine geringere Rolle. Es beruhigt offensichtlich, einfach zu wissen, in einer schwierigen Lage nicht völlig allein dazustehen.

Verschiedene psychologische Studien betonen die Wichtigkeit sozialer Unterstützung. Menschen können demnach mit schlimmen Ereignissen besser fertig werden, wenn sie in eine gute Partnerbeziehung, eine Familie oder einen Kreis guter Freunde integriert sind und damit die Möglichkeit haben, sich über persönliche Dinge auszutauschen. Das macht sie krisenfester als jene, die keine Personen ihres Vertrauens zu Rate ziehen können.

Sie sollten also nicht den Ehrgeiz haben, das, was Ihnen zu schaffen macht, allein mit sich selbst auszumachen. Neben dem erleichternden Effekt, den es hat, über das zu reden, was einem auf der Seele liegt, kann der Blick von außen oft neue Impulse geben, die Situation zu bewältigen. Auf sich alleine gestellt läuft man Gefahr, sich mit den Gedanken im Kreis zu drehen.

Entwickeln Sie ein Gespür dafür, sich in Krisensituationen an die »richtigen« Menschen zu wenden.

Gerade wenn wir es mit starken Gefühlen von Angst, Zorn oder Trauer zu tun haben, Gefühlen, wie sie im Verlauf einer Krise eben typisch sind, verlieren wir leicht den Überblick. Dann überschätzen wir das Ausmaß der Probleme und fühlen uns entsprechend mutlos und verzagt. Andere Menschen, die wir ins Vertrauen ziehen, können uns dann wieder ins Hier und Jetzt zurückholen und die verzerrte Perspektive korrigieren helfen. Dabei müssen es jedoch »die richtigen« sein – Menschen, von denen wir uns wirklich verstanden und angenommen fühlen. Suchen Sie sich also Vertraute, mit denen Sie offen über das Geschehen sprechen können und auch über Ihre damit verbundenen Gedanken und Gefühle.

Was sollte jemand können, der uns in einer Krise zur Seite steht?

Er/sie sollte:

- gut zuhören können.
- Person und Verhalten differenziert betrachten können.
- sich in unsere Situation einfühlen können und auch fähig sein, die eigenen Gefühle mitzuteilen.
- Anteilnahme und Verständnis zeigen.
- uns dazu ermutigen, dass wir unsere Gefühle und Gedanken offen aussprechen.
- sich mit Ratschlägen und Patentrezepten zurückhalten.

- nicht zu einer schnellen Lösung des Problems drängen.
- keine wertenden Beurteilungen darüber abgeben, wie gravierend das Geschehene »allgemein« ist, sondern stattdessen unsere subjektiv empfundene Belastung voll akzeptieren.

Menschen, die guttun

Wenden Sie sich an Menschen, von denen Sie wissen, dass sie Sie und Ihre Probleme ernst nehmen, die nicht einfach nur Sprüche oder Ratschläge von der Stange auf Lager haben, sondern Ihnen tatsächlich weiterhelfen möchten. Mit Allgemeinplätzen wie »Du musst jetzt stark sein«, »Es bringt nichts, über verschüttete Milch zu weinen«, »Andere sind noch schlechter dran« oder »Das wird vorbeigehen« ist Ihnen nicht gedient. Das trägt nur dazu bei, dass Sie zusätzlich zu Ihrer Verzweiflung auch noch Schuldgefühle empfinden und meinen, Sie »sollten« nicht so reagieren, wie Sie nun mal reagieren.

Halten Sie sich auch von notorischen Schwarzsehern fern. Wer die Problembrille aufhat und das Leben schwarz in schwarz sieht, tut Ihnen besonders in einer Krise nicht gut. Er verhindert durch seine pessimistische Weltsicht vielleicht sogar, dass Sie auftauchenden Gedanken für eine Lösung weiter nachgehen – indem er jede Idee, die Sie formulieren, erbarmungslos zerpflückt.

Guttun Ihnen Menschen, mit denen Sie nicht nur gerne zusammen sind und mit denen Sie sich gut verstehen; es kommt in einer Krise auch darauf an, dass die betreffende Person Ihnen gerne zuhört. Und Sie sollten sich vollkommen auf diese Person verlassen können. Ein Gespräch mit jemandem, der sich ganz bewusst Zeit für Sie nimmt und dem Sie vertrauen, stärkt und ermutigt Sie.

Holen Sie sich also aktiv Unterstützung von Freunden, Familienmitgliedern, vielleicht auch Ihnen nahestehenden Arbeitskollegen. Treffen Sie sich regelmäßig mit den Menschen, die Ihnen gewogen sind und tauschen Sie sich über Ihre Lage, deren Erfahrungen mit vergleichbaren Situationen und mögliche Bewältigungsstrategien aus.

Übung: Menschen die Ihnen guttun

Überlegen Sie: Wer steht Ihnen nahe und ist belastbar und einfühlsam? Mit wem haben Sie gute Erfahrungen gemacht, wenn die Dinge mal nicht so rund liefen? Schreiben Sie die Namen der Menschen auf, deren Gegenwart für Sie angenehm und hilfreich ist:

____

____

____

Scheuen Sie sich nicht, mit jenen, von denen Sie sich verstanden fühlen, Kontakt aufzunehmen und um Unterstützung in der Krise zu bitten. Was oft nicht bedacht wird: Es kann gut sein, dass jemand, der Ihnen gern geholfen hätte, erstaunt oder sogar gekränkt ist, wenn Sie sich nicht an ihn gewendet haben. Die meisten Menschen helfen gerne.

Suchen Sie vor allem Kontakt zu Menschen, die eine ähnliche Krise hinter sich gebracht haben und Ihnen ein positives Beispiel sein können. Menschen mit eigenen Krisenerfahrungen wissen, welche Gedanken und Gefühle aufkommen können. Und sie ermutigen zum Handeln, indem sie vermitteln, dass das, was sie selbst geschafft haben, auch Ihnen möglich sein kann.

Wo Sie weitere Unterstützung finden

Nutzen Sie professionelle Hilfe und fragen Sie beispielsweise bei Ihrer Hausärztin, beim Krisendienst oder auch bei der Telefonseelsorge nach, welche Beratungsstelle, welcher Coach, Berater, Experte Ihnen zur Seite stehen könnte. Auch die Mitgliedschaft in einer Selbsthilfegruppe kann für eine Krisenbewältigung sehr hilfreich sein.

Sie können sich auch im Internet informieren und an geeigneten Foren teilnehmen und sich mit Menschen austauschen, die Ähnliches wie Sie selbst durchgestanden haben. Persönliche Gespräche sollten aber immer die erste Wahl sein, denn im direkten Kontakt sind Sie stärker gefordert, Ihre Gedanken in eine konstruktive Richtung zu lenken und vom Denken ins Tun zu kommen.

Seminare und Vorträge können Ihnen neue Ideen zur Bewältigung der Krise geben oder Sie können dadurch mit anderen Betroffenen ins Gespräch zu kommen.

Um sich neue Sichtweisen und Lösungswege zu erschließen oder Mut zu machen, sind auch entsprechende Bücher hilfreich. Manche greifen zu Fachbüchern oder psychologischen Ratgebern, andere lesen in der Bibel oder beschäftigen sich mit Biographien von Menschen, die schwere Zeiten erfolgreich durchgestanden haben.

Welche Wege Sie auch bevorzugen: Greifen Sie auf die Ideen und Strategien anderer zurück, nutzen Sie deren Erfahrungen für Ihre eigene Situation.

Hilfe im Alltag

Wenn die Krise akut und die Heftigkeit der eigenen Gefühle groß ist, dann tut es gut, wenn jemand da ist, der Sie auch von alltäglichen Aufgaben entlastet und manche Dinge für Sie ohne zu zögern einfach in die Hand nimmt. Dies sollte aber nicht zum Dauerzustand werden, denn es kann zur Passivität verführen und verstärkt das Gefühl von Hilflosigkeit.

Andere können Ihnen in dieser Situation helfen, aber sie können Ihnen nicht ersparen, die nötigen Schritte zur Bewältigung der Krise selbst zu tun. Wer Ihnen alle Steine aus dem Weg räumen will, tut Ihnen damit im Grunde keinen Gefallen. Woran sollen Sie wachsen, wie sollen Sie Ihr Selbstvertrauen und Ihre Lebenstüchtigkeit stärken, wenn jemand all das für Sie tut, was Sie selbst bewältigen sollten?

Nehmen Sie also Hilfe dankend an und freuen Sie sich darüber, doch besinnen Sie sich, sobald Sie sich halbwegs dazu in der Lage fühlen, wieder auf Ihre eigenen Kräfte.

Geben und Nehmen

Das Wesen einer Freundschaft besteht nicht darin, dass sie, einmal geschlossen als Selbstläufer für immer fortbesteht. Vielmehr will sie gepflegt und belebt sein. Wer sich stets um gute persönliche Kontakte zu anderen bemüht hat, wird in Krisenzeiten nicht auf sich allein gestellt sein. Doch verlieren Sie auch dann nicht aus dem Blick, dass eine Freundschaft vom Austausch und vom Miteinander bestimmt ist, von einem ausgewogenen wechselseitigen Geben und Nehmen. Dies darf natürlich nicht vom Nutzen-Denken diktiert sein, etwa nach dem Motto: Was gebe ich, was kriege ich und was ist meine Rendite? Es ist vielmehr ein freiwilliges und selbstverständliches Geben und Nehmen auf der Basis, gerne für den anderen da zu sein und offenen Herzens zu geben und zu teilen. Und darauf dürfen Sie in der Krise bauen. Es darf für eine Weile so sein, dass Sie nun einmal mehr nehmen als Sie gerade geben können. Doch sobald es Ihnen möglich ist, sollten Sie die Waage wieder ins Lot bringen. Bleiben nämlich Geben und Nehmen dauerhaft im Ungleichgewicht, droht sich die Freundschaft in eine einseitige Abhängigkeit zu verwandeln. Dies schwächt Ihr Selbstwertgefühl und wird Sie in der Bewältigung der Krise behindern.

Denken Sie auch in der Krisensituation daran, dass es nicht selbstverständlich ist, wenn ein Freund seine Zeit und seine Hilfe zur Verfügung stellt. Danken Sie ihm ausdrücklich für seine Unterstützung!

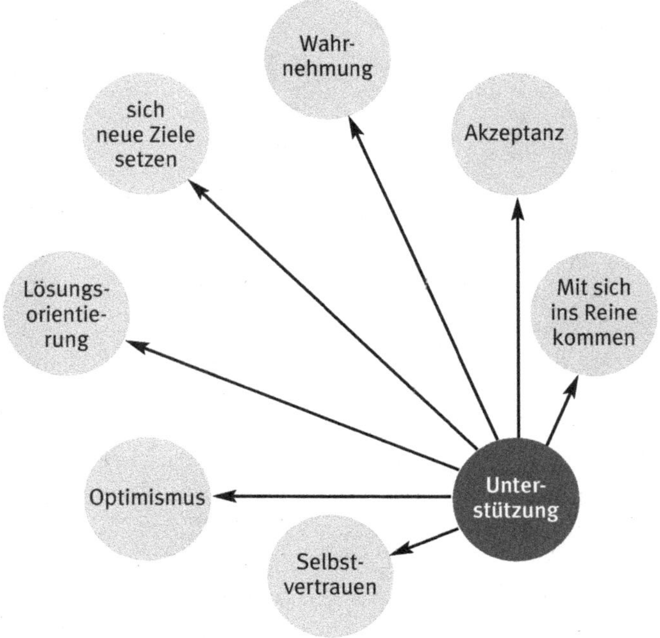

Ausblick

Unterstützung zu finden und anzunehmen wirkt sich positiv auf alle anderen Stärken aus.

- Zum einen verändert sich Ihre Wahrnehmung in der Krise erheblich: »Ich bin nicht allein«. Und Verständnis seitens anderer Menschen hilft Ihnen, das Geschehen besser zu akzeptieren.
- Mit sich selbst ins Reine zu kommen und Ihr Selbstvertrauen zu stärken fällt leichter, wenn Sie fühlen, dass jemand anderes Sie versteht und an Sie glaubt.
- Dies geht im Idealfall so weit, dass Sie – inspiriert durch Ihr Gegenüber und dessen Anteilnahme – Optimismus entwickeln, sich Gedanken um Lösungswege machen und vielleicht auch schon an eine Neuausrichtung denken können.

Fünfte Stärke: Selbstvertrauen vertiefen

Selbstvertrauen braucht Selbstakzeptanz

Wer sich seines eigenen Wertes bewusst ist und eine positive Selbsteinschätzung hat, geht mit mehr Selbstvertrauen und einer besseren Grundstimmung durchs Leben als jemand, der nicht viel von sich hält. Das Selbstwertgefühl prägt die Art und Weise unseres Denkens, unsere Gefühle und unsere Entscheidungen. Ein gutes Selbstwertgefühl wird genährt durch die Erfahrung, auf sich selbst und auf die eigenen Fähigkeiten und Fertigkeiten zählen zu können und durch das Gefühl, etwas im Leben zu bewirken. Ein schwaches Selbstwertgefühl hingegen ist durchsetzt von Selbstzweifeln und führt dazu, dass Menschen sich mit sich selbst nicht wohl fühlen.

Bei Menschen mit schwachem Selbstwertgefühl klaffen das reale Selbst – »So bin ich« – und das ideale Selbst – »So wäre ich gern« – weit auseinander. Deshalb stellen sie sich ständig infrage. Je selbstsicherer jemand ist, desto geringer ist die Diskrepanz zwischen dem empfundenen Ist- und Soll-Zustand.

Die wichtigste Komponente des Selbstwertempfindens ist, sich so zu akzeptieren, wie man ist, ohne dies von hohen persönlichen Maßstäben, herausragenden Leistungen oder von der Meinung anderer abhängig zu machen. Dazu gehört es auch, dass wir es ertragen können, Fehler zu machen, auch mal schwach oder deprimiert zu sein, Scham zu empfinden, uns unsicher zu fühlen – dass wir eben auch unangenehme Gefühle zulassen können ohne uns selbst abzulehnen oder zu verurteilen. Sich selbst wertzuschätzen ist ein wichtiger Bestandteil psychischer Stabilität.

Wie ein gutes Selbstwertgefühl die Eigenständigkeit fördert

Auch von anderen möchten wir akzeptiert und angenommen werden, so wie wir sind. Wenn unser Selbstwertgefühl gering ist, sind wir stark auf Bestätigung und Anerkennung von außen angewiesen; wir sind dann leicht von den Erwartungen, Meinungen und Ansichten anderer zu beeinflussen und neigen dazu, uns mit deren Bewertungen und Urteilen zu identifizieren.

Wer ein geringes Selbstwertgefühl hat, bewertet bereits normale Veränderungen im Alltagsleben negativer als jemand mit einem hohen Selbstwertgefühl und schreibt diesen Veränderungen einen größeren Einfluss auf seine Stimmung zu. Ein geringes Selbstwertgefühl führt oft auch dazu, eine Niederlage auf einem Gebiet zu verallgemeinern und auf Situationen zu übertragen, die nichts mit diesem Scheitern zu tun haben. Wer ein hohes Selbstwertgefühl hat, versucht hingegen, nach einer Panne, einem Versagen oder einem Scheitern verstärkt, sich selbst wieder zu stabilisieren und sich Mut zuzusprechen.

Das Selbstwertgefühl lässt sich verändern

Das Selbstwertempfinden ist nichts Statisches, es wird vielmehr von vielen verschiedenen Faktoren beeinflusst:

ob wir uns in einer Situation als kompetent erleben, welche Erfahrungen wir mitbringen, wie unsere Tagesform ist, wie andere uns begegnen usw.

Natürlich werden unser Selbstwertgefühl und auch unser Selbstvertrauen besonders in schwierigen Lebenslagen stark auf die Probe gestellt. Gerade dann ist es notwendig, in uns selbst und unsere Fähigkeiten vertrauen zu können, um sich in solchen Situationen nicht unterkriegen zu lassen, sondern das Steuer in der Hand zu behalten. Wenn wir es schaffen, Probleme, Konflikte und Schicksalsschläge im Wesentlichen aus eigener Kraft zu bewältigen, fühlen wir uns hinterher wiederum in unserem Selbstwert und Selbstvertrauen gestärkt. Dieses Ineinandergreifen von Erfahrung und Bewertung ist auch ein wichtiger Schlüssel zu Gesundheit, persönlichem Erfolg und Lebenszufriedenheit.

Viele Menschen, die tief greifende Veränderungen und Krisen in ihrem Leben erfahren haben, berichten, mit jeder Veränderung stärker und sicherer geworden zu sein. Sie haben erfahren, dass Türen nicht nur zufallen, sondern dass immer wieder neue Türen aufgehen, die zu neuen Erfahrungen führen.

Werden Sie sich Ihrer Stärke bewusst

Wenn Sie sich in einer schwierigen Situation befinden, spiegelt sich dies auch in Ihrem Körpergefühl wider. Sie spüren Ihren Körper weniger intensiv, bewegen sich unbeholfener und schwerfälliger als sonst. Der Zusammenhang besteht aber auch umgekehrt: Übungen zur Stabilisierung des Körpers bewirken auch eine Stabilisierung der Psyche. In einer Krise sind vor allem Übungen sehr wohltuend, die »erden«, die ein Gefühl für das Hier und Jetzt und ein Bewusstsein der eigenen Stärke vermitteln.

Übung: Baum-Atmung

1. Stellen Sie sich aufrecht hin, die Füße parallel und hüftbreit auseinander. Fühlen Sie mit Ihren Fußsohlen bewusst den Kontakt zum Boden. Atmen Sie tief ein und aus.
2. Stellen Sie sich vor, wie Sie mit jedem Einatmen durch Ihre Fußsohlen Kraft aus dem Boden ziehen und wie mit dem Ausatmen Wurzeln von Ihren Füßen in den Boden hinein wachsen. Lassen Sie die Energie, die Sie aus dem Boden ziehen, in sich hineinströmen.
3. Bei jedem Einatmen gewinnen Sie mehr Energie, bei jedem Ausatmen wachsen Ihre imaginären Wurzeln tiefer in den Boden hinein. Lassen Sie die Energie durch Ihren ganzen Körper fließen und sich ausbreiten bis Sie ganz erfüllt davon sind.
4. Breiten Sie nun Ihre Arme aus und lassen Sie mit dieser Kraft in Ihrer Vorstellung aus Ihren Armen Äste und Zweige wachsen und sich ausbreiten. Ihr Astwerk bildet eine dichte Baumkrone und wächst weiter himmelwärts. Auch von dort, durch Ihre Handflächen hindurch können Sie Energie aufnehmen.
5. Spüren Sie die Kraft in sich, die durch Ihre Fußsohlen und Ihre Handflächen in Sie hineinströmt und genießen Sie dieses Gefühl der Kraft und der Stabilität.
6. Wenn Sie sich genügend mit Energie erfüllt haben, lassen Sie Ihre Wurzeln und Äste sich langsam zurückbilden, atmen Sie tief durch und öffnen Sie die Augen.

Selbstvertrauen statt Selbstentmutigung

In Krisensituationen konzentrieren sich Menschen mit gut ausgebildetem Selbstvertrauen auf ihre Stärken, während Menschen mit wenig Selbstvertrauen vor allem die eigenen Schwächen im Blick haben. Dies führt dazu, dass letztere nach einem Misserfolg entmutigt reagieren und sich sofort jegliche Kompetenz absprechen: »Das kann ich eben nicht, also brauche ich es nie mehr zu probieren«. Wer viel Selbstvertrauen hat, reagiert hingegen anders. Er ist überzeugt davon, dass sein Vorhaben beim nächsten Mal gelingen wird: »Was muss ich anders machen, damit ich mehr Aussichten auf Erfolg habe?«.

Entmutigung hat einen engen Bezug zu den Erfahrungen, die jemand in seinem Leben gemacht hat, ist aber dennoch keine direkte und unvermeidliche Folge schlechter Erfahrungen. Vielmehr sind die inneren Überzeugungen, die wir aus unseren Erfahrungen ableiten, entscheidend dafür, wie wir auf neue Erfahrungen reagieren.

Jeder Mensch begegnet in seinem Leben Ereignissen und Erfahrungen, die Krisen auslösen und den Glauben an das eigene Können auf eine harte Probe stellen. Dennoch verlieren manche Menschen selbst nach extrem schlechten Erfahrungen nicht den Mut und machen einen neuen Anlauf, während andere leicht zu entmutigen sind oder grundsätzlich eher zaghaft an die Lösung von Problemen herangehen.

Dabei kann uns tatsächlich nichts den Wind aus den Segeln nehmen, so lange wir uns nur nicht durch unsere eigenen Gedanken, Bewertungen und Gefühle selbst so sehr schwächen, dass wir uns bestimmte Dinge nicht mehr zutrauen. Nicht die Erfahrung, sich beispielsweise auch nach mehreren Anläufen schwer damit zu tun, aus einer finanziellen Misere herauszukommen, löst die Entmutigung aus, sondern der Gedanke: »Das schaffe ich doch nie!«

Sich vom Alles-Oder-Nichts-Prinzip zu trennen, erhöht den Bewertungsspielraum

Manche Denkmuster wirken besonders entmutigend und sind reines Gift für ein gesundes Selbstvertrauen. Dazu gehört, an alles, was wir tun, extrem hohe Maßstäbe anzulegen. Wer nur 100 Prozent als »gut« gelten lässt, für den sind auch 99 Prozent ein Misserfolg. Damit ist eine hohe Misserfolgsquote vorprogrammiert – was Entmutigung fördert.

Wenn wir überzogene Wert- und Leistungsmaßstäbe an uns selbst anlegen, ist es zudem fast unmöglich, Fortschritte im eigenen Handeln zu erkennen. Als Folge davon blockieren wir uns selbst oder probieren bestimmte Lösungsstrategien gar nicht erst aus. Dies führt dazu, dass positive Referenzerlebnisse fehlen, wenn es darum geht, eine Herausforderung anzunehmen. Es ist tatsächlich so: Wer nicht kämpft, hat schon verloren.

Statt sich dem absolutistischen Alles-Oder-Nichts-Prinzip zu unterwerfen, ist es viel besser für das Selbstvertrauen, einzelne Bewertungsstufen für das eigene Verhalten zu definieren. Dabei sollten Sie die untersten Schwellen der Zufriedenheit möglichst niedrig halten. Die erste Stufe kann beispielsweise schon erfüllt sein, wenn Sie überhaupt (irgend)etwas Zielführendes unternommen haben, um Ihr Problem zu lösen – auch wenn es nicht von Erfolg gekrönt war. Sie sollten sich selbst gegenüber ausdrücklich anerkennen, dass Sie den Mut gefasst haben, aktiv zu werden. Ein Minimal-Ergebnis könnte sein, dass Sie einen guten Freund angerufen und sich mit ihm verabredet haben mit dem Ziel, seine Sicht der Dinge zu erfahren und sich mit ihm zu beraten, usw.

Auch Erfolge werden je nach Selbsteinschätzung ganz unterschiedlich bewertet. Wenn Menschen mit einem starken Selbstwertgefühl etwas gut gelungen ist, dann schreiben sie es ihrem Einsatz und ihren Fähigkeiten zu und sind stolz darauf. Menschen mit einem schwachen Selbstwertgefühl hingegen schreiben das gute Ergebnis meist dem Zufall zu. Selbstannahme, Selbstwert und Selbstvertrauen hängen eng miteinander zusammen. Wenn wir in Einklang mit uns selbst leben, ist auch unser Selbstwertgefühl gut und wir trauen uns etwas zu.

Wie Sie lernen, sich mehr zuzutrauen

Handeln Sie in der Regel entsprechend Ihren Fähigkeiten? »Ja, natürlich«, werden Sie antworten, wenn Sie ein recht gutes Selbstvertrauen haben. »Ja, so gut es eben geht«, werden Sie antworten, wenn Ihr Selbstvertrauen derzeit nicht sehr groß ist. Beides trifft wahrscheinlich nicht zu. Denn in der Regel verhalten wir uns nicht eins zu eins entsprechend unseren Fähigkeiten. Wir handeln danach, welche Fähigkeiten wir *zu haben glauben.* Und deshalb sind unsere Handlungen und Leistungen nicht allein die Folge unseres tatsächlichen Potenzials, sondern in weit größerem Maße die Folge unseres Selbstvertrauens. Wenn wir glauben, zu schwach oder zu unbegabt zu sein, dann verhalten wir uns entsprechend dieser Überzeugung, egal wie kompetent wir in Wirklichkeit auch sein mögen.

Welche Überzeugungen geben uns Kraft und Mut? Im Detail ist dies für jeden unterschiedlich und fußt darauf, was jemand in seiner persönlichen Biographie als Ansporn, als Aufmunterung oder als Kraftspender erlebt hat. Jedoch gibt es auch einige generell aufmunternde Gedanken, die Sie sich – gerade auch in einer Krise – aneignen und die Sie kultivieren können:

- »Egal was passiert, ich werde damit klar kommen ... vielleicht nicht 100%ig, sondern viel bescheidener ... aber ich werde damit irgendwie zurecht kommen und letztlich wird auch irgendwann etwas Gutes daraus erwachsen.«
- »Welchen kleinen Schritt kann ich heute gehen, um einen Weg aus der Krise zu finden?«

Wann immer Sie bemerken, dass Sie angesichts einer Aufgabe reflexartig denken »Das schaff ich nicht«, halten Sie inne. Sagen Sie sich etwas wie: »Stopp! Ich probiere es. Bevor ich es nicht versucht habe, weiß ich nicht, ob es funktioniert oder nicht. Und auch wenn es im ersten Anlauf vielleicht nicht so gut klappt, ist dies kein Drama. Was zählt, ist, dass ich es in Angriff nehme. Das Ergebnis steht erst an zweiter Stelle. Je mehr Erfahrungen ich sammle und aus ihnen lerne, umso mehr steigen meine Chancen, gute Ergebnisse zu erzielen.« Dann packen Sie an, was anzupacken ist, auch wenn Ihnen vielleicht immer wieder Selbstzweifel dabei in die Quere kommen.

Wie die Zuversicht steigt

Je mehr Erfahrung Sie sich aneignen, desto schwächer werden schließlich die Selbstzweifel und desto mehr wächst die Zuversicht. Sicherlich wird es einige Zeit brauchen, bis Sie ein stabiles Gefühl dafür entwickeln, auf sich selbst vertrauen zu können, sich selbst zu schätzen und zu mögen. Dieses Gefühl wächst langsam und unabhängig davon, wie erfolgreich Sie letztlich bei der Lösung Ihrer Probleme sein werden. Ermutigen Sie sich unterdessen immer wieder selbst, führen Sie sich vor Augen, wie viele Fähigkeiten und Kompetenzen Sie haben und erinnern Sie sich daran, wann und wo Sie diese schon eingesetzt haben.

Auch wenn Ihre Erfahrungen bisher überwiegend negativ gewesen sein mögen, ist es möglich, Schritt für Schritt Ihr Selbstwertgefühl und Ihr Selbstvertrauen zu stärken. Sehr wichtig dabei ist es, dass Sie alle Fortschritte, und mögen sie auch noch so klein sein, stets ausdrücklich anerkennen. Statt die Hände in den Schoß zu legen und sich hilflos zu fühlen, sagen Sie sich: »Das hast du gut gemacht.« oder: »Super! Wieder ein Schritt weiter.« Je häufiger Sie sich auf diese Weise innerlich auf die Schulter klopfen, desto sicherer fühlen Sie sich und desto motivierter sind Sie, Probleme weiter beherzt anzupacken und zu lösen.

Erkennen Sie Ihre Kompetenzen

Neuere psychologische Forschungen zeigen: Krisen lassen sich umso besser bewältigen, je mehr wir unsere innere Stärke geschult haben. Es geht nicht darum, belastende Erlebnisse, Fehler oder Scheitern in Ihrer Vergangenheit aufzuspüren um die Erinnerung daran »loswerden« zu wollen. Sinnvoller und lebensbejahender ist es, Belastungen, Fehlschläge und Krisen in der Vergangenheit für sich zu nutzen. Durch Defizite, Erziehungsfehler, Versäumnisse usw. in Ihrem Leben haben Sie Kompetenzen entwickelt, auf die Sie heute bauen können.

Viele Ihrer Kompetenzen von heute haben Sie sich in vergangenen Krisen erworben

Wer wiederholt auch schwierige Situationen überstehen und meistern konnte, hat Lebenserfahrung gewonnen, die die Überzeugung festigt »Ich schaffe das«. Dies ist eine Ressource, die auch dann hilft, wenn durch eine

Krise oder eine traumatische Erfahrung vieles in Frage gestellt wird. Werden Sie sich bewusst, was Sie schon alles im Laufe Ihres Lebens bewältigt haben. Wie viele Situationen, die zunächst Angst gemacht und Sie stark gefordert haben, sind letztlich doch gut ausgegangen, so dass Sie heute im Rückblick feststellen können: »Ja genau, das habe ich damals bewältigt, das habe ich geschafft.« Erinnern Sie sich bewusst daran, wie Sie in der Vergangenheit Probleme gelöst, Entscheidungen getroffen und Krisen bewältigt haben. Analysieren und achten Sie Ihre Kompetenzen. Ihre Vergangenheit ist ein wertvolles Kapital.

Übung: Kompetenzenliste

Für diese Übung brauchen Sie wieder etwas Zeit, außerdem Stift und Papier.

- Schreiben Sie auf, welche Krisen und Probleme es in Ihrem Leben bisher gab, die Sie gemeistert haben. Auch kleine Erfolge zählen.
- Was hat Ihnen in diesen vergangenen Krisen Kraft und Energie gegeben? Welche Eigenschaften und Fähigkeiten haben Sie in diesen Situationen eingesetzt? Zielstrebigkeit? Überzeugungskunst? Organisationstalent? Kooperationsfähigkeit? Geduld? Erfahrungswissen? Kreativität? Soziale Beziehungen? Was genau war es, was Sie die Krise hat meistern lassen? Machen Sie eine Liste aller Eigenschaften und Fähigkeiten, die Sie genutzt haben.
- Nehmen Sie sich so lange Zeit, bis Sie wenigstens zehn persönliche Kompetenzen gefunden haben und notieren Sie sich diese. Ergänzen Sie

- die Liste, wann immer Ihnen eine neue Eigenschaft oder Fähigkeit einfällt.
- Lesen Sie diese Liste jeden Morgen und überlegen Sie jeweils, welche dieser Kompetenzen Sie in der jetzigen Situation einsetzen können.

Wenn wir an unsere Kompetenzen glauben, verharren wir in einer Krise nicht lange in Passivität und wir halten uns auch nicht unablässig das Unglück vor Augen. Stattdessen werden wir aktiv und gehen daran, Schritt für Schritt Lösungen zu entwickeln.

Wie reden Sie eigentlich mit sich?

Jedem ist klar, dass ein freundlicher und konstruktiver Umgang mit anderen eine bessere Resonanz bringt als Vorwürfe und Mäkelei. Weniger bewusst ist den meisten, dass es neben der externen Kommunikation auch eine interne gibt: den Dialog mit sich selbst.

**Es ist bedeutsam,
wie wir mit uns selbst reden und umgehen.**

Wir führen tagtäglich viele innere Selbstgespräche, tauschen uns eigentlich ständig mit uns selbst aus. Wie Wissenschaftler herausfanden, führen wir pro Tag etwa drei- bis fünftausend kurze innere Selbstgespräche. Die meisten dieser Kurzdialoge kreisen immer wieder um die gleichen Themen. Und je nachdem, in welcher Art und Weise wir mit uns selbst reden, wirkt sich der innere Dialog langfristig positiv oder negativ auf unsere Gefühle, unser Selbstbild und unser Verhalten aus.

Führen Sie bewusst aufbauende und wohlwollende Selbstgespräche. Seien Sie unbedingt höflich zu sich selbst. Da Ihre Gedanken Ihr Selbstbild und Ihr Selbstvertrauen prägen, sollten Sie möglichst häufig bestärkend und ermutigend über sich selbst denken. Dazu gehört natürlich auch, eigenen Unvollkommenheiten gegenüber nachsichtig zu sein, statt sich für jeden gemachten Fehler gleich zu geißeln. Unseren Freunden verzeihen wir ja auch kleine Charakterschwächen, nur uns selbst gegenüber glauben wir oft, hart und unnachsichtig sein zu müssen. Wer sich innerlich oft kritisiert, unter Druck setzt oder auch verurteilt und abwertet, untergräbt sein Selbstwertgefühl und schwächt damit auf Dauer auch das Selbstvertrauen. Wenn Sie hingegen einfühlsam und wohlwollend mit sich selbst umgehen, fühlen Sie sich automatisch besser und stärker – und trauen sich dann auch mehr zu.

Wie Sie innere Dialoge verändern

Der erste Schritt hin zu einem bestärkenden inneren Dialog besteht darin, die eigenen Gedanken einfach zu beobachten, ohne sie zu bewerten oder sich strikte »Denk-Verbote« zu verordnen. Wählen Sie dazu konkrete Situationen aus, machen Sie sich bewusst, was Sie in diesen Situationen denken und welche inneren Selbstgespräche Sie führen. Üben Sie sich darin, besonders auch beängstigende und entmutigende Gedanken wahrzunehmen, sich jedoch nicht von ihnen überwältigen zu lassen, sondern sie einfach nur zu betrachten. Auf dem Weg zum bestärkenden Selbstgespräch geht es zunächst vor allem darum, sich bestehende Gedankenmuster zu vergegenwärtigen und die Auslöser und Abfolgen der Gedanken genauer kennenzulernen.

In einem zweiten Schritt ordnen Sie Ihre Gedanken, sobald sie ins Bewusstsein dringen (»Aha, jetzt denke ich gerade …«) drei verschiedenen Kategorien zu:

- Unterstützend
- Beängstigend und entmutigend
- Neutral

Machen Sie sich Notizen dazu. Welche Gedanken tauchen mehrmals auf? Welche sogar häufig? Welche davon rufen angenehme, welche unangenehme Gefühle hervor?

Ziehen Sie negative Überzeugungen nachhaltig in Zweifel!

Betrachten Sie dann die Abteilung »beängstigende und entmutigende Gedanken« näher und hinterfragen Sie sie. Fragen Sie sich beispielsweise:

- Stimmt diese Einschätzung, die ich da habe wirklich?
- Wie wahrscheinlich ist meine Befürchtung?
- Woher glaube ich das so sicher zu wissen?
- Gibt es gegenteilige Einschätzungen? Welche?
- Habe ich vielleicht schon einmal genau das Gegenteil erlebt?

Notieren Sie sich alles, was hilft, beängstigende und entmutigende Gedanken zu entkräften. Während Sie alles zusammentragen, was diese negativen Gedanken relativiert, machen Sie sich immer wieder klar, was Sie alles schon geschafft haben, und vergegenwärtigen Sie sich Ihre Fähigkeiten und Talente (siehe Übung »Kompetenzenliste« auf Seite 95).

Wenn Sie die entmutigenden Gedanken durch konsequentes Hinterfragen und Relativieren so weit entkräftet haben, dass sie ihre Absolutheit verloren haben, dann überlegen Sie sich, was Sie in der entsprechenden Situation stattdessen zu sich selbst sagen könnten. Finden Sie Sätze, die Sie unterstützen, statt Sie zu schwächen.

Wo Sie bisher vielleicht zu sich selbst sagten: »Das geht bestimmt schief, ich brauche es eigentlich gar nicht erst zu probieren.« Sagen Sie jetzt etwas wie: »Ist dieser Weg der aussichtsreichste? Gibt es noch andere? Und wenn er der aussichtsreichste ist, was alles brauche ich dazu, um ihn gehen zu können? Wo finde ich diese Dinge?«

Wo Sie bisher der Meinung waren, Sie könnten das Bedrückende, das Sie erlebt haben, nie überwinden, greifen Sie nun auf diejenigen Kompetenzen und Ressourcen zurück, die Sie in der Vergangenheit in die Lage versetzt hatten, mit ähnlich schwierigen Situationen fertig zu werden und fragen sich, wie Sie dies in der aktuellen Krise einsetzen können.

Wichtig ist, dass Sie Verständnis für sich selbst haben, statt sich zu bedauern, und dass Sie sich auf das konzentrieren, womit Sie sich *ermutigen* können statt auf das, was Sie *entmutigt*.

Ein Tag nach dem anderen

Jedes gelöste Problem und jede genommene Hürde trägt dazu bei, Ihr Selbstvertrauen zu festigen. Fangen Sie klein an. Stellen Sie sich kleine, überschaubare Aufgaben, die Sie erfüllen können. Verschaffen Sie sich auf diese Weise immer wieder das gute Gefühl, erfolgreich gehandelt zu haben. Und wenn es zunächst nur darum geht, einen Tag nach dem anderen zu leben ohne in Verzweiflung zu versinken: Jeder gemeisterte Tag wird Sie stärken.

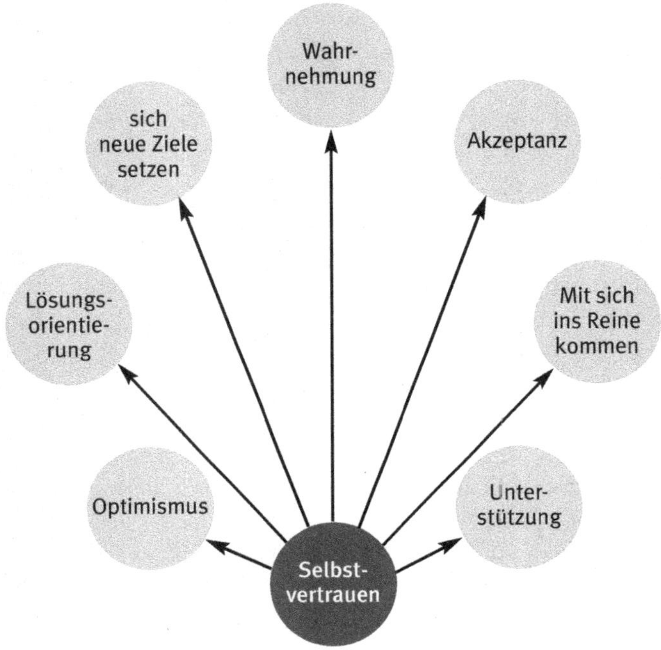

Ausblick

- Ein Zuwachs an Selbstvertrauen hat eine positive Wirkung auf alle anderen Stärken.
- Mehr Selbstvertrauen verändert die Wahrnehmung der Situation entscheidend und erleichtert es Ihnen, das Geschehen umfassend zu akzeptieren. Dies beeinflusst auch die Aufarbeitung positiv.
- Je mehr Selbstvertrauen Sie haben, umso leichter fällt es Ihnen auch, andere um Unterstützung zu bitten, Hoffnung zu entwickeln und Alternativen im Denken und Tun näher zu betrachten.
- Sie trauen sich dann auch eher zu, Lösungen zu finden und sich neue Ziele zu setzen.

Sechste Stärke: Optimismus entfalten

Optimismus ist mehr als positives Denken

Misserfolge, Rückschläge, Probleme und Konflikte – das alles gehört ebenso zum Leben wie Glück, Harmonie, Gelingen und Erfolge. In Krisenzeiten ist es entscheidend, ob wir unsere Lage eher unter optimistischen oder eher unter pessimistischen Vorzeichen betrachten. Dies bestimmt, welchen Weg wir einschlagen.

Optimisten und Pessimisten unterscheiden sich in ihren inneren Haltungen darin, wie sie sich, die Welt und die Dinge, die sie umgeben, ansehen und interpretieren. Optimisten wird oft nachgesagt, sie verschlössen die Augen vor der Realität oder sie sähen sich alles durch die rosarote Brille an. Pessimisten reklamieren für sich, eine »realistische« Weltsicht zu haben. Sie meinen, sie würden die Dinge so sehen, wie sie tatsächlich sind und jeder, der auch nur einen Funken Verstand hat und mit beiden Beinen auf dem Boden steht, müsse die gleiche Sichtweise haben.

So ist es aber nicht. Optimismus bedeutet keineswegs, aus der Realität auszusteigen. Optimisten verstehen es vielmehr, sich dem Geschehen sehr wohl zu stellen und die Dinge so zu sehen wie sie sind – dann aber trotz der Schwierigkeiten, die sie durchaus wahrnehmen, zuversichtlich zu sein und darauf zu vertrauen, dass die Lage sich wieder zum Besseren hin entwickeln wird.

Optimismus ist der Ausgangspunkt dafür, neue Wege gehen zu können. Wer in Pessimismus verharrt, sieht keinen Grund dafür, aktiv zu werden – »Bringt doch eh alles nichts«.

Ausdrücklich ist die Realität die Basis für den Optimisten, sich zu überlegen, welche Wege aus der schwierigen Situation heraus und zu guten Lösungen führen könnten. Optimisten wollen keine Luftschlösser bauen, sondern konkret ihre Lage verbessern und Chancen für sich nutzen. Dafür ist natürlich ein stabiles Selbstwertgefühl und Vertrauen in die eigenen Kompetenzen sehr förderlich (siehe Seite 86).

Optimismus kann man lernen

Krisen, Probleme und Konflikte können wir mit einer optimistischen Haltung leichter bewältigen als mit einer pessimistischen Einstellung. Auch wenn Sie nicht der geborene Optimist sind: Die grundlegenden Überzeugungen optimistischer Menschen können Sie sich aneignen; sie lassen sich trainieren. Der amerikanische Psychologe Martin Seligmann geht davon aus, dass Sie Ihre Einstellung ändern können, wenn Sie an den nachfolgenden vier Aspekten der optimistischen Ausrichtung arbeiten:

1. *Dauer:* Optimisten halten Krisen, Probleme und Rückschläge für vorübergehende Erscheinungen und glauben grundsätzlich, dass das Leben es gut mit ihnen meint. Für Pessimisten hingegen ist das Leben grundsätzlich ein Kampf oder ein Jammertal, während schöne Erlebnisse nur Ausnahmen darstellen.
2. *Auswirkung:* Optimisten verschönt ein kleiner Erfolg oder Lichtblick den ganzen Tag. Negative Dinge haben weniger Bedeutung: »Kommt eben mal vor«. Pes-

simisten verdirbt ein Fehler oder ein Misserfolg – selbst wenn er geringfügig ist – den ganzen Tag, während sie Gutes achselzuckend zur Kenntnis nehmen und sofort relativieren: »Das war Zufall«.

3. *Verantwortung:* Optimisten schreiben Erfolge dem eigenen Handeln zu, bei Misserfolgen sehen sie eher die Rolle aller Beteiligten. Für Pessimisten ist Erfolg entweder reines Glück oder dem Wirken anderer zuzuschreiben, während sie bei einem Misserfolg den Grund dafür bei sich selbst suchen: »Ich bin schuld«.
4. *Einfluss:* Optimisten glauben, dass sie Einfluss auf ein Geschehen nehmen können und überschätzen diesen Einfluss durchaus manchmal »Das kriege ich doch auch noch hin!«. Sie klopfen Probleme automatisch auf mögliche Lösungen hin ab. Pessimisten hingegen unterschätzen ihren Einfluss auf das Geschehen: »Ich kann doch eh nichts machen«. Und sie haben vor allem die Schwierigkeit einer Aufgabe im Blick.

Über die genannten Punkte hinaus sind Optimisten davon überzeugt, aus jedem Fehler, jedem Scheitern und jeder Krise etwas lernen zu können. Hingegen stellen sich Pessimisten kaum je die Frage nach dem möglichen Lerneffekt einer Situation.

Optimisten leben lieber und länger

Optimisten geben auch in schwierigen Lebenssituationen ihre Hoffnung und ihre Zuversicht nicht auf. Das ermöglicht es ihnen, selbst dann nach vorne zu blicken, wenn das Leben hart mit ihnen umgegangen ist – sei es durch eine schwere Krankheit, durch den Verlust eines geliebten Menschen oder durch andere Schicksalsschläge. Hoffnung und Zuversicht verleihen ihnen die

Kraft weiterzumachen statt entmutigt den Kopf hängen zu lassen.

Eine optimistische Lebenseinstellung schützt zudem vor den Auswirkungen von Stress, Frustrationen und anderen Belastungen im Alltag. Da Optimisten davon überzeugt sind, dass das Leben mehr Gutes als Schlechtes für sie bereit hält, können sie besser mit Enttäuschungen fertig werden, ärgern sich weniger und sind seltener deprimiert. Wissenschaftliche Studien belegen, dass Optimisten gesünder sind und länger leben als ihre pessimistischen Mitmenschen.

Optimistisches oder pessimistisches Gehirn?

Eine vom Neurowissenschaftler Prof. John Gabrieli geleitete Studie belegt, dass es möglich ist, optimistisch eingestellte Menschen von pessimistisch eingestellten anhand von Gehirn-Scans zu unterscheiden.

Einer Reihe von Probanden wurden Fotos von fröhlichen Menschen in verschiedenen Situationen gezeigt sowie Fotos von unglücklichen und verzweifelten Menschen in entsprechenden Szenen. Die Gehirne der optimistisch eingestellten Probanden reagierten stärker auf die Bilder mit den glücklichen Szenen als auf die negativen Bilder. Hingegen war bei den Pessimisten das Gehirn beim Betrachten der bedrückenden Bilder aktiver.

Ob die unterschiedliche Gehirnaktivität Ursache oder Folge der unterschiedlichen Einstellungen ist, ist bislang noch nicht erforscht. Prof. Gabrieli geht jedoch davon aus, dass dieses Wissen für die Behandlung von Depressionen nützlich sein könnte.

Natürlich sind auch Optimisten manchmal traurig, am Ende ihrer Kräfte, deprimiert, ängstlich oder verärgert. Sie zweifeln gelegentlich an sich selbst und sind sich ihrer Sache auch nicht immer sicher. Im Gegensatz zu den Pessimisten halten bei ihnen diese Phasen jedoch nicht lange an. Sie verharren nicht in Lethargie, wenn es ihnen nicht gut geht oder sie mit einer Situation konfrontiert sind, in der sie zunächst einmal nicht weiterwissen. Sobald sie sich vom ersten Schock halbwegs erholt haben, fangen sie an, das Leben wieder aktiv in die Hand zu nehmen und ihr Denken in eine lösungsorientierte Richtung umzulenken.

Verlangen Sie also nicht von sich, künftig *immer* optimistisch sein zu müssen. Gestehen Sie sich zu, ratlos, ängstlich, traurig, verletzt, verärgert oder verzweifelt sein zu dürfen. Diese Gefühle sind völlig normal – auch für einen Optimisten. Wichtig ist nur, sich davon nicht überwältigen und lähmen zu lassen.

Wie Sie pessimistische Denkmuster durchkreuzen

Wie alle seit langem bestehenden Angewohnheiten können wir auch pessimistische Denkmuster schwer ablegen. Doch Umdenken lohnt sich: Gelingt es, den inneren Miesepeter zu überzeugen und die negative Sicht der Dinge zu relativieren und schließlich zu überwinden, löst dies in der Regel einen Energieschub aus. Viele der Annahmen, die uns die Welt in düsteren Farben erscheinen lassen, sind einseitig, verzerren die Realität oder sind völlig unbegründet.

Es sind unsere Gedanken, unsere Einstellungen und Überzeugungen, die ausschlaggebend sind für das, was wir am häufigsten empfinden. Wenn wir uns ängstliche, deprimierende, ärgerliche oder resignierende Gedanken machen, dann müssen wir uns ängstlich, deprimiert, verärgert und resigniert fühlen – und dies färbt auf unser Tun und Lassen und unsere Entscheidungen ab und beeinflusst die Ergebnisse, die wir erzielen.

Pessimistische und Sie niederdrückende Gedanken machen Sie sich aber nicht, weil es Ihnen gefällt. Vielmehr scheinen Sie Ihnen wie von selbst in den Sinn zu kommen. Aber warum? – Dies folgt einem inneren Programm, also Denkmustern, die sich über lange Zeiträume hinweg entwickelt haben und bewirken, dass Sie so denken, wie Sie denken. Ihre Denkmuster befinden automatisch, ob das Glas halb voll oder halb leer ist, was richtig oder falsch, möglich oder unmöglich, gut oder schlecht, wichtig oder unwichtig, nützlich oder überflüssig ist, ob Sie sich glücklich oder unglücklich fühlen, sich entschlossen oder zögerlich verhalten usw.

Diese Muster haben sich zwar über die Jahre hinweg verfestigt, sind aber keineswegs unauflösbar. Unsere Denk- und Betrachtungsweisen sind nicht in Stein gemeißelt. Zwar kann man Erlerntes und Erfahrungen nicht ungeschehen machen, doch es ist möglich, bestehende Einstellungen und damit auch unsere Gefühlswelt zu verändern. Unsere Lernfähigkeit endet nicht nach unserer Kindheit oder im frühen Erwachsenenalter, sondern besteht unser Leben lang weiter.

Sie können Einstellungen also ändern – wenn Sie es wollen und eine Portion Geduld mitbringen. Je nachdem, wie pessimistisch Sie bisher eingestellt waren, können durchaus einige Wochen ins Land ziehen, ehe Sie deutliche Fortschritte an sich wahrnehmen können. Wenn Sie optimistisches Denken trainieren, werden Sie sich jedoch Schritt für Schritt vom pessimistischen Denken weg und auf das optimistische Denken zu bewegen. Ein erster Schritt dazu ist, bisher gepflegte negative Einstellungen und Bewertungen in Frage zu stellen.

Übung:
Pessimistische Bewertungen infrage stellen

Wählen Sie eine typische negative Einstellung aus, die Sie entmutigt und bewirkt, dass Sie sich hilflos und niedergeschlagen fühlen, beispielsweise die Auffassung: »Das was geschehen ist, wird nun mein ganzes Leben prägen. Ich werde nie mehr glücklich sein können.«

Stellen Sie sich dann dazu nacheinander die folgenden vier Leitfragen und notieren sich die Antworten. Das darf gerne auch ausführlich geschehen. Schreiben Sie spontan, was Ihnen zu den Fragen einfällt:

1. Beweise:
»Welche stichhaltigen Belege gibt es für diese Einschätzung?«

»Ist es eine reine Vermutung oder existieren überzeugende Anhaltspunkte dafür, dass es sich zwangsläufig so wie vorgestellt verhalten muss?«

»Was heißt überhaupt ›nie mehr glücklich‹, woran mache ich das fest?«

»Welche Beweise gibt es dafür, künftig ›nie mehr glücklich‹ zu sein?« usw.

2. Alternativen:
»Welche anderen Möglichkeiten könnte es geben, die ich bisher nicht in Betracht gezogen habe?«

3. Implikationen:
»Wenn es wirklich so ist, dass das Geschehene mein Leben prägen wird, welcher Schaden könnte bei einem Versuch, es trotzdem bewältigen zu wollen, schlimmstenfalls entstehen?«

4. Nutzen:
»Hilft mir diese pessimistische Einschätzung, bringt sie mich weiter?«

»Welchen Nutzen habe ich davon, sie beizubehalten?«

»Welchen Nutzen hätte ich andererseits davon, mich von dieser Einschätzung zu verabschieden?«

»Welche Einschätzung könnte nützlicher für meinen weiteren Weg sein?«

Antworten auf diese Fragen zu finden, stärkt die Zuversicht und führt oft zu der Entscheidung: »Na gut, dann probiere ich es einfach aus, meine Haltung zu verändern!«

In vielen Fällen können Sie durch dieses systematische Hinterfragen Einstellungen verändern – und damit aus dem Zustand des passiven Erleidens herauskommen. Klar ist aber auch, dass es vielleicht ein Aha-Erlebnis, aber keinen dauerhaften Wechsel von pessimistischen hin zu optimistischen Denkmustern auslöst, wenn Sie die Übung nur ein- oder zweimal durchführen. Hier gilt vielmehr: »Steter Tropfen höhlt den Stein.« Durch häufige und fortwährende innere Überzeugungsarbeit werden alte, pessimistische Denkweisen, die Sie sich irgendwann einmal angeeignet hatten, für Ihr Selbstverständnis immer unglaubwürdiger. Und dann sind Sie offen dafür neue Sichtweisen zu verinnerlichen.

Nach einiger Zeit des Übens werden Sie an einen Punkt kommen, an dem Ihnen zwar immer noch reflexartig in den Sinn kommt, was alles schiefgehen könnte – jedoch mit einem bedeutsamen Unterschied: Sie lassen sich durch Ihre mulmigen Gefühle nicht mehr davon abhalten, das zu tun, was Sie tun oder erreichen möchten. Sie sehen zwar mögliche Gefahren, wägen dann aber ab und überlegen, wie Sie ihnen begegnen können. Sie wagen es, zu handeln – und dabei ein gewisses Risiko in Kauf zu nehmen. Und genau das ist das Neue! Nicht vor einem Hindernis zu scheuen wie ein Pferd vor dem Wassergraben, sondern sich die Frage zu stellen: »*Wie* geht es jetzt weiter?« Je häufiger Sie negative Überzeugungen hinterfragen, neue Betrachtungsweisen zulassen und es wagen trotz der alten, wohl vertrauten Ängste zu handeln, desto nachhaltiger werden Sie auch pessimistische Denkmuster überwinden – mit entsprechend positiven Erfahrungen und Ergebnissen.

Wechseln Sie die Perspektive

Entscheidend bei jeder Krise ist die Sichtweise auf die Dinge, außerdem sind die Erklärungen und die Gründe wichtig, die Sie für Ihre Lage finden. Wenn Sie im Alltag trainieren, sich eher auf positive als auf negative Geschehnisse zu konzentrieren, hilft Ihnen dies auch bei der Bewältigung schwieriger Situationen.

Übung: Perspektivwechsel

Legen Sie sich ein Notizbuch dafür an und notieren Sie jeden Tag zwei Dinge:

1. eine Sache, über die Sie sich freuen können,
2. eine Sache, für die Sie dankbar sind.

Achten Sie dabei auf Vielfalt, bitte: Schreiben Sie nicht immer die gleichen Dinge auf sondern suchen Sie sich jedes Mal neue Gründe dafür, sich zu freuen und dankbar zu sein!

Lesen Sie sich am Wochenende das, was Sie im Verlauf der Woche notiert haben, noch einmal durch. Wählen aus den 14 Punkten die drei aus, die die stärksten positiven Gefühle in Ihnen hervorgerufen haben. Machen Sie sich diese drei Punkte noch einmal bewusst und erfreuen Sie sich an ihnen.

Wenn Sie die Übung zum Perspektivwechsel über einen längeren Zeitraum Tag für Tag durchführen, werden Sie bald bemerken, dass sich etwas tut: Zum einen werden Sie kleine Lichtblicke im Alltag viel bewusster wahrnehmen und zum anderen werden Sie anfangen, unwillkürlich Ausschau nach erfreulichen Dingen zu halten. Dies hilft dabei, den in einer Krise typischen Tunnelblick zu vermeiden, der uns die ganze Welt grau in grau sehen lässt, und ist eine gute Methode, Optimismus und Zuversicht zu wecken und wachsen zu lassen.

Auch hier ist es nicht damit getan, die Übung nur eine Woche lang zu machen. Damit Ihnen eine optimistische Sichtweise in Fleisch und Blut übergeht, trainieren Sie sie bitte über einen längeren Zeitraum.

Ein Tipp: Vielleicht kennen Sie jemanden, dem mehr Lichtblicke im Leben bzw. die Sicht darauf auch guttun würde. Verabreden Sie sich mit dieser Person, gleichzeitig mit der Übung zu beginnen. Dann können Sie sich über die Fortschritte austauschen. Das motiviert zum einen zum Dranbleiben. Zum anderen fördert das Erzählen über die Erfahrungen mit der Übung und dabei über die jeweils notierten Erlebnisse, für die Sie dankbar sind oder über die Sie sich freuen, die positive Wahrnehmung zusätzlich. Denn Sie nehmen sie durch das Gespräch mit der Freundin oder Schwester darüber zusätzlich in Ihren Blick.

Vertrauen Sie in Ihre Kraft

In Krisen haben wir weniger Energie als sonst, fühlen uns oft schlapp, müde und ausgelaugt. Wenn wir uns deswegen jetzt zusätzlich Sorgen machen, tun wir uns damit keinen Gefallen sondern verschlimmern das Ganze nur. Mit Gedanken wie beispielsweise »Wie soll ich das alles nur schaffen?«, »Was mache ich bloß, wenn das noch schlimmer wird?«, »Und was, ... wenn ich jetzt auch noch krank werde, ... wenn der Sanierungsplan nicht hinhaut?« rauben wir uns selbst wertvolle Energie. Wir fühlen unsere Reserven weiter schwinden – was natürlich auch die Befürchtungen weiter verstärkt, an unseren Kräften zehrt usw.

Durchbrechen Sie diesen unguten Kreislauf, indem Sie das, was ansteht, in überschaubare kleine Schritte unterteilen und sich dabei innerlich mit entsprechenden Gedanken stärken und unterstützen. Versichern Sie sich selbst, dass Sie gut für sich sorgen und genau so viel Kraft haben, wie Sie benötigen.

Wenn Sie sich dennoch überfordert fühlen, dann wählen Sie die Schritte kleiner, so klein, dass sie überschaubar sind und Sie ein Gefühl der Machbarkeit verspüren. Sagen Sie sich auch etwas wie »Ich habe die Kraft, die ich brauche.« Oder: »Meine Kraft reicht aus, den nächsten Schritt zu machen, und dann erst sehe ich weiter.«

Wenn Sie sich auf diese Weise in kleinen Schritten den Dingen, die zu tun sind, stellen, spüren Sie, dass es doch voran geht und Sie Ihren Befürchtungen nicht ausgeliefert sind. Sie lenken Ihre Energie weg von den Sorgen hin zum Machbaren und stärken dadurch auch Ihre Zuversicht.

Übung: Die Energie-Box

Die Energie-Box ist ein kleines persönliches Kraftreservoir, das Sie in Situationen stärken kann, in denen Sie sich deprimiert und mutlos fühlen. Für diese Energie-Box suchen Sie sich eine Schachtel oder ein Kästchen, etwa in der Größe eines Schuhkartons. Dort hinein legen Sie Gegenstände, die Sie mit Hoffnung und Zuversicht verbinden. Das können Postkarten sein, Sprichwörter, kleine Geschenke von Freunden oder Fotos – Dinge, die Sie mögen und mit denen Sie angenehme und Sie bestärkende Gefühle verbinden.

Die Energie-Box kommt zum Einsatz, wenn düstere Gedanken auftauchen und Sie Gefahr laufen, den Mut zu verlieren und an sich selbst und Ihren Fähigkeiten zu zweifeln. Nehmen Sie die einzelnen Dinge in die Hand und vergegenwärtigen Sie sich, was Sie damit verbinden. Spüren Sie all die guten Empfindungen, die Sie im Zusammenhang mit dem entsprechenden Gegenstand hatten und auch noch haben. Halten Sie inne und lassen Sie dies auf sich wirken. Nehmen Sie einen Gegenstand nach dem anderen in die Hand und seien Sie offen dafür, dass die positive Energie, die davon ausgeht, Sie stärken und Ihnen neue Kraft geben wird.

Ihre Energie-Box können Sie jederzeit ergänzen um weitere Gegenstände, zu denen Sie sich hingezogen fühlen und die Ihnen Gefühle von Freude und Zuversicht vermitteln. Halten Sie bewusst Ausschau nach solchen Dingen. Es ist niemand da, der Sie für Ihre Auswahl in irgendeiner Weise kritisiert. Es ist Ihre ganz persönliche Angelegenheit, was Ihnen Kraft und Zuversicht gibt und selbst, wenn das der erste Teddybär in Ihrer Kindheit war und sie ein Symbol dafür finden oder ihn selbst in die Box setzen, ist das völlig in Ordnung. Es *ist Ihre* Energie-Box und Sie sind niemandem dafür Rechenschaft schuldig. Also lassen Sie Ihrer Kreativität und Ihrer Phantasie freien Lauf. Es geht um die Dinge, von denen Sie *spüren*, dass sie eine positive Energie für Sie haben. Sie müssen nicht wissen, warum genau das so ist.

Angst vor Misserfolg lähmt – Optimismus beflügelt

Der Motivationsforscher J. W. Atkinson hat herausgefunden, dass man zwei Arten von Motivation unterscheiden kann: Es gibt Menschen, die in erster Linie von der Hoffnung auf Erfolg motiviert sind. Und es gibt Menschen, die von der Furcht vor Misserfolg angetrieben werden, von dem Bedürfnis, Fehler zu vermeiden.

Wem es in erster Linie um den Erfolg geht, der wird dafür auch etwas riskieren und offen dafür sein, verschiedene Wege auszuprobieren, um zu seinem Ziel zu gelangen. Rückschläge empfindet er zwar als ärgerlich, doch er nimmt sie um des angestrebten Zieles willen in Kauf und ist bereit, daraus zu lernen. Wer sich Fehler zugesteht, wird nicht nur viele Erfahrungen sammeln, sondern letztlich trotz eines gewissen Risikos eine gute Erfolgsquote haben.

Wer hingegen in erster Linie danach strebt, Misserfolge zu vermeiden, wird sich bemühen, möglichst vorsichtig zu handeln und Risiken aus dem Weg zu gehen, denn diese würden ja zwangsläufig die Gefahr von Misserfolgen erhöhen.

Jede Handlung will natürlich wohl überlegt sein. Aus dieser Warte scheint es oft das Sinnvollste zu sein, abzuwarten und nichts zu unternehmen, denn »wer nichts tut, der macht auch keine Fehler«. Diese Strategie geht jedoch oft nicht auf, denn Warten kann genauso zu Fehlern führen, weil man Chancen ungenutzt verstreichen lässt. Zudem werden sich bei solch einem übervorsichtigen Herangehen auch nur spärliche Erfolge einstellen – was nicht verwundert, denn die ganze Energie ist ja weniger darauf gerichtet, etwas Bestimmtes zu erreichen, sondern darauf, nichts falsch zu machen.

Aber kann Pessimismus denn nicht auch von Vorteil sein? Pessimisten sagen häufig, es helfe ihnen, immer das Schlechteste zu erwarten, denn dies würde sie vor schlechten Erfahrungen schützen. »Wenn ich nichts Positives erwarte, dann kann ich auch nicht enttäuscht werden« oder »Ich rechne immer mit dem Schlimmsten, dann erlebe ich auch keine bösen Überraschungen«. Kommen Ihnen solche Äußerungen bekannt vor? Scheint doch ganz vernünftig zu sein, oder?

Wer keine Hoffnung hat, geht in der Regel leer aus.

Natürlich können wir uns Enttäuschungen ersparen, wenn wir ohne positive Erwartungen an eine Sache herangehen. Allerdings berauben wir uns dadurch auch der Energie und Begeisterung, die optimistische Vorfreude mit sich bringt. Und: Wer keine Hoffnung hat, wer nichts erwartet, geht in der Regel leer aus.

Sich im Voraus auszumalen, was bei einem Vorhaben alles schief gehen könnte, schützt vor unangenehmen Überraschungen. Jedoch kann das mentale Vorwegnehmen eines Scheiterns auf unseren Körper und teilweise auch auf unsere Psyche die gleichen negativen Auswirkungen haben, als sei das, was wir uns da ausmalen, tatsächlich eingetreten. Wenn wir uns in der Fantasie in Angst versetzen, reagiert unser Körper mit deutlicher Anspannung. Ist es uns zur Gewohnheit geworden, stets mit dem Schlimmsten zu rechnen, haben wir ständig unterschwellig Angst und werden unfähig, uns Herausforderungen zu stellen.

Und schließlich gibt es das Phänomen der »self-fulfilling prophecy«: Was wir vorhersehen oder erwarten, was wir in Gedanken für wahrscheinlich halten, neigt dazu, Wirklichkeit zu werden. Denn bewusst und vor allem unbewusst verhalten wir uns dann so, dass unsere Annahmen sich auch erfüllen müssen.

Zu viel Vorannahmen können hinderlich sein. Würden wir im Voraus alle Probleme kennen, auf die wir tatsächlich stoßen, wenn wir ein Vorhaben verwirklichen, dann würden wir wohl die Finger davon lassen. Es hemmt unsere Tatkraft, wenn wir uns ausmalen, was alles schiefgehen kann oder welcher Kritik wir uns mit einer falschen Entscheidung aussetzen oder wie sehr wir uns blamieren könnten.

Hingegen beflügeln Optimismus und Zuversicht die Tatkraft und damit steigt die Wahrscheinlichkeit, ein Vorhaben erfolgreich zu realisieren. Natürlich ist dies keine Erfolgsgarantie. Jedoch stehen die Chancen viel besser, ans Ziel zu gelangen, wenn wir optimistisch und voller Selbstvertrauen sind, als wenn wir es in pessimistischer Manier angehen, nämlich halbherzig und mit der vermeintlichen Gewissheit, sowieso zu scheitern.

Der Placebo-Effekt

Ein eindeutiger Beleg für die Wirksamkeit optimistischen Denkens auf Körper und Psyche ist der Placebo-Effekt. Ein Placebo ist eine Tablette, die zwar wie ein echtes Medikament aussieht, aber nicht die entsprechenden Wirkstoffe enthält. Es gibt etliche Studien, die schlüssig nachweisen konnten, dass diese wirkstofflosen Medikamente ähnliche Heilkraft entfalteten wie die »echten«.

So berichteten beispielsweise Patienten, die glaubten, sie hätten ein schmerzstillendes Medikament eingenommen – was in Wahrheit jedoch nur ein Placebo war –, weniger oder keine Schmerzen mehr zu haben. In manchen dieser Fälle wirkte das Placebo genauso wie das Medikament. Der einzige Wirkstoff war jedoch die optimistische Erwartung der Patienten an die Wirksamkeit des Eingenommenen.

Wenn wir also fest davon überzeugt sind, ein bestimmtes Medikament werde uns von einer Krankheit genesen lassen, dann wird unser Körper mittels dieser Überzeugung seine Selbstheilungskräfte aktivieren und wir vergrößern damit unsere Chancen, tatsächlich wieder gesund zu werden. Dieses Prinzip lässt sich auf viele andere Dinge übertragen. Nicht zuletzt weisen Erkenntnisse aus der Psychoneurologie darauf hin, welchen starken Einfluss positiv oder negative Erwartungen auf die Arbeit unserer körpereigenen Regulationsmechanismen haben.

Wie Hoffnung und Optimismus sich ergänzen

Hoffnung ist ein wesentlicher Antrieb für jegliches Handeln. Während Optimismus der Glaube daran ist, dass sich die Dinge zum Besseren wenden werden, gründet sich Hoffnung darauf, dass wir selbst die Dinge verbessern können, wenn wir gezielt darauf hinarbeiten. Wir tun also vieles, weil wir uns etwas davon erhoffen. Nur wenn wir die Hoffnung haben, durch eigenes Bemühen eine Prüfung bestehen zu können, ist es sinnvoll, dafür zu lernen. Nur wenn wir hoffen, durch unsere Initiative einen neuen Job zu finden, werden wir Bewerbungen schreiben und zum Vorstellungsgespräch gehen. Nur wenn wir hoffen, dass es uns möglich ist, einen Weg aus der Krise zu finden, werden wir uns in Bewegung setzen, diesen Weg für uns zu entdecken. Ohne Hoffnung gibt es kein Weiterkommen.

Als Optimist sind Sie ganz allgemein zuversichtlich, dass sich die Dinge in Ihrem Sinne entwickeln werden und dass es Wege geben wird, Ihre aktuellen Probleme zu lösen. Wenn Sie eine Lösung für denkbar oder wahrscheinlich halten, sind Sie auch motiviert, sie ausfindig zu machen. Hoffnung zu haben heißt also, daran zu glauben, dass Ihr Handeln etwas bewirkt. Geben Sie hingegen die Hoffnung auf, dann fehlt Ihnen diese Voraussetzung und Sie streichen resigniert die Segel. Wer keine Chance für sich sieht, seine Situation zu verbessern, wird auch keinen Versuch unternehmen, nach Lösungen Ausschau zu halten. Je optimistischer Sie sind, desto leichter fällt es Ihnen, Hoffnung zu entwickeln und desto kreativer sind Sie auch. Wenn Sie offen für verschiedenste Lösungswege sind, kommen Ihnen auch rascher neue Ideen in den Sinn und Sie erkennen bisher noch nicht bedachte Möglichkeiten, die Ihnen helfen können, Krisen zu überwinden und Ziele zu erreichen.

Vieles deutet darauf hin, dass religiöse Menschen sich leichter damit tun, Optimismus und Zuversicht zu entwickeln. Aus den USA sowie England sind Untersuchungen bekannt, die einen positiven Zusammenhang zwischen Lebensglück und Religiosität nahe legen. Was nicht weiter verwunderlich ist, denn wer sich in einer Krise nicht nur auf sich selbst gestellt sieht, sondern eine höhere Macht an seiner Seite glaubt, fühlt sich gestärkt und unterstützt und entwickelt die Kraft, die es ermöglicht, auch düstere Zeiten zu überstehen.

Sehnsucht

Da wo ich herkomme,
war es dunkel all die Zeit
so, als laste Schnee
auf meinem Gesicht
dicht und schwer
und als bringe er
Atem und Kraft zum Erlöschen

Da wo ich herkomme,
war Eis und waren Mauern,
wenig Wärme nur erhellte die Tage
Es gab einen Apfelbaum
der niemals blühte
und das Leben schien
Überwintern zu sein
all die Zeit

Es gab einen Traum,
einen Traum – wie eine Flamme
heimlich flackernd in der Nacht
dem Erlöschen oft nah;
ein spärliches Licht
doch überhaupt ein Licht
zum Scheinen auf einen Pfad
weg von da

Dich gab es nur als Bild in mir
als Frage, als Sehnsucht
Du schienst ein Trugbild zu sein
verschwommen
und doch erahnbar
irgendwo da draußen

Da wo ich herkomme
war es dunkel all die Zeit
und ohne Traum
wäre es dunkel geblieben

Sigrid Engelbrecht

Die Hoffnung ist das wesentliche Element, das uns hilft, Krisen und Niederlagen zu verkraften und Durststrecken zu überwinden. Ohne Hoffnung stecken wir auf und können keinerlei Optimismus entwickeln.

Was ist es, was Ihnen Hoffnung geben kann? Welche Quellen der Hoffnung können Sie für sich erschließen? Ist es der Glaube? Sind es gute Erfahrungen aus der Vergangenheit? Sind es gute Freunde, auf die Sie sich verlassen können? Wer oder was bildet den Rückhalt, der Sie dazu befähigt, die Krise zu meistern? Was genau ist es, was Ihnen die Kraft geben kann, optimistisch in die Zukunft zu blicken?

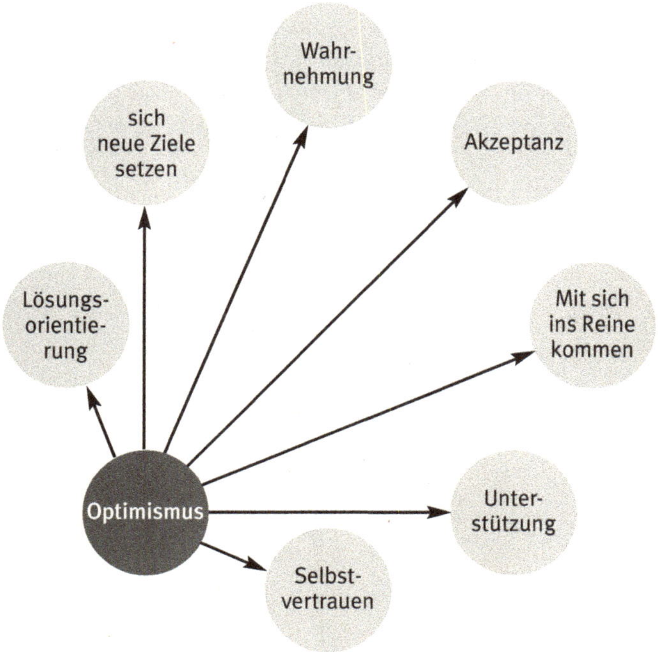

Ausblick

- Optimistisch zu sein verändert Ihre Wahrnehmung – Sie nehmen verstärkt die Chancen wahr, die eine Situation enthalten kann und Sie sind eher bereit, auch negative Aspekte oder Unabänderliches zu akzeptieren, wenn Sie optimistisch in die Zukunft sehen.
- Es fällt Ihnen leichter, mit sich ins Reine zu kommen und sich bei der Suche nach neuen Wegen unterstützen zu lassen, wenn Sie die Überzeugung haben, die Dinge können sich positiv entwickeln.
- Optimismus bestärkt Sie Ihrem Selbstvertrauen, indem Sie nicht nur der Entwicklung positiv entgegenblicken, sondern auch geneigt sind, Hoffnung zu entwickeln, das heißt, für Ihr Handeln und dessen Ergebnisse positive Voraussagen zu treffen.
- Eine optimistische Sicht der Dinge beflügelt Sie auch, Lösungen zu finden und sich neue Ziele zu setzen.

Siebte Stärke: Lösungen finden

Halten Sie Ausschau nach Chancen

Viele Auslöser für Krisen lassen sich weder vorhersehen noch verhindern. Wir können oft nicht beeinflussen, was mit uns geschieht, welche Schicksalsschläge uns treffen. Es ist keineswegs »alles machbar« und kontrollierbar. Es gibt immer wieder Situationen, in denen wir tatsächlich nicht steuern können. Wir können dann nur entscheiden, wie wir mit dem Geschehenen und dessen Folgen umgehen. Das ist unsere Option, nicht mehr und nicht weniger. Wir müssen zwar anerkennen, dass es Geschehnisse gibt, die sich unserer Kontrolle entziehen, müssen aber deswegen nicht resignieren, sondern können dennoch eine aktive Rolle übernehmen.

Wenn wir auch nur die geringste Chance in der Krise sehen, kann uns das Kraft und Mut geben. Welche potentiellen Lösungen gibt es für den Konflikt? Wie bekommen wir wieder Kontrolle über die Situation? Was könnten jetzt Ziele sein? Wie gehen wir mit dem Stress um, den diese Krise mit sich bringt?

Sie können Kraft und Zuversicht schöpfen, wenn Sie auch die Möglichkeiten in den Blick fassen, die erst durch diese Krise entstanden sind. Eine Krise in der Partnerschaft kann zur Konsequenz haben, die Situation zu klären und die Partnerschaft neu zu beleben. Eine Scheidung kann der Ausgangspunkt sein, einen neuen Partner zu finden, der besser zu Ihnen passt. Der Tod eines geliebten Menschen kann Sie dazu veranlassen, über Ihr eigenes Leben nachzudenken und vielleicht einiges an den Perspektiven für Ihr Leben zu ändern. Der Verlust des Arbeitsplatzes birgt auch die Möglichkeit in sich, einen neuen, vielleicht sogar einen interessanteren Arbeitsplatz zu finden. Ein schlechtes Geschäftsjahr im Unternehmen kann zur Chance dafür werden, die Firma zielgruppenorientierter aufzustellen. Nur: Sie müssen davon überzeugt sein, dass es Sinn macht, nach vorne zu denken, denn sonst packen Sie es nur halbherzig an oder probieren es gar nicht erst.

Hier können Sie natürlich wieder auf die Stärken Selbstvertrauen und Optimismus bauen, doch ist es nun auch besonders wichtig, offen zu sein für die Anregungen und Vorschläge anderer und dafür, sich auf neue Blickwinkel und Handlungsmöglichkeiten einzulassen. Wenn Sie im Moment keine Lösung sehen, muss das keineswegs heißen, dass es wirklich keine gibt.

Lassen Sie Neues zu

Veränderungen lösen Ängste aus. Gerade wenn wir ohnehin schon verstört sind, wollen wir doch eher Sicherheit im Gewohnten und Vertrauten finden, als uns auf weitere Ungewissheiten einzulassen. Wir neigen dann dazu, alles beim Alten zu lassen, auch wenn dies völlig unbefriedigend ist. Manchmal entwickeln wir so auch eine erstaunliche Frustrationstoleranz: Wir verharren lieber im Status Quo und ertragen da Leid und Hoffnungslosigkeit, als an unserem Denken und Verhalten etwas zu verändern. Wenn wir etwas Neues, Ungewohntes tun und damit auf die Nase fallen würden, könnte die Situation schließlich noch schlimmer werden … also tun wir doch lieber das, was wir immer getan haben, da kennen wir uns wenigstens aus.

Die Gewohnheiten und Überzeugungen, die wir im Laufe des Lebens erworben haben, sind für uns wichtig, denn sie haben uns bisher geholfen, uns im Leben zu orientieren und Entscheidungen zu treffen. Sie bieten uns die Sicherheit, nach der wir verlangen, machen das Leben oft bequemer und einfacher. Doch manchmal verengen sie auch unseren Horizont und schneiden uns von neuen Möglichkeiten ab, weil wir nicht daran glauben, dass es noch andere Wege geben könnte.

In einer Krisensituation ist es hinderlich, nur das, was wir schon kennen, wieder und wieder anzuwenden und uns davon die Lösung zu versprechen. Etwas anderes ist gefragt: ein Umdenken und die Bereitschaft, einen neuen Weg einzuschlagen und andere Strategien auszuprobieren, als die bisher geläufigen, Möglichkeiten sogar, von denen wir im Moment noch gar nicht wissen, dass es sie gibt.

Doch wie können wir zu diesen neuen Perspektiven gelangen? Dafür ist eine Analyse der Lage notwendig und die Offenheit, neue Betrachtungsweisen innerlich zuzulassen. In der Analyse werden wir uns über unsere bisherigen Denkweisen und unser gewohntes Handeln in ähnlichen Situationen klar – vor allem auch über die diesen zugrunde liegenden Überzeugungen. Wir überprüfen sie dann daraufhin, wie nützlich sie in der gegenwärtigen Situation sind.

Nehmen Sie sich hierfür Zeit und halten Sie die Ergebnisse Ihrer Reflexion schriftlich fest. Dies erleichtert es, einen Überblick zu bekommen.

Übung: Die Lage analysieren

Sie sind ratlos, wie es weitergehen soll. Sehen Sie einmal genauer hin. Versuchen Sie das Geschehen zu verstehen, zeichnen Sie seinen Ablauf nach.

Beantworten Sie dazu die folgenden Fragen von Punkt 1 bis Punkt 10 – am besten schriftlich.

1. In welcher Situation befinden Sie sich genau? Worum geht es und was erleben Sie als besonders belastend und schwierig daran? Was ist für Sie die größte Herausforderung? Versuchen Sie, den für Sie schwierigsten Aspekt in einem klaren und kurzen Satz zu formulieren.
2. Wie hätte es eigentlich laufen sollen? Was waren Ihre Erwartungen? Wie ist es dann tatsächlich gekommen?
3. Welche Rolle spielen Ihre Gefühle bei der Auseinandersetzung mit dem Geschehen? Welche Gefühle sind am stärksten? Wo spüren Sie sie in ihrem Körper? Wie ist das für Sie?
4. Denken Sie über Ihre Vergangenheit nach. Haben Sie früher bereits einmal eine ähnliche Krise durchlebt? Oder haben Sie andere schwierige Problemlagen bewältigt, schwierige Entscheidungen getroffen? Welche Erfahrungen haben Sie da gemacht? Welche der damaligen Strategien könnten Ihnen auch in der gegenwärtigen Situation nützlich sein? Was davon wird Sie vermutlich nicht weiter bringen?
5. Was haben Sie bisher unternommen, um die akute Situation zu meistern? Was war davon hilfreich und was nicht? Schreiben Sie alles auf, was Sie bisher unternommen haben und bewer-

ten Sie die Ergebnisse auf einer Skala von 1 (hat gar nichts gebracht) bis 10 (hat sehr geholfen).

6. Denken Sie an den Worst Case: Was wäre, wenn Sie die Krise nicht meistern könnten? Was würde sich dann in Ihrem Leben verändern, was würde dann schlimmstenfalls geschehen?
7. Denken Sie auch an den Best Case: Was wäre, wenn Sie die Krise gut bewältigen? Welche Auswirkungen hätte das auf Ihr Leben?
8. Sehen Sie Ihre Situation probeweise einmal aus der Sicht Anderer. Wie nehmen Freunde, Ihr Partner, Verwandte und Kollegen Ihre Lage wahr? Genauso problematisch wie Sie es tun? Was denken Sie, würde Ihr bester Freund, Ihre Arbeitskollegin usw. in dieser Situation tun? Schreiben Sie auf, was Sie vermuten. Durch diesen Perspektivwechsel können Sie herausfinden, welche Aspekte Ihre Situation noch haben und welche Möglichkeiten es geben kann, die Krise zu überwinden. Fragen Sie Ihnen nahe stehende Personen auch direkt.
9. Etliche Menschen haben ähnliche Krisen durchgestanden wie die, in der Sie sich momentan befinden. Was haben diese als hilfreich erlebt? Sprechen Sie mit diesbezüglich erfahrenen Menschen über Ihre Situation! Sammeln Sie Ideen und Anregungen, nutzen Sie auch Internetforen zum Erfahrungsaustausch und die Möglichkeiten, die Selbsthilfegruppen vor Ort bieten.
10. Stellen Sie sich vor, Sie befänden sich drei Jahre in der Zukunft und sie hätten die Krise überwunden: Was hat Ihnen geholfen, durch diese schwere Zeit hindurchzufinden?

Diese Übung verhilft dazu, mehr Klarheit über die Situation zu gewinnen. Sie beschäftigen sich intensiv mit vergangenen und jetzigen Erfahrungen und auch mit der bedrückenden Alternative, keine Lösung zu finden. Wenn Sie alle Fragen beantwortet haben, wissen Sie, welche Strategien aus dem Reservoir Ihrer Lebenserfahrung Sie in Ihrer Lage weiterbringen und welche nicht.

Wahrscheinlich haben Sie festgestellt, dass Sie an der einen oder anderen Stelle mit Ihrem Erfahrungswissen nicht weiterkommen. Sie müssen also aus Ihren Begrenzungen im Denken und Handeln ausbrechen und deshalb offen für andere Sichtweisen werden. Das bedeutet, sich einzugestehen, dass Ihre Sicht der Dinge nur *eine* mögliche Sicht ist und dass Ihre Lebenserfahrung keine Allgemeingültigkeit haben muss. Erst wenn Sie dies tatsächlich innerlich akzeptieren, gewinnen Sie neue Handlungsspielräume.

Insbesondere wenn Sie bei Punkt 5 überwiegend niedrige Werte haben, sollten Sie sich um alternative Herangehensweisen bemühen. Wenn Sie also erkannt haben, was alles nicht funktioniert: Probieren Sie etwas anderes!

Es gibt meist mehr als nur eine Möglichkeit

Wenn Sie beispielsweise davon überzeugt sind, dass Sie auf dem Arbeitsmarkt keine Chance haben, weil Sie schon über 50 sind, und deswegen innerlich resignieren, dann haben Sie tatsächlich keine Chance – und das weniger wegen der Lage auf dem Arbeitsmarkt, sondern weil Sie schon im Vorfeld aufgegeben haben.

Sagen Sie sich hingegen etwas wie: »Ich glaube zwar, dass ich keine Chance habe, doch dies ist eben nur meine persönliche Überzeugung. Es schadet aber nichts, wenn ich meine Fühler ausstrecke und schaue, ob ich jemanden finde, der in einer ähnlichen Situation war und der es trotzdem geschafft hat«.

Machen Sie sich bewusst, dass Sie nicht der Einzige sind, der sich in einer Krise bewähren und Lösungen finden muss. Bei der vierten Stärke (siehe Seite 76) ging es darum, sich Unterstützung zu suchen – nutzen Sie diese Stärke auch, indem Sie mit vertrauten Personen über Ihre Lage sprechen und sie ausdrücklich auffordern, zu beschreiben, was sie jetzt unternehmen würden. Betrachten Sie noch einmal die Punkte 7 und 8 aus der vorangegangenen Übung. Vielleicht fallen Ihnen noch weitere Personen ein, die sich genau da gut auskennen, wo Sie gerade nach Lösungen suchen. Sammeln Sie alle konkreten Ideen und Vorschläge. Sie sind dadurch ja nicht verpflichtet, etwas von dem zu tun, was andere Ihnen raten; Sie erweitern lediglich Ihren Ideenpool. Sie müssen einen Rat auch nicht eins zu eins übernehmen, sondern Sie können Teile davon ausprobieren, Sie können ihn abwandeln oder sich etwas Neues dazu ausdenken. Hauptsache ist, Sie geben dem Tipp überhaupt eine Chance.

Nutzen Sie die Erfahrungen anderer, um neue Wege für sich zu finden

Lesen Sie auch Biographien berühmter Persönlichkeiten, die aus ungünstigen Verhältnisse heraus ihren Weg fanden und ihn gingen, die an sich glaubten und trotz vieler Widrigkeiten und Krisen nicht klein bei gaben, sondern wahr machten, was als unmöglich galt. Auch hier können Sie Hinweise auf Lösungsmöglichkeiten finden, die Sie bisher nicht in Betracht gezogen haben.

Starke Vorbilder zu haben, die es schafften, Krisen zu bewältigen, spendet nicht nur Trost (»Ich bin gar nicht so alleine mit dem, was mir zugestoßen ist«) sondern ermutigt auch dazu, über alle Hindernisse hinweg Lösungswege zu finden. Es stärkt die Zuversicht, Menschen zu treffen, die in einer vergleichbaren Situation gewesen sind und Lösungen gefunden haben. »Wenn er dies geschafft hat, dann könnte es mir ja auch möglich sein.« Gibt es in Ihrem Freundes- oder Bekanntenkreis Menschen mit entsprechenden Erfahrungen? Nehmen Sie doch Kontakt auf!

Stärken Sie Ihre Entscheidungsfreude

Wer Lösungen finden will, kommt nicht umhin, sich entscheiden zu müssen. Eigentlich sind wir es ja gewohnt, Entscheidungen zu treffen. Im Grunde tun wir dies ständig. Jeder Schritt, den wir tun, wird von den Entscheidungen gelenkt, die wir vorher getroffen haben – bewusst oder unbewusst. Vieles entscheiden wir intuitiv, ohne weiter darüber nachzudenken oder Alternativen abzuwägen. Jedoch sind die wenigsten der Entscheidungen, die wir tagtäglich treffen, besonders schwerwiegend. Viele geschehen eher beiläufig und haben keine großen Auswirkungen. »Nehme ich einen Schirm mit oder nicht?«, »Kaufe ich den Kuli mit der blauen oder den mit der schwarzen Mine?« Von ganz anderem Kaliber sind Entscheidungen wie: »Wäre es nicht das Beste, mich scheiden zu lassen?«, »Will ich die Wohnung hier behalten oder in eine andere Stadt ziehen?«

Alle Entscheidungen, die gewichtigen wie auch die belanglosen, erfordern eine Positionierung: Wir müssen wissen, was wir wollen und was wir nicht wollen. Dies ist uns entweder bewusst oder wir wissen intuitiv, wo es lang gehen soll. Viele schwören dabei auf ihr »Bauchgefühl«, andere pochen auf Pro- und Kontra-Listen. Hier gibt es kein einfaches »Richtig« oder »Falsch«. Beides hat seine Berechtigung. Manchmal ist es gut, sorgfältig abzuwägen, manchmal führt uns die Intuition zu einer passenden Lösung.

Eine gute Möglichkeit ist eine Kombination aus beidem: Zunächst das Pro und Kontra erörtern und die verschiedenen Aspekte, die zu beachten sind, zusammentragen und dann der Intuition Raum geben. Oder erst die Intuition sprechen lassen und die Entscheidung dann mit Pro und Kontra auf Herz und Nieren prüfen.

Entscheidungen wollen überlegt sein

Entscheidungen beinhalten meist ein Wagnis – und wir haben insbesondere in einer Krise Angst, etwas Falsches zu tun. Zu lange zu zögern kann ebenso kontraproduktiv sein, wie aus dem Gefühl heraus, die gegenwärtige Situation auf keinen Fall länger ertragen zu können überstürzte Entscheidungen zu treffen,

Bei Hals-über-Kopf-Entscheidungen werden mögliche Nebeneffekte und die langfristigen Auswirkungen nicht berücksichtigt, so dass wir später gezwungen sind, die Folgen solcher Schnellschüsse wieder zu korrigieren. Das kann die Entscheidungsfreudigkeit hemmen.

Gar keine Entscheidung zu treffen ist ebenfalls nicht der Weisheit letzter Schluss. Auch dies beinhaltet ja bereits eine Entscheidung: nämlich die, abzuwarten, bis sich irgend etwas tut, was an der Lage etwas ändert, ohne dass wir die Verantwortung dafür übernehmen müssen. Nun gut, dann entscheiden andere – und wir müssen mit den Konsequenzen daraus zurechtkommen, die durchaus auch gegen unsere Interessen gerichtet sein können. Andere entscheiden lassen ist also keine Lösung. Was also tun?

Selbst dann, wenn Sie noch keine Ahnung haben, wie Ihr Weg aus der Krise aussehen könnte, können Sie bereits zwei wesentliche Dinge entscheiden:

1. Sie können grundsätzlich entscheiden, alle Ihre Entscheidungen eigenverantwortlich zu treffen.
2. Sie können entscheiden, den richtigen Zeitpunkt für künftige Entscheidungen jeweils selbst zu bestimmen, sich also weder drängen noch bremsen zu lassen.

Übung: Verantwortung übernehmen

- Nehmen Sie ein Blatt und schreiben Sie alle Sätze auf, die Sie häufig verwenden und die mit »Ich *muss* …« anfangen.
- Formulieren Sie dann jeden dieser Sätze um: Nun soll jeder Satz mit »Ich *will*« anfangen.

Wie fühlt sich das an?
Vielleicht spüren Sie schon beim Niederschreiben der Ich-will-Sätze, welcher Ihnen leicht fällt und bei welchem sich Ihnen die Haare sträuben; das kann Ihnen bereits Impulse für eine Änderung der Situation geben.

Es ist Ihr Leben und Ihre Verantwortung und Sie sind es, der anschließend mit den Konsequenzen der Entscheidung leben wird. Auch wenn Sie beschließen, weiter abzuwarten, ist das eine eigenverantwortliche Entscheidung. Sich dieser Verantwortlichkeit bewusst zu sein, bestimmt grundsätzlich Ihr Leben. Denn ein Leben, in dem nur andere oder die Umstände die Entscheidungen treffen, hätte zwar den vermeintlichen Vorteil, sich für nichts verantwortlich fühlen zu müssen, würde aber Ihren Handlungsspielraum drastisch einschränken. Lassen Sie es nicht dazu kommen, Ihr Leben später in der Passivform darstellen zu müssen: »dann war ich gezwungen …«, »ich musste …«, »man entschied, dass ich …«, »man schickte mich …«.

Übung: Klarheit und Entschlusskraft stärken

Sie brauchen drei Blatt Papier, außerdem ein wenig Zeit und Ruhe.

- Das erste Blatt bekommt die Überschrift »Worum es mir geht.« Schreiben Sie hier all das auf, was Sie an ihrer jetzigen Situation belastet oder bedrückt.
- Auf das zweite Blatt kommt die Überschrift: »Warum dies anders werden soll«. Hier schreiben Sie alles auf, was dafür spricht, das, was Sie stört, belastet oder bedrückt, auf jeden Fall zu ändern.
- Das dritte Blatt versehen Sie mit der Überschrift: »Warum das so bleiben soll«. Hier notieren Sie alle Gründe, die dafür sprechen, den Status quo aufrecht zu erhalten.

Für einige Aspekte Ihrer Situation werden sich vielleicht die Gründe für und gegen eine Veränderung die Waage halten. Denken Sie hier in Ruhe nach und wägen Sie ab, ob die Nachteile der gegenwärtigen Situation oder Ihre Gründe gegen eine Veränderung schwerer wiegen. Prüfen Sie genau, was es für Sie bedeutet, die jetzige Situation unverändert zu lassen, und was es bedeuten könnte, sie anzugehen. Oft hilft es hier, das »Bauchgefühl« zu befragen. Alles, was Sie nicht verändern wollen, sollten Sie beschließen, ab sofort zu akzeptieren. Aus dem, was Sie aus guten Gründen verändern wollen, können Sie konkrete Ziele entwickeln.

Und dann: Entscheiden Sie!

Angst vor Entscheidungen zu haben, hat viel mit einschränkenden Überzeugungen zu tun: »Ich habe zu wenig Erfahrung, um jetzt eine gute Entscheidung zu treffen.«, »Was ist, wenn ich erkennen muss, dass meine Entscheidung in eine Sackgasse geführt hat und das vielleicht dann auch andere betrifft? Damit könnte ich nicht leben.«, »Ich traue mich nicht, mich so zu entscheiden, wie es wirklich für mich das Beste wäre – das kann ich den anderen nicht antun.«, »Was ist, wenn ich etwas übersehen habe? Wenn es schief geht?«.

Wenn Sie sich fürchten, eine Entscheidung zu treffen, ist es wichtig, zunächst alle Alternativen konsequent zu Ende zu denken. Was alles an der Situation könnte sich durch die Entscheidung zum Besseren hin verändern? Was hingegen müssten Sie in Kauf nehmen? Hier sind die Pro- und Kontra-Listen sehr sinnvoll, da sie die Vor- und Nachteile der einzelnen Handlungsoptionen klar vor Augen führen. Wichtig ist dabei, den Gedanken an eine möglicherweise falsche Entscheidung nicht zu verdrängen, sondern ebenso konsequent zu Ende zu denken: »Was bedeutet es letztlich, sollte sich herausstellen, dass ich mich falsch entschieden habe? Welche Auswirkungen hätte dies? Was könnte ich dann tun? Was muss ich noch wissen, bevor ich mich entscheide?« Reflektieren Sie Ihr Problem gründlich und notieren Sie alle Lösungsansätze, die Ihnen in den Sinn kommen. Schreiben Sie jeden Gedanken auf, ohne schon beim Schreiben zu werten oder gleich eine Rangfolge aufstellen zu wollen. Erst wenn Sie alle Einfälle gesammelt haben, wägen Sie ab und treffen diejenige Entscheidung, welche Ihnen als die beste erscheint.

Dieser Prozess kann eine Weile dauern, lassen sie sich Zeit. Sprechen Sie mit Freunden und Bekannten, denen Sie vertrauen und die eine lösungsorientierte Grundeinstellung haben. Optimistische Menschen können Sie bei Ihrer Entscheidungsfindung unterstützen und Ihnen so aus der Krise helfen. Auch aufbauende Literatur oder Seminare, die Lösungsansätze skizzieren, können Ihnen wichtige Impulse vermitteln.

Vertagen Sie Entscheidungen nicht zu lange, lassen Sie sich aber auch nicht dazu nötigen, wenn Sie noch nicht so weit sind. Sie selbst bestimmen den für Sie stimmigen Zeitpunkt. Bedenken Sie dabei auch, dass Sie für eine Entscheidung niemals wirklich *alle* notwendigen Fakten zusammentragen können. Beenden Sie den Entscheidungsprozess, sobald Sie eine Lösung gefunden haben, die Ihren wesentlichen Ansprüchen an eine gute Lösung genügt. Nachdem Sie alle Optionen sorgfältig abgewogen und auch Ihr Bauchgefühl einbezogen haben, gibt es keinen Grund für längeres Zaudern mehr: Entscheiden Sie!

Entscheidungen müssen nicht perfekt sein, sondern zu zufriedenstellenden Lösungen führen.

Bei der Lösungsorientierung geht es nicht um Perfektion. Wer immer weiter nach einer noch besseren Lösung sucht, wird irgendwann unzufrieden, verwirrt und pessimistisch – und die Luft ist raus. Es bleibt keine Kraft mehr für die Umsetzung. Kluge Entscheidungen müssen nicht perfekt sein, sondern lediglich zu realisierbaren und zufrieden stellenden Lösungen führen. Sobald die Entscheidung steht, gilt also die Maxime: Blicken Sie konsequent nach vorn und gehen sie in die Richtung, für die Sie sich entschieden haben!

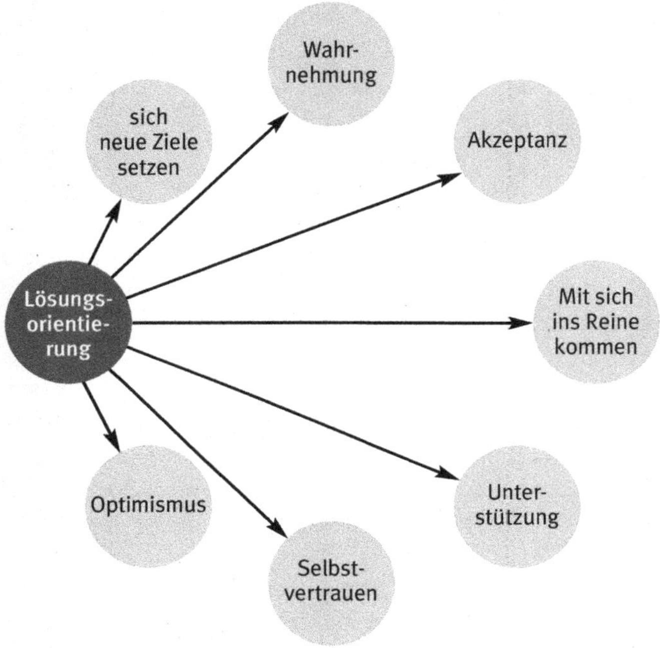

Ausblick

- Wenn Sie sich Lösungen suchen, sind Sie auf dem besten Weg, sich neue Ziele setzen zu können. Zudem werden alle anderen Stärken weiter positiv beeinflusst.
- Optimismus und Selbstvertrauen wachsen mit, wenn Sie daran gehen, Ihre Situation positiv zu verändern.
- Sie erhalten Unterstützung, indem Sie andere zu deren eigenen Lösungsstrategien befragen.
- Ihr Selbstbild verändert sich entsprechend: Sie nehmen sich selbst als lösungsorientiert handelnd wahr.
- Die Wahrnehmung der Situation ist verändert: Ideen, die Sie entwickelt haben und Entscheidungen, die Sie jetzt treffen, führen zu einer positiveren Einschätzung.

Achte Stärke: Sich neue Ziele setzen

Das Vergangene hinter sich lassen

Wenn Sie bei diesem Kapitel angekommen sind, haben Sie auf dem Weg der Krisenbewältigung bereits eine weite Strecke hinter sich. Sie haben sich dem Geschehen gestellt, das, was Sie in die Krise geführt hat, analysiert und akzeptiert und Ihren Frieden mit sich selbst gemacht. Diese ersten Schritte haben Ihnen den Umgang mit der neuen Situation ein gutes Stück erleichtert. Sie haben sich Unterstützung gesucht und Verschiedenes dafür getan, Ihr Selbstvertrauen zu vertiefen und Optimismus zu entwickeln. Die Weichen in Richtung Lösung zu stellen und damit Ihre Entschlusskraft zu stärken waren schließlich wichtige Voraussetzungen dafür, dass Sie sich nun neue Ziele setzen können.

Vielleicht sind durch das, was die Krise ausgelöst hat – eine Trennung, der Tod eines lieben Menschen, ein Unfall, eine schwere Erkrankung oder was auch immer es war –, bestimmte Türen zugefallen, die auch nicht mehr aufgehen werden. Vielleicht müssen Sie künftig mit körperlichen Handicaps leben und können dadurch bestimmte Dinge nicht mehr tun. Vielleicht müssen Sie eine spezielle Diät einhalten oder sich von jahrzehntelangen Genussgewohnheiten verabschieden. Es kann auch sein, dass Sie nach einer Scheidung mit materiellen Verlusten fertig werden müssen und von einem komfortablen Haus in eine Zweizimmerwohnung umziehen. Einschränkungen können viele Gesichter haben. Wichtig dabei ist, sich nicht auf die Verluste zu konzentrieren, sondern sich auf das, was Ihnen geblieben ist – und sich von dieser Basis aus neue Möglichkeiten zu erschließen.

Wer viel verloren hat, sieht das Leben aus einer anderen Sicht. Dies muss nicht heißen, das Heute als armseligen Rest eines glücklichen Gestern anzusehen. Bei der Entwicklung einer neuen Sichtweise hilft auch die Kunst des Relativierens, sich also zu vergegenwärtigen, dass es durchaus noch schlimmer hätte kommen können. Wenn Sie die Chance in der Krise sehen, können Sie erkennen, was Ihnen im Leben wirklich wichtig und was alles zweitrangig oder auch ganz verzichtbar ist.

Setzen Sie einen symbolischen Schlusspunkt

Etwas abzuschließen und hinter sich zu lassen, macht den Kopf frei für neue Gedanken und neue Ziele. Wenn wir uns von Vergangenem, von Vorstellungen, Plänen und auch Illusionen verabschieden, arrangieren wir uns damit, dass wir etwas nicht bekommen, was wir uns gewünscht oder was wir erwartet hatten. Krisen sind letztlich notwendige Wachstumsschritte, eine Art innerliche Häutung. Indem wir sie durchleben, wird uns deutlich, inwieweit unsere bisherige Orientierung nicht mehr trägt. Manch eine Veränderung, die längst überfällig war, wird erst möglich, nachdem eine Lebenskrise ihr den Weg gebahnt hat. Viele Menschen haben erfahren, dass nach einer bewältigten Krise ein neues Leben anfängt. Sie fühlen sich verändert, sensibler, gereifter, vielleicht auch bereichert um die Erfahrung der eigenen Verletzlichkeit.

Trennen Sie sich mit einem kleinen Ritual symbolisch von dem, was vor der Krise gewesen ist. Verneigen Sie sich zum Abschied bewusst vor diesem Teil Ihres Lebens und sagen Sie etwas dazu wie: »Es darf vorbei sein. Ich würdige alles, was schön war und entlasse es in den Frieden alles Gewesenen. Ich bin nun frei für das, was heute, was morgen und was in der Zukunft auf mich wartet.«

Vielleicht verfassen Sie auch einen Brief, in dem Sie sich von dem, was mit der Krise verbunden war, verabschieden. Schreiben Sie sich alles von der Seele, was noch zu sagen oder tun gewesen wäre, was aber, aus welchem Grund auch immer, nicht mehr möglich war. Nehmen Sie sich Zeit dafür und lassen Sie dabei auch Gefühle zu, die beim Schreiben vielleicht aufsteigen: Schmerz, Tränen, Wut, was immer auch kommen mag. Wenn Sie fertig sind, nehmen Sie den Brief und verbrennen Sie ihn. Sagen Sie sich dabei, dass Sie das Gewesene freigeben und loslassen und betrachten Sie, wie das Papier in Flammen aufgeht und der Rauch fortweht. Sie können diesen Abschiedsprozess auch gut mit folgender Atemübung unterstützen:

Atemübung zum Abschied nehmen

Abschied nehmen können wir uns als einen Prozess vorstellen, der vier Phasen durchläuft. Diese Phasen können wir gut mit unserem natürlichen Atemzyklus verbinden:

- Akzeptieren, es ist wie es ist – *kurz Luft anhalten, eingeatmet bleiben*

- Abschied nehmen, Gewesenes gehen lassen – *ausatmen*
- Gefühle zulassen – *kurz ausgeatmet bleiben*
- Neue Energie gewinnen – *einatmen*

und dann wieder:

- Akzeptieren, es ist wie es ist – *kurz eingeatmet bleiben*
- Abschied, Gewesenes gehen lassen – *ausatmen* usw.

Konzentrieren Sie sich auf den Atem in all seinen Phasen. Sagen Sie sich, dass Sie mit jedem Atemzyklus das Gewesene weiter ziehen lassen und immer zuversichtlicher das Neue in Ihrem Leben begrüßen können. Fühlen Sie intensiv die Erleichterung des Ausatmens und ebenso intensiv die Kraft des Einatmens. Würdigen Sie auch die Zwischenphasen, das Akzeptieren, das Zulassen von Gefühlen.

Wiederholen Sie die Übung täglich, jeweils etwa 5 bis 8 Atemzyklen hintereinander. Dabei kommt es weniger auf die Anzahl der Atemzyklen an, sondern vielmehr auf die Konzentration und das Vorstellungsvermögen.

Manchmal dauert es eine Weile bis uns die Nachwirkungen eines schmerzhaften Ereignisses endlich verlassen haben. Doch mit der Zeit wird der Schmerz immer mehr verblassen, und die Freude über die neu gewonnene Freiheit wird größer.

Zukunftsgedanken

In der heißen Phase der Krise hatten Sie sich darauf konzentriert, erst einmal nur Tag für Tag weiter zu leben, Lösungen für auftretende Schwierigkeiten zu finden und den Kopf oben zu behalten. Nun, nachdem Sie Abstand gewonnen und sich mit dem Geschehen einigermaßen arrangiert haben, geht es darum, sich Gedanken um Ihre weitere Zukunft zu machen. Dazu gehört, sich Ziele zu setzen, die erreichbar, aber durchaus auch anspruchsvoll sein sollten. Fragen Sie sich, was Sie nun von Ihrem Leben erwarten und was Ihnen wichtig ist.

Schauen Sie auf der Basis dessen, was jetzt ist, in die Zukunft. Wie ist Ihre Situation gegenwärtig? Was würden Sie sich für sich selbst wünschen? Was könnte dann in einem Jahr sein? In drei Jahren? Welche Probleme sollten bis dahin gelöst sein, welche Ideen und Träume Gestalt angenommen haben? Bei der Analyse-Übung hatten Sie schon mal in die Zukunft geschaut. Unternehmen Sie jetzt eine weitere gedankliche Zukunftsreise. Sie hilft Ihnen dabei, diese Fragen zu beantworten.

Übung: Zukunftsreise

- Stellen Sie sicher, etwa eine halbe Stunde ungestört zu sein und legen Sie Stift und Papier oder ein Notizbuch bereit.
- Setzen oder legen Sie sich hin und schließen Sie die Augen. Entspannen Sie sich und machen Sie einige tiefe Atemzüge.
- Stellen Sie sich dann vor, es ist der gleiche Tag wie heute, aber drei Jahre später. Vergegenwärtigen Sie sich, wie alt Sie und die für Sie wichtigen Menschen um Sie herum dann sind.

- Halten Sie die Augen weiter geschlossen und beschreiben Sie Ihre Umgebung. Wo befinden Sie sich? Wie sind Sie gekleidet? Wie ist das Wetter? Wer ist bei Ihnen? Was tun Sie gerade? Was beschäftigt Sie an diesem Tag in Ihrer Zukunft? Es geht nicht darum, sich etwas auszudenken, sondern Sie sollen einfach beobachten und wahrnehmen, was Ihnen in den Kopf kommt.
- Wenn Sie die Szene vollständig wahrgenommen haben, kehren Sie in die Gegenwart zurück. Schreiben Sie nun auf, was Sie beobachtet, getan, gedacht, gefühlt haben.

Vorsicht! Vielleicht befürchten Sie unterschwellig, die Zukunft könnte etwas anderes bringen als das Erhoffte und reisen so »mit Vorbehalt«. Dann gelingt es Ihnen nicht, sich anschaulich in Ihre Zukunft zu versetzen, sondern Sie sehen sozusagen nur ein Foto davon. Damit wird ein Signal an Ihr Unbewusstes gefunkt: »Nicht ernst zu nehmen«. Lassen Sie sich daher nicht irritieren, wenn Sie nicht auf Anhieb konkrete Eindrücke wahrnehmen. Diese Übung leitet trotzdem einen inneren Suchprozess ein, der auch im Alltag weiter wirkt. So kann es gut sein, dass die Zukunftsbilder in den nächsten Tagen oder Wochen spontan auftauchen, möglicherweise während einer ganz banalen Tätigkeit.

Führen Sie daher in der Zeit nach Ihrer mentalen Reise stets Notizblock und Stift mit sich, um auftauchende Bilder, Ideen und Vorstellungen sofort aufschreiben zu können.

Tipp: Wenn Sie mögen, wiederholen Sie Ihre mentale Reise einige Male. Wahrscheinlich gewinnen Ihre inneren Bilder dann an Prägnanz oder Sie entdecken dabei auch neue Aspekte der vorgestellten Situation.

Sie *dürfen* sich Gedanken um Ihre Zukunft machen – auch wenn die Erinnerung an das, was geschehen ist, noch schmerzt. Sie begehen damit keinen Verrat. Sie sind deswegen auch keineswegs oberflächlich und Sie verdrängen auch nichts. Sich den Gedanken an Ihr künftiges Leben zu widmen und neue Pläne zu machen, ist auch alles andere als hektischer Aktionismus, der nur den Schmerz betäuben soll. Es ist niemandem damit geholfen, wenn Sie am Vergangenen festhalten und das Leben an sich vorbeiziehen lassen.

Auf Ihrer mentalen Zukunftsreise sind wahrscheinlich einige Bilder, Vorstellungen, Wünsche und Ideen aufgetaucht zu der Frage, wie Ihr Leben in drei Jahren aussehen könnte. Diese Eindrücke gilt es nun weiter zu vertiefen. Dabei ist es sehr von Vorteil, die Vorstellungen und später auch die Ziele, die Sie daraus entwickeln, stets schriftlich festzuhalten.

So wird aus den Vorstellungen, die bislang nur in Ihrem Kopf existierten, etwas Konkretes, Verbindliches.

Übung: Ideen finden

- Reservieren Sie sich wieder etwa eine halbe Stunde Zeit, in der Sie ungestört sind und nehmen Sie einen Stift und einen Stapel Karteikärtchen (etwa in halber Postkartengröße) oder kleine Zettel zur Hand.
- Vergegenwärtigen Sie sich Ihre Zukunftsreise

und schreiben Sie dann einfach drauflos. Was haben Sie gesehen? Welche Ideen haben Sie dazu? Für jeden Gedanken nehmen Sie ein neues Kärtchen.

- Wenn der Gedankenstrom dünner wird und Ihnen spontan nichts mehr einfällt, dann befragen Sie sich weiter: Wie will ich künftig leben? Was soll sich ändern? Was soll im Mittelpunkt stehen?
- Schreiben Sie jeden Einfall, jeden Gedankenblitz auf ein eigenes Kärtchen.
- Nach der halben Stunde hören Sie auf, verwahren Ihre Kärtchen und entspannen sich.
- An den folgenden Tagen sollten Sie immer ein paar leere Kärtchen in der Tasche haben. Der »innere Suchprozess« ist in Gang gekommen und Ihnen werden weitere Ideen in den Sinn kommen. Schreiben Sie diese dann nach Möglichkeit gleich auf. Nach etwa einer Woche werden Sie den Eindruck gewinnen, nun seien alle wesentlichen Punkte erkannt und notiert.
- Wahrscheinlich haben Sie nun einen ganzen Stapel Kärtchen vor sich liegen. Sie können natürlich nicht alles auf einmal in Angriff nehmen. Daher ist es der nächste Schritt, eine Entscheidung zu treffen, womit Sie beginnen wollen.
- Nehmen Sie sich wieder etwas Zeit und bringen Sie Ihre Kärtchen in eine Reihenfolge: Oben liegt die Zukunftsvorstellung, die in Ihnen die größte positive Resonanz auslöst und die Sie gleichzeitig auch als realisierbar einschätzen, dann folgt die zweite, die dritte … bis ganz hinten die Kärtchen kommen, die Sie entweder – aus welchem Grund auch immer – für unreali-

sierbar halten oder die im Verhältnis zu den Inhalten auf den anderen Kärtchen nur relativ schwache Resonanz in Ihnen auslösen.

- Wählen Sie nun die vier oder fünf obersten Kärtchen aus. Die Ideen und Vorstellungen, die darauf stehen, sollten sich natürlich nicht gegenseitig in der Realisierung ausschließen. Sollte dem so sein, dann wählen Sie jeweils die Option aus, die Ihnen vom Gefühl her besser liegt.

Aus Vorstellungen Ziele machen

Ziele wirken wie Wegweiser in unserem Leben: Sie geben Klarheit bei Entscheidungen und helfen, Prioritäten zu setzen. Sie zeigen in Konfliktsituationen auf, in welche Richtung wir uns bewegen sollten.

Die Kärtchen enthalten Ideen. Um daraus Ziele zu formulieren, die umsetzbar sind und als Wegweiser funktionieren, beherzigen Sie bitte die folgenden Hinweise.

Beschreiben Sie zunächst die jeweilige Vorstellung auf Ihren ausgewählten Kärtchen so konkret und anschaulich wie möglich. Überlegen Sie dann, wie bedeutsam die angestrebte Veränderung für Sie ist. Messen Sie Ihre Einschätzung auf einer Skala von 1 bis 10:

1 bedeutet soviel wie »das ist mir eigentlich doch nicht so wichtig«,

10 heißt »das ist ein besonders wichtiges Anliegen«.

Bei dieser Einschätzung verlassen Sie sich ganz auf Ihr Gefühl. Die ausgewählten Kärtchen sollten einen Wert erreichen, der über 7 liegt, sonst sind Sie zu wenig motiviert und entwickeln nicht den langen Atem, der möglicherweise notwendig ist, Ihr Ziel auch umzusetzen.

Sobald Sie den Eindruck haben, dass Sie Ihre Zukunftsvorstellungen nach diesen Maßgaben erfasst haben, dann geht es darum, die richtigen Worte dafür zu finden. Prüfen Sie, ob die Formulierung Ihrer Zielsetzungen die folgenden Voraussetzungen erfüllt:

1. *Das Ziel soll positiv formuliert sein.*
   Sie legen dar, was Sie erreichen wollen statt zu schreiben, was Sie nicht oder nicht mehr wollen.

2. *Das Ziel soll für Sie erreichbar sein.*
   Steigen Sie dabei eher klein ein, statt das Ziel zu hoch zu stecken. Ihr Ziel sollte auch nicht daran geknüpft sein, dass jemand anderes sich oder sein Verhalten ändern muss.

3. *Das Ziel soll messbar sein.*
   Dazu fragen Sie sich, woran Sie erkennen, dass Sie Ihrem Ziel näher kommen, bzw. was gegeben sein muss, damit Sie sagen können: »Ja, jetzt habe ich es erreicht.«

4. *Das Ziel soll mit einem Zeitlimit für die Umsetzung versehen sein.*
   Sie können die drei Jahre aus der Zukunftsreise wählen oder auch einen anderen Zeitrahmen. Wichtig ist, dass Sie Ihr Zeitlimit nicht zu knapp setzen, sondern sich zugestehen, dass es eben Zeit braucht, ein Ziel zu erreichen.

Das 1 x 1 der Planung

Ein guter Plan erleichtert es Ihnen, Ihre Ziele zu erreichen. Ohne einen gut strukturierten Plan bleiben die meisten Vorhaben lediglich gute Vorsätze. Ein Plan erfordert es, dass Sie Ihr Vorhaben systematisch durchdringen, es konkretisieren und mögliche Hindernisse schon im Vorfeld mit bedenken.

Sie haben die Karten mit Ihren wichtigsten Zielen vor sich liegen. Beantworten Sie sich nun für jedes Ziel die folgenden Fragen. Die Antworten schreiben Sie auf die Rückseite der jeweiligen Ziel-Karte bzw. auf ein gesondertes Blatt, das Sie mit der Ziel-Karte zusammenklammern.

- Was müssen Sie unternehmen, damit Sie Ihr Ziel erreichen können? Welche Schritte sind erforderlich?
- Welche Teilziele und Etappen könnte es geben?
- Wie könnte der erste, zweite, dritte Schritt aussehen?
- Wie viel Zeit sollten Sie für die einzelnen Schritte etwa veranschlagen?
- Wie können Sie sicherstellen, früher gemachte Fehler nicht zu wiederholen?
- Was alles könnte Sie dabei unterstützen, Ihr Ziel zu erreichen (Informationen, Wissen, andere Menschen, Erweiterung bestimmter Fähigkeiten usw.)? Welche Quellen können Sie anzapfen?

Manche Ziele sind relativ einfach zu erreichen, anspruchsvollere Ziele erfordern jedoch einen langen Atem, besonders wenn Sie dafür bisherige Überzeugungen und Verhaltensweisen gravierend verändern müssen.

Wir sollten nicht die Erwartung hegen, Veränderungen seien mal eben so aus dem Handgelenk zu schütteln. Ausdauer und Durchhaltevermögen sind wichtige Faktoren auf dem Weg zu neuen Zielen. Je nachdem was Sie sich vornehmen, kann ein Veränderungsprozess Wochen, Monate oder auch Jahre in Anspruch nehmen.

Blicken Sie nach vorne

Auf dem Weg zu einem neuen Ziel sind Rückschläge die Regel, nicht etwa die Ausnahme. Es ist daher besonders wichtig, mit Stagnation, Rückfällen und Rückschritten richtig umzugehen.

Auch Rückschläge gehören dazu!

Hier gilt Ähnliches wie im Umgang mit der Krise: Die Art, wie Sie etwaige Rückschläge oder eine lange Durststrecke bewerten, entscheidet darüber, ob Sie daran scheitern oder ob Sie sie überwinden und damit auch Ihr Selbstvertrauen weiter stärken können. Ein guter Weg, Rückschläge zu bewältigen, ist, sie als Entwicklungsschritt zu betrachten und vorrangig die Frage zu stellen: »Was lerne ich daraus?« und: »Wie kann ich das, was ich gelernt habe, für meinen weiteren Weg fruchtbar machen?«

Was hilflose von selbstwertstarken Kindern unterscheidet

Eine Gruppe von Wissenschaftlern um die New Yorker Psychologin Carol Dweck hat erforscht, wie unterschiedlich hilflose und selbstwertstarke Kinder mit Misserfolgen umgehen. Über die Hälfte der hilflosen Kinder erklärte den eigenen Misserfolg mit der persönlichen Unfähigkeit. Indessen führte keines der selbstwertstarken Kinder seinen Misserfolg auf mangelnde eigene Fähigkeiten zurück. Die Mehrzahl sah eher mangelnde Anstrengung, Pech oder andere Faktoren als Grund ihres Scheiterns an. Während die selbstwertstarken

Kinder ihren Misserfolg als Schritt zu einer besseren Lösung betrachteten und weiter beharrlich am Ball blieben, gaben die Hilflosen auf, weil sie überzeugt waren, auch weiterhin zu scheitern. Sie äußerten auch überwiegend Missfallen (»Das macht keinen Spaß!«), während zwei Drittel der Selbstwertstarken – und keines der Hilflosen – zuversichtlich blieben, die richtige Lösung schon noch zu finden.

Unnötige Stolpersteine

Große Stolpersteine auf dem Weg zur Krisenbewältigung und zum Erreichen neuer Ziele sind Vergleiche mit der Vergangenheit. Vielleicht waren Sie früher tatsächlich reicher, gesünder, fröhlicher, geliebter, anerkannter und sahen vielleicht auch besser aus. Mag ja sein. Wenn Sie sich das immer wieder vor Augen halten, wird Ihnen Ihre jetzige Situation und werden Ihnen auch die Ziele, die Sie ins Auge gefasst haben, schal und zweitrangig vorkommen. Das bringt Sie nicht weiter, sondern es schwächt Sie. Was jetzt zählt, sind die Gegenwart und die Zukunft – ohne Vergleiche mit »damals«.

Wenn Sie Gefahr laufen, sich in Vergleichen zu der Zeit vor der Krise zu verlieren, sagen Sie »Stopp!« und dann etwas wie »Es ist wie es ist. Dies ist der Boden, auf dem ich stehe und von *hier* aus geht es weiter.« Wo Sie heute stehen, ist das Resultat dessen, wie Sie gestern, bzw. wie Sie in Ihrer Vergangenheit gedacht und gehandelt haben – und auch das Resultat dessen, was Sie vielleicht unterlassen haben. Ihre Zukunft aber wird von dem geprägt, was Sie heute denken und in die Tat umsetzen.

Übung: Notfall-Zettel

Wenn Gefühle der Angst, der Hilflosigkeit und der Hoffnungslosigkeit Sie zu lähmen drohen, fragen Sie sich:

- Was genau belastet mich jetzt?
- Was kann ich in dieser Situation kurzfristig verändern?
- Was ist notwendig, um dies langfristig zu verändern?
- Wen kann ich zu Rate ziehen?
- Was sind meine Alternativen?
- Was ist jetzt ein kleiner Schritt zur Veränderung?

Schreiben Sie sich diese Fragen auf einen Zettel und stecken Sie ihn in Ihre Jackentasche oder Ihren Geldbeutel, so dass sie ihn immer bei sich haben.

Sobald Angst, Hilflosigkeit oder Hoffnungslosigkeit Sie zu lähmen oder zu überwältigen drohen, schauen Sie auf diesen Zettel und beantworten Sie nacheinander die Fragen.

Beginnen Sie dann umgehend damit, die Antwort auf »Was ist ein kleiner Schritt zur Veränderung?« praktisch umzusetzen.

Es kann auch ein sehr kleiner Schritt sein. Wichtig ist die Richtung, in die Sie sich bewegen – weg von den Gefühlen der Hilflosigkeit wieder hin zur Lösungsorientierung.

Immer wieder kann es während des Prozesses der Krisenbewältigung zu Tiefpunkten kommen, in denen wir verzweifeln und uns vorkommen, als würden wir uns im Kreis drehen. Auch wenn wir inspirierende und motivierende neue Ziele für uns entdeckt haben, kehren wir möglicherweise wieder zu den alten Gewohnheiten zurück, wenn wir uns niedergeschlagen und mutlos fühlen. Dann stellen wir vielleicht auch alles in Frage, was wir bisher erreicht haben und sind skeptisch, was unsere Fähigkeiten oder unsere Aussichten auf Erfolg angeht. Genau dann gilt es, sich selbst zu ermutigen und nicht aufzugeben, sondern den nächsten kleinen Schritt zu gehen.

Neue Wege können nur dadurch entstehen, dass Sie diese neuen Wege gehen. Immer weiter, Schritt für Schritt. Diese einzelnen Schritte zu machen, stärkt Ihren Optimismus und Ihre Zuversicht. Jedes einzelne überwundene Hindernis, jede durchgestandene Durststrecke festigt Ihr Selbstvertrauen.

Halten Sie Ihre Fortschritte auf dem neuen Weg schriftlich fest. Sie können in einem Erfolgstagebuch jeweils die Etappen notieren, die Sie auf dem Weg aus der Krise und hin zu Ihren neuen Zielen erreicht haben – auch die kleinen Schritte sind dabei wichtig. Nehmen Sie dieses Erfolgstagebuch zur Hand und lesen Sie darin, wenn Sie sich verzagt fühlen oder wenn sich wieder mal ein größeres Hindernis in den Weg stellt. Damit können Sie sich in solchen Situationen bewusst machen, welche Wegstrecke Sie schon zurückgelegt haben. Das bestärkt Sie und gibt Energie für den weiteren Weg.

Kalkulieren Sie Hindernisse mit ein

Optimistische Zielbilder zu entwickeln kann sehr motivierend sein, dies muss jedoch durch handlungsorientierte Vorstellungen ergänzt werden, die beinhalten, aktiv Hindernisse zu bewältigen. Daher sollten wir innere Bilder und »Filme« so gestalten, dass sie das zielorientierte Handeln unterstützen: Wir sollten Visionen mit Strategien anreichern. So können Sie mit Schwierigkeiten und Stolpersteinen auf Ihrem Weg viel besser umgehen.

Mit Hindernissen rechnen stärkt die Entschlusskraft

Nach einer Studie von Prof. Shelley Taylor an der University of California muss die Auseinandersetzung mit möglichen Hindernissen auf dem Weg zu einem Ziel keineswegs entmutigend wirken. Damit zu rechnen stärkt vielmehr die Entschlusskraft.

Die Psychologieprofessorin bildete aus Studenten, die ihr Lernverhalten verbessern wollten, drei Gruppen. Die erste Gruppe leitete sie an, sich innerlich ihr Ziel so deutlich wie möglich vorzustellen – beispielsweise die positive Reaktion von Freunden und Verwandten nach einer guten Abschlussnote. Die Mitglieder der zweiten Gruppe wurden instruiert, sich auf Dinge zu konzentrieren, die sie vom Lernen abhalten könnten: schönes Wetter, Verabredungen, Abende mit Freunden in Kneipen usw. Dann sollten sie sich vorstellen, wie sie trotz dieser Verlockungen bei ihrem Lernstoff bleiben und sich nicht durch Hindernisse vom Studieren abbringen lassen. Die dritte Gruppe erhielt als Kontrollgruppe keine Anleitung.

Am erfolgreichsten hinsichtlich des Lernerfolgs schnitt die zweite Gruppe ab. Die Teilnehmer dieser Gruppe steigerten ihre Ausdauer und dadurch ihre Leistungen. Sie waren sogar auf schlechte Bewertungen vorbereitet und folgten der Strategie: »Bei schlechten Noten lerne ich weiter.« Weder die erste noch die dritte Gruppe hatte ähnlich gute Ergebnisse. Die Teilnehmer der »Visionen-Gruppe« ließen sich durch schlechte Noten häufig demotivieren und reagierten mit Verunsicherung, da die Realität nicht mehr zu der schönen Zielvision passen wollte. Sie hatten keine Strategien parat, mit Hindernissen und Misserfolgen zurechtzukommen.

Gehen Sie also lieber nicht davon aus, dass bei Ihrem Vorhaben jede Etappe des Weges eins zu eins umsetzbar ist, hundertprozentig so, wie Sie sich dies vorgestellt hatten. Denn Widerstände und Widrigkeiten sind völlig normal. Daher entwickeln Sie in Ihrer Vorstellung – ähnlich wie die Studierenden im Experiment von Prof. Tayler – auch einen Plan B für den Fall, dass die Dinge anders laufen, als Sie dies erhofft haben. Stellen Sie sich Hindernisse vor und visualisieren Sie, wie Sie sich davon nicht entmutigen lassen, auf Ihrem Weg weiter voran zu gehen. Treten dann tatsächlich Schwierigkeiten auf, so überrascht Sie dies nicht völlig, und Sie sind in der Lage, gelassener darauf zu reagieren, als wenn Sie mögliche Hindernisse überhaupt nicht in Betracht gezogen hätten.

Wenn Sie den Weg zu Ihrem Ziel planen, beschäftigen Sie sich also auch mit dem, was möglicherweise Hindernisse und Stolpersteine auf diesem Weg sein könnten – und was Sie dann tun werden, um trotzdem zu Ihrem Ziel zu kommen.

Aber ist das nicht Pessimismus? Keineswegs! Pessimismus würde bedeuten, Schwierigkeiten zu sehen und deswegen aufzugeben. Mit lösungsorientiertem Denken hingegen kalkulieren sie Schwierigkeiten ein und stellen sich Wege vor, wie sie zu überwinden sind. Dies verstärkt die Fähigkeit, flexibel handeln zu können und stärkt das Zutrauen in die eigene Kraft.

Spielen Sie also schon im Vorfeld Lösungswege für mögliche Alternativen durch.

Übung: Plan B entwickeln

Nehmen Sie sich eine ungestörte halbe Stunde Zeit und beantworten Sie sich in Bezug auf jedes Ihrer Ziele die folgenden Fragen:

- Was könnte bei den einzelnen Schritten zu meinem Ziel hinderlich sein? Was könnte es schwer machen, weiterzugehen?
- Wie gehe ich mit diesen Hindernissen um? Was kann ich tun, um sie aus dem Weg zu räumen?
- Was kann ich unternehmen, um mich nach einem Rückschlag neu zu motivieren? Was genau werde ich dann tun? Womit kann ich mich selbst unterstützen?
- Wie sieht mein jeweiliger Plan B aus?

Alternativ-Pläne zu entwickeln hilft nicht nur, mit Hindernissen souverän umgehen zu können, sondern trägt mit dazu bei, den langen Atem zu stärken, der oft dafür notwendig ist, ein lohnendes Ziel zu erreichen.

Wie Sie gut auf Kurs bleiben

Am Anfang eines neuen Weges tragen uns der Zauber des Beginnens, unsere Motivation und das Maß der Zuversicht, das wir entwickeln. Irgendwann lässt naturgemäß der anfängliche Schwung nach. Der Reiz des Neuen nutzt sich ab, es kommen Zweifel ins Spiel, vor allem dann, wenn die ersten Hindernisse auftauchen oder wir längere Zeit das Gefühl haben, es täte sich so rein gar nichts und wir kämen unseren Zielen nicht näher. Da helfen dann B-Pläne mit ihrem Potenzial zur Selbstermutigung und zum Durchhalten zunächst gut weiter.

Jedoch: die Zukunft birgt immer auch größere Risiken, Unwägbarkeiten und wahrscheinlich auch neue Krisen in sich – für jeden von uns. Es gibt keinerlei Garantie dafür, von künftigen Krisen verschont zu bleiben. Das ängstigt natürlich. Es könnten neue Schwierigkeiten und Konflikte auftauchen, die wir heute noch gar nicht überblicken können. Das ist dann mehr als ein Hindernis oder Stolperstein: Niemand kann uns verlässlich zusichern, dass alles ein gutes Ende nimmt – in dem Sinne, wie wir uns das vorstellen.

Trotz aller Bemühungen ist kein neuer Job in Sicht, trotz neuer Kontakte schmerzt der Verlust des Partners sehr, nach einer Reha sehen wir uns im Alltag mit vielen Einschränkungen konfrontiert. Es tauchen viele »gute« Gründe auf, die uns am Sinn unserer neuen Ziele zweifeln lassen, oft auch die Befürchtung, alles könnte vergebens sein: »Und wenn nun trotz Diät und gesunder Lebensweise die Krankheit wieder ausbricht?«, »Wenn ich wieder jemanden vertraue und er verlässt mich ebenfalls?«

Manchmal drücken sich diese Bedenken auch unbewusst aus: bei geplanten Aktivitäten kommt uns häufig etwas dazwischen, wir verlieren im Auf und Ab des Alltags unsere neuen Ziele wieder aus den Augen, finden vielleicht unsere Vorhaben auf einmal banal oder illusionär.

Dem Leben trotz Widrigkeiten und Unwägbarkeiten dauerhaft eine neue Richtung zu geben ist aufwändig und anstrengend. Denn, wie gesagt, am liebsten verharren bei dem, was wir bereits kennen, bei unseren vertrauten Denk- und Handlungsmustern – selbst dann, wenn sie uns nicht glücklich machen oder nicht zum gewünschten Ziel führen. Zeiten der Unsicherheit, in denen sich die Vorzeichen ständig ändern können, verträgt kaum jemand ohne sich nicht nach bleibender Sicherheit zu sehnen.

Oftmals verwechseln wir auch Wissen und Tun, und gehen davon aus, wenn wir erst wüssten, was zu tun ist, dann würde sich der Weg praktisch von selbst ergeben. Doch dem ist nicht so. Um dauerhaft von Wissen zu profitieren, müssen wir dieses Wissen eben auch dauerhaft anwenden. Auch einem Pianisten nützt es wenig, nur theoretisch zu wissen, wie eine Sonate zu spielen ist, er muss sie einüben, wieder und wieder, bis ihm das Stück schließlich mühelos von der Hand geht. Das bedeutet übertragen auf eine akute Krisensituation: Es nützt letztlich nichts, zu wissen, wie die acht Stärken uns bei der Bewältigung der Krise helfen können, wenn wir das praktische Erproben aussparen und glauben, wenn wir wüssten, wie es geht, würde es schon irgendwie werden – das kann ich Ihnen nicht zuletzt aufgrund eigener Krisenerfahrung zusichern. Sie müssen vom Denken ins konkrete Tun kommen, sonst können Sie noch zwanzig weitere Ratgeber lesen und es wird trotzdem alles beim Alten bleiben.

Vor allem müssen wir beim Ablegen alter Denkmuster stets äußere wie innere Gegenkräfte mit einkalkulieren und diese als ganz normale Gegebenheiten betrachten, nicht als Indizien dafür, dass alles keinen Sinn hat. Es gilt, unsere Energie und Aufmerksamkeit trotz der Widrigkeiten weiter konzentriert auf unsere Ziele zu richten. Damit und nur damit werden wir diese Ziele tatsächlich erreichen.

Sich selbst bestärken

Glücklicherweise gibt es eine ganze Reihe von vorwärts führenden Strategien, die wir anwenden können, um uns auf unserem neuen Weg zu bestärken. Verantwortung übernehmen heißt eben nicht nur, dass Sie sich dazu entschlossen haben, für die Ergebnisse Ihres Handelns selbst gerade zu stehen statt andere dafür verantwortlich zu machen, sondern auch, dass Sie alle Instrumente nutzen können, die hilfreich sind, sich selbst in Ihrem Tun zu unterstützen:

- Bleiben Sie im Kontakt mit Ihren Zielen, indem Sie sich jeden Tag aufs Neue klarmachen, *warum* Sie Ihre Situation verändern wollen. Vergegenwärtigen Sie sich, welche Vorteile es für Sie haben wird, wenn Sie die notwendigen Veränderungen herbeiführen. Machen Sie sich bewusst, dass all dies dahin führen wird, dass Sie erreichen, was Sie erreichen wollen.
- Hängen Sie das Blatt mit Ihren neuen Zielen an einen Ort, wo Sie sich viel aufhalten, so dass jeden Tag mehrmals Ihr Blick darauf fällt. Bestärken Sie dann jedes Mal, indem Sie – laut oder im Gedanken – sagen: »Ja, genau: das will ich.«
- Machen Sie *kleine* Schritte. Nehmen Sie sich nicht zu viel auf einmal vor, sondern planen Sie gut realisierbare Mini-Schritte. Wenn Sie merken, dass Sie vor einem bestimmten Schritt zurückscheuen, dann teilen Sie den Schritt in noch kleinere Schritte auf.
- Pflegen Sie Ihren ermutigenden inneren Dialog (siehe S. 96). Die Art unseres inneren Dialogs beeinflusst unsere Motivation, unsere Stimmung und unser Selbstwertgefühl. Und was wir zu uns und über uns selbst sagen, das hat die Tendenz, Wirklichkeit zu werden. Reden Sie mit sich selbst also so, wie Sie mit einem Menschen reden, an dem Ihnen viel liegt.
- Würdigen Sie Ihre Erfolge. Belohnen Sie sich, wenn Sie ein Etappenziel erreicht oder einen Widerstand überwunden haben – oder überhaupt einen deutlichen Schritt vorangekommen sind. Eine solche Belohnung kann sein, sich bewusst selbst zu loben: »Super! Ich bin

meinem Ziel näher gekommen.« Oder: »Ja, das war jetzt eine wichtige Etappe, die ich gemeistert habe, toll!« usw. Gönnen Sie sich vielleicht auch eine Kleinigkeit: Ein Buch, eine DVD, einen Nachmittag im Thermalbad, einen Stadtbummel. So können Sie die Wertschätzung sich selbst gegenüber zum Ausdruck bringen.

- Im Vorfeld mit Widerständen und Gegenkräften als etwas völlig Normalem zu rechnen, führt Sie dazu, sich selbst zu sagen: »Aufgeben ist keine Option!« Sagen Sie sich dies ruhig auch laut. Erinnern Sie sich, wenn Ängste und Zweifel auftauchen, daran, dass Aufgeben keine Alternative darstellt. Es geht nicht um das »Ob«, sondern um das »Wie«: »*Wie* komme ich an mein Ziel? *Wie* überwinde ich dieses Hindernis?«. Fragen Sie dazu auch andere, die Erfahrung darin haben.
- Wenn Sie einen Misserfolg erleben oder an einem Teilschritt scheitern, dann nehmen Sie das nicht zum Anlass, Ihr Vorhaben abzubrechen, sondern überlegen Sie genau, was nun zu tun ist. Scheitern ist eine normale Erfahrung auf einem Weg hin zu einem Ziel. Keine Katastrophe, an der Sie sofort grundsätzliche Fragen festmachen. Es gibt zielführende Wege und es gibt Sackgassen. Jetzt haben Sie eine Erfahrung gemacht, wie es *nicht* geht. Ist doch spannend, zu erkunden, wie es nun besser gehen könnte, oder? Hinfallen ist okay, liegen bleiben nicht. Genau darum geht es. Vielleicht war es nicht die richtige Strategie, vielleicht hatten Sie etwas übersehen, vielleicht waren die Umstände ungünstig. Mag sein. Überlegen Sie sich, welche weiteren Wege es geben könnte, da hin zu kommen, wo Sie hinwollen.
- Halten Sie immer wieder nach Unterstützung und Begleitung Ausschau. Meinen Sie nicht, alles alleine bewerkstelligen zu müssen, sondern lassen Sie sich von Freunden ermutigen und aufmuntern, besonders auch

von Menschen, die ähnliche Ziele verfolgen wie Sie. Gemeinsam fällt es leichter, sich mit Problemen auseinanderzusetzen – und aufgrund des Erfahrungswissens anderer können sie bestimmt den einen oder anderen guten Tipp bekommen.

Das alles unterstützt Sie dabei, Ihre neuen Ziele zu erreichen und sich selbst dabei zu verändern, an innerer Stärke, Optimismus und Selbstvertrauen zu gewinnen.

Richten Sie zudem Ihren Blick häufig auf das, was schön ist in Ihrem Leben – gerade auch in Zeiten, wo die Dinge sich nicht so entwickeln, wie Sie es gerne hätten. Schauen Sie nicht wie gebannt auf das, was gerade schwierig ist, sondern öffnen Sie Ihren Blick für all das,

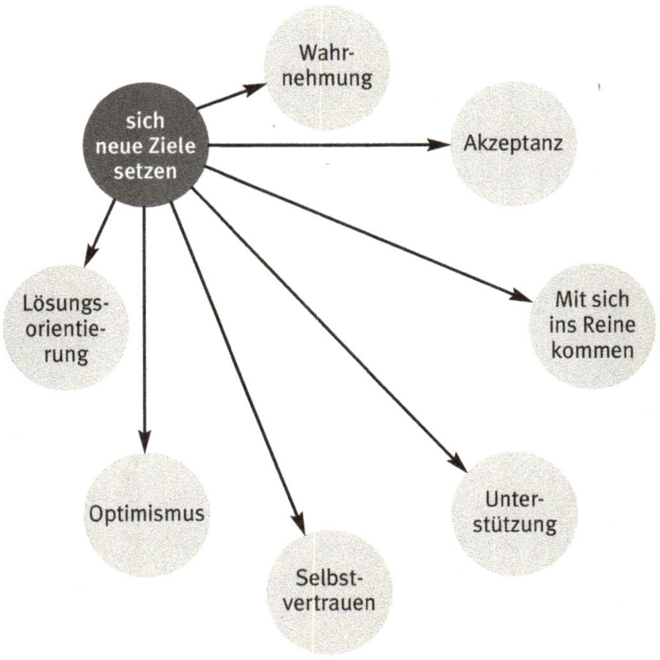

was gut funktioniert, Freude macht und Ihr Leben bereichert.

So manches, was als Schock oder als Krise dahergekommen ist, stellt sich später im Leben als Entwicklungsimpuls heraus – weil Sie daraus etwas sehr Wichtiges gelernt haben, weil Sie bisher unentdeckte Kräfte entfaltet haben oder weil sie Freundschaften vertieft und liebe Menschen kennen gelernt haben, denen Sie sonst nie begegnet wären!

Ausblick

Sich selbst neue Ziele zu setzen, entfaltet eine positive Wirkung auf alle Ihre weiteren Stärken.

- Es verändert die Wahrnehmung von der Krise hin zur Chance und lässt Sie das Geschehene noch besser akzeptieren, weil Sie jetzt eine neue Perspektive für sich sehen.
- Sich eigene Fehler zu vergeben oder auch anderen, die Ihnen Leid zugefügt haben, ist einfacher, wenn Sie für sich selbst wieder eine Richtung und einen Weg gefunden haben.
- Die Unterstützung durch andere, die Sie auf Ihre Initiative hin gefunden haben, hat Sie erkennen lassen, dass Sie auf Ihrem Weg nicht allein sind.
- Die Arbeit an Ihren Zielen und die damit verbundenen Erfahrungen stärken Ihr Selbstvertrauen.
- Jeder erfolgreich umgesetzte Schritt fördert den Optimismus und vertieft die Fähigkeit, lösungsorientiert zu denken und zu handeln.

Literatur- und Linktipps

Literatur

Carnegie, Dale: Sorge dich nicht – lebe! Fischer, Frankfurt 2003

Engelbrecht, Sigrid: Richtig gute Laune kriegen. Droemer Knaur, München 2008

Dwoskin, Hale: Die Sedona-Methode. Wie Sie sich von emotionalem Ballast befreien und Ihre Wünsche verwirklichen. VAK, Kirchzarten 2008

Gruhl, Monika: Die Strategie der Stehauf-Menschen. Resilienz – so nutzen Sie Ihre inneren Kräfte. Herder, Freiburg 2008

Grundl, Boris: Steh auf! Bekenntnisse eines Optimisten. Econ, Berlin 2008

Kast, Verena: Abschied von der Opferrolle. Das eigene Leben leben. Herder, Freiburg 2008

Rampe, Micheline: Der R-Faktor. Das Geheimnis unserer inneren Stärke. Knaur TB, München 2005

Seligman, Martin E. P.: Pessimisten küsst man nicht. Optimismus kann man lernen. Droemer Knaur, München 2002

Stavemann, Harlich H.: Im Gefühlsdschungel. Emotionale Krisen verstehen und bewältigen. Beltz, Weinheim 2001

Welter-Enderlin, Rosemarie: Resilienz. Gedeihen trotz widriger Umstände. Carl Auer, Heidelberg 2008

Links

www.zeitzuleben.de bietet eine Fülle interessanter Informationen und Tipps zum Thema Lebenshilfe

www.krise-als-entwicklungschance.de gibt einen Überblick über verschiedene Arten von Krisen und spricht auch mögliche Ursachen und Bewältigungsstrategien an.

www.engelbrecht-media.de bietet weitere Informationen zur Autorin dieses Buches.

Dank

Allen, die am Gelingen dieses Buches beteiligt waren, ein herzliches Dankeschön! Insbesondere gilt mein Dank meiner Tochter Ariadne Engelbrecht, die das Projekt intensiv und mit vielen Anregungen und Vorschlägen begleitet hat, und Frau Imke Rötger für das sehr aufmerksame Lektorat und die angenehme Zusammenarbeit.

Sigrid Engelbrecht

Hans Altmann · Suzan Hahnemann

Syntax fürs Examen

Linguistik fürs Examen

Band 1

Herausgegeben von
Hans Altmann und Suzan Hahnemann

Die Reihe „Linguistik fürs Examen" präsentiert praxisnahe und prüfungsbezogene Arbeitsbücher zu allen Gebieten der Linguistik. Sie ist für das Selbststudium didaktisch konzipiert, bearbeitet Bundesländer übergreifende Examensthemen und zeigt modellunabhängige Arbeitstechniken. Die Werke festigen das Basiswissen, trainieren Lösungsstrategien und bieten themenbezogene weiterführende Literaturhinweise in einer kommentierten Bibliographie.

Jedes Buch beginnt mit einer Aufbereitung des linguistischen Basiswissens zur ausgewählten Disziplin. Daran anschließend werden in Einzelkapiteln die zentralen Fragestellungen behandelt. Für die Überprüfung des Wissensstoffes wird jedes Kapitel mit praxisbezogenen Aufgaben abgerundet, zu denen die Lösungsvorschläge im Anhang detailliert aufgeführt sind. Zur Lernzielkontrolle schließt das Buch mit mehrstündig konzipierten Examensklausuren und deren Lösung. So wird das Werk zu einem unentbehrlichen Arbeitsmittel bei der Prüfungsvorbereitung.

Hans Altmann · Suzan Hahnemann

Syntax fürs Examen

Studien- und Arbeitsbuch

Westdeutscher Verlag

Die Deutsche Bibliothek – CIP-Einheitsaufnahme
Ein Titeldatensatz für diese Publikation ist bei
Der Deutschen Bibliothek erhältlich

1. Auflage September 1999
Nachdruck Januar 2002

Der Westdeutsche Verlag ist ein Unternehmen der
Fachverlagsgruppe BertelsmannSpringer.
www.westdeutschervlg.de

Umschlaggestaltung: Horst Dieter Bürkle, Darmstadt
Druck und buchbinderische Verarbeitung: Lengericher Handelsdruckerei, Lengerich
Gedruckt auf säurefreiem und chlorfrei gebleichtem Papier
Printed in Germany

ISBN 3-531-13345-4

Inhalt

Vorwort

Dieses Buch richtet sich an Prüflinge aller Studienrichtungen in der germanistischen Linguistik (Zwischenprüfung, Magister, Staatsexamina). Deswegen wird hier ein relativ umfangreiches Programm geboten, aus dem je nach Bedarf ausgewählt werden muss.

Diese Zielrichtung setzt ein gewisses syntakt. Vorverständnis und ein Basiswissen, v.a. bzgl. der Terminologie, beim Benutzer voraus. Die Kapitel können unabhängig voneinander durchgearbeitet werden, das Register gibt Suchhilfen, zahlreiche Querverweise erleichtern die Orientierung.

Das Buch versteht sich als Arbeitsbuch, vermittelt werden soll konkretes Analysewissen. Gerade aus der konkreten Prüfungserfahrung heraus verzichten wir auf die Bindung an eine bestimmte syntakt. Theorie. Wir hoffen, die Stofffülle relativ übersichtlich und komprimiert auf das „Lebensnotwendige" dargestellt zu haben. Dazu gehören v.a. die Analyseverfahren und die argumentativ attraktiven Problembereiche.

Da der Umfang, schon im Hinblick auf einen vertretbaren Preis, begrenzt war, musste das Wichtigste ausgewählt werden. Der Stoff wird der besseren Lernbarkeit halber meist stichwortartig, in Listen usw. dargeboten. Zur Erleichterung der Lektüre sind in den Beispielen die gemeinten Strukturteile durch Unterstreichung hervorgehoben. Sperrung markiert Akzente.

Übungsaufgaben, die den dargestellten Stoff in übersichtlichen Häppchen abfragen, haben wir in die Kapitel integriert. Am Ende finden sich längere klausurartige Aufgaben. Die Lösungen dazu sind auf das absolut Notwendigste beschränkt. Ein eigener Band ausschließlich mit Aufgaben und Lösungen ist geplant.

Wir sind uns darüber im Klaren, dass ein solches Unternehmen nicht auf Anhieb in jeder Hinsicht gelingen kann. Wir freuen uns deswegen über konstruktive Kritik und über alle Hinweise auf Verbesserungsmöglichkeiten.

Gedankt sei allen, die bei der Ausarbeitung des Textes geholfen haben, insbesondere den Teilnehmern zahlreicher Seminare und Examenskolloquien, sowie Silke Kemmerling, die deren Beiträge zusammengefasst und für uns erschlossen hat.

München, im August 1999
Suzan Hahnemann & Hans Altmann

Abkürzungsverzeichnis

Obwohl Abkürzungen die Lektüre nicht erleichtern, glaubten wir nicht darauf verzichten zu können und glaubten es auch nicht zu sollen: an dieses Arbeitsmittel muß sich der Studierende der Linguistik gewöhnen.
Achtung: die im Text verwendeten Abkürzungen flektieren nicht!

AcI.................Accusativus cum Infinitivo
Adj.................Adjektiv
adj..................adjektivisch
Adj.Adv..........Adjektiv-Adverb
Adj.Attr. ....Adjektiv-Attribut
Adv................Adverb
adv.................adverbiell
Advb..............Adverbial
Advb.Satz.......Adverbial-Satz
aff..................affiziert
Akk................Akkusativ
akk.................akkusativisch
AkkO.............Akkusativ-Objekt
Akt.................Aktiv
aktiv...............aktivisch
appos. ....appositivisch
Appos. ....Apposition
Art.................Artikel
Attr. ....Attribut
attr. ....attributiv
bair. ....Bairisch
BE ....Bezugselement
Bezugs-NP......Bezugs-Nominalphrase
bzw. ....beziehungsweise
Dat.................Dativ
dat..................dativisch
DatO..............Dativ-Objekt
dativ...............dativisch
def. ....definit
Dem.Pron. ......Demonstrativpronomen
Det.................Determinator
dir. ....direktional
Dir.Adv..........Direktional-Adverb
Dir.Advb.........Direktional-Adverbial
Dt...................Deutsch
dt. ....deutsch
Dur.Adv..........Durativ-Adverb
eff. ....effiziert
engl.................englisch
etw..................etwas
fak. ....fakultativ
fem.................Feminin
FinAdvb.........Final-Adverbial
franz...............Französisch
FS...................Festschrift
Fut..................Futur
FVG ....Funktionsverbgefüge
gem ....gemischt
Gen. ....Genitiv
Gen.Attr. ....Genitiv-Attribut
gen.. ....genitivisch
GenO..............Genitiv-Objekt
Glied.-P...........Gliederungs-Partikel
GP ....Gradpartikel
GS ....Gliedsatz
GTS ....Gliedteilsatz
Hauptsatz ....HS
HS ....Hauptsatz
HV ....Hilfsverb
i.A. ....im Allgemeinen
i.d.R. ....in der Regel
idiomat............idiomatisch
Imp..................Imperativ
imp..................imperativisch
Ind...................Indikativ
ind...................indikativisch
indef................indefinit
Indef.Pron. ......Indefinitpronomen
Inf. ....Infinitiv
inf...................infinit
intrans. ....intransitiv
Instr.Advb ....Instrumental-Adverbial
intonat.............intonatorisch
Iter.Adv...........Iteraritv-Adverb
kaus.................Kausal
Kaus.Adv. ....Kausal-Adverb
Kaus.Advb. ......Kausal-Adverbial
klö ....klammeröffnend
klschl ....klammerschließend
Kom.Advb. ......Komitativ-Adverbial
kond. ....konditional
Kond.Advb......Konditional-Adverbial
Kond.Satz ....Konditional-Satz

Konj................Konjunktiv
Konj................Konjunktion
KonjAdv.........Konjunktionaladverb
KonjAdvb.......Konjunktional-Adverbial
Konj.Satz........Konjunktional-Satz
Konj.Satz.Attr.Konjunktional-Satz-Attribut
koord.............Koordinierend
KS.................Konstituentensatz
KV.................Kopulaverb
lat..................lateinisch
lexikal............lexikalisch
lok.................Lokal
Lok.Adv.........Lokal-Adverb
Lok.Advb........Lokal-Adverbial
masc..............Maskulin
Maßadvb.........Maßadverbial
MiF................Mittelfeld
mod................Modal
Mod.Adv........Modal-Adverb
Mod.Advb......Modal-Adverbial
morpholog......morphologisch
MP.................Modalpartikel
MS.................Matrixsatz
MV.................Modalverb
N....................Substantiv (Nomen)
Neg................Negations-Partikel
NaF................Nachfeld
neutr..............Neutrum
Nom...............Nominativ
nom................nominal
nominat..........nominativisch
NP.................Nominalphrase
NS.................Nebensatz
Num...............Numeral
Obj.................Objekt
Obj.Präd.........Objekts-Prädikativ
obl.................obligatorisch
Pass...............Passiv
passiv.............passivisch
Part................Partizip
Perf................Perfekt
Pers.Pron........Personalpronomen
Pl...................Plural
pl...................pluralisch
PO.................Präpositional-Objekt
postnom..........postnominal
PP..................Präpositionalphrase
PPAttr............Präpositional-Attribut
Pqp................Plusquamperfekt
Präd...............Prädikativ
präd................prädikativ
Präd.Satz.........Prädikativsatz
pränom...........pränominal
Präp................Präposition
Präs................Präsens
pragmat..........pragmatisch
ProAdv...........Pro-Adverb
pronom...........pronominal
Pronom.-Flexion...........Pronominalflexion
ProNP............Pronomen
ProPP.............Pro-Präpositionalphrase
Ps...................Person
refl.................reflexiv
Refl.Pron.........Reflexivpronomen
rel..................relativisch
Rel.Pron..........Relativpronomen
Rel.Satz...........Relativsatz
Rel.Satz.Attr...Relativsatzattribut
Rez.Pron.........Reziprokpronomen
S.....................Satz
SAdv...............Satzadverb
sächs..............Sächsisch
semant............semantisch
Sg...................Singular
sing.................sungularisch
SG..................Satzglied
st....................Stark
Steig.-P..........Steigerungs-Partikel
Subj................Subjekt
subord............Subordinierend
subst...............substantivisch
sw...................Schwach
syntakt............syntaktisch
temp...............temporal
TempAdvb......Temporal-Adverbial
topolog...........topologisch
trans...............transitiv
V.....................Verb
v.a..................vor allem
V-1.................Verb-Erst-Stellung
V-2.................Verb-Zweit-Stellung
V-Partikel.......Verb-Partikel
V-Komplex.....Verbalkomplex
V-L.................Verb-Letzt-Stellung
verb................verbal
vgl..................Vergleiche
Vgl.-Part.........Vergleichs-Partikel
VoF................Vorfeld
VP..................Verbalphrase
VV..................Vollverb

0. Thema und Problemstellung

Der Gegenstand dieser Darstellung ist die **Syntax** der dt. Gegenwartssprache. Das entsprechende griech. V *syntassein* bedeutet etwa ‚zusammenordnen'. Das kann man im Sinn des linguistischen Strukturalismus verstehen als Lehre von den Elementen eines Gegenstandsbereichs und ihren Anordnungen, wobei Anordnung hier nicht nur als „Aneinanderreihung", als räumliches Nacheinander verstanden werden darf.

0.1. Grundbegriffe

Eine Syntax in diesem Sinn gibt es auf allen Beschreibungsebenen der Formseite des sprachlichen Zeichens, also eine

- **Phono-Syntax** als Lehre vom Inventar an Lauten als den kleinsten bedeutungsunterscheidenden Einheiten und deren mögliche Verknüpfung zu Silben.
- **Morpho-Syntax** als Lehre vom Inventar an Morphemen als den kleinsten bedeutungstragenden Einheiten und deren Verknüpfung zu Wörtern.
- **Wort-Syntax** als Lehre vom Inventar an Wörtern und deren Verknüpfung zu Sätzen, wobei selbstverständlich komplexe Ausdrücke unterhalb der Satzebene mit inbegriffen sind. Das ist aber die Ebene, die üblicherweise gemeint ist, wenn man einfach nur von „Syntax" spricht.

0.2. Gegenstand und Abgrenzung

Die Liste der möglichen Wörter des Deutschen als das Grundinventar der Syntax wird dem Syntaktiker von den beiden Abteilungen der Morphologie, der Flexionslehre und der Wortbildungslehre, fertig präsentiert. Aber er erbt dann auch deren Probleme. Man denke an das Beispiel der Partikel-V wie *abmelden,* die fatalerweise die Eigenschaft zeigen, dass sie bei den V-Stellungstypen V-1 und V-2 in zwei Teile zerbrechen, die beide als Wort gelten können: sie können isoliert stehen, sie haben einen eigenen Wortakzent, das *ge-* des Part. II und das *zu* des Inf. I können zwischen die beiden Teile treten, jedes der Teile kann auch wirklich als selbständiges Wort auftreten, meist sogar mit der gleichen oder doch sehr ähnlichen Bedeutung. Trotzdem möchten wir den Vorschlag, in diesem Fall von einer syntakt. Struktur auszugehen, ausdrücklich ablehnen. Einmal, weil es sich bei Partikel-V in V-L-Stellung tatsächlich um ein (komplexes) Wort handelt, in vielen Fällen nachweisbar durch die Parallelität zu einer tatsächlichen syntakt. Struktur, z.B.

(0-1) *Etwas immer wieder (einmal) f i n den.*

(0-2) *Etwas verlieren und dann w i e derfinden.*

0.2.1. Abgrenzung zur Morphologie

Man kann hier also schon einmal konstatieren: die Grenze zwischen (komplexem) Wort und Syntagma (als syntakt. Verknüpfung von Wörtern) ist keineswegs klar und eindeutig. In der sprachlichen Realität passiert man keine scharfe Grenze, wenn man vom Gebiet der Morphologie in das Gebiet der Syntax wechselt, und schon gar nicht liegt zwischen den beiden Beschreibungsbereichen ein leerer Grenzstreifen. Die Grenze zwischen Morphologie und Syntax wird von Sprachwissenschaftlern zur besseren Orientierung gezogen, nach mehr oder minder plausiblen Kriterien. Eine der Einfallspforten ist die Zusammenrückung, ein Wortbildungstyp, der aus Syntagmen komplexe Wörter entstehen läßt, wie im obigen Beispiel oder bei *Tunichtgut, Hoherpriester.*

0.2.2. Abgrenzung zur Textsyntax

Zum Beschreibungsbereich der Syntax gehört also die Verknüpfung von Wörtern zu komplexeren Einheiten, z.B. Phrasen wie *Egons schneller neuer PC* oder *etwas (ganz und gar) verstehen,* bis hin zu Einzelsätzen und komplexen Sätzen, die also mehrere Teilsätze enthalten. Der Satz gilt üblicherweise als die obere Grenze der Syntax, doch gibt es auch die Forderung nach einer Textsyntax, einer transphrastischen Syntax, die allerdings mit ganz anderen Methoden und Beschreibungsverfahren arbeiten müßte als sie in diesem Buch beschrieben werden.
An dieser „oberen" Grenze der Syntax treten wieder ähnliche Probleme auf wie an der „unteren". Bestimmt man z.B. den Satz näherungsweise als Gebilde aus einem regierenden V (genauer: einem Valenzträger) und mindestens den obl. Mitspielern dieses V, so würde man Beispiele wie die folgenden ausschließen:

(0-3) *Ja./Nein./Doch.*

(0-4) *Hiergeblieben!/Ruhe!*

(0-5) *Weiß ich.*

Und doch zeigen alle diese Beispiele Merkmale von Sätzen, z.B. eine typische Satzintonation. – Mit dem Ansatz, dass es sich hier um elliptische, also durch Weglassung unvollständige Sätze handle, kommt man nicht weit. Wie etwa sollte man *nein* zu einem Satz ergänzen? Auf die

Idee, diese Antwortpartikel als Proform für einen negierten Satz zu behandeln, kommt andererseits wohl nur ein Linguist.
Wenn man sich schließlich von den papierenen Beispielen wegbewegt in den Bereich der gesprochenen Sprache, dann erhalten wir eine Vorstellung davon, wie kompliziert Syntax sein kann. Das folgende Stück aus einem Bandmitschnitt von einem Gespräch zwischen zwei Studentinnen in einem Klötzchenbauexperiment zeigt die Komplexität:

(0-6) *und innen isn Turm*
(0-7) *is ein Turm*
(0-8) *mhm was nehma da als*
(0-9) *des da*
(0-10) *und zwar - äh sin das so -*
(0-11) *jetzt muss ich die da mal genauer*
(0-12) *anschaun wie die da ausschaun*

Mit einem normalen Satzkonzept kommt man hier nicht sehr weit. Als Ausweg wurde die „Äußerung" als Grundeinheit vorgeschlagen, aber das ist ein pragmat., kein primär syntakt. Konzept.

0.3. Allgemeine Literaturhinweise

Um die Arbeit mit diesem Übungsbuch zu erleichtern, haben wir die einschlägige Literatur jeweils bei den behandelten Themen zusammengestellt. Im Folgenden finden Sie daher nur die linguistischen Standardwerke, die die Basis jeder Arbeit bilden.

0.3.1. Bibliographische Hilfsmittel

Bibliographie Linguistique. Utrecht, Antwerpen 1949 ff. [Berichtszeit seit 1950]

MLA International bibliography of books and articles on the modern languages and literatures. Vol. III: Linguistics. New York: The Modern Language Association of America. [Zuerst 1921. – Auch auf CD-ROM verfügbar bis 1997]

Germanistik. Internationales Referatenorgan mit bibliographischen Hinweisen. Tübingen 1960 ff. [4 Hefte pro Jahr]

Bibliographie Linguistischer Literatur (= BLL). Bibliographie zur allgemeinen sowie zur anglistischen und romanistischen Linguistik. Frankfurt/M. 1975 ff. [Berichtszeitraum seit 1971]

Eisenberg, P./Gusovius, A. [1985]: Bibliographie zur deutschen Grammatik. 1965-1983. Tübingen: Narr

Eisenberg, P./Wiese, B. [1995]: Bibliographie zur deutschen Grammatik 1984-1994. Tübingen: Stauffenburg Verlag

0.3.2. Hilfe in terminologischen Nöten

Bußmann, H. [1990]: Lexikon der Sprachwissenschaft. 2., völlig neu bearb. Aufl. Stuttgart: Kröner. (= Kröner Taschenbuch 452)

Metzler Lexikon Sprache [1993]; Hrsg. von H. Glück. Stuttgart: Metzler

0.3.3. Handbuch der Syntax

Jacobs, J./Sternefeld, W./Stechow, A. v./Vennemann, T. (eds.) [1993]: Syntax. Ein internationales Handbuch zeitgenössischer Forschung. 2 Bde. Berlin: de Gruyter

0.3.4. Grammatiken des Deutschen

Duden. Grammatik der deutschen Gegenwartssprache. [1995]; 5., völlig neu bearb. und erw. Aufl. Hrsg. von G. Drosdowski e.al. Mannheim

Heidolph, K. E./Flämig, W./Motsch, W. e.al. (eds.) [1981]: Grundzüge einer deutschen Grammatik. Berlin: Akademie Verlag

Jung, W. [1988]: Grammatik der deutschen Sprache. Leipzig: Bibliographisches Institut

Helbig, G./Buscha, F. [1994]: Deutsche Grammatik. Ein Handbuch für den Ausländerunterricht. 16. Aufl. Leipzig: Langenscheidt

Eisenberg, P. [1994]: Grundriß der deutschen Grammatik. 3. überarb. Aufl. Stuttgart: Metzler

Engel, U. [1996]: Deutsche Grammatik. 3. korr. Aufl. Heidelberg: Groos

Zifonun, G./Hoffmann, L./Strecker, B. e.al. [1997]: Grammatik der deutschen Sprache. 3 Bde. Berlin: de Gruyter (= Schriften des IdS 7)

1. Syntaktische Mittel

1.1. Syntaktische Mittel im Überblick

Ohne die angeschnittenen Fragestellungen einigermaßen befriedigend beantworten zu können, bewegen wir uns nun in den Kernbereich der Syntax hinein: in das Auffinden von **Regelhaftigkeiten im Aufbau von Sätzen**. Hier ist oft davon die Rede, dass Sätze eine Syntax haben, eine Art von Struktur also. Unsere Beschreibung, unsere Strukturvorstellung ist aber nicht Teil der Sprache, sondern wird von außen an sie herangetragen, um möglichst viele ihrer Eigenschaften beschreiben zu können. Syntax ist in diesem Verständnis also ein System von Regeln zur Beschreibung bestimmter, syntakt. Eigenschaften einer Sprache.

Man kann sich vielleicht den Zugang zu diesem hochkomplexen Bereich erleichtern, indem man sich vorstellt, man befinde sich auf einem **Bauplatz**, auf dem ein großes Gebäude entstehen soll. Einen Teil der Struktureigenschaften des Gebäudes kann man verstehen, wenn man die Baumaterialien untersucht und systematisiert: so kann man etwa die Bausteine nach ihren inhärenten Merkmalen klassifizieren, z.B. nach dem Stoff, aus dem sie sind (Ziegel, Kalksandstein, Beton usw.). Sortieren kann man sie aber auch nach den Formmerkmalen, die ihre Verwendung bestimmen (z.B. die Größe, Stoßfugen an den Schmalseiten). Und natürlich gibt es auf einer Baustelle auch immer Mittel zum Verbinden (z.B. Bauklammern, Stahlträger, Armierungsstahl etc.).

Ganz ähnlich ist das Konzept der **syntaktischen Mittel** zu verste- 1
hen. Die Bauelemente sind hier die Wörter (und die daraus gebildeten Wortverbände). Die meisten Wörter zeigen (morpholog.) Formmerkmale, die ihren Verwendungsbereich weitgehend festlegen und die man zu ihrer Sortierung verwenden kann. Eingebaut in eine Äußerung ist die Abfolge der Wörter und Wortverbände ein wesentliches Strukturmerkmal. Zusammengehalten wird der Satz durch sprachliche Klammern wie morpholog. Kongruenz und Rektion, aber auch durch Mittel der Intonation.

Als „Syntaktische Mittel“ werden hier also betrachtet:

- die kategoriale Füllung der Wörter (und Wortverbände) (→ 2)
- die morpholog. Markierung der Wörter (→ 47ff.)
- die Reihenfolge der Wörter und Wortverbände (→ 68ff.)
- die intonat. Markierung (→ 96ff.)

Dieses Schema kann bei sinnvoller Anwendung die syntakt. Analyse wesentlich erleichtern.

Ein paar Anmerkungen sind noch nötig, bevor die einzelnen syntakt. Mittel etwas genauer betrachtet werden. Einmal ist zu sagen, dass die vier Ebenen der syntakt. Mittel nicht gleichberechtigt nebeneinander stehen, sondern in **komplizierten Wechselwirkungen** zueinander stehen. Etwa in einem sehr einfachen Voraussetzungsverhältnis: eine morpholog. Markierung setzt voraus, dass Träger der Flexive vorhanden sind, also Wortstämme, und umgekehrt wird in vielen Fällen erst durch die morpholog. Markierung deutlich, welcher Kategorie das betreffende Wort angehört. Eine Reihenfolgemarkierung setzt morpholog. markierte Wörter und Wortverbände voraus, und die intonatorische Markierung schließlich setzt eine fertig entwickelte segmentale Struktur voraus. Die oben gewählte Reihenfolge entspricht also weitgehend der Voraussetzungsstruktur.

Zum zweiten muss man gleich anmerken, dass keineswegs alle genannten Merkmalssysteme zum Aufbau syntakt. Strukturen beitragen, oder genauer: je nach syntakt. Struktur können ganz unterschiedliche Teile etwa der Reihenfolgemarkierung beteiligt sein. Daneben aber sind die einzelnen Markierungssysteme relativ autonome Systeme, die bestimmte Merkmale nur zur Aufrechterhaltung ihrer Funktionsfähigkeit aufweisen. Dies bedingt, dass je nach syntakt. Struktur die Rollen der einzelnen Markierungen wechseln: ein Stellungsmerkmal kann in einem Fall das wichtigste Merkmal überhaupt sein (z.B. die Stellung des fin. V bei der Markierung der Satztypen), im anderen hingegen völlig nachrangig (z.B. Früh- oder Spätstellung des Refl.Pron. *sich* im MiF).

2 *1.1.1. Kategoriale Füllung*

- Lexikalische Kategorien:
  - flektierbar: V (→ 18), Adj. (→ 19), N (→ 20), ProNP (→ 21), Art. (→ 36)
  - nicht flektierbar (Partikeln): Adv. (→ 153), Pro-Adv.; Präp. (→ 155), koord. Konj. (→ 159), subord. Konj. (→ 160), GP (→ 163), MP (→ 164), Vgl.-Part. (→ 162), Steig.-P (→ 166) usw.
- Phrasenkategorien: NP (→ 35), PP (→ 44), VP (→ 29ff.), Satz (→ 25)

3 *1.1.2. Morphologische Markierung*

- V-Morphologie (Konjugation): Ps., Numerus, Tempus, Modus, Genus Verbi (→ 6)

- Morphologie von Bestandteilen einer NP (Deklination): Genus, Numerus, Kasus (→ 52)
- morpholog. „Fernwirkungen“:
  - Rektion: asymmetrische morpholog. Bestimmung, z.B. zwischen V und Obj. (→ 64)
  - Kongruenz: symmetrische morpholog. Beziehung, z.B. zwischen Subj. und V bzgl. Numerus, zwischen den Bestandteilen einer NP (→ 63)

1.1.3. Topologische Markierung 4

- V-Stellung: fin. V in Erst-, Zweit- und Letztstellung (→ 67ff.)
- Klammerstruktur: klö und klschl Element (→ 71f.)
- Stellungsfelder: VoF, MiF, NaF (Ausklammerung) (→ 82ff.)
- SG-Folge im Stellungsfeld (v.a. im MiF) (→ 88)
- Wortfolge im SG (→ 93)
- Partikel-Positionen
- Herausstellungsstrukturen

1.1.4. Intonatorische Markierung 5

- Akzent: Wort-, Phrasen- und Satzakzent (→ 96ff.)
  - fokale Akzente: kontrastiv, nichtkontrastiv, emphatisch
  - nichtfokale Akzente: Topik-Akzent, Exklamativ-Akzent
- Pausen: zwischen Wörtern, Phrasen, Sätzen (→ 106ff.)
- Tonmuster: Typ des Tonverlaufs zwischen Satzpausen, nämlich fallend, steigend, gleichbleibend (→ 110ff.)

1.2. Syntaktische Kategorien

1.2.1. Ein Gedankenspiel

Eine Überlegung vorweg: wissen wir, wenn wir ein Wort lesen oder hören, immer genau, welcher Wortart es angehört? Zunächst einmal ist ja noch nicht sicher, dass man auch als sprachwissenschaftlich nicht vorgebildete Sprecher/Hörer über ein Wortartensystem verfügt. Aber wir möchten behaupten, dass man, auch ohne entwickelte Terminologie, ein intuitives Wissen über die Zugehörigkeit von Wörtern zu Paradigmen und damit zu morpholog. gekennzeichneten Wortarten hat.

Ein Beispiel: gegeben sei die Lautform [fɪʃə].

Die Frage ist dann, ob das ein Wort (genauer: eine mögliche Wortform) ist, und wenn ja, wie sie verwendet werden kann. Meist werden dann Beispielsätze geboten wie:

(1-1) *Die Fische leben im Wasser.*

Das ist die Form des Nom. Pl. eines N, typischerweise als Subj. gebraucht. Sehr viel seltener kommen Beispiele, in denen diese Wortform als Akk. Pl. verwendet wird, z.B.

(1-2) *Fischers Fritz fischt frische Fische.*

Und beim Betrachten dieses Beispiels kommen wir vielleicht auch auf die Idee, dass man *fische* auch als V gebrauchen kann, wie in dem Beispiel

(1-3) *Fische du nur ruhig im Trüben!*

Und wenn wir weiter nachdenken, kommen wir vielleicht auch darauf, dass das auch noch die 1.Ps.Sg.Ind.Präs.Akt. *ich fische* sowie die 3.Ps.Sg.Konj.Präs.Akt. *Er sagte, er fische.* sein kann. Wenn man nicht gerade ein Bayer ist, dann kommt man ev. auch noch auf den Dat. Sg. *Dem Fische kann nicht geholfen werden.* Gleiches kann man vielleicht auch bei einer Wortform wie *liebe* versuchen, oder bei *ausgerechnet.*

1.2.2. Verwendung der syntaktischen Mittel zur Wortartenklassifikation

Schon bei kurzer Betrachtung des deutschen Wortschatzes stellen wir fest, dass keineswegs alle Wörter flexivisch verändert werden können. Wir verschieben die Betrachtung dieser unveränderlichen Wörter, auch Partikeln genannt, zunächst einmal.

6 Bei den **flektierbaren** gibt es solche, die einem **verbalen** Flexionssystem angehören, auch **Konjugation** genannt. Die morpholog. Kategorien sind Ps., Numerus, Modus, Tempus und Genus Verbi.

7 Ein **V** (→ 18) ist also – im besten Fall – ein Wort, das das gesamte verb. Flexionsparadigma aufweist. Allerdings gibt es auch einige problematische Fälle, z.B. V wie *staubsaugen, fernsehen, spritzlöten* usw. Versucht man sie zu konjugieren, so stellt man bald fest, dass die fin. Formen hier oft nicht sehr plausibel sind: *ich sehe fern* vs. **ich lötete spritz* oder **ich spritzlötete*. Dagegen sind korrekt: *(Das) Spritzlöten ist eine Technik zum Verbinden sehr dünner Bleche. Spritzgelötete Bleche sind normal belastbar.* Es treten also nur die infin. Formen auf, und diese sind subst. und adj. verwendet. Es handelt sich hier um sog. „defektive V": sie weisen kein vollständiges Paradigma auf und sind deswegen auch nicht in allen verb. Verwendungsweisen möglich.

Bei den **deklinierbaren** Wörtern hört man keineswegs auf dieser Ebene der Unterscheidung auf, sondern zieht weitere morpholog. Merkmale zur Subkategorisierung heran. Üblicherweise dient das Merkmal der **Komparierbarkeit** (→ 61), also die Möglichkeit der Bildung von Komparativ und Superlativ neben dem sog. Positiv, z.B. *schön, schöner, am schönsten,* zur Abgrenzung der **Adjektive** (→ 19). Aber dabei 8 handelt es sich um ein problematisches Merkmal, einmal, weil keineswegs alle Adj. komparierbar sind, nämlich die sog. absoluten Adj. wie *tot, hölzern* (in der nicht-übertragenen Bedeutung), und andererseits einige Adv. wie *oft* komparierbar sind.

Wir schlagen deshalb vor, die Adj. dadurch von den übrigen deklinierbaren Wortarten abzutrennen, dass man das Merkmal der **Flexionsklassenflexibilität** heranzieht: Adj. können, in pränom. attr. Verwendung, sowohl stark als auch schwach als auch gemischt flektiert werden, je nachdem, ob gar kein Art. oder ein def. oder indef. Art. vorausgeht:

(1-4) *das schöne Wetter, kein schönes Wetter, schönes Wetter*

Nun kommen starke, schwache und gemischte Deklination auch bei N vor, aber ein einzelnes N gehört immer nur einer Deklinationsart an. Mit diesem morpholog. Merkmal wird eine syntakt. homogene Wortmenge abgegrenzt. Die typischen adj. Verwendungen wie pränom. und postnom. Adj.Attr., mod.-advb. Adj., präd. Adj. und präd. Attr. sind bei fast allen derart abgegrenzten Adj. möglich:

(1-5) *das kranke Kind, Escorial grün*

(1-6) *Das Kind ist krank./Das Kind geht langsam.*

(1-7) *Das Kind kommt krank nach Hause.*

Ganz ähnlich verhalten sich in syntakt. Hinsicht die **Präsens-Partizipien** 9 (Part. I). Sie sind V direkt zugeordnet, treten aber im Standard-Dt. nicht in eigentlichen V-Formen auf, also z.B. in einer komplexen Tempusform, im Gegensatz etwa zum Bair., wo es folgende regelhafte Struktur gibt:

(1-8) *dɔ i'sɐ laʊffɐd ßon*

was etwa bedeutet: 'da hat er sich allmählich in Bewegung gesetzt'. In dieser Hinsicht also müßte man das Suffix *-end* als Wortbildungssuffix zur Ableitung von deverb. Adj. einordnen. Auch für diese Part. I gilt, dass sie attr. und adv. verwendbar sind, aber nicht präd.

Und nun wollen wir auch noch einen Blick auf die **Perfekt-Partizi-** 10 **pien** (Part. II) werfen, also Formen wie *gelaufen, gefragt.* Auch sie sind überwiegend V zuzuordnen, und sie treten auch in verb. Formen auf, z.B. in Perf., Pqp., Fut. II sowie in Pass.-Formen. Insofern gehört diese Form zum verb. Paradigma. Aber in flektierter Form können sie auch wie Adj.Attr. auftreten, normalerweise aber nicht als präd. Adj., es sei denn, die Part.-Form hat sich semantisch vom Bezugs-V getrennt und ist wirklich zum Adj. geworden (z.B. *(un)verschämt/er/est*).

Blickt man nun zu den N, so kann man gleich einleitend konstatieren, dass zwischen Adj. und N ein offener Übergang besteht. Fast alle Adj. sind auch zwanglos substantiviert verwendbar, einfach durch Verwendung als subst. Kern einer NP, begleitet von einem Art. Nun also zu
11 der Abgrenzung der **Nomen** (→ 20). Die – offene – Grenze zu den Adj. wurde bereits erwähnt, auch das Trennkriterium der (fehlenden) Komparierbarkeit, doch sollte hier immerhin angemerkt werden, dass natürlich komparierte Adj. auch substantiviert auftreten können: *das Schönste, das Beste an dieser Sache.* Wir stützen uns hier, wie erwähnt, auf das Kriterium der morpholog. Flexibilität. Nun umfaßt aber die verbleibende Gruppe auch Elemente, die wegen ihres syntakt. Verhaltens ausgegliedert werden sollten, nämlich die Art., die nie als Kern einer NP auftreten können, sondern nur als Begleiter, und die ProNP, die in typisch pronom. Verwendung eine ganze NP ersetzen können. Wir wollen die morpholog. Markierung so weit wie möglich als Trennkriterium ausreizen und schlagen deshalb nicht die Art.-Fähigkeit als Trennkriterium vor, sondern Genus als Flexionskategorie. Genus ist beim N keine morpholog. Kategorie, sondern ein inhärentes lexikal. Merkmal. Man kann das Genus eines N verändern, ohne dass sich an der Flexion des N etwas ändert, z.B. *die Butter/der Butter* (bair.), *das Radio/der Radio, der Teller/das Teller, der Teil/das Teil.*

12 Im Gegensatz dazu indiziert der **Artikel** (→ 36, 150) das Genus morpholog., so dass er mit einem gewissen Recht auch Geschlechtswort genannt worden ist. Aber einige Wermutstropfen fallen schon in diesen Kelch: der def. Art. ist im Pl. genusindifferent, hat also nur eine Form pro Kasus: *die, der, den, die.* Beim indef. Art. sind im Sg. die masc. und die neutr. Form nur im Akk. unterschieden: *einen Mann, ein Kind.* Der Pl. fehlt. Damit sind aber aus syntakt. Sicht die möglichen Art.-Formen noch nicht erschöpft. In Frage kommen noch u.a. die Poss.Pron. *mein/dein/sein.* Doch sie zeigen zwar genusspezifische Flexionsmerkmale, aber keine Genusflexion im engeren Sinn. Gleiches gilt auch von ProNP und Quantoren (→ 151), soweit sie pränom. als N-Begleiter verwendet werden, also z.B. *alle, sämtliche, manche, einige, beide;* nicht zuletzt deshalb werden sie auch oft den pränom. Adj.Attr. zugeordnet. Doch die Quantoren werden pl. verwendet, und da haben auch die typischen Art. keine Genusunterscheidung. Die sg. verwendbaren hingegen haben diese Unterscheidung: *irgendeiner/irgendeine/irgendein, jeder/jede/jedes; jener/jene/jenes; dieser/diese/dieses.* – Damit ist man
13 auch schon bei den **Pronomina** (→ 21), in der eigentlich pronom. Verwendung als Vertreter von NP. Bei den Pers.Pron. zeigen die 1. und 2. Ps. Sg. und Pl., die eigentlich Rollendeiktika und keine (anaphori-

schen) ProNP sind, keine Genusformen, die 3.Ps.Sg. mit *er/sie/es* aber sehr wohl, doch nicht im Pl. *jener/dieser* usw. verhalten sich in dieser Hinsicht wie *er/sie/es*. Aber es gibt auch ganz schwierige Fälle: das *w*-Pronomen etwa unterscheidet masc. und fem. nicht, *(wer/wessen/ wem/wen)*, die Form des Neutrums ist hochgradig defektiv. Gegen die üblichen Darstellungen soll festgehalten werden, dass es hier nur die Form *was* gibt, die für Nom. und Akk. verwendet wird, aber keine Gen.- und Dat.-Formen. Bei *man* ist schließlich die Verwendung völlig auf den Nom. beschränkt, ohne jede Genusunterscheidung.

Obwohl also die Problematik gerade erst angedeutet wurde, ist doch schon klar, dass das Kriterium der Genusmarkierung allenfalls einen sehr schmalen prototypischen Kern auszeichnet. Für die wünschenswerte Trennung von Art. und ProNP gibt das Kriterium gar nichts her.

Der Blick auf die **nicht-flektierbaren** Wörter und deren Klassifikationsprobleme kann nicht so ausführlich ausfallen, zumal die Probleme hier noch wesentlich größer sind und sich erst ein jüngster Zeit eine Art Konsens ausgebildet hat. – Es versteht sich, dass bei morpholog. unveränderlichen Wörtern die Morphologie kein Klassifikationskriterium sein kann – oder doch? Die **Präpositionen** (→ 155) weisen 14
zwar keine Flexion auf, sie bestimmen aber qua Rektion die Kasusform der zugehörigen NP. Genauer: sie verlangen einen obliquen Kasus. Mit diesem Kriterium sind die **Vergleichspartikeln** (→ 162) *als* und *wie* aus 15
dieser Gruppe ausgegliedert: sie zeigen keine Rektion, sondern die von ihnen verbundenen NP zeigen via Kongruenz gleichen Kasus, natürlich auch Nom.

Wesentlich schwieriger sind die **Modalpartikeln** (→ 164) abzu- 16
grenzen. Sie sind erst seit ca. 25 bis 30 Jahren ein Thema in der Forschung, und das ist eine sehr kurze Zeit. Sie sind morpholog. unveränderlich und haben auch keine morpholog. Fernwirkungen wie Rektion und Kongruenz. Die Kategorie MP kann also nur aufgrund syntakt. Eigenschaften der Verwendung, also der syntakt. Funktion MP identifiziert werden. Wir behelfen uns vorerst mit einer listenartigen Aufzählung:

(1-9) *eben, doch, ja* (V-2-Aussagesatz)
(1-10) *auch, denn, wohl, etwa, eigentlich* (V-1-Fragesatz)
(1-11) *bloß, denn, doch, nur, schon, wohl* (*w*-V-2-Fragesatz)
(1-12) *bloß, eben, halt, doch, nur, ja, schon* (V-2-Imp.-Satz)
(1-13) *bloß, doch, nur* (V-1-Wunschsatz)
(1-14) *aber, auch, vielleicht* (Exklamativsätze)

Es zeigt sich also bereits, dass diese Verwendung essentiell mit Satztypen (oder Aussageweisen, die mit diesen Satztypen verknüpft sind) zu tun haben, aber nicht in dem Sinn, dass sich die Teilmengen nicht gegenseitig überlagern. Diese Zuordnung zu Satztypen ist also bereits ein wichtiges Merkmal zur Abgrenzung der Gruppe der MP (→ 64).

Auf einen besonders schwierigen Punkt soll noch hingewiesen werden: alle Wörter, die als mögliche MP angeführt wurden, treten noch in anderen syntakt. Funktionen auf, z.B. *nur, auch* in GP-Funktion. Je nach Funktion haben diese Partikeln unterschiedliche Bedeutung, wobei diese Bedeutung denkbar schwer zu fixieren ist, und damit stellt sich die Frage, ob es sich überhaupt um ein Wort mit einer Kategorie und mehreren syntakt. Funktionen handelt, oder aber um mehrere homonyme Wörter mit je einer syntakt. Funktion. Bei den Partikeln scheint es also plausibel, Kategorie und Funktion parallel zu konstruieren., d.h. die genaue Partikelkategorie ergibt sich immer erst aus der jeweiligen Funktion im syntakt. Kontext.

17 *1.2.3. Wortartenklassifikation*

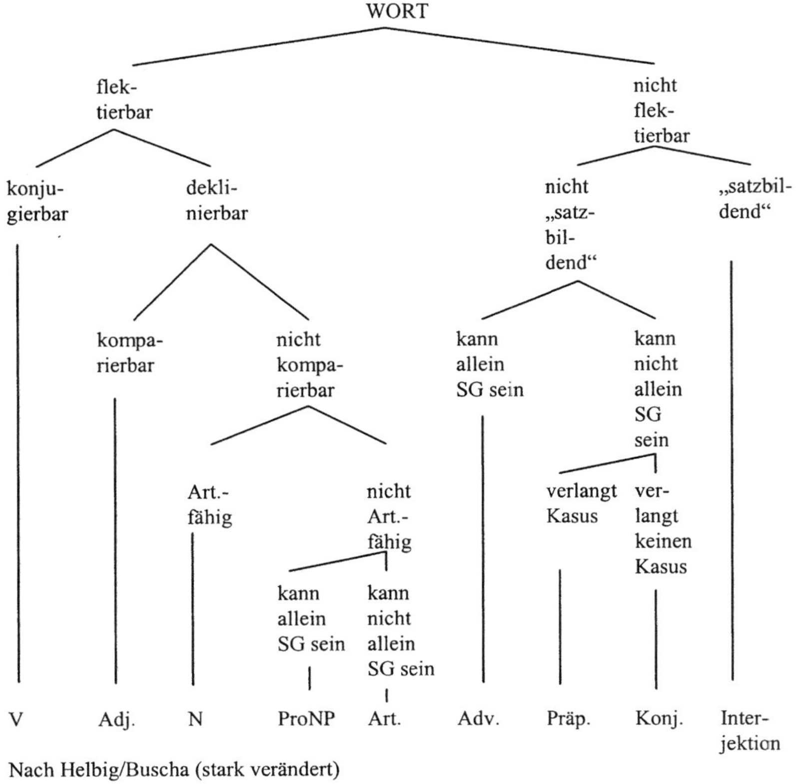

Nach Helbig/Buscha (stark verändert)

Das Schema gibt nur einen groben Überblick und ist auch nicht annähernd vollständig.

Zur Vertiefung:
Busse, D. [1997]: Wortarten und semantische Typen. Überlegungen zu den Grundlagen der lexikalisch-syntaktischen Wortarten-Klassifikation. In: Dürscheid, Chr. e.al. (eds.), Sprache im Fokus. FS H. Vater. Tübingen: Niemeyer, S. 219-240

1.2.4. Lexikalische Kategorien

1.2.4.1. Verb (V) 18

Durch die morpholog. Eigenschaften gut abgrenzbare Kategorie mit weitgehend stabilen Eigenschaften. Allerdings gibt es relativ viele defektive V.

- morpholog. Markierung: Konjugation = Ps. + Numerus + Modus + Tempus + Genus Verbi. Beachte defektive V (= V ohne vollständiges Paradigma: **ich staubsauge, *ihr prämienspart*): *staubsaugen, prämiensparen.*
- morpholog. Fernwirkung: Rektion (→ 64): *jemand gibt jemandem etw.; jemand erinnert sich einer Sache/jemand erinnert sich an etw.*
- nach den möglichen syntakt. Funktionen:
  - VV (→ 111): *regnen, fliegen, plappern, sich erinnern.*
  - MV (→ 114): *sollen, können, müssen, dürfen, wollen, werden* (?), *brauchen* (?)
  - HV (→ 112): *sein, haben, werden, bekommen, kriegen.*
  - KV (→ 113): *sein, werden, bleiben.*

  Diese vier Gruppen werden hier als syntakt. (Sub-)Funktionen betrachtet, nicht als Subkategorien.

1.2.4.2. Adjektiv (Adj.) 19

Durch die morpholog. Eigenschaften gut abgrenzbare Kategorie mit weitgehend stabilen Eigenschaften. Problematisch ist die Abgrenzung von Part. I & II. Letztere gelten als nicht komparierbar.

- morpholog. Markierung: **stark** (st.) (in NP ohne Art.), **schwach** (sw.) (in NP mit def. Art.) und **gemischt** (gem.) (in NP mit *ein, kein* und Poss.Pron.) deklinierbar und meist komparierbar. Beachte defektive Adj. (*lila, allein, entzwei* usw.; aber: ?*ein lilanes Kleid*) und nicht-komparierbare absolute Adj. (*tot, verheiratet, ledig* usw.: *Karl ist *verheirateter*)
- morpholog. Fernwirkung: in präd. Verwendung haben manche Adj. Rektion (→ 64): *e.S. würdig sein, jemandem dankbar sein.*

- mögliche syntakt. Funktionen:
  - attr.: *der schnelle Otto* (pränom. kongruent zur Kern-NP, st./sw./gem. flektiert je nach Art.); *Tchibo mild* (postnom., unflektiert)
  - präd.: *Klara ist tüchtig* (unflektiert)
  - (mod.)adv.: *der Wagen fährt schnell* (unflektiert, ohne Adv.-Endung. Deshalb ist es hier nicht sinnvoll, von einem Adj.-Adv. zu sprechen.

20 1.2.4.3. Substantiv (N)

Durch die morpholog. Eigenschaften relativ gut abgrenzbare Kategorie mit weitgehend stabilen Eigenschaften. Problematisch sind die nom. Verwendungen von Adj., verb. Inf. und Adv.

- Subkategorien:
  - Eigennamen: *Florian, Gödel, F.J. Strauß, Karl der Große*
  - Stoffnamen: *Mehl, Holz, Wasser im Urzustand*
  - Abstrakta: *Klugheit, Eigensinn, Respekt*
  - Gattungsnamen: *Wale sind Säugetiere*
  - indef. Pluralia: *Straßen (im Voralpenland)*
- morpholog. Markierung: deklinierbar nach den Kategorien Kasus und Numerus. Genus ist keine morpholog., sondern eine lexikal. Kategorie von N (bis auf wenige Ausnahmen)!
- morpholog. Fernwirkung: v.a. in präd. Verwendung haben manche N Rektion (→ 64), v.a. deverb. Abstrakta: *Hoffnung auf etw.*
- mögliche syntakt. Funktionen: als Kern/„Kopf" einer NP.

21 1.2.4.4. Pronomen (ProNP)

Eine Kategorie mit vielen – oft recht heterogenen – Subkategorien. Die genaue Abgrenzung zwischen Kategorie und Funktion ist etwa bei *der/die/das* (Art., Dem.Pron., Rel.Pron.) schwierig.

- Subkategorien:
  - Pers.Pron.: *er, sie, es* (Sg.); *sie* (Pl.)
  - Rollendeiktika: *ich, du, wir, ihr*
  - Dem.Pron.: *der/die/das, dieser, jener, derjenige*
  - Indef.Pron. und Num.: *jemand, man, etwas, jeder, alle, nichts, viele, einige, manche...*
  - Refl.Pron.: *mich, dich, sich ...*
  - Rez.Pron.: *einander*
  - *w-* Wort (Interrogativ-Pron.): *wer, welcher*

  - *d*-Wort (Rel.Pron.): *der, welcher*
- morpholog. Markierung: deklinierbar (Pronom.-Flexion), meist auch mit der Kategorie Genus;
  Achtung: Indeklinable wie *es, man, was*
- keine morpholog. Fernwirkung
- mögliche syntakt. Funktionen: für eine NP (in den unterschiedlichsten syntakt. Funktionen); meist nicht attribuierbar; die quantifizierenden verhalten sich teilweise Art.-ähnlich: *jeder Mensch*, oder Attr.-ähnlich: *ein jeder Mensch*

1.2.4.5. Artikel/Determinator (Art./Det.) 22

Es könnte sein, dass es sich primär nicht um eine Kategorie, sondern um eine syntakt. Funktion von ProNP, Quantoren etc. handelt (→ 150f.).
- Subkategorien:
  - defin.: *der, die das*
  - indefin.: *einer, eine, ein; irgendein*
  - möglicherweise auch quantifizierende: *jed-, all-, manch-*
- morpholog. Markierung: Pronom.-Flexion mit Numerus, Kasus und Genus gesteuert via Kongruenz durch das Kern-N einer NP
- mögliche syntakt. Funktionen: nur Art. (!)

1.2.4.6. Adverb (Adv.) 23

Durch weitgehend fehlende morpholog. Merkmale schwierig abzugrenzende Kategorie, v.a. gegenüber defektiven Adj. (→ 19) und verschiedenen Partikel-Klassen (→ 170ff.).
- Formale Subkategorien:
  - reine Adv.: *gestern*
  - Pro-Adv.: *damals*
  - Pronominal-Adv., auch ProPP (Pro-Adv. + Präp.): *dadurch, damit*
- Semantische Subkategorien:
  - Dir.Adv.: *dorthin*
  - Lok.Adv.: *hier, dort*
  - Temp.Adv.: *dann, jetzt, abends*
  - Dur.Adv.: *bisher, lange*
  - Iter.Adv.: *oft, manchmal*
  - Mod.Adv.: *so, genug, gern*
  - Kaus.Adv.: *daher, folglich*
- morpholog. Markierung: nicht flektierbar; einige wenige Adv. sind komparierbar: *oft – öfter*. Insofern keine Partikeln

- mögliche syntakt. Funktionen: advb., präd. und attr.: *er läuft dort – er ist dort – der Hund dort/dort der Hund*

1.2.4.7. Partikeln

Die Partikeln werden aufgrund ihrer morpholog. Undifferenzierbarkeit (→ 14ff.) bei den syntakt. Funktionen genauer erläutert. (→ 152, 170ff.)

1.2.5. Phrasenkategorien

24 1.2.5.1. Satzkategorie

Folgende Strukturen sind zu unterscheiden:

25 - **satzförmig**: diese Strukturen bestehen aus einem regierenden (fin.) V und mindestens seinen (obl.) Ergänzungen.

26 - **satzwertig** (aber nicht satzförmig): diese Strukturen zeigen alle Merkmale eines Satzes (z.B. selbständiges Tonmuster (→ 110)), es fehlen aber an sich obl. (ergänzbare) Teile, z.B. bei Inf.-Gruppen Subj. + Finitheit des V (→ 233ff.), bei Koordination (fast) beliebige Teile, die aber ergänzt werden können (→ 217ff.); daneben gibt es sog. infin. HS-Strukturen (→ 265), die nicht zu vollständigen Sätzen ergänzt werden können/dürfen.
  (1-15) *in die Uni (zu) gehen* (Inf.-Gruppe)
  (1-16) *Die Uni schwänzen möcht ich heute schon ganz gern.* (Inf.-Gruppe)
  (1-17) *Ja./Nein./Doch./Schon.* (Antwortpartikeln)
  (1-18) *Echt ätzend./Freilich./Nicht wahr/Guten Tag!*
  (1-19) *Zurückbleiben!/Rasen nicht betreten!* (inf. HS-Struktur)

Satzförmige Strukturen können nach den unterschiedlichsten Kriterien eingeteilt werden, z. B.

- Uneingeleitet vs. eingeleitet (durch subord. Konj.): uneingeleitete Sätze haben V-1-oder V-2-Stellung. Die meisten uneingeleiteten Sätze sind selbständig. Ausnahmen (→ 226ff.) bilden uneingeleitete Kond.Sätze (1-20) und V-2-Sätze nach *verba dicendi et sentiendi* (1-21).
  (1-20) *Wäre jetzt nicht Seminar, könnte ich im Biergarten sitzen.*
  (1-21) *Er sagte/meinte/fühlte, es könne nur noch besser werden.*

  (Mit subord. Konj.) eingeleitete Sätze haben V-L-Stellung.
  (1-22) *Weil ich in die Uni muss, kann ich nicht zum Baden gehen.*
- Nach der Valenz des regierenden V/Präd.: (in)trans. Sätze.
- Nach dem Satzmodus: Aussage-, Frage-, Imp.-, Wunsch-, Exklamativ-Satz (→ 241ff).

Zur Vertiefung:

Ehlich, K. [1992]: Zum Satzbegriff. In: Hoffmann, L. (ed.): Deutsche Syntax. Ansichten und Aussichten. Berlin: de Gruyter, S. 386-395

1.2.5.2. Verbalphrase (VP) 27

Die VP besteht aus verb. Teilen (dem „engen" V-Komplex) mit dem regierenden V/Präd. und seinen obl. Ergänzungen außer dem Subj.

(a) (enger) V-Komplex: So bezeichnet man die rein verb. Bestandteile der VP. Mögliche Konstellationen: 28

(a1) Vollverb (VV): 29

- mit unterschiedlicher Valenz:
  - nullstellig: *regnen, blitzen*
  - einstellig: *weinen, frieren, schlafen*
  - zweistellig: *lieben, suchen, helfen*
  - dreistellig: *nennen, geben*
- mit unterschiedlicher Rektion:
  - mit NP im Gen.: *seiner gedenken*
  - mit NP im Dat.: *der Mutter helfen*
  - mit NP im Akk.: *das Buch lesen*
  - mit PP: *an das Gute glauben*

(a2) fin. Hilfsverb (HV) + infin. VV 30

- Perf.: *ist gegangen, hat genommen*
- Fut.: *wird kommen, wird gestohlen haben*
- werden-Pass.: *wurde gefragt*
- Dat.-Pass.: *hat gesagt bekommen*
- Zustands-Pass.: *ist geschlagen*

(a3) fin. Modalverb (MV) + infin. VV: *kann kommen, muss gehen* 31

(a4) fin. Kopulaverb (KV) + Präd. 32

- KV + präd. NP: *ist/bleibt ein Schwindler, nennt ihn einen Lügner*
- KV + präd. Adj.: *wird groß, ist süchtig*
- KV + präd. PP (→ 281): *ist in Sorge*
- KV + präd. Adv.: *ist vergebens*

  Natürlich sind präd. NP/Adj./PP/Adv. keine verb. Ausdrücke; trotzdem rechnet man sie überwiegend zum engen V-Komplex.

1.2.5.3. Nicht-verbale Konstituenten 33

Dafür kommen folgende Kategorien in Frage: NP, PP, Adv., Adj., Satz

(a) Nominalphrase (NP): 34

- Kategoriale Füllung:

- Nomen (N) (mindestens eingliedrig): *Wale, Albert Einstein, Aussenminister Fischer*
- Art. und N (mindestens zweigliedrig): *ein Maler, der Baum*
- ProNP: *ich, jeder, viele*

35 - Mögliche Erweiterungen der NP

36 - **Artikel** (Art) (wo er nicht obl. ist): der Art. steht immer vor dem subst. Kern: *ein F.J. Strauß, das München der zwanziger Jahre, *der er, eine Sie, das Ich, die alle, *die einige,, ?die manchen* (> zahlreiche Konstellationen)

37 - **Adjektiv-Attribute** (Adj.Attr.) (→ 142)
   - pränom. (beachte die Kongruenz): koord.: *ein kleines, schmales Mädchen;* subord.: *ein neues (*und) literarisches Buch*
   - postnom.: nicht iterierbar, morpholog. unmarkiert: *Röslein rot, Hänschen klein, Tchibo mild*

38 - **Genitiv-Attribute** (Gen.Attr.) (→ 140)
   - pränom.: bei Eigennamen möglich, sonst stilistisch stark markiert; kaum iterierbar, Art.-Unverträglichkeit: *Vaters/Egons Heimfahrt, ?des Vaters Feststellung, ?des Helfers der Politiker Untergang, Karls neues Haus, *dieses Karls neues Haus*
   - postnom.: gut (subord.) iterierbar; steht vor PP-Attr.: *das Haus der Mutter am Waldrand; einige Straßen des Bundes*

39 - **Präpositional-Attribute** (PP-Attr.) (→ 141): sie stehen am Ende der NP nach den postnom. Gen.Attr., aber vor Rel.Satz.Attr.: *das neue Haus der Eltern in der Innenstadt, die Hoffnung auf Wiederkehr*

40 - **Attributsätze**

41 - **Relativsatz-Attribute** (Rel.S.Attr.) (→ 144): sie stehen am rechten Rand der NP, auch als indirekte *w*-Fragen: *das Fahrrad der Mutter, das gestern geklaut wurde; die Frage, was er tut*

42 - **Konjunktional-Satz-Attribute** (Konj.S.Attr.) (→ 145): der subst. Bezugsausdruck ist meist eine deverb. Nominalisierung (Valenz-Vererbung): *die Hoffnung, dass er kommt; die Frage, ob sie kommt*

43 - **adverbielle Attribute** (→ 143): *der Baum dort – dort der Baum; die Verhältnisse damals – damals die Verhältnisse.* Voranstellung von präskriptiven Grammatiken meist verboten, kommt aber in Belegen relativ oft vor.

44 - **partizipiale Attribute** (→ 142): Part. und Ergänzungen dazu (oder Attr.?) in pränom. Position: *der vom lieben Gott mit Blindheit geschlagene Hiob; die jeden Angriff geschickt parierende Gutachterin*

(b) Präpositionalphrase (PP): Der Kern ist eine NP mit den üblichen Substrukturen (→ 34f.). 45

Subkategorien nach Art der Präp.:
- Präposition: *vor dem Haus, in der Grube*
- Postposition: *den Zaun entlang*
- Zirkumposition: *um die Stadt herum*

Subkategorien nach der Art der kategorialen Füllung:
- Präp. + NP: *auf der steilen Straße, bei ihm*
- Präp. + (reines) Adv.: *seit gestern*
- Präp. + Pro-Adv.: *seit damals*
- Pro-PP (=Pronominal-Adv.): *dadurch, damit, stattdessen*
- Präp. + Satz: *außer dass er nichts weiß*
- Präp. + Inf.: *statt zu arbeiten*

Zur Vertiefung:

Valentin, P. (ed.) [1992]: Rechts von N. Untersuchungen zur Nominalgruppe im Deutschen. Tübingen. Narr

1.3. Morphologische Mittel 46

1.3.1. Grundbegriffe

Morphologische Kategorie: Klassifikation morpholog. Merkmale unter funktionalem Aspekt, z.B. Kasus, Numerus, Tempus etc. Das Ergebnis sind Klassen von Merkmalen mit gleichen funktionalen Eigenschaften. 47

Morphologische Markierung: Damit werden die konkreten Morpheme bezeichnet, z.B. kann die 3. Ps. Sg. beim fin. V durch *-et* (*sie redet*) im Präs., durch *-ete* (*sie redete*) im Prät. ausgedrückt werden. 48

Als **Morphologisches Merkmal** bezeichnet man die Klassifikation der konkreten morpholog. Markierung, z.B. 3. Ps. Sg. Ind. Präs. Akt. 49

1.3.2. Verbmorphologie 50

1.3.2.1. Finites Verb 51

Die fin. Kennzeichnung eines V sichert seine Zuordnung zum engeren V-Komplex.

- Person: 1., 2., 3. Ps.
- Numerus: Sg., Pl.
- Modus: Ind., Konj., Imp.
- Tempus: Präs., Prät., Perf., Pqp., Fut.
- Genus verbi: Akt., Pass.

52 1.3.2.2. Infinites Verb

Die infin. Kennzeichnung (→ 234) kann, muss aber nicht Zugehörigkeit zum engeren V-Komplex ausdrücken.

- Inf. I
- Part. I und II

Zugehörigkeit zum engeren V-Komplex:

(1-23) *hatte gesagt gehabt* (Part. II ohne Flexion)

Zugehörigkeit zur NP:

(1-24) *Laufen* (nominalisierter Inf.) *ist gesund.*

(1-25) *einem geschlagenen Manne* (Part. II mit adj. Flexion)

53 *1.3.3. Nominalmorphologie*

Sie tritt bei N, Adj., ProNP, Art. und Inf. auf. Die Kasusmorphologie hilft bei der Festlegung der syntakt. Funktion.

54 1.3.3.1. Person

1., 2., 3. Ps. Bei ProNP herrscht Kongruenz zwischen Subj. und fin. V.

55 1.3.3.2. Numerus

Sg. und Pl. es besteht Kongruenz innerhalb der NP und zwischen dem Subj. und dem fin. V.

56 1.3.3.3. Kasus

Nom., Gen., Dat., Akk. Kasuskongruenz besteht innerhalb der NP; die Rektion des V oder der Präp. bestimmen den Kasus der NP:

(1-26) *den Hofgarten* (Akk.) *retten*

57 • **Nominativ**: Subj.-NP (→ 121)

(1-21) *Der Mann/Er/Jener unbekannte Fremde öffnet die Türe*

präd. NP (→ 218)

(1-28) *Stefan ist ein engagierter Lehrer*

Nom. tritt nie aufgrund der Rektion eines V oder einer Präp. auf.

58 • **Genitiv**: GenO-NP (→ 123)

(1-29) *der Verstorbenen gedenken*

Gen.Attribut (→ 140)

(1-30) *der Wagen meiner Mutter*

gen. Advb. (→ 57)

(1-31) *des Nachts*

(1-32) *wegen seines Alters* (Rektion der Präp.)

• **Dativ**: DatO-NP (→ 124) 59

(1-33) *dem Mann helfen*

(1-34) *der Polizei das Auto wegfahren*

freie Dat. (→ 135)

(1-35) *Geh mir vom Leib!* (dativus ethicus)

(1-36) *Er fährt ihr das Auto in die Garage* (dativus commodi)

Rektion der Präp.

(1-37) *wegen ihm*

(1-38) *ihr zuliebe*

• **Akkusativ**: AkkO-NP (→ 125) 60

(1-39) *jemanden lieben*

Maßadvb. im Akk.

(1-40) *2 km laufen*

Rektion der Präp.:

(1-41) *in die Gosse fallen*

(1-42) *den Fluß entlang gehen*

1.3.3.4. Genus 61

Mask., Fem. und Neutr. bei ProNP und Art. Bei N ist Genus eine inhärente, lexikal. Kategorie. Bei N und Adj. ist Genus also keine morpholog. Kategorie.
Achtung: es gibt aber genusspezifische Nominalisierungssuffixe, vgl. N auf *-ung, -heit, -keit* sind fem.

1.3.3.5. Komparation 62

Positiv, Komparativ und Superlativ (Elativ). Tritt nur bei Adj. und einem Teil der Adv. auf.

1.3.4. Morphologische Fernwirkungen 63

1.3.4.1. Kongruenz 64

Mit **Kongruenz** bezeichnet man eine symmetrische Relation zwischen zwei oder mehr Teilausdrücken in bestimmten Kategorien, die durch die Verwendung identischer morpholog. Markierung gesichert wird.
Kongruenz zwischen Subj. und V:

(1-43) *Paula* (Sg.) *liebt* (Sg.) *alle Männer.*
Paula lieben (Pl.) *alle Männer* (Pl.).

Kongruenz innerhalb einer NP:

(1-44) *eines* (Gen.) *begabten* (Gen.) *Kindes* (Gen.)

In manchen Fällen gibt es Verletzungen der Kongruenzregel:

(1-45) *Du* (2. Ps.) *und deine Frau* (3. Ps.) *kommt* (2. Ps.)/*kommen* (3. Ps.) *heute nicht.* („Ihr kommt heute nicht.")

(1-46) *1 Pfund* (Sg.) *Äpfel kostet* (Sg.) *4 Mark./2 Pfund Äpfel* (Sg.) *kosten* (Pl.) *24 Mark.*

65 1.3.4.2. Rektion

Rektion ist die Bezeichnung für eine asymmetrische Relation zwischen sprachlichen Ausdrücken, wobei die regierende Konstituente (Regens) eine morpholog. Kategorie des abhängigen Ausdrucks (Rektum) bestimmt, ohne selbst diese Kategorie aufzuweisen. Das regierende Element ist ein V, ein Adj. oder eine Präp.

Rektion des V (Valenz): das regierende V bestimmt die Kasus seiner obl. Ergänzungen (→ 121ff.), bzw. bei PO die Art der Präp.:

(1-47) *Er überließ sie ihrem Schicksal.*

(1-48) *Alle glauben an die Metaphysik.*

Rektion des Adj.: das Präd. bestimmt den Kasus seiner Ergänzung:

(1-49) *Sie ist dieser Auszeichnung würdig.*

(1-50) *Er ist mir fremd.*

Rektion der Präp.: Präp. regieren oblique Kasus in der NP. Dabei können semantisch bedingt Alternativen auftreten:

(1-51) *auf der Straße gehen* vs. *auf die Straße gehen*

1.3.5. Wortbildung

Über z.B. Ableitungen kann sich die Wortart, mit ihr die syntakt. Kategorie und dadurch die gesamte Satzsemantik ändern:

(1-52) *die Schauspielerin war auffällig(erweise) angezogen.* (Adj. in mod.-adv. Verwendung vs. als SAdv)

1.3.6. Übung zur Morphologie

(1-53) *Natürlich wissen wir, dass für die „Schönheit" eines Satzes seine Form ebenso entscheidend ist wie sein Inhalt, und zur Form eines Satzes gehört nun einmal neben seinen Wörtern die Grammatik, mit der diese Wörter zu einem Satz zusammengefügt sind.*

(1-54) *Wo eine Menge sonderbare Sachen herumliegen.* (Th. Mann)

(1-55) *Die Leute hier, vor allem die Landbevölkerung, ist nie nationalsozialistisch gewesen.* (Spiegel)

1. Geben Sie bei allen flektierten Wörtern in (1-53) die morpholog. Markierung an, und zwar nicht nur die aufgrund der syntakt. Funktion realisierte, sondern alle möglichen!
2. Geben Sie alle Fälle von Rektion und Kongruenz in (1-53) an!
3. Was fällt an (1-54) und (1-55) stilistisch auf?

1.4. Reihenfolgemarkierung 66

Sie wird auch **topologische Markierung** genannt. Wenn die Markierungsfunktion der Reihenfolgeeigenschaften verstanden werden soll, dann kann man das nicht nur punktuell besprechen dort, wo diese Konstellation auftritt, sondern man muss das Gesamtsystem wenigstens in groben Zügen darstellen.

Im Dt. haben wir eine relativ klare Hierarchie der topolog. Ebenen:

- die V-Stellungstypen (→ 67ff.)
- die Klammerstrukturen (→ 71f.)
- die Stellungsfelder (→ 82)

(- die Herausstellungsstrukturen)

- die SG-Folge in den Stellungsfeldern (→ 88)
- die Wortfolge in den Stellungsgliedern (→ 93)
- die Partikel-Positionen (→ 170ff.)

1.4.1. Topologischer Aufbau bei den drei Verbstellungstypen

Die topolog. Basis jedes Satzes bildet der **Stellungstyp des fin. V.** Im Dt. unterscheidet man drei Stellungstypen, die Erst-, Zweit- und Letzt-Stellung. Diese drei V-Stellungstypen kennzeichnen unmittelbar syntakt. Strukturen. V-1 und V-2 kennzeichnen sogenannte HS, selbständige Sätze, während V-L unselbständige, untergeordnete Sätze kennzeichnet (für eine detaillerte Diskussion und Ausnahmen → 226):

(1-56) *Er kann die Brigitte nicht leiden./Kann er die Brigitte nicht leiden?/...weil er die Brigitte nicht leiden kann.*

Neben der Markierung selbständiger und unselbständiger Sätze hat die V-Stellung auch die Funktion, bei der Fixierung der Satztypen im Satzmodussystem mitzuwirken. So hat der normale Aussagesatz V-2-Stellung, der Entscheidungsfragesatz V-1-Stellung, und der Imp.-Satz meist V-1-Stellung. Aber auch selbständige V-L-Typen kommen vor. Für das

Gesamtsystem der Satzmodi und die Bedeutung der V-Stellung als konstituierendes Element → 241ff.

67 1.4.1.1. Verb-Zweit-Satz

Typische V-2-Sätze sind der Aussagesatz (→ 246) und der *w*-Fragesatz (→ 248).

V-Stellung			fin. V = V-2		infin. V		
Klammerstruktur			= klö		= klschl		
Stellungsfeld		VoF, 1 SG		MiF, 0-X SG		NaF, 0-2 SG	
Herausstellung	Herausst. nach links			Appos., Parenthese			Herausst. nach rechts
Beispiel: Aussagesatz	*Die Brigitte,*	*die*	*kann*	*er, blöd wie er ist, nun einmal nicht*	*leiden*	*im Seminar,*	*der Karl*
Beispiel: w-Fragesatz		*Wie*	*bist*	*du gestern nach Hause*	*gekommen,*	*so spät am Abend?*	

1.4.1.2. Verb-Erst-Satz 68

Typische V-1-Sätze sind der Entscheidungsfragesatz (→ 247), der Imp.-Satz (→ 249) und der Wunschsatz (→ 250).

V-Stellung		fin. V = V-1		infin. V		
Klammerstruktur		= klö		= klschl		
Stellungsfeld			MiF, 0-X SG		NaF, 1-2 SG	
Herausstellung	Herausst. nach links		Appos., Parenthese			Herausst. nach rechts
Beispiel: Entscheidungsfragesatz	*Was die Brigitte betrifft,*	*kann*	*er die eigentlich*	*leiden*	*so privat,*	*der Karl?*
Beispiel: Imperativ-Satz	*Was die Party heute abend betrifft,*	*räum'*	*erst 'mal dein Zimmer*	*auf,*		*Du Schlampe!*
Beispiel: Wunschsatz		*Wär*	*ich doch nur zu Hause*	*geblieben,*		*ich Esel!*

69 1.4.1.3. Verb-Letzt-Satz

Typische Beispiele für V-L-Sätze sind der Konj.-Satz (→ 145) und die *w-/d*-Rel.Sätze (→ 144).

V-Stellung					fin. V= V-L		
Klammerstruktur		subord. Konj. = klö			(+ infin. V) = klschl		
Stellungsfeld			MiF, 0-X SG			NaF, 0-2 SG	
Herausstellung	Herausst. nach links			Appos., Parenthese			Herausst. nach rechts
Beispiel: Konjunktionalsatz	*Was die Brigitte betrifft,*	*dass*	*er die,*	*blöd wie er ist, nicht*	*leiden kann,*	*im Seminar,*	*der Karl, ...*
Beispiel: Rel.Satz		*Wer*	*(wer) immer nur*		*rastet, ...*		

Achtung: bei Rel.Sätzen hat das Rel.Pron. eine topolog. Doppelfunktion: als Einleitungselement ist es klö **und** gleichzeitig als SG erstes Element des MiF!

1.4.2. Klammerstrukturen

70 Die nächste Ebene der topolog. Hierarchie ist die **Klammerstruktur.** Wenn wir uns nicht täuschen, hat diese Klammerstruktur in ihren verschiedenen Ausprägungen keine andere als eine rein topolog. Funktion. Sie dient nur dazu, das topolog. Räderwerk in Gang zu halten.

Alle Klammerstrukturen bestehen

71 - **klammeröffnenden Element (klö)**: es ist in allen fin. Strukturen realisiert und besteht fast immer nur aus einem Wort. Dieser Ausdruck bildet die linke MiF-Grenze und, soweit ein VoF vorhanden ist, die rechte VoF-Grenze.

- **klammerschließenden Element (klschl)**: es ist nur bei V-L obl. realisiert und kann aus mehreren Wörtern bestehen. Soweit realisiert bildet es die rechte MiF- und die linke NaF-Grenze. 72

Beide Teile der Klammerstruktur umschließen das MiF. Dies ist vermutlich auch die einzige Funktion der Klammerstruktur; eine Bedeutung darüber hinaus, als syntakt. Mittel beim Aufbau syntakt. Strukturen, ist nicht erkennbar. Die Ausprägungen der V-Klammer bei V-L einerseits und bei V-1/V-2 andererseits sind grundlegend verschieden.

1.4.2.1 Verb-Letzt-Klammer („Gliedsatzklammer") 73

Sie ist immer komplett realisiert, nie als sogenannte „offene Klammer".

Um V-1- oder V-2-Sätze zu testen, ist es oft nützlich, sie in V-L-Sätze umzuformen:

(1-57) *Er befand sich mehrere Tage in der Universität.*
klö (befand) – klschl ? (in der Universität)

(1-58) *..., dass er sich mehrere Tage (*befand) in der Universität befand.*

→ *in der Universität* könnte Teil des klschl Elementes sein.

(1-59) *Er befand sich in der Universität mehrere Tage.*
klö (befand) – klschl? (mehrere Tage)

(1-60) *..., dass er sich in der Universität (befand) mehrere Tage befand.*

→ *mehrere Tage* kann nicht klschl Element sein.

Klö Element ist in diesem Fall das Einleitungselement, das V-L steuert. Dabei sind die echten subord. Konj. (*dass, ob*) sowie die adv. subord. Konj. (*weil, als, während, solange, obwohl ...*) problemlos (→ 160).

Dagegen sind die Relativpronomina aller Art (*d/w*-Relativa, adv. Relativa) problematisch, weil sie SG-Status haben und insofern auch im MiF stehen könnten. Da die uns zur Verfügung stehenden Kriterien hier nichts entscheiden, nehmen wir an, dass die Relativpronomina sowohl klö Element als auch erstes Element im MiF sind.

Klschl Element ist hier der enge Prädikatskomplex(→ 129), also infin. (so vorhanden) und fin. V-Formen, und zwar in dieser Anordnung, außer wenn ein Fall von **MV-Regel** vorliegt. Diese normative Regel legt fest, dass bei einem engen V-Komplex aus infin. VV, MV und fin. HV letzteres den anderen V-Formen vorausgeht (vgl. (1-63)). 74

(1-61) *..., weil er seiner Freundin ein Buch geschenkt hat heute.*
klö (weil) – klschl (geschenkt hat)

(1-62) *..., als wir befragt worden waren von ihm.*
klö (als) – klschl (befragt worden waren)

(1-63) ..., *er, der/wer sie die Arie hatte singen hören wollen.*
klö + MiF klschl

Die Klammerteile sind praktisch nicht verschiebbar.

1.4.2.2. Klammerstrukturen bei Verb-Erst- und Verb-Zweit-Sätzen

Hierbei ist das klö Element obl. das fin. V, das klschl Element ist fakultativ, es muss nicht realisiert sein. Die Grenze zwischen MiF und NaF kann also fließend sein. Daraus resultieren zahlreiche Schwierigkeiten, denen man mit Hilfe einer Liste von möglichen klschl Ausdrücken zu begegnen sucht.

In der nachfolgenden Liste sind die klschl Ausdrücke so angeordnet, dass die plausibelsten am Anfang, die umstrittensten am Ende stehen. Einigkeit herrscht in der Literatur nur bei den ersten zwei Typen.

75 **a) Verbale Klammer**

Klö Element ist das fin. V; klschl Ausdruck können hier alle denkbaren Kombinationen aus infin. HV, MV oder VV sein, je nach der inneren Struktur des engen Prädikatskomplexes.

(1-64) *Er musste seiner Schwester das Buch geben.*
klö klschl

76 **b) Partikelverbklammer**

Klö Element ist hierbei der fin. V-Stamm, klschl Element die trennbare V-Partikel. Unter diesen Typ fallen nicht nur die Partikel-V im engeren Sinn, sondern alle komplexen V, die trennbar sind.

(1-65) *Der Zug fährt um 7 h ab vom Bahnhof.*
klö klschl

Ein Problem bilden hierbei allerdings Ausdrücke, bei denen man nicht klar zwischen syntakt. Struktur und Wortbildungsstruktur unterscheiden kann.

(1-66) *Ich gebe dem Kind den Ball wieder.*
klö klschl (?)
(*wieder* als V-Partikel oder freies Temp.-Advb.?)

(1-67) *Erschrocken schaut er in die Grube hinein.*
klö klschl (?)
(*hineinschauen* oder *in die Grube hinein*?)

77 **c) Teile eines verbalen Idioms**

(z.B. Obj.-Inkorporationen, FVG (→ 115ff.))

Klö Element ist das fin. V; als klschl Teil wird der nom. V-Bestandteil angesehen.

(1-68) *Ich fahre sehr gerne Rad/Auto im Sommer.*
klö klschl
(Obj.-Inkorporation)

(1-69) *Er bringt das Delikt zur Anzeige.* (FVG)
klö klschl

(1-70) *Leider ging im Prüfungsstreß die Beziehung in die Brüche.*
klö klschl
(verb. Idiom)

d) Obligatorische Lokal- oder Direktionaladverbiale (→ 127) 78

Auch sie können als klschl Elemente gewertet werden; sie treten bei V der Befindlichkeit und bei V der gerichteten Bewegung auf. Auch hier könnte einfach obl. Position am MiF-Ende vorliegen. Klö ist wieder das fin. V.

(1-71) *Er stellte die Kiste mit einem großen Knall auf den Tisch.*
klö klschl

e) Prädikativklammer (→ 118) 79

Klö ist dabei die fin. Kopula, klschl Element das Präd. Dabei ist zu beachten, dass Adj., NP, PP und Adv. als Präd. auftreten können. Hier ist besonders schwer zu entscheiden, ob das Präd. wirklich klschl Element ist, oder ob es nicht doch dem MiF angehört. Es könnte sich hier auch um eine obl. Position der Präd. am MiF-Ende handeln. Diese Konstellation wäre kaum von einem klschl Element zu unterscheiden.

(1-72) *Die Alpen sind wirklich schön bei Sonne.* (Adj.)
klö klschl

(1-73) *Er ist seit seiner Kindheit ein großer Gourmet.* (NP)
klö klschl

(1-74) *Die Mutter war den ganzen Tag in großer Sorge.* (PP)
klö klschl

(1-75) *Maria ist seit gestern abend dort.* (Adv.)
klö klschl

f) Die Negationsklammer 80

Diese Klammerstruktur wird nur von wenigen Forschern vertreten. Klö ist auch hier das fin. V. Die Satznegation *nicht* gilt dann als klschl Element. Wir selber halten diesen Klammertyp nicht für plausibel, vor allem weil diese Hypothese bei abhängigen Sätzen (V-L) zu unmöglichen Konstrukten führt (vgl. (1-77)).

(1-76) *Er traf ihn im Kino nicht*
klö klschl
Er traf ihn nicht im Kino.
klö klschl (?)

(1-77) ..., *dass er ihn im Kino* *nicht traf*
klö klschl (?)
..., *dass er ihn* *nicht im Kino* *traf.*
klö ~~klschl~~ klschl
..., *dass er ihn* *nicht traf* *im Kino.*
klö klschl

81 **g) Die „offene" Satzklammer**

Diese ist ein sehr problematisches Konstrukt. Damit versucht man die Tatsache zu erklären, dass bei V-1 und V-2 auch ohne klschl Element eine Art NaF auftreten kann. Das MiF reicht also in diesen Fällen nicht bis zum Satzende. Gezeigt werden kann dieser Sachverhalt durch Umformung in V-L: bei intuitiv richtiger Plazierung des klschl Elementes kann man dann ggf. das NaF sichtbar machen. Genaugenommen müßte man dabei aber auch die intonat. Verhältnisse stabil halten, man dürfte also z.B. den Satzakzent nicht verlagern.

(1-78) *Er denkt an sie ∅ bei Tag und Nacht.*
klö klschl
(1-79) *Er hat an sie gedacht bei Tag und Nacht.*
klö klschl

Wichtig ist das Konstrukt der „offenen" Satzklammer für die Position von GS und GTS im MiF oder NaF (= extraponiert). Eine der möglichen Regeln hierfür lautet, dass GS nie im MiF, sehr wohl aber im VoF und NaF auftreten können. Für GTS gilt diese Einschränkung nicht (→ 85).

(1-80) *Fritz versucht, seinem Freund, *dass sich Sprachwis-*
klö
senschaftler gerne Einhörner halten, klarzumachen.
MiF klschl

Zur Vertiefung:

Engel, U. [1970]: Studie zur Geschichte des Satzrahmens und seiner Durchbrechung. In: Moser, H. (ed.): Studien zur Syntax des heutigen Deutsch. Festschrift für P. Grebe (Düsseldorf: Schwann), S. 45-61

Presch, G. [1974]: Die Satzklammer im Deutschen: Syntaktische Beschreibung, Dekodierungsstrategien. Universität Konstanz, Zentrum I Bildungsforschung, SFB 23. Forschungsberichte 14. Konstanz

Rath, R. [1965]: Trennbare V und Ausklammerung. Zur Syntax der deutschen Sprache der Gegenwart. In: Wirkendes Wort 15 (1965), S. 217-232

1.4.3. Stellungsfelder: Vorfeld, Mittelfeld, Nachfeld und Extraposition

Die Stellungsfelder sind die dritte Ebene der topolog. Strukturierung nach der V-Stellung und den Klammerstrukturen. Sie umfassen das VoF, das ist der Bereich vor einem V in Zweitposition; dann das MiF innerhalb der Klammerstruktur, und schließlich das NaF nach dem klschl Ausdruck. In ihnen sind SG, Stellungsglieder und Partikeln angeordnet – und darin besteht auch ihre einzige Funktion: sie wirken als solche nicht mit beim Aufbau syntakt. Strukturen und haben auch keine pragmat. Funktion.

1.4.3.1. Das Vorfeld (VoF) 82

Das VoF ist konstitutiv für V-2, doch treten VoF-ähnliche Erscheinungen auch bei V-L auf. – VoF-Fähigkeit gilt als eines der Kriterien für SG-Haftigkeit (→ 120). – Das VoF erstreckt sich von der linken Satzgrenze bis zum Beginn des klö Elements. Die rechte Grenze ist bei V-2 das fin. V, und zwar bei allen denkbaren Satztypen mit V-2.

(1-81) *Wo sind eigentlich Müller, Notz und Zipfel?* (*w*-V-2-Fragesatz)

1.4.3.2. Das Mittelfeld (MiF) 83

In ihm manifestiert sich am deutlichsten die SG-Folge. Obl. realisiert ist es nur bei V-L. Nicht realisiert sein muss es bei V-1 und V-2, und zwar bei V-1 wohl nur bei entsprechenden Imp.-Sätzen der 2.Ps.Sg./Pl., wenn das Subj.-Pron. nicht realisiert ist und ein höchstens einwertiges V vorliegt.

(1-82) *Trink!/Geh!*

Bei V-2 kann es immer dann entfallen, wenn ein höchstens einwertiges V vorliegt.

(1-83) *Peter schläft.*

Die rechte Grenze des MiF bildet bei V-L der klschl Ausdruck. Die linke Grenze bildet das klö Element, außer wenn dieses aus einem *d-* oder *w-*Rel.Pron. besteht. In diesem Fall lassen die Trennungskriterien eine klare Entscheidung nicht zu, so dass man davon ausgehen muss, dass das Rel.Pron. sowohl als Klammerausdruck wie auch als erster MiF-Ausdruck einzustufen ist. – Bei V-1- und V-2-Sätzen ist die linke Grenze eindeutig durch das klö Element gegeben. Die rechte Grenze kann entweder der Beginn des klschl Elementes sein, oder das Satzende, wenn bei offener Satzklammer ein NaF, eine Extraposition oder eine Herausstellung fehlen. Liegt dagegen ein NaF usw. vor, dann reicht das MiF bis zum Beginn des NaF.

84 1.4.3.3. Das Nachfeld (NaF)

Das NaF ist in allen Konstellationen grundsätzlich fakultativ (abgesehen von der 'obligatorischen' GS-Extraposition (→ 87)). – Die linke Grenze des NaF bildet der klschl Ausdruck. Sollte der Umfang des klschl Elementes problematisch sein, so empfiehlt sich eine Umformung in V-L, da dann das fin. V am Ende des klschl Elementes steht. Dies gilt auch für den Fall der „offenen Klammer": hierbei ist das MiF-Ende die linke NaF-Grenze. – Die rechte NaF-Grenze bildet das Satzende.

(1-84) *Was hast du denn gemacht den lieben langen Tag über?*

85 1.4.3.4. Die Extraposition

Ein Sonderfall der NaF-Füllung ist die sog. Extraposition. Darunter versteht man die NaF-Position von GS und GTS. Die Funktion der Extraposition ist offensichtlich die Entlastung der Klammerstruktur und des MiF, insbesondere die Vermeidung einer fast unentwirrbaren Schachtelung von Klammerstrukturen. Stehen außer einer extraponierten Satzstruktur auch noch SG im NaF, so gehen diese den Satzstrukturen voraus. Die Extrapositionsstruktur ist intonat. integriert. Folgende Positionseigenschaften lassen sich unterscheiden:

86 - Attr.-Sätze: sie können zusammen mit dem BE im VoF und im MiF stehen, aber auch im NaF, wenn das BE als solches NaF-fähig ist. Ferner kann das BE im MiF, der Attr.-Satz extraponiert im NaF stehen. Liegt eine „offene Satzklammer" vor, so kann bei Kontaktstellung von BE und Attr.-Satz am Satzende nicht entschieden werden, ob GTS-Extraposition vorliegt oder nicht.

(1-85) *Da redete mich plötzlich ein M a n n freundlich an, den ich gar nicht k a n n t e*. (Rel.Satz.Attr., restriktiv)

(1-86) *Morgen beginne ich (in einem Haus) meinen Dienst (in einem Haus), das ich noch nie gemocht habe.* (Beachte die offene Satzklammer!)

87 - GS: sie können im VoF und im NaF (extraponiert) stehen, im MiF jedoch nur die freien Rel.Sätze. Bei Extraposition kann im VoF oder MiF ein Platzhalter stehen (je nach intendierter Semantik des Matrixsatzprädikats). Im Falle von Subj.- und AkkO-Satz handelt es sich dabei um *es*, das nur als Platzhalter interpretiert werden kann (→ 283). Beim PO (→ 126) besteht eine Ambiguität zwischen Platzhalter (mit schwachem Akzent auf dem Präp.-Teil) und BE eines Attr.-Satzes (mit Starkakzent auf dem *da*-Teil).

(1-87) *Es gehört zu einem gigantischen Geflecht / hat zu einem gigantischen Geflecht gehört, was Ende Januar eröffnet wurde.* (Freier Rel.Satz in Subj.Funktion mit Platzhalter, deswegen nur extraponiert)

(1-88) *Die erste Fossiliensuche hatte (es) schon bewiesen, dass in der Messel noch viele Entdeckungen zu machen sind.* (AkkO-Satz, extraponiert, fakultativ mit Platzhalter-*es*)

(1-89) *Martin hat ganz fest da m i t / d a mit gerechnet seit einiger Zeit, dass Becker die Sache vor Gericht bringen würde.* (PO-Satz in Extraposition mit Platzhalter *da m i t* oder BE *d a mit* mit extraponiertem Attr.-Satz, dazu ausgeklammertes Temp.Advb.)

Zur Vertiefung:

Altmann, H. [1981]: Formen der 'Herausstellung' im Deutschen. Rechtsversetzung, Linksversetzung, Freies Thema und verwandte Konstruktionen. Tübingen: Niemeyer (= Linguistische Arbeiten 106)

Schachtl, S. [1992]: Zur Distribution des attributiven Relativsatzes im Deutschen. In: Linguistische Berichte 142, S. 437-450.

Ulvestad, B./Bergenholtz, H. [1979/1983]: *es* als „Vorgreifer" eines Objektsatzes. Teil I in: Deutsche Sprache 2 (1979), S. 97-116. – Teil II in: Deutsche Sprache 1 (1983), S. 1-26.

1.4.4. Übung zu Klammerstruktur und Stellungsfeldern

(1-90) *Wieder ist, wie Du, lieber Max, wahrscheinlich bereits festgestellt hast, ein Jahr vergangen, und ich weiß nicht, ob es Dir so geht wie mir:*

(1-91) *allmählich wird mir dieser ewigwährende Zyklus ein wenig leid, wozu verschiedene Faktoren, deren Urheber ich in diesem Zusammenhang, um mich keinen Unannehmlichkeiten, deren Folgen, die in Kauf zu nehmen ich, der ich gern Frieden halte, gezwungen wäre, nicht absehbar wären, auszusetzen, nicht nennen möchte, beitragen.*

(1-92) *Jedenfalls bin ich gegen das neue Jahr bestens gerüstet, bin gegen Diebstahl, Feuer, Hagel und Leben versichert, nicht zu reden von höherer Gewalt, über die ich selten rede, eigentlich nur, wenn sie sich bemerkbar macht, und selbst dann nicht immer, ja vielleicht sogar gerade dann nicht.*

(1-93) *Der Hund liegt begraben, die Schäfchen sind im Trockenen, das Huhn ist im Topf, der Topf hat seinen Deckel, der Hase liegt im Pfeffer, die Flinte im Korn, unter einer steigenden Schneedecke, nach der zu strecken ich den stürzenden – verzeih das Wort – Pistenfahrern überlasse.* (aus: W. Hildesheimer, Mitteilungen an Max)

1. Geben Sie die klö und klschl Elemente an!
2. Analysieren Sie die V-Klammern!

88 *1.4.5. Satzgliedfolge im Mittelfeld*

Die SG-Folge im MiF gilt im Deutschen als weitgehend frei, was heißt, dass die Position eines SG „normalerweise“ nicht zur Identifikation seiner syntakt. Funktion beiträgt. „Normalerweise“ bedeutet: wenn die morpholog. Markierung, d.h. die Kasusmarkierung deutlich genug ist. Setzt sie aus, dann greift hilfsweise die „Normalstellung“ ein und fixiert die SG-Funktionen eindeutig, etwa durch die Regel „Subj. vor allen anderen SG-Funktionen“.

(1-94) *..., dass die Mutter (Subj.) die Tochter (AkkO) liebt.*
..., dass die Tochter (Subj.) die Mutter (AkkO) liebt.

Diese Konstellation läßt sich auch nicht durch intonat. Anstrengungen (→ 94), etwa durch einen besonderen Akzent auf dem ersten SG verändern.

89 Die „**Normalstellungsregeln**“ lauten etwa folgendermaßen: Subj. vor allen anderen SG-Funktionen; DatO vor AkkO/GenO/PO/obl. Advb.

Es sei noch kurz darauf hingewiesen, dass die normale SG-Folge im MiF bei den sog. Inversions-V nicht gilt (vermutlich wegen einer untypischen Kasusrollenzuordnung aufgrund der V-Semantik). Dazu zählen u.a.: *grauen, frieren, schaudern, schwindeln...; behagen, fehlen, freistehen, genügen, gebühren, gehören, imponieren, schaden, schmecken, vorschweben...; einfallen, geschehen, gelingen, mißlingen, passieren, widerfahren, zustoßen...*

(1-95) *..., dass mir* (DatO) *etwas* (Subj.) *zustoßen könnte./ ....,*
**?dass etwas mir zustoßen könnte.*

Andere Faktoren bestimmen teilweise deutlich stärker als die syntakt. Funktion die Abfolge der SG im MiF:

- die kategoriale Füllung: pronom. SG (soweit sie anaphorisch gebraucht sind) stehen tendenziell am Anfang des MiF in der sog. „Wackernagel-Position“, und zwar in der festen Reihenfolge Subj. –
90 AkkO – DatO (sog. „**Pronominalregel**“)

(1-92) *..., dass er* (Subj.) *es* (AkkO) *ihr* (DatO) *gibt.*

- die **Definitheitsbedingung**: def. SG (tendenziell Hintergrundsausdrücke) stehen vor indef. SG (tendenziell Fokusausdrücke). 91
  (1-93) *..., dass die Murmel* (AkkO) *ein K i n d* (Subj.) *fand.*
- die **Fokusbedingung**: fokale SG stehen tendenziell nach nicht-fokalen Ausdrücken (Hintergrund). Vgl. (1-93). 92

Diese und weitere Bedingungen interagieren miteinander und erzeugen eine feinteilige Akzeptabilitätsskala.

Zur Vertiefung:

Frey, W./Pittner, K. [1998]: Zur Positionierung der Adverbiale im deutschen Mittelfeld. In: Linguistische Berichte 176, S. 489-534

Jacobs, J. [1988]: Probleme der freien Wortstellung im Deutschen. In: Sprache und Pragmatik. Arbeitsberichte 5, S. 8-37

Lenerz, J. [1977]: Zur Abfolge nominaler Satzglieder im Deutschen. Tübingen: Narr (=Studien zur deutschen Grammatik 5)

Haftka, B. (ed.) [1994]: Was determiniert Wortstellungsvarianten? Opladen: Westdeutscher Verlag

Hofmann, U. [1994]: Zur Topologie im Mittelfeld: Pronominale und nominale Satzglieder. Tübingen: Niemeyer (=Linguistische Arbeiten 307)

1.4.6. Wortstellung in Satzgliedern 93

Im Gegensatz zur SG-Folge ist die Wortfolge in den Satzgliedern sehr streng geregelt und läßt kaum Wahlmöglichkeiten, was darauf hindeutet, dass die Teilfunktionen wesentlich über die topolog. Markierung mit bestimmt werden. – Hüten muss man sich vor der Vorstellung, dass z.B. Gen.Attr. (→ 140) und Adj.Attr. (→ 142) nur in e i n e r Position auftreten könnten. Fast alle Teilfunktionen, abgesehen vom Art. (→ 150) und von den Attr.Sätzen (→ 144f.), können auf beiden Seiten des nom. Kerns auftreten, allerdings ist die Struktur deutlich asymmetrisch: die gleichen Teilstrukturen unterliegen pränom. anderen Restriktionen als postnom.

In der folgenden Übersicht sollen nur die wichtigsten Gesetzmäßigkeiten kurz erwähnt werden. Die Details finden sich in der Übersicht über die syntakt. Funktionen, v.a. über die sekundären Funktionen (→ 137ff.) und die Partikel-Funktionen (→ 170ff.). Hier geht es zunächst um die Wortfolge in der NP.

Am linken Rand der NP steht immer der (def. oder indef.) Art., soweit einer vorhanden ist, oder statt seiner Ausdrücke, die Art.-ähnlich wirken, z.B. das weitgehend auf Eigennamen beschränkte pränom. Gen.Attr., das Poss.Pron. oder die meisten Quantoren (in einer ihrer Stellungsvarianten). Noch vor dem Art. kann ein adv. oder PP-Attr. stehen, allerdings dann gegen die Regeln normativer Grammatiken oder Stilistiken. Auf diese Ausdrücke folgen pränom. Adj.Attr., die iteriert sein können und untereinander in einem koord. oder subord. Verhältnis stehen können. An ihrer Stelle können auch Part. sowie deren Ergänzungen stehen, die sich dann vor den partizipialen Valenzträgern anordnen wie bei V-L. Danach folgt der nom. Kern der NP. Danach sind die postnom. unflektierten Adj.Attr., die untereinander nur im koord. Verhältnis stehen können. Das in seiner kategorialen Füllung überhaupt nicht beschränkte postnom. Gen.Attr. ist allerdings mit vorausgehenden postnom. Adj.Attr. kaum verträglich. Es kann iteriert werden, und die einzelnen Elemente können untereinander in einem koord. und subord. Verhältnis stehen. Danach folgen die postnom. adv. und PP-Attr., die wiederum koord. und subord. iteriert sein können, und am NP-Ende schließlich folgen die konjunktionalen und rel. Attr.Sätze, die ebenfalls iteriert sein können, aber auch extraponiert: sie stehen dann am Ende des NaF. In der folgenden Übersicht stehen auf jeweils einer Zeile die Ausdruckstypen, die sich gegenseitig ersetzen können, in der Abfolge, wie sie oben behandelt wurden.

(1-96) *dort/gestern ... im Hauptbahnhof/im vorigen Monat*
der/ein/unser ... Ramonas/Josephs ... alle/beide/viele
schnelle/schöne/traurige/dem Trunk geneigte/sämtliche ...
Auto/Lenor/Karl/die Tatsache ...
mild und aprilfrisch/mild und fein
Ramonas/des Vaters ...
dort/gestern ... im Hauptbahnhof/im vorigen Monat
dass sie mich grüßte/der mir die Nachricht brachte

Bitte beachten Sie, dass die Verhältnisse im einzelnen viel komplizierter sind. So etwa kann jedes Gen.Attr. als NP wieder dieselbe Binnenstruktur aufweisen. – Für einige Details → 137ff.

Zur Vertiefung:

Fanselow, G. [1988]: Aufspaltung von NP und das Problem der 'freien' Wortstellung. In: Linguistische Berichte 114, S. 91-114.

Vater, H. [1986]: Zur NP-Struktur im Deutschen. In: Vater, H. (ed.): Zur Syntax der Determinantien (Tübingen: Narr), S. 123-145.

Schachtl, S. [1992]: Zur Distribution des attributiven Relativsatzes im Deutschen. In: Linguistische Berichte 142, S. 437-450.

1.4.7. Übung zur Reihenfolge/Attribuierung innerhalb eines SG

(1-97) *Egons schöner junger, seinem Herrn völlig treu ergebener Hund der Terriergattung mit einem wertvollen Halsband, das er jüngst bei einem Modejuwelier erstanden hat.*

Kennzeichnen Sie alle zum Kern-N *Hund* gehörigen Attr. und geben Sie deren genaue Beschreibung an.

1.4.8. Partikelpositionen

Die Positionsmöglichkeit der Partikeln sind so vielgestaltig, dass sie besser bei den einzelnen Partikelfunktionen (→ 170ff.) behandelt werden.

1.5. Intonatorische Markierung 94

Nun zu der intonatorischen Markierung. Ihre Behandlung in diesem Rahmen stellt sicherlich die höchsten Ansprüche an den Leser, nicht weil sie so kompliziert wäre (die anderen Markierungssysteme sind auch nicht gerade einfach strukturiert), sondern weil es kaum eine Tradition der Behandlung intonat. Phänomene im Rahmen der Sprachwissenschaft gibt, weil sie deshalb häufig ignoriert werden, und weil sie schließlich dann, wenn sie nicht ignoriert werden, gerne in die pragmatische Ecke abgedrängt werden, oder weil ihnen gar der Zeichencharakter abgesprochen wird, weil sie zum bloßen Anzeichen degradiert werden. Dagegen spricht aber das Kriterium der Konventionalität, mißverständlich auch als Arbitrarität (dt. „Beliebigkeit") bezeichnet. Wenn Intonation nicht konventionell wäre, dann dürfte sie nicht einzelsprachspezifisch organisiert sein.

Für einige intonat. Merkmale gilt das sicher: hohe Tonlage gilt als Anzeichen für klein und hilfsbedürftig, hohe Tonlage kombiniert mit großer Lautstärke und schriller Charakteristik als Anzeichen für Angst, Gefahr und Schmerzen, tiefe Tonlage kombiniert mit geringer Lautstärke als Anzeichen für Beruhigung, tiefe Tonlage kombiniert mit großer Lautstärke als Anzeichen für Größe, Kraft und Bedrohung. Man braucht sich da bloß manche männlichen und weiblichen lautsprachlichen Verhaltensweisen über alle Kulturen hinweg anzusehen.

Daneben aber gibt es viele offensichtlich konventionell geregelte Bereiche. So werden z.B. nicht einmal im Deutschen alle Fragen durch steigenden Tonverlauf in der Satzakzentsilbe angezeigt:

(1-98) *Wer hat das eingekauft?*

Wirft man einen Blick auf andere Sprachen, so sieht man, dass dort Fragen teilweise ganz anders intonat. indiziert werden, im Finnischen z.B. durch große Tonhöhe am Äußerungsanfang und deutlichen Abfall über die Äußerung hinweg.

(1-99) *Kuinka kauan Mattka voi kestä*? („Wie lange kann die Reise dauern?")

Die Intonation buchstabiert auch keineswegs nur bereits vorhandene syntakt. Strukturen aus, wie in der generativen Grammatik immer noch angenommen wird, sondern sie wirkt aktiv an der Markierung der Strukturen mit. Ein Beispiel ist das vorher erwähnte: die Markierung von Fragesätzen, oder allgemeiner, von Satztypen im Satzmodussystem (→ 241ff.).

1.5.1. Das Akzentsystem

95 Eine **akzentuierte Silbe** ist eine Silbe, die durch irgendwelche Mittel gegenüber den nicht-akzentuierten hervorgehoben ist. Diese Mittel können darin bestehen, dass die Akzentsilbe gegenüber den nicht-akzentuierten Silben gelängt ist, dass sie deutlicher ausgesprochen wird, dass sie eine signifikante Tonhöhenänderung aufweist, vielleicht auch, dass sie lauter ist als die nicht-akzentuierte Umgebung – aber das weiß man noch nicht so genau.

1.5.1.1. Der Wortakzent

96 Wörter als die Grundeinheiten der Syntax sind über den **Wortakzent** als Wörter identifizierbar, gleichgültig, wie wir nun die Regel der Wortakzent-Plazierung formulieren. Es empfiehlt sich eine Teilung in native und nicht-native Wörter, wobei für die nativen Wörtern die alte Regel der Akzentuierung der Stammanfangssilbe sinnvoll ist, während die nicht-nativen Wörter überwiegend Pänultima-Akzent aufweisen.

Man kann übrigens zweifeln, ob der Wortakzent im Satzverband noch eine wesentliche Rolle spielt (doch damit würde er auch bei der Worterkennung ausfallen).

Der Übergang zwischen Wortbildungsprodukten und syntakt. Strukturen ist gleitend. Da sich die verschiedenen Wortbildungsprodukten
97 syntakt. unterschiedlich verhalten, muss auch der **Wortbildungsakzent** berücksichtigt werden.

(1-100) *umf a h ren* (Partikelpräfix-V) – *u mfahren* (Partikel-V)
(1-101) *miß t r a u en* (V) – *M i ß trauen* (N)

98 Bis jetzt war allerdings nur von **strukturellen Akzenten** die Rede; sie werden realisiert, wenn das betreffende Wort isoliert ausgesprochen
99 wird. Dieser **Normalakzent** kann beim Einbau des Wortes in eine komplexere Struktur durchaus verlagert werden, und diese Verlagerung ist typisch für bestimmte Strukturen. So können wir in Isolation segmental identische Steigerungskomposita und Determinativkomposita durch das Akzentmuster unterscheiden:

(1-102)*s t e i n reich („reich an Steinen“, also so etwas wie die Oberpfalz)*

(1-103)*stein r e i c h* („sehr reich“, also so jemand wie Bill Gates)

Als attr. Adj. (→ 142) haben beide fatalerweise dasselbe Gebrauchsakzentmuster:

(1-104)*der s t e i n reiche Mann, die s t e i n reiche Oberpfalz*

1.5.1.2. Der Phrasenakzent 100

Jede syntakt. relevante Einheit, also jede Phrase, hat einen **Phrasenakzent**, der strukturspezifisch ist. Er stuft einen Wort(bildungs)akzent hierarchisch auf und markiert tendenziell die rechte Grenze einer Phrase, im Gegensatz zum Wort(bildungs)akzent, der in nativen Wörtern tendenziell die linke Grenze der Wörter markiert. So erhalten in einer NP nie die pränom. Bestandteile den Normalakzent, sondern nur der nom. Kern selbst, wenn kein weiteres Element folgt, oder die nachfolgenden Modifikatoren, es sei denn, es handelt sich um reine Adv. Insoweit kann der Phrasenakzent auch zwischen verschiedenen Strukturierungen ambiger Ausdrücke unterscheiden, bei denen kategoriale, morpholog. und topolog. Markierung keine Disambiguierung bewirken können. Hier ist also der Phrasenakzent Hilfsmerkmal, sonst scheint er eher zusätzliches Merkmal zu sein.

(1-105)*Das rote R ö s lein/Röslein r o t*

(1-106)*Vaters A u t o /das Autor des V a ters*

(1-107)*Das Röslein auf der H e i de/das R ö s lein dort*

(1-108)*Er hat / den starken M a n n /in der Par t e i zentrale / getroffen.*

(1-109)*Er hat / den starken Mann in der Par t e i zentrale / getroffen.*

Neben dem Normalakzent gibt es natürlich auch markierte Akzente, z.B. auf pränom. Attr. zur Markierung der Restriktivität dieser Attr.:

(1-110)*Das r o te Röslein, nicht das g e l be.*

Nicht ganz in dieses Schema paßt die Regelung für den Normalakzent in der VP (→ 28). Bei null- und einstelligen V liegt der Normalakzent auf dem VV (dem Präd.), bei zweistelligen auf dem Nicht-Subj., also nicht am rechten Rand, bei dreistelligen auf dem letzten Nicht-Subj. in Normalstellung. Dagegen liegt der Phrasenakzent in allen diesen Fällen auf dem Valenzträger, wenn die letzte Ergänzung vor dem V im MiF eine Proform ist.

(1-111)*r e g nen, t r ä u men, ein N a r r sein, k l u g sein, da h e i m sein.*

(1-112) *ein B u c h lesen/etwas l e sen; in die G r u be fahren; der E h rung würdig sein; dem Kind einen B a l l geben; ihn mir g e ben;*

Immerhin führt diese Regelung aber dazu, dass bei V-1 und V-2 und Normalabfolge die letzte volle lexikal. Phrase den VP-Akzent erhält:

(1-113) *Er fährt in die G r u be./Er gibt dem Kind einen B a l l.*

1.5.1.3. Der Satzakzent

101 Mit den Regeln für die VP hat man gleichzeitig die Hauptregeln für die Zuordnung des normalen **Satzakzents** erreicht: der normale VP-Akzent wird, bei normaler SG-Folge, zum normalen Satzakzent aufgestuft. Auch dieser markiert tendenziell den rechten Rand der Satzstruktur.

(1-114) *Es hat ge r e g net.*

(1-115) *Karl liest ein B u c h ./Karl ist ein N a r r.*

Tatsächlich ist aber diese strukturelle Funktion des Satzakzents nicht seine Hauptfunktion: die besteht in der Einordnung eines Satzes in einen Äußerungskontext. Danach steht der Hintergrundsausdruck tendenziell am Satzanfang, der fokussierte Ausdruck steht tendenziell am Satzende: also decken sich an dieser Stelle strukturelle Position des Satzakzents und informationelle. Die dabei relevanten Kontexte können durch den sog. Fragetest (→ 176ff.) nachgebildet werden. Er zeigt uns, dass Sätze mit normaler SG-Folge und Normalakzent in vergleichsweise die meisten Kontexte passen:

(1-116) *Was war denn los? Bill schickte Monica eine Zi g a r re.*

(1-117) *Was hat Bill gemacht? Bill/Er schickte Monica eine Zi g a r re.*

(1-118) *Was hat Bill mit Monica gemacht? (Bill/er hat) Monica eine Zi g a r re geschickt.*

(1-119) *Was hat Bill Monica geschickt? (Bill hat Monica) eine Zi g a r re (geschickt).*

Wichtig daran ist v.a., dass es sich um immer denselben Satz mit gleicher SG-Folge und gleicher Position des Satzakzents handelt.

1.5.1.4. Weitere Akzente

102 Die anderen Akzente seien hier nur kurz erwähnt, da sie nur am Rande auch bestimmte syntakt. Strukturen kennzeichnen. Das ist einmal der **kontrastive Satzakzent.** Er tritt typischerweise in *nicht [...] sondern*-Kontexten auf:

(1-120) *A: Bill hat Monica einen B r i e f geschrieben.*
B: Aber nein. (Bill hat Monica) ?keinen/nicht einen B r i e f (geschrieben), sondern nur eine P o s t karte.

Jeder normale Satzakzent kann zu einem kontrastiven Kontext werden, darüber hinaus kann der Kontrastakzent jede Wortakzentsilbe treffen, sogar einige nicht akzentuierbare Silben, soweit ein semant. Kontrast möglich ist.

(1-121) *Er hat ihr nicht g e raten, sondern hat sie v e r raten.*

Der **emphatische Satzakzent** ist ein normaler Fokusakzent, doch ist der Fokus entweder enger, als er aufgrund der SG-Folge sein könnte, oder er steht dort, wo normalerweise Hintergrundsausdrücke in Topik-Funktion plaziert sind (z.B. im VoF oder am MiF-Anfang). 103

(1-122) *A: Wer hat Monica einen B r i e f geschrieben?*
B: B i l l hat Monica einen Brief geschrieben./Der B i l l, d e r hat Monica einen Brief geschrieben.

Im Gegensatz dazu charakterisieren **nicht-fokale Akzente** in hohem Maße bestimmte Konstruktionen, oft als einzige Markierungsebene neben den MP: so zeigen Wunsch- und Exklamativsätze Akzente mit ganz spezifischen intonat. Merkmalen auf nicht-fokussierten Konstituenten. Sie dienen nicht der Anpassung an einen bestimmten Kontext. 104

(1-123) *Ach, w ä re ich doch nur zu H a u se geblieben!*

(1-124) *Hast d u es g u t ! Du h a s t es aber auch g u t !*

Zu den nichtfokalen Akzenten zählen auch die **Topik-Akzente**. Im nicht-markierten Fall steht das Topik einfach am Satzanfang, also im VoF oder am MiF-Anfang, und wird durch einen gegenüber dem Fokusakzent abgeschwächten Topik-Akzent markiert. Daneben gibt es aber auch spezifische Topik-Strukturen wie Links- und Rechtsversetzung und Freies Thema, die den Topik-Akzent noch deutlicher zeigen. 105

(1-125) *Die M o nica kann ich schon g a r nicht leiden.*

(1-126) *Die M o nica, die kann ich schon g a r nicht leiden.* (Linksversetzung)

(1-127) *Nun ja, die M o nica. Also ich kann diese Person schon g a r nicht leiden.* (Freies Thema)

(1-128) *Ich kann sie schon g a r nicht leiden, die M o nica.* (Rechtsversetzung)

1.5.2. Die Pausenstruktur

Für die Gliederung einer komplexen Satzstruktur viel augenfälliger ist die **Pausenstruktur.** Dabei ist eine Pause nicht unbedingt ein artikulationsfreier Zeitraum, sondern die Grenzen werden durch sehr komplexe 106

intonat. Merkmale signalisiert, z.B. durch eine Längung der grenznahen Silben, durch einen typischen Tonhöhenverlauf, durch die Unterbindung von Assimilation über diese Grenze hinweg (Sandhi-Regeln). Ferner muss man derartige strukturell bedingte Grenzsignale unterscheiden von Planungs- und Zögerungspausen, die oft auf strukturelle Grenzen keine Rücksicht nehmen. Strukturen aller Komplexitätsgrade zwischen Wort und Satz werden an ihren Grenzen entsprechend markiert, doch werden mit zunehmender Sprechgeschwindigkeit die hierarchisch niedrigeren
107 Grenzen schwächer bis gar nicht mehr angezeigt. So sind v.a. **Wort-**
108 **pausen** im Satzverband nur schwach entwickelt. **Phrasenpausen** dienen der strukturellen Gliederung von Sätzen und helfen, zusammen mit den Akzentstärken und -positionen, bei der Disambiguierung mehrdeutiger Ausdrücke.

(1-129) *Ich sehe / den Mann aus der Uni / kommen.* (=Der Mann stammt aus der Uni)

(1-130) *Ich sehe / den Mann /aus der Uni kommen.* (=Der Mann kommt aus der Uni)

GS weisen an ihren Rändern normale Phrasenpausen auf, GTS nur un-
109 tergeordnete Pausen. – **Satzpausen** kennzeichnen die Grenzen selbständiger Sätze.

1.5.3. Tonmuster

110 Innerhalb von Satzpausen werden **Tonmuster** realisiert. Wie viele man unterscheidet, und welche Faktoren man zu ihrer Beschreibung heranzieht, ist bis heute noch umstritten. Am wichtigsten ist dabei der Tonverlauf in der Hauptakzentsilbe, die meist eine fokale Satzakzentsilbe sein muss. Danach unterscheidet man eine Steigkontur und eine Fallkontur. Mit dem Tonverlauf verbunden ist die Tonhöhe am Äußerungsende: bei Steigkontur ist sie hoch, bei Fallkontur ist sie tief. Ferner kann man, zumindest bei bestimmten Satztypen, die Tonhöhe am Äußerungsanfang berücksichtigen. Diese Tonmuster sind ein wichtiger Faktor bei der Kennzeichnung von Satztypen im Satzmodussystem (→ 170ff.). Hier nur kurz einige Beispiele:

(1-131) *Stellt i h r euch (doch) an!* (Imp.-Satz)

(1-132) *Mein Gott! Stellt i h r euch (vielleicht) an!* (V-1-Exklamativsatz)

(1-133) *Stellt i h r euch (denn) an?* (V-1-Entscheidungsfragesatz)

(1-134) *Wer von euch stellt sich (denn) a n?* (*w*-V-2-Ergänzungsfragesatz)

(1-135) *Ihr stellt euch a n?* (Assertive Frage)

(1-136) *A: Ihr stellt euch jetzt an!* (Aussagesatz)

Die Beispiele zeigen, dass aufgrund der reinen Lautfolge (und der Satzakzentposition) identische Sätze erst durch das Tonmuster einem bestimmten Satztyp zugeordnet werden. Derartige Konstellationen treten relativ häufig auf, und die Intonation wirkt dann recht zuverlässig als Markierungssystem. In den anderen Fällen, in denen schon die reine Lautfolge für die Zuordnung zu einem Satztyp ausreicht, ist die Intonation nicht mehr im Markierungssystem belastet, kann also auch andere Funktionen übernehmen, z.B. zum Ausdruck des Sprecherinteresses an einer informativen Antwort auf eine Frage dienen. Doch dies ist noch nicht überzeugend nachweisbar.

Hinweis: So wichtig die Intonation als syntakt. Markierungssystem ist, so spielt sie doch in der Praxis der syntakt. Analyse kaum eine Rolle. Erstens deshalb, weil die Analysetexte meist schriftliche Texte sind, bei denen die gemeinte Intonation durch den Leser rekonstruiert werden muss und die deshalb keine distinktive Funktion hat (die anderen syntakt. Mittel übernehmen die Differenzierungsfunktion); zweitens, weil nach unserer Erfahrung die Intonation in der akademischen Lehre kaum eine Rolle spielt (und damit auch nicht im Prüfungswesen). Man kann also im Normalfall die intonat. Eigenschaften eines Analysesatzes weitgehend ignorieren.

Zur Vertiefung:

Altmann, H. (ed.) [1988]: Intonationsforschungen. Tübingen: Niemeyer (=Linguistische Arbeiten 200)

Altmann, H./Batliner, A./Oppenrieder, W. (eds.) [1989]: Zur Intonation von Modus und Fokus im Deutschen. Tübingen: Niemeyer (=Linguistische Arbeiten 234)

1.6. Zusammenfassung

Mit den vorausgehenden Darlegungen zu den syntakt. Mitteln haben wir folgende Ziele verfolgt:

Erstens wollten wir zeigen, dass syntakt. Strukturen nicht „vom Himmel fallen“, sondern dass sie aus Elementen, Eigenschaften, Verknüpfungssystemen aufgebaut sind. Die Eigenschaften komplexer Ausdrücke (als Gegenstand syntakt. Untersuchungen) kann man durch systematische Beobachtung der syntakt. Mittel, die sie kennzeichnen, ermitteln (neben den Beziehungen zu verwandten Strukturen).

Zweitens liegen die Kategorien, die man bei der Beschreibung der syntakt. Mittel anwenden will, nicht automatisch vor. Die zur Bildung der Kategorien verwendeten Kriterien sind immer eine Auswahl aus den möglichen Kriterien, und ob man die richtige Auswahl getroffen und damit eine nützliche Kategorisierung bewirkt hat, weiß man erst, wenn die syntakt. Beschreibung fertig ist. Fertig aber kann sie nie sein, dazu ist die Menge der möglichen Konstellationen einfach zu groß. Damit ist aber auch die Ordnung der syntakt. Mittel nie abschließbar, aber man kann doch sagen, dass im Hinblick auf eine möglichst große Menge von berücksichtigten Struktureigenschaften eine bestimmte Kategorisierung etc. nützlich ist. Jede neu entdeckte und beschriebene syntakt. Eigenschaft muss Rückwirkungen auf die Beschreibung der syntakt. Mittel haben, und eine geänderte Beschreibung der syntakt. Mittel wird zwangsläufig zu einer geänderten Beschreibung syntakt. Strukturen führen.

2. Syntaktische Funktion

Syntaktische Funktion ist die Bezeichnung für eine Relation zwischen zwei Ausdrücken. Diese wird durch morpholog. Markierung (Kasus) und/oder durch die strukturelle Relation (Stellung) der Ausdrücke zueinander bestimmt. So etwa erfüllt eine nominat. NP, die unmittelbare Konstituente eines Satzes ist, bezüglich dieses Satzes die Subj.-Funktion (→ 121); eine akk. NP, die unmittelbare Konstituente einer VP ist, erfüllt bezüglich dieser VP die Funktion des AkkO (→ 125). In der alltäglichen Redeweise vernachlässigt man leider die Angabe der definierenden Faktoren und spricht nur von „Subj.", „AkkO" usw. 111

2.1. Verbale Funktionen

Zu ihnen zählen alle unmittelbaren Bestandteile des engen Präd.-Komplexes. Diese Bestandteile sind im Dt. kaum bzw. nur sehr umständlich erfragbar: *was tut.../ was geschieht ...?* Die fin. Bestandteile bestimmen den V-Stellungstyp (→ 67ff.), die fin. und die infin. gehören zur Klammerstruktur (→ 70ff.).

Zur Vertiefung:
Leiss, E. [1992]: Die Verbalkategorien des Deutschen. Berlin: de Gruyter (StudiaLinguistica Germanica 31)

2.1.1. Vollverb (VV) oder Hauptverb 112

- kategoriale Füllung: fast alle V
- morpholog. Markierung: bei fin. Verwendung nach Ps., Numerus, Modus, Tempus und Genus Verbi markiert. – Falls Subj. vorhanden, Kongruenz mit diesem bezüglich Ps. und Numerus; in Subj.-losen Strukturen 3. Ps. Sg. – Infin. Verwendung in Kombination mit HV/MV. – Träger der Rektion bezüglich der obliquen Ergänzungen (z.B. AkkO, GenO).
- intonat. Markierung: bei null- und einstelligen V Fokusexponent (Träger des Normal-Satzakzents) (→ 101).
- topolog. Markierung: fin.: klö bei V-1 und V-2, klschl bei V-L; infin.: immer klschl (V-1, V-2, V-L), aber auch VoF-fähig.
- Struktureigenschaften: kann (fin.) allein das Prädikat bilden oder (infin.) zusammen mit HV/MV. – Träger der Valenz (→ 183ff.) und der Rektion (→ 64). – Subklassifikation nach trans./intrans., nach Aktionsart (perfektiv, imperfektiv, inchoativ, ingressiv, egressiv,

terminativ etc.) oder nach verschiedenen semant. Kriterien (Handlungs-, Vorgangs-, Zustands-V, V der gerichteten Bewegung, der Befindlichkeit).

113 *2.1.2. Hilfsverb (HV)*

- kategoriale Füllung: *sein* (für Perf., Pqp.), *haben* (für Perf., Pqp.), *werden* (Fut. I und II, Vorgangs-Pass.), *sein* (Zustands-Pass.), *kriegen/bekommen* (Dat.-Pass.).
- morpholog. Markierung: bei fin. Verwendung genau wie VV; infin. Verwendung nur in Kombination mit weiteren (fin.) HV/MV möglich.
- intonat. Markierung: Satzakzent nur bei Verum-Fokus (ausschließliche Behauptung der Wahrheit eines Sachverhalts) (→ 101ff.).
- topolog. Markierung: fin.: wie VV; infin.: immer klschl, nicht VoF-fähig.
- Struktureigenschaften: kann nicht allein das Prädikat bilden, sondern nur zusammen mit VV/KV. – Beachte die Nähe des *werden*-Fut. zu MV-Hauptverb-Konstruktionen (→ 114)!

  (2-1) *Wir werden am Wochenende verreisen.*

Zur Vertiefung:

Dieling, K. [1982]: Das Hilfsverb „werden" als Zeit- und Hypothesenfunktor. In: Zeitschrift für Germanistik 3, S. 325-331

Reis, M. [1976]: Zum grammatischen Status der Hilfsverben. In: Kern, S. (ed.): Löwen und Sprachtiger. Akten des 8. Linguistischen Kolloquiums Löwen. Leuven: Edition Peters, S. 267-284

114 *2.1.3. Kopulaverb (KV)*

- kategoriale Füllung: vor allem *sein, werden, bleiben, heißen, scheinen*
  Achtung: Überschneidungen mit HV(→ 112)!
- morpholog. Markierung: bei fin. Verwendung genau wie VV; infin. nur in Kombination mit weiteren (fin.) HV/MV.
- intonat. Markierung: Satzakzent nur bei Verum-Fokus (→ 101ff.).
- topolog. Markierung: fin.: wie VV; infin.: immer klschl, nicht VoF-fähig.
- Struktureigenschaften: kann nur zusammen mit einem Präd. (→ 118) das Prädikat bilden. – Nicht allein Träger der Valenz- und Rektionseigenschaften. Kombinationen mit HV und MV möglich, nicht jedoch Kombinationen mit VV.

(2-2) *neugierig sein auf etw.*
(2-3) *Der Lehrer wird ein guter Schuldirektor.*
(2-4) *Das Problem ist von Bedeutung.*

Zur Vertiefung:

Lenz, B. [1996]: *Sein, bleiben* und *werden* im Negations- und Partizipial-Kontext. In: Linguistische Berichte 162, S. 161-182

Plank, F. [1985]: Prädikativ und Koprädiaktiv. In: Zeitschrift für Germanistische Linguistik 13, S. 154-185

2.1.4. Modalverb (MV) 115

- kategoriale Füllung: vor allem *müssen, dürfen, sollen, lassen, können, mögen, wollen (?brauchen).*
- morpholog. Markierung: bei fin. Verwendung genau wie VV; infin. Verwendung nur in Kombination mit fin. HV (VV steht dann im „Ersatz-Inf.“: ohne *zu* (→ 236)).
- intonat. Markierung: Bedingungen für den Satzakzent unklar.
- topolog. Markierung: fin.: wie VV; infin.: immer klschl, nicht VoF-fähig. – Bei V-L ist in Kombination mit einem fin. HV und einem oder mehreren VV die (normativ orientierte) **MV-Regel** anzuwenden: die fin. HV-Form steht dann nicht am Ende der V-Formen, sondern an ihrem Anfang (Unsicherheit der Sprecher aufgrund dialektaler Variation):

  (2-5) *..., dass ich sie die Arie habe singen hören* ***wollen****.*
- Struktureigenschaften: kann nur zusammen mit einem VV oder einer präd. Struktur das Prädikat bilden. – Ist nicht Träger der Valenz-/Rektionseigenschaften.

  (2-6) *Weihnachten durften wir länger aufbleiben.*
  (2-7) *Ich möchte einmal Bulgarien kennenlernen.*
  (2-8) *Er hat an Weihnachten länger aufbleiben dürfen.*

Neben den MV dienen auch die Modalitäts-V (auch „modifizierende V“ genannt) dem Ausdruck von Modalität: *scheinen, drohen, pflegen, vermögen, brauchen* (nur mit *nicht* – als häufige Negation für *müssen*). Bei diesen erscheint das modifizierte V jedoch im Inf. mit *zu* (→ 237).

Zur Vertiefung:

Abraham, W. [1990]: Die Grammatikalisierung von Auxiliar- und Modalverben. In: Beiträge 112, S. 200-208

Askedal, J.O. [1983]: Über *scheinen* als Modalitätsverb im gegenwärtigen Deutsch. In: Askedal, J.O. e.al. (eds.): FS. für Laurits Saltveit. Oslo, S. 30-39

Öhlschläger, G. [1989]: Zur Syntax und Semantik der Modalverben des Deutschen. Tübingen: Niemeyer (=Linguistische Arbeiten 144)

2.1.5. Objektinkorporationen

- kategoriale Füllung: Art.- und Attr.-los N + VV; beim V keine besonderen Selektionen.
- morpholog. Markierung: N ist unmarkiert (akk. Markierung nicht mehr zweifelsfrei erkennbar), V wie üblich.
- intonat. Markierung: N erhält Normalakzent (→ 99).
- topolog. Markierung: V wie VV, N teilweise wie AkkO (Ende des MiF), teilweise wie V-Partikel (dann Teil des klschl Ausdrucks).
- Struktureigenschaften: N in Obj.-Inkorporation ist irreferentiell, d.h.:
  - Art.- und Attr.-los
  - nicht pronominalisierbar, nicht erfragbar
  - Negation: *nicht* (*kein* nicht möglich)

    (2-9) *Auto fahren, Rad fahren, Trübsal blasen, kehrtmachen, handarbeiten, preisgeben, haushalten*

Hinweis: es handelt sich dabei um syntakt. Strukturen auf dem Weg zur Zusammenrückung. Der gesamte Ausdruck gilt hier als Valenzträger, das N in der Obj.-Inkorporation zählt nicht als Ergänzung. – Beachte, dass es oft parallele Ausdrücke mit normaler Bedeutung gibt, die als normale syntakt. Strukturen zu analysieren sind: *Mitteilung machen* vs. *(eine wichtige) Mitteilung machen.*

116 *2.1.6. Funktionsverbgefüge (FVG)*

- kategoriale Füllung: V + PP; V: VV; selten austauschbar, Valenz (→ 65, 183f.) eher von N gesteuert, Präp. scheint von V gesteuert. – Falls Art., dann enklitisch an Präp. Im Normalfall aber N Art.- und Attr.-los; N meist Verbalabstraktum (deshalb FVG teils durch Basis-V ersetzbar)
- morpholog. Markierung: wie VV.
- topolog. Markierung: V wie VV. PP ähnlich wie PO (dann Ende des MiF), teilweise wie V-Partikel (dann Teil der klschl Ausdrucks).

    (2-10) *ins Stocken geraten, zur Aufführung bringen, in Betrieb setzen*

Hinweis: wie bei den Obj.-Inkorporationen ist das N in der PP irreferentiell (Art.-los, Attr.-los, nicht erfragbar) das gesamte FVG gilt als Träger der Valenz (die PP wird also nicht als PO oder Advb analysiert). Und wieder gibt es parallele syntakt. Strukturen mit normaler Semantik: *in Aussicht stellen* vs. *in die Aussicht stellen.*

Zur Vertiefung:

Günther, H./Pape, S. [1976]: Funktionsverbgefüge als Problem der Beschreibung komplexer Verben in der Valenztheorie. In: Schumacher, H. (ed.): Untersuchungen zur Verbvalenz. Tübingen: Narr (=Forschungsberichte des Instituts für deutsche Sprache 30), S. 92-128

Meola, C. di [1994]: Kommen und gehen. Eine kognitiv-linguistische Untersuchung der Polysemie deiktischer Bewegungsverben. Tübingen: Niemeyer (= Linguistische Arbeiten 325)

Polenz, P. [1987]: Funktionsverben, Funktionsverbgefüge und Verwandtes. Vorschlag zur satzsemantischen Lexikographie. In: Zeitschrift für Germanistische Lingustik 15, S. 169-189

2.1.7. Verbale Idiome 117

Ihre Bedeutung ist nicht aus der Einzelbedeutung der Bestandteile sowie der Strukturbedeutung erschließbar. Dies gilt auch für Obj.-Inkorporationen und FVG. Nach Abzug dieser beiden Strukturtypen verbleiben noch zahlreiche Untertypen, die aber hier nicht im Detail behandelt werden sollen.

(2-11) *ins Gras beißen, in die Binsen gehen, auf die Folter spannen, hinters Licht führen, ins Bild setzen*

Achtung: Die Abgrenzung zwischen Obj.-Inkorporation, FVG und verb. Idiom ist äußerst heikel!

2.1.8. Prädikativ (Präd.) 118

Die Zuordnung der Präd. zu den verb. Formen ist umstritten. Natürlich handelt es sich nicht um V, aber als Valenzträger bilden sie zusammen mit den KV eine Art engen V-Komplex; andererseits zeigen präd. NP und PP teilweise Merkmale von SG (→ 120) bzw. Ergänzungen (aber nicht alle!)

- kategoriale Füllung:
  - Adj.: *hübsch sein* (problematische Trennung von Mod.Advb. (*schnell laufen*) (→ 130) und präd. Attr. (*krank heimkommen*) (→ 136))
  - NP (typischerweise indef. oder Art.-los): *ein Wohltäter werden* (problematische Trennung von Identitätsaussagen).
  - Adv.: *da/dort/heute sein* (problematische Trennung von VV + Advb)
  - adv. PP: *in München/von gestern sein.*
  - Möglicherweise gibt es auch Präd.Sätze:
    (2-12) *Er ist (so), wie mein Bruder war.*
- morpholog. Markierung:
  - NP: Nom. (in wenigen Fällen auch Gen.: *des Teufels/guter Laune/anderer Ansicht/guten Mutes/guter Dinge sein*).

- Akk.: Obj.Präd.: *Sie nennt ihren Mann einen Lügner.*

Achtung: Abgrenzung zu Subj. (→ 121) problematisch; Adj.: unmarkiert (also nicht Nom.); Adv.: unmarkiert; PP werden von der entsprechenden Präp. regiert (beachte Nähe zu PO: *von großem Wert sein, zu Asche werden)*; Präd.Sätze: unmarkiert. Präd. können Valenz- bzw. Rektionseigenschaften (→ 64) haben: *stolz sein auf etw./jemanden, einer Sache würdig sein.*

- intonat. Markierung: tendenziell mit Fokusakzent, wenn keine oblique Ergänzung vorhanden ist.
- topolog. Markierung: am MiF-Ende, evtl. Nähe zum klschl Element bzw. selbst klschl Element.
- Strukture igenschaften: Zwischenstellung zwischen normalen SG und V-Komplexen. – Obl. Auftreten zusammen mit KV wie *sein, werden, bleiben.*

  Achtung: problematische Abgrenzung zu Obj.Präd. und präd. Attr. (→ 136): *Er kommt krank nach Hause.* > *Das Nachhausekommen erfolgt in kranker Weise./ = Er kommt nach Hause, und dabei ist er krank.
- Erfragbarkeit: problematisch, allenfalls mit *wie.*
- *Achtung*: ganz unterschiedliche Eigenschaften der Teilgruppen; untereinander nicht koordinierbar, nicht mit gleichem Fragewort erfragbar. *wie, was, wo/warum, wohin.*

  (2-13) *Du bist des Teufels *und dumm.*

  (2-14) *Die Gespräche waren gestern *und in der Turnhalle/*und erfolgreich.*

  Präd. geben eine Eigenschaft des Subj.-Referenten an.

  Der Valenzträger ist das Präd:

  (2-15) *Er wird ihrer eingedenk sein ..*

  (2-16) *Aber ganz hold war ihm die Norne doch nicht.*

  Imp.-Bildung meist möglich:

  (2-17) *Sei kein Frosch, ...*

Zur Vertiefung:

Urbas, M. [1993]: Numeruskongruenz und Numeruskonflikte in Kopulasätzen. Düsseldorf

2.1.9. Übung zu den verbalen Funktionen

(2-18) *Hören Sie, sagt mein Nachbar.*

(2-19) *Das müssen Sie doch auch gehört haben.*

(2-20) *Ich schaue ihn an.*

(2-21) *Er wird ungeduldig.*

(2-22) *Sagen Sie bloß, das haben Sie nicht gehört.*

(2-23) *Ich schüttel den Kopf und entschließ mich zu der Frage: Was denn?*
(2-24) *Na, hören Sie mal, sagt der Mann, leicht entrüstet.*
(2-25) *Das konnte man doch gar nicht überhören.*
(2-26) *Langsam werde ich auch ungeduldig.*
(2-27) *Was hat er?*
(2-28) *Ich habe nichts gehört.*
(2-29) *Na, gestern abend, sagt mein Nachbar.*
(2-30) *Es muß die junge Frau gewesen sein, die mit dem Kind, die allein ist.*
(2-31) *Und? frage ich.*
(Aus: Freitag vom 19.3.99)

Geben Sie die verb. Funktionen in (2-18) bis (2-31) an!

2.2. Valenznotwendige Ergänzungen 119

Hierunter versteht man alle SG, die – im Gegensatz zu den freien Angaben (→ 133) – von der Valenz des übergeordneten V/Prädikats gefordert werden.

SG haben folgende Eigenschaften: 120

- VoF-fähig (= Stellungsglied), nur gesamthaft verschiebbar.
- nur in ganz wenigen Fällen kann ein Teilausdruck aus einem SG „herausbewegt“ werden:
  (2-32) *Die Pferde haben wir alle eingefangen.* („Quantorenfloating“)
  (2-33) *Radis gibt es dort recht schöne.* („Attr.-Floating“)
  Gleiches gilt für Attr.-Sätze in Extraposition (→ 86)
- erfragbar (mit wenigen Ausnahmen bei den Advb)
- pronominalisierbar bzw. gesamthaft ersetzbar
- gefüllt mit Kasualia oder Präpositionalia oder GS

Grammatikmodelle:

- Valenzgrammatik: alle SG sind, soweit es sich um Ergänzungen handelt, gleichrangig. Unterschieden werden sie nur nach der Morphologie.
- Konstituentenstruktur-Grammatiken: hierarchisch-konfigurationell, z.B. Subj. = diejenige NP, die direkt vom Satz-Knoten dominiert wird und linke Schwesterkonstituente von VP ist.
- Kategorialgrammatik: nach V-Nähe, z.B. Subj. = am V-fernsten (wird zuletzt abgebunden).

121 *2.2.1. Subjekt (Subj.)*

- kategoriale Füllung: Alle Arten von NP, fast alle Arten von GS (beachte auch sog. „freie Rel.Sätze“ (2-35) und (2-36) und „untypische Subj.Sätze“ mit adv. subord. Konj. (2-37), Inf.-Konstruktionen und Pseudo-Subj.-*es* (2-34) (nicht weglassbar, nicht erfragbar/ersetzbar; → 285).
  - (2-34) *Es regnete gestern viel./Gestern regnete es viel.*
  - (2-35) *Wer rastet, rostet.* (freier *w*-Rel.Satz)
  - (2-36) *Der ich bin, grüßt trauernd den, der ich könnte sein.* (freier *d*-Rel.-Satz)
  - (2-37) *Wie man beim Bremsen „stottert“, ist vielen bekannt.* (untypischer Subj.-Satz mit adv. subord. Konj.)
  - (2-38) *Diese Aufgabe zu lösen ist schwer.* (Inf.-Konstruktion)
- morpholog. Markierung: immer Nom. (an den Endungen oft nicht erkennbar, dann ist die Position ausschlaggebend):
  - (2-39) *Katzen fressen Mäuse/Ratten.*
  - (2-40) *Söhne lieben Mütter/Mütter lieben Söhne.*

  Achtung: Abgrenzung zu präd. NP (→ 118) ist problematisch. Subj. = tendenziell def., präd. NP = tendenziell indef.
  - (2-41) *Mord ist eine heimtückische Tötung aus niederen Motiven.*

122
  - (2-42) *Der Olympiaturm ist der Münchner Fernsehturm.* (**Identitätsaussage**)

  Das Subj. kongruiert meist mit dem fin. V in Ps. und Numerus:
  - (2-43) *Eine Schar Kinder spielte/spielten im Hof.*
- intonat. Markierung: unspezifisch; tendenziell Topik („Satzgegenstand“) sowie Hintergrund („vorerwähnt“). Relativ oft mit Topik-/Thema-Akzent. Fokusexponent bei einstelligen V.
- topolog. Markierung: Normalposition im VoF oder an erster Stelle im MiF, vor allem, wenn die morpholog. Markierung nicht eindeutig ist. Späterstellung bei Fokalität möglich, bei Inversions-V normal ((2-44) (→ 189ff.). MiF-Anfangsposition bei Häufung von Pro-NP ((2-45); Enkliseregel). NaF-Position nur unter Sonderbedingungen (vgl. (2-47)). MiF-Verbot für GS (vgl. (2-46)!): GS können nur im VoF oder extraponiert stehen (→ 87).
  - (2-44) *Heute gelingt mir aber auch rein gar nichts.*
  - (2-42) *Heute habe ich es ihm/ich ihm das/*ihm ich das/*ihm das ich gesagt.*
  - (2-43) *Allgemein ist, *dass Linksparken verboten ist, wohlbekannt.*
  - (2-44) *Jetzt ist ans Rednerpult getreten H. Wehner.*
  - (2-45) *Wer war denn alles dabei?* (Quantorenfloating)

- Struktureigenschaften: immer obl., weglassbar in der Ellipse (→ 214ff.); *Achtung* bei unpersönlichen = Subj.-losen Konstruktionen
  - (2-46) *Mich friert (es)/Ich friere.*
  - (2-47) *Es regnet.*
  - (2-48) *Es wurde/Da wird getanzt und gelacht.*
  - (2-49) *Darauf ist zu achten.*

  Subj. im Akt.-Satz entspricht fak. *von*-Phrase im Pass. (→ 197ff.); Subj. fehlt bei Imp.- (→ 249) und Inf.-Strukturen (→ 233ff.):
  - (2-50) *Fürchte (du/er) dich/sich nicht./Fürchten Sie sich nicht.*
  - (2-51) *Gretchen glaubt sich vor Heinrich zu fürchten.*
- Kasusrolle: im Subj. wird die jeweils hierarchisch höchste semant. Kasusrolle kodiert. Agens (→ 203) bei trans. V; Charakterisierte Entität (→ 204) bei intrans. V.
- Erfragbarkeit durch *wer* (bei Personen) oder *was* (bei Sachen; *Achtung*: kasusunspezifisch!) (→ 178)
- Stärkstes Antezedens für Reflexivierung (→ 269)/Pronominalisierung.
  - (2-52) *Meyer spricht ungern mit Müller über sich/ihn und seine Probleme.*

Zur Vertiefung:

Oppenrieder, W. [1991]: Von Subjekten, Sätzen und Subjektsätzen. Tübingen: Niemeyer (=Linguistische Arbeiten 241)

2.2.2. Genitivobjekt (GenO) 123

- kategoriale Füllung: alle Arten von NP, als GS wohl nur freie Rel.-Sätze ((2-56), mit *wessen/dessen* kasusrichtig eingeleitet); ev. Inf.-Struktur (2-53) (→ 233ff.).
  - (2-53) *Sie wurde sich jetzt bewußt, seine Liebe unterschätzt zu haben.*
  - (2-54) *?Sie waren sich immer (dessen) bewußt, dass sie ihre wirklichen Eltern nicht hatten.*
  - (2-55) *Herr, ich bin nicht würdig, dass du eingehest unter mein Dach.*
  - (2-56) *Ich bedarf, dessen/wessen ich bedarf.*
- morpholog. Markierung: der Gen. muss offenbar eindeutig erkennbar sein außer bei satzwertiger Füllung wie in (2-58):
  - (2-57) *Ich gedenke *Menschen/der Menschen.*
  - (2-58) *Ich kann mich entsinnen, häufig gelobt worden zu sein.*

  Unterliegt der Rektion (→ 64) des regierenden V/Präd. Achtung bei

Abgrenzung von advb. Gen.-Strukturen (→ 57) wie *des Öfteren, allen Ernstes, eines schönen Tages* sowie präd. Gen (→ 118f.): *des Teufels sein, weit älteren Datums sein.* – Auch Präd. mit GenO: *einer Sache eingedenk/ würdig sein.*

- intonat. Markierung: unspezifisch. Fokusexponent bei zweistelligen V (Subj., GenO).
- topolog. Markierung: VoF-Position scheint nur bei klarer Gen.-Morphologie möglich; tendenziell am MiF-Ende als Fokusexponent; Ausklammerung nur unter Sonderbedingungen (vgl. (2-60)):
  - (2-59) *Dass sie ihre wirklichen Eltern nicht hatten, ?*(dessen) waren sie sich bewußt.*
  - (2-60) *Sogar seine Mutter konnte sich nicht erwehren ?eines Lächelns.*

  Pronominalhäufung: GenO nach Subj. und AkkO (→ 90):
  - (2-61) *..., dass er ihn dessen/?seiner beschuldigte.*
- Struktureigenschaften: immer obl.; existiert nur bei wenigen („juristischen") V und Präd. (*e. S. gedenken, sich e. S. erinnern, e. S. eingedenk sein* etc.); ferner: *bedienen, bedürfen, befleißigen, bemächtigen, berauben, beschuldigen, besinnen, bewusst sein, entbehren, entbinden, enthalten, entledigen, entraten, erinnern, ermangeln, fähig sein, gedenken, harren, pflegen, rühmen schämen, schuldig sein, versichern, walten, würdigen, würdig sein.* Wird wohl durch PO (→ 126) abgelöst (*s. (an) e. S. erinnern*); keine einheitliche Kasusrolle.
- Erfragbarkeit mit *wessen* (bei Personen) bzw. *welcher Sache* (→ 178). Unveränderlich in allen Pass.-Arten (→ 197ff.).

Zur Vertiefung:

Schrodt, R. [1993]: Die Opposition von Objektsgenitiv und Objektsakkusativ in der alten Sprachgeschichte. Syntax oder Semantik oder beides? In: Beiträge 114, S. 361-394

124 *2.2.3. Dativobjekt (DatO)*

- kategoriale Füllung: alle Arten von NP, als GS wohl nur freie Rel.Sätze (mit *wem/dem/denen* „kasusrichtig" eingeleitet), vermutlich keine Inf.-Konstruktionen (→ 233ff.).
  - (2-62) *Ich helfe, wem ich helfen will.* (freier *w*-Rel.Satz, „kasusrichtig" eingeleitet)
  - (2-63) *?Die Frau hatte sich widersetzt, ins Freie gebracht zu werden.* (Inf.-Konstruktion)
  - (2-64) *(Der Annahme,) *Dass der Fahrer angehalten hat, widerspricht, dass keine Bremsspur zu sehen ist.*

- morpholog. Markierung: Dat.; zahlreiche Überschneidungen mit anderen Kasus:
  (2-65) *Er gleicht das Niveau der Böschung der Straße an.*
  (2-66) *Er überläßt (der) Julia (die) Iris./Er überläßt (die) Julia (der) Iris.*
  Unterliegt der Rektion des regierenden V/Präd (→ 64).
- intonat. Markierung: tendenziell fokal. Fokusexponent bei zweistelligen V (Subj. & DatO), wenn am Ende des MiF.
- topolog. Markierung: VoF-fähig; im MiF Normalposition nach Subj., vor AkkO (→ 89).
  (2-67) *..., dass Peter das Bild seinem F r e u n d schenkt/seinem Freund das B i l d schenkt/*ein Bild seinem F r e u n d schenkt/seinem Freund ein B i l d schenkt.*
  Achtung: Inversion AkkO/DatO, wenn das AkkO pronom. gefüllt ist (sog. Pronominalregel (→ 90):
  (2-68) *..., weil ich dem Kind den B a l l schenke./..., weil ich ihn dem K i n d schenke./..., weil ich ihn ihm s c h e n ke.*
  Nur unter Sonderbedingungen NaF-fähig. DatO-Sätze sind nicht MiF-fähig, außer vielleicht bei freien Rel.Sätzen:
  (2-69) *Ich habe immer, wem ich helfen will, auch wirklich geholfen.*
- Struktureigenschaften: immer obl., teilweise aber weglassbar; oft Dat. der Ps. (Kasusrolle Correspondent (→ 206); aber auch [–BEL]-Referenten). Bei *kriegen-/bekommen*-Pass. (→ 200) Umwandlung zu Subj., das ursprüngliche Subj. verschwindet dann.
  (2-70) *Maria hat Karl eine geschallert./Karl hat von Maria eine geschallert bekommen/gekriegt.*
- Erfragbarkeit mit *wem* (bei Personen) bzw. *welcher Sache* (→ 178). – Problematische Trennung von (obl.) DatO und (fak.) „freien Dat." (→ 135).

Zur Vertiefung:

Wegener, H. [1985]: Der Dativ im heutigen Deutsch. Tübingen: Narr

Molnarfi, L. [1998]: Kasusstrukturalität und struktureller Kasus – zur Lage des Dativs im heutigen Deutsch. In: Linguistische Berichte 176, S. 535-580

2.2.4. Akkusativobjekt (AkkO) 125

- kategoriale Füllung: alle Arten von NP, GS (v.a. mit *dass* und *ob;* beachte auch sog. „freie Rel.Sätze" und „untypische AkkO-Sätze" mit advb. subord. Konj.).
  (2-71) *Erzähl doch mal, wie du das hingekriegt hast.*

Dazu uneingeleitete V-2-Sätze bei indirekter Rede nach *verba dicendi et sentiendi* (→ 231):

(2-72) *Er sagte, er habe keine Zeit mehr.*

es tritt bei Obj.-Satz-Extraposition fakultativ als Platzhalter auf (→ 283); dazu formales AkkO bei: *es gut meinen mit jemandem., es auf jemanden. abgesehen haben.* Beachte auch Obj.-Inkorporation (*Rad fahren, Auto fahren*) (→ 115) und Inf.-Konstruktionen (*Ich liebe es nicht, in die Vorlesung zu gehen*) (→ 233ff.)

- morpholog. Markierung: Akk.; meist unmarkiert, oft ambig (formgleich mit Nom.) oder gar nicht vorhanden (bei GS). Unterliegt der Rektion des regierenden V/Präd. (→ 64).

  Achtung: bei Abgrenzung zu den advb. Akk., vor allem Maßakk. (→ 59)

  (2-73) *Heike läuft (die) hundert Meter schon in zehn-Null.*

  (2-74) *Gewähre mir noch drei Tage (lang Zeit).*

  (2-75) *Er wohnt 15 km (weit) von hier.*

  Beachte auch doppelten Akk. (*jemanden. etw. lehren/kosten*) sowie AcI- und Raising-Konstruktionen (*Er suchte sie zu überreden*).
- intonat. Markierung: tendenziell Fokusexponent am MiF-Ende bei zwei- und dreistelligen V.
- topolog. Markierung: VoF-fähig; Normalposition im MiF nach dem DatO, pronom. vor diesem (sog. Pronominalregel (→ 90)) nur unter Sonderbedingungen NaF-fähig. GS können nur im VoF (wenn das Subj. deutlich kasusmarkiert ist) oder extraponiert (evtl. Platzhalter-*es* im MiF) stehen. Freie Rel.Sätze auch im MiF.

  (2-76) *Hast du (es) ihm (*wie du das hingekriegt hast,) schon erzählt, wie du das hingekriegt hast.*

  Bei doppeltem Akk. steht der Akk. der Ps. immer vor dem Akk. der Sache:

  (2-77) *..., weil der Pastor die Kinder das Beten lehrte.*
- Struktureigenschaften: immer obl., teilweise aber weglassbar (*(etw.) essen*); oft Akk. der Sache; bei Vorgangs-/Zustands-Pass. (→ 197ff.) Umwandlung ins Subj.

  (2-78) *Maria ohrfeigt Willi./Willi wird (von Maria) geohrfeigt./Willi ist geohrfeigt.*
- Kasusrolle häufig Patiens (affiziertes/effiziertes Obj.) (→ 205)
- Erfragbarkeit mit *wen* (Personen) oder *was* (Sachen; kasusunspezifisch!) (→ 178). Das AkkO im Akt. entspricht einem Subj. im Vorgangs-Pass. (→ 197ff.), aber:

(2-79) *Karl erhält das Wertpapier kostenlos/*Das Wertpapier wird kostenlos (von Karl) erhalten.* (Besitzwechsel-V, nicht passivierbar)

(2-80) *Mich friert./*Ich werde gefroren.*

Refl.Pron. bei obl. refl. V (→ 272): kein AkkO, sondern V-Bestandteil. Kasus morpholog. unklar.

(2-81) *Es fragt sich, .../Etwas sagt sich leicht* (etc.).

Zur Vertiefung:

Bausewein, K. [1990]: Akkusativobjekt, Akkusativobjektsätze und Objektsprädikative im Deutschen. Tübingen: Niemeyer. (= Linguistische Arbeiten 251)

2.2.5. Präpositionalobjekt (PO) (→ 279) 126

- kategoriale Füllung: PP aller Art, auch Pro-PP, GS (mit oder ohne ProPP-Platzhalter) oder ProPP mit GTS.

  (2-82) *Ich habe dar a n gedacht, dich zu ehelichen.* (Platzhalter für extraponierten PO-Satz)*/d a ran gedacht, dich zu ehelichen.* (BE für extraponierten Attr.Satz, zusammen das PO)

  Die Präp. ist nicht immer eindeutig festgelegt (Bedeutungsvarianten!)

  (2-83) *über/von etw. berichten; über/von etw. mit/zu jemandem reden; mitwirken an/bei.*

  (2-84) *auf sein Recht/auf den Tisch/an die Tür pochen.*

  (2-85) *Martin rechnete ganz fest ?(damit), dass Becker die Sache vor Gericht bringen würde.*

  Problematische Trennung von FVG (→ 116, 280)! – Nicht immer strikt obl.

  (2-86) *Das geht zu schnell (für einen alten Mann wie mich).*

  (2-87) *Glaubst du denn nicht (daran), dass ich dir treu bin?* (*etw. glauben* = AkkO oder *an etw. glauben* = PO)

- morpholog. Markierung: je nach der Rektion der Präp. Diese ist meist semant. leer und wird durch das regierende V/Präd. bestimmt, z.B. *glauben an, reden von/über, vertrauen auf, rechnen mit, bitten um* .... Strukturen wie *reden mit* werden heute überwiegend zu den (Kom.)Advb. gerechnet. – Bei [+HUM] Präp. + Pers.Pron. (*an ihn*), bei Sachen ProPP (*daran*).
- intonat. Markierung: tendenziell fokal; bei zwei- und manchmal auch bei dreistelligen V Fokusexponent.

- topolog. Markierung: VoF-fähig; Normalposition am Ende des MiF, dadurch Nähe zum klschl Ausdruck; oft im NaF. – PO-Satz nur VoF-fähig, wenn Präp. vorhanden (= Linksversetzung):
  - (2-88) **Dass ich dir treu bin, (daran) zweifelst du?*
  - (2-89) *Ich konnte ihn (dazu) überreden, an der Demo teilzunehmen.*

  PO-Satz nicht MiF-fähig (dagegen durchaus ProPP + GTS)
  - (2-90) *Martin glaubte (d a ran/*da r a n), ?dass Becker die Sache vor Gericht bringen würde, ganz fest.*
- Struktureigenschaften: immer obl., teilweise aber weglassbar (*bitten (um etw.)*); sehr variable Kasusrollen (aff./eff. Obj., Patiens, Experiencer? Nicht die typischen adv. Kasusrollen wie Instrument) (→ 202ff.);

  Achtung: Abgrenzung von obl. Advb. (→ 127, 278) ist problematisch!
- Erfragbarkeit je nach der Präp. mit ProPP bei Sachen und Präp. + ProNP bei Personen: *worum, worauf ... auf wen, woran ... an wen* (→ 179). Akt.-Subj. entspricht Pass.-*von*-PP (ev. Advb, nicht PO) (→ 274). Evtl. treten mehrere PO in einem Teilsatz auf:
  - (2-91) *Sie hat sich mit ihm auf ein Abenteuer eingelassen.*

  PO-Sätze müssen teils mit, teils ohne Pro-PP-„BE" auftreten:
  - (2-92) *Martin rechnete ganz fest *(damit)/glaubte ganz fest (daran), dass ...*

  Beachte Rektionsalternativen: *(an) eine Sache glauben, sich einer Sache/an eine Sache erinnern.*

Zur Vertiefung:

Breindl, E. [1989]: Präpositionalobjekte und Präpositionalobjektsätze im Deutschen. Tübingen: Niemeyer. (= Linguistische Arbeiten 220)

127 *2.2.6. Obligatorisches Adverbiale (obl. Advb.)* (→ 278)

Die hier beschriebenen syntakt. Funktionen, nämlich
- obl. Dir.Advb. nach V der gerichteten Bewegung
- obl. Lok.-, Mod.Advb. und präd. Attr. nach V der Befindlichkeit
- obl. Temp.Advb. nach V der Zeiterstreckung

warten mit einer ganzen Reihe von Problemen auf: es gibt parallel ganz ähnliche syntakt. Strukturen mit dem Status einer Angabe; ihr Valenzstatus ist einzeln und als Gruppe umstritten; entscheidend ist die Semantik der regierenden V.

Empfehlung: die wenigen Fälle lassen sich ganz gut auswendig lernen.

- kategoriale Füllung:
  - reine Adv: *bisweilen, überallhin ...*
  - deiktische Adv: *so, da, dorthin ...*
  - ProAdv: *so, da, ..*
  - Adj. (bei obl. Mod.Advb.): *schnell, behutsam ...*
  - PP: *in der Unterstadt ...*
  - ProPP: *darunter, darin.*
  - Advb.Sätze: typischerweise mit adv. subord. Konj.: *wo, wie, solange ...*
  - NP: adv. Gen. oder Akk.: *allen Ernstes, des Nachts, 20 km lang/weit.*
- morpholog. Markierung: je nach Rektion der Präp. (wobei die Rektion der Präp. je nach Semantik variieren kann, z.B. Dat. = lok., Akk. = dir.). Adv., Adj. und Advb.Sätze sind morpholog. unmarkiert. Unterliegen nicht der Rektion des regierenden V/Präd. (→ 64).
- intonat. Markierung: äußerst variabel; oft Fokusexponenten, wenn am MiF-Ende
- topolog. Markierung: im VoF, MiF und (sehr eingeschränkt) im NaF möglich; sehr komplizierte Stellungsregularitäten, aber tendenziell als Fokusexponent am MiF-Ende. MiF-Position von Advb-Sätzen evtl. möglich (oder parenthetisch eingeschoben):

  (2-93) *Er wohnt, wo alle reichen Leute wohnen, schon seit seiner Geburt.*
- Struktureigenschaften: es treten folgende Typen auf:
  - Dir.Advb. bei V der gerichteten Bewegung: *Ich lege das Buch dorthin.* 128
  - Lok.Advb. bei V der Befindlichkeit: *Er wohnt in München.* 129
  - Mod.Advb. bei V der Befindlichkeit: *Sie verhielt sich korrekt.* 130
  - präd. Attr. bei V der Befindlichkeit: *Sie wohnt allein.* 131
  - Temp.Advb. bei V der Zeiterstreckung: *Die Sitzung dauerte lang.* 132
- Erfragbarkeit je nach dem semant. Typ: *wohin/woher, wo, wie, wie lange.*

Zur Vertiefung:

Steinitz, R. [1997]: Valenznotwendige Präpositionalphrasen: weder Argument- noch Adjunktposition. In: Dürscheid, Chr. e.al. (eds.): Sprache im Fokus. FS H. Vater. Tübingen: Niemeyer, S. 329-352

133 **2.3. Freie Angaben**

Hierunter versteht man alle SG, die nicht von der Valenz des V (→ 65, 183ff.) gefordert werden. Neben den freien Advb (→ 134) werden auch die sog. „freien Dat.“ (*dativus commodi/incommodi, dativus ethicus* usw. → 135) oft hierher gestellt.
Die SG-Eigenschaften (→ 120) gelten auch für diese SG analog. Freie Angaben sind durch den *und-zwar*-Test (→ 181) identifizierbar.

134 *2.3.1. Fakultatives Adverbial (fak. Advb.)* (→ 277)

- kategoriale Füllung: NP (gen. und akk. Maßadvb. etc.), PP, Adj., Advb, Inf.-Konstruktion, GS
- morpholog. Markierung: je nach Rektion der Präp.; Adv., Adj. und Advb.Sätze sind morpholog. unmarkiert. Sie unterliegen nicht der Rektion des regierenden V/Präd. (→ 64).
- intonat. Markierung: unspezifisch; oft Fokusexponenten, wenn am MiF-Ende
- topolog. Markierung: möglich sind VoF, MiF und NaF (außer reine Adv. und Pro-Adv.); im MiF sehr komplizierte Stellungsregularitäten je nach semant. Subtyp und kategorialer Füllung
  (2-94) ..., *weil (am Morgen) der Vater (am Morgen) dem Kind (am Morgen) den Ball (am Morgen) gab.*
- Struktureigenschaften: syntakt. Beschreibung unbefriedigend; meist semant. Subklassifikation: Lok.Advb. (dir. etc.); Temp.Advb. (Zeitpunkt, Dauer, Beginn etc.); Mod.Advb.; Instr.Advb.; Kaus.Advb., Kond.Advb., Fin.Advb. (*um fremde Länder zu erobern*); Kom.Advb. (*mit jemandem gehen*); Bereichs-Advb. (*ärztlich*) etc.
- Erfragbarkeit je nach semant. Typ mit *wo/wohin/woher, wann/wie lange/wie oft, wie, warum, wozu, womit* usw. (→ 180).

Zur Vertiefung:
Maienborn, C. [1991]: Bewegungs- und Positionsverben: ZurFakultativität des lokalen Arguments. In: Klein, E. e.al. (eds.): Betriebslinguistik und Linguistikbetrieb. Bd. 2. Tübingen: Niemeyer (=Linguistische Arbeiten 260), S. 95-106

Steinitz, R. [1988]: Adverbial-Syntax. 4. unveränd. Aufl. Berlin: Akademie Verlag (=Studia Grammatica Bd. X)

Steinitz, R. [1992]: Durative und inchoative Prädikate und die Adverbialkomplemente von Verben. In: Hoffmann, L. (ed.): Deutsche Syntax. Ansichten und Aussichten. Berlin: de Gruyter, S. 186-205

2.3.2. Freie Dative 135

Die Eigenschaften der Freien Dat. unterscheiden sich kaum von denen der DatO (→ 124) (abgesehen von der Valenzbindung).

- kategoriale Füllung.: NP [+HUM]; fast immer Pers.Pron., Eigenname oder def. Art. + N
  - (2-95) *Du bist mir vielleicht ein Früchtchen!* (*dativus ethicus*)
  - (2-96) *Karin fährt mir das Auto in die Garage.* (*dativus commodi*)
  - (2-97) *Das Herz springt mir im Leib.* (Pertinenz-Dat.)
  - (2-98) *Mir ist schon wieder ein Weißbierglas zerbrochen.* (*dativus incommodi*)
  - (2-99) *Er holte ihr die Medizin* (*dativus possessivus*)
- morpholog. Markierung: Dat.; unterliegt nicht der Rektion des regierenden V (→ 64).
  Achtung bei Abgrenzung zu den DatO Fall von Homonymie:
  - (2-100) *Ich schreibe ihm einen Brief (wegen der Rechnung)* – 'an ihn' (DatO)
  - (2-101) *Ich schreibe ihm einen Brief (an das Arbeitsamt)* – 'im Auftrag, für ihn' (freier Dat.)
- topolog. Markierung: wie DatO im VoF und MiF, normalerweise zwischen Subj. und AkkO (→ 88). Nur unter Sonderbedingungen NaF-fähig.
- intonat. Markierung: der *dativus ethicus* erhält nie den Fokusakzent. Die übrigen Typen sind normalerweise nicht Satzakzentträger (→ 101).
- Struktureigenschaften: weglassbar;
- Erfragbarkeit: durch *wem, für wen* erfragbar

Zur Vertiefung:

Helbig, G. [1981]: Die freien Dative im Deutschen. In: Deutsch als Fremdsprache 18, S. 321-332

Rosengren, I. [1986]: Gibt es den freien Dativ? In: Deutsch als Fremdsprache 23, S. 274-287

Schmid, J. [1988]: Untersuchungen zum sog. freien Dativ in der Gegenwartssprache und auf Vorstufen des heutigen Deutsch. Frankfurt: Peter Lang

2.3.3. Prädikatives Attribut (präd. Attr.) 136

- kategoriale Füllung: (einige) Adj., Part.: *einsam, allein, bedauert.*
- morpholog. Markierung: im Standard-Dt. unmarkiert (lat. und bair. Kongruenz mit Bezugs-NP Subj. oder AkkO); je nachdem näher an ModAdvb. oder Präd.

- topolog. Markierung: fast identisch mit adj. ModAdvb. (→ 130) Kaum NaF-Position.
- intonat. Markierung: keine klaren Tendenzen. Sowohl Hintergrund als auch Fokus(akzentträger).
- Semantische Funktion: gibt eine Eigenschaft des Subj.-/AkkO-Referenten zum Zeitpunkt der Gültigkeit der Prädikation an:

  (2-102) *Ich treffe Maria allein = Ich treffe Maria, und dabei bin ich/ist Maria allein.*

Achtung: keine klare Frageformulierung, keine plausible Pro-Form. Sehr unterschiedliche Bezeichnungen in der Literatur.

Zur Vertiefung:

Helbig, G. [1984]: Was sind Objektsprädikate, Objektsprädikative und prädikatives Attribut? In: Deutsch als Fremdsprache 21, S. 78-89

2.3.4. Übung zu den Ergänzungen und Angaben

(2-103) *Das Verhältnis von öffentlicher Sprachkritik und wissenschaftlicher Sprachforschung ist in Deutschland von jeher gespannt.*

(2-104) *Während Nichtlinguisten sich gerne sprachkritisch äußern, ist die moderne Linguistik auf diesem Feld eher zurückhaltend, man kann sogar von sprachkritischer Abstinenz sprechen.*

(2-105) *Statt zu verkünden, wo in der deutschen Sprache die Trennung zwischen „richtig" und „falsch" verläuft, schwelgen die Sprachforscher in verstiegenen wissenschaftlichen Diskussionen.*

(2-106) *Sie diskutieren sprachtheoretische Haarspaltereien, malen Baumdiagramme und registrieren in großangelegten Untersuchungen absurde Sprachphänomene, die bisher in keiner Grammatik verzeichnet waren.*

(aus: FAZ vom 2.10.1996, leicht modifiziert)

Geben Sie die syntakt. Funktion der unterstrichenen Wörter/Phrasen an.

137 **2.4. Sekundäre syntaktische Funktionen**

Unter sekundären Funktionen versteht man alle nicht SG-haften (→ 120) oder wenigstens stellungsgliedhaften syntakt. Funktionen, aber üblicherweise nicht die Partikel-Funktionen (→ 170ff.). In der Hauptsache geht es hier um die Attr.

2.4.1. Attribut (Attr.) 138

Abgeleitet von lat. *attribuere* '(ein Merkmal) hinzufügen'. Attr. stellen keine selbständigen Stellungsglieder dar, sondern sind immer nur Teil eines SG, d.h. sie sind nicht allein VoF-fähig, nicht allein herausstellbar. Attr. lassen sich in der Regel nur zusammen mit ihrem BE im Satz verschieben (Ausnahme: sog. 'Attr.floating', vgl. topolog. Markierung!) Man kann sie im Prinzip stets auf eine präd. Grundstruktur zurückführen. Der Terminus Attr. wird oft als Bezeichnung für Beifügungen zu jeder syntakt. Kategorie im Satz (mit Ausnahme des V!) verwendet. Wir beschränken den Terminus auf Adj.Attr. (→ 142), Gen.Attr. (→ 140), advb. Attr. (→ 143), PP-Attr. (→ 141) und (Rel.-)Satz-Attr (→ 144). Appos. (→ 149) und Parenthesen (→ 148) behandeln wir als eigene Strukturtypen. – Die Abgrenzung von Attr. gegenüber Art.-ähnlichen Quantoren (→ 151) und ProNP (→ 11) ist teilweise problematisch. Das jeweilige BE bildet den Kern der Attr.-Konstruktion. Als BE fungieren in der Mehrheit N, daneben aber auch einige wenige ProNP, Adj., Part. sowie Adv. (mit temp. oder lok. Bedeutung).

- Allgemeine Struktureigenschaften: 139
  - Erfragbarkeit: *Welch- ... ? Wessen ... ? Was für ein ... ?* (jeweils + BE)
  - Ersetzbarkeit: durch Proformen wie *so ein, solch-*, Pronom.-Advb. o.ä.
  - nicht VoF-fähig, nicht herausstellbar; in engen Grenzen Attr.-Floating.
- Semantische Funktion: Attr. schreiben ihrer Bezugs-NP i.d.R. eine identifizierende Eigenschaft zu. Als problematisch erweist sich dies jedoch bei den sog. 'Bereichs-Adj.': *Der mutmaßliche Mörder/Die ärztliche Betreuung/Die politische Aussage.* Die genannten Adj. geben nicht eine den jeweiligen Referenten identifizierende Eigenschaft an, sondern liefern nur eine Eingrenzung des Gültigkeitsbereichs des Kern-N.

2.4.1.1. Genitivattribut (Gen.Attr.) 140

- kategoriale Füllung: gen. NP: *Jockels neues Paper/das neue Paper des Dozenten.* Pränom. nur Eigennamen und eigennamenähnliche Ausdrücke, postnom. keine Beschränkungen. Hier auch beliebig iterierbar.
- morpholog. Markierung: Gen.
- intonat. Markierung: das pränom. Gen.Attr. erhält nie den Normalakzent, kann aber einen Kontrastakzent erhalten (und wird dann

restriktiv interpretiert). Das postnom. Gen.Attr. erhält den Normalakzent, wenn es am Ende der betreffenden NP steht. Dann besteht Ambiguität zur restriktiven Interpretation (→ 99f.).
- topolog. Markierung: pränom. überwiegend ohne Art.: *?des Vaters neues Haus*, Art.-ähnliche Funktion (nicht kombinierbar mit Art. zum Kern-N), vor Adj.Attr. nicht iterierbar; postnom. vor PP-Attr. und Attr.Sätzen (→ 93).

Zur Vertiefung:

Lindauer, T. [1995]: Genitivattribute: Eine morphosyntaktische Untersuchung zum deutschen DP/NP-System. Tübingen: Niemeyer

Marillier, J.-F. [1992]: Pränominaler und postnominaler Genitiv. In: Valentin, P. (ed.): Rechts von N. Untersuchungen zur Nominalgruppe im Deutschen. Tübingen: Narr

141 2.4.1.2. Präpositionalattribut (PPAttr) (→ 275)

- kategoriale Füllung: PP, ProPP.: *das Haus in der Sperlingsgasse; am Weg ein Stein.*
- morpholog. Markierung: entsprechend der Rektion der Präp (→ 64).
- intonat. Markierung: pränom. kann das PPAttr. keinen Phrasennormalakzent erhalten, sondern nur einen Kontrastakzent, postnom. aber sehr wohl, wenn es am Ende der NP steht (→ 99ff.).
- topolog. Markierung: postnom. nach Gen.Attr., vor Rel.Satz.Attr., iterierbar; selten vor der gesamten NP oder vor dem Art. (→ 93).

Zur Vertiefung:

Droop, H. G. [1977]: Das präpositionale Attribut. Tübingen: Narr.

Eggers, H. [1958]: Beobachtungen zumpräpositionalen Attribut in der deutschen Sprache der Gegenwart. In: Wirkendes Wort 8, S. 257-267

Lauterbach, S. [1993]: Genitiv, Komposition und Präpositionalattribut: Zum System nominaler Relationen im Deutschen. München: iudicium

142 2.4.1.3. Adjektivattribut (Adj.Attr.), Partizipial-Attribut

- kategoriale Füllung: *das neue Kleid, Forelle blau, der geprügelte Hund.*
  Achtung: nicht alle Adj. sind attr. verwendbar, z.B. *entzwei, schade, allein.*
- morpholog. Markierung (→ 8, 19): pränom. kongruent mit Kern-N (nach def. Art. schwach flektiert; nach indef. Art. usw. gemischt flektiert; ohne Art. stark flektiert); postnom. keine Markierung.
- intonat. Markierung: wenn das pränom. Adj.Attr. akzentuiert ist, wird es restriktiv verwendet (Einschränkung der Referenzmenge) bzw. kontrastiv (*der g e genwärtige Papst*); wenn der Kern akzen-

tuiert ist, ist das Adj.Attr. charakterisierend verwendet (*der gegenwärtige P a p s t*). – Das postnom. Adj.Attr. erhält, wenn es am Ende der NP steht, den NP-Akzent (→ 100, 102).

- topolog. Markierung: meist pränom. zwischen Art./Gen.Attr und Kern-N; koord.: *ein kleines (und) schmales Mädchen;* subord.: *ein neues (*und) literarisches Buch* (→ 93). – Selten postnom.: *Tchibo mild und fein*; selten in fachsprachlichen Textsorten, nicht iterierbar. – Attr.-Floating: *Blumen hat er recht schöne.* (Distanz zum Kern-N)

Zur Vertiefung:

Brandt, M. [1993]: Zur Grammatik und Pragmatik von Partizipialattributen. In:Rosengren, I. (ed.): Satz und Illokution, Bd. 2. Tübingen: Niemeyer (= Linguistische Arbeiten 279), S. 193-229

Marschall, G. R. [1992]: Überlegungen zum nachgestellten Adjektiv im Deutschen. In: Valentin, P. (ed.): Rechts von N. Untersuchungen zur Nominalgruppe im Deutschen. Tübingen: Narr, S. 71-82

2.4.1.4. Adverbielles Attribut (adv. Attr.) 143

- kategoriale Füllung: Adv. *das Haus dort, dort das Haus.*
- morpholog. Markierung: unmarkiert
- intonat. Markierung: die postnom. Version erhält nie den NP-Akzent, kann also kontrastiv akzentuiert werden (→ 102). Gleiches gilt für die seltene pränom. Version.
- topolog. Markierung: postnom. vor/nach Gen.Attr.; pränom. vor der NP (→ 193); koordinierbar, aber nicht iterierbar

2.4.1.5. Relativsatzattribut (Rel.Satz.Attr.) 144

- kategoriale Füllung: *d*- und *w*-Rel.Sätze: *das Haus, das/was/welches ich gekauft habe*
- morpholog. Markierung: Rel.Pron. kongruent mit Kern-NP bezüglich Numerus und Genus; keine Kasuskongruenz!
- intonat. Markierung: Restriktive Rel.Sätze: Akzent auf BE; appos. Rel.Sätze: häufig mit *übrigens, ja, bekanntlich.*
- topolog. Markierung: nur postnom., am Ende der NP nach Gen.Attr. oder PP-/Adv.Attr. oder extraponiert (→ 86, 93). Iterierbar.

Zur Vertiefung:

Bausewein, K. [1991]: Haben kopflose Relativsätze tatsächlich keine Köpfe? In:Fanselow, F. (ed.): Strukturen und Merkmale syntaktischer Kategorien. Tübingen: Narr, S. 144-173

Lehmann, C. [1984]: Der Relativsatz. Typologie seiner Strukturen. Theorie seiner Funktionen. Kompendium. Tübingen: Narr

Schachtl, S. [1992]: Zur Distribution des attributiven Relativsatzes im Deutschen. In: Linguistische Berichte 142, S. 437-450

Ulvestad, Bjarne [1972]: Zum postpositiven Attribut im Deutschen: *ein Becher aus Gold..., der Mann gestern ...* In: Moser, H. e.al. (eds.): Linguistische Studien II. Düsseldorf: Schwann (= Sprache der Gegenwart 22), S. 267-282

145 2.4.1.6. Konjunktionalsatzattribut (Konj.Satz.Attr.)

- kategoriale Füllung: *die Behauptung, dass du lügst; die Art, wie du gehst; deswegen, weil ...; der Ort, wo ...*
- morpholog. Markierung: unmarkiert
- intonat. Markierung: wie bei Rel.Satz.Attr (→ 144).
- topolog. Markierung: nur postnom., am Ende der NP oder extraponiert (→ 87, 93). Wegen der Beschränkungen bei der Bezugs-NP kaum iterierbar

2.4.1.7. Übung zu den Attributen

Geben Sie sämtliche Attribut-Funktionen in (2-103) bis (2-106) an!

146 *2.4.2. Einschübe in einen Trägersatz*

Einschübe eröffnen die Möglichkeit zu einer zweiten, pragmat. untergeordneten Informations- und Kommentarlinie neben der Trägeräußerung. – Folgende Typen müssen berücksichtigt werden:

147 2.4.2.1. Interjektionen

Es handelt sich dabei um zwar sprachtypische, aber kaum lexikalisierte Häsitationslaute wie *äh* (→ 169), aber auch Wörter (meist ohne lexikal. Bedeutung) und in dieser Funktion spezialisierte Phrasen und satzartige Gebilde. Sie stehen i.d.R. vor oder nach dem Satz, mit Beschränkungen in Parenthesen-Nischen (→ 148) im Satz:

(2-107) *Habe nun, ach, Philosophie ...*

Zur Vertiefung:

Ehlich, K. [1986]: Interjektionen. Tübingen: Niemeyer (= Linguistische Arbeiten 111)

Pittner, K. [1996]: Redekommentierende Einschübe. In: Kunsmann, P. (ed.): Linguistische Akzente 93. Hamburg: Kovac, S. 141-157

Reisigl, M. [1999]: Sekundäre Interjektionen. Eine diskursanalytische Annäherung. Frankfurt: Peter Lang. (= Arbeiten zur Sprachanalyse 33)

Willkop, Eva-Maria [1988]: Gliederungspartikeln im Dialog. München: iudicium Verlag (= Studien Deutsch 5)

2.4.2.2. Parenthesen 148

Dabei handelt es sich um satzförmige Einschübe in einen Trägersatz. Alle Satztypen sind als solche Einschübe denkbar. Plaziert werden sie in den sogenannten „Parenthesen-Nischen“. Diese befinden sich zwischen VoF und fin. V in Zweitposition, im MiF an allen SG-Grenzen, aber nicht zwischen klschl Element und NaF-Ausdruck, sehr wohl jedoch am Satzende, aber nicht am Satzanfang.

(2-108) *(*Da bin ich mir sicher) Mein Metier (da bin ich mir sicher), das (da bin ich mir sicher) ist (da bin ich mir sicher) in diesen Zeiten (da bin ich mir sicher) ... die Kochkunst.* (satzförmige Parenthese in allen Parenthesen-Nischen)

(2-109) *Die Alliierten, als ihnen die ersten Nachrichten aus den Vernichtungslagern zugeleitet wurden, haben sie nicht veröffentlicht.* (Parenthese in der Form eines Temp.Advb.-Satzes nach dem VoF)

(2-110) *Und dieser, nachdem er meine Arbeiten studiert hatte, sicherte mir zu, dass ich in seine Klasse eintreten dürfe.* (Parenthese in der Form eines V-L-Temp.Advb.-Satzes nach dem VoF)

(2-111) *Schika sah wahrhaftig aus – hier wollte die abgegriffene Redewendung her – wie einer, der nicht bis drei zählen konnte.* (V-2-Aussagesatz als Parenthese im MiF)

(2-112) *Dann kommt die Kontrolle an der Stadtgrenze – „Nehmen Sie bitte die Sonnenbrille ab!“ – und dann kann es wirklich losgehen.* (V-1-Imp.-Satz als Parenthese am Ende des ersten Satzkonjunktes)

Zur Vertiefung:
Hoffmann, L. [1998]: Parenthesen. In: Linguistische Berichte 175, S. 299-328
Pittner, K. [1995]: Zur Syntax von Parenthesen. In: Linguistische Berichte 156, S. 85-108

2.4.2.3. Appositionen 149

Hierbei sind viele Untertypen zu berücksichtigen. Die sog. „engen Appositionen“ (z.B. *Tante Erna*) sind Teile von NP (→ 34), die „weiten Appositionen“ entsprechen meist präd. Strukturen (→ 118), die satzförmig als Parenthesen (→ 148) zu behandeln sind; als appos. NP, Adj. und Adv. beziehen sie sich auf BE, meist NP.
Sie können entweder unmittelbar auf das BE folgen oder in Distanz zu diesem an SG-Grenze stehen:

(2-113) *Der Weg auf den Vorberg, (steil und beschwerlich), führt durch die Südflanke des Berges.*

(2-114) *Der Elbwein, herb und durchgegoren, vom nördlichsten Anbaugebiet Europas, ist ein Gottesgeschenk.* (präd. Adj. & PP als weite Appos. in einem Freien Thema)

(2-115) *Bei „Vinzenz Richter“, mitten in Meißens schmalen Gassen, sind seit Jahrhunderten Weinschlürfer ein und aus gegangen.* (präd. PP als weite Appos.)

Zur Vertiefung:

Hackel, W. [1995]: Enge appositionelle Syntagmen in der deutschen Gegenwartssprache. Mehr als ein grammatisches Problem. Frankfurt: Peter Lang

Lawrenz, B. [1993]: Apposition. Begriffsbestimmung und syntaktischer Status. Tübingen: Narr

Löbel, E. [1993]: Zur Distribution und Abgrenzung von enger Apposition und Attribut. In: Vauillaume, H./Marillier, J.-F./Behr, J. (eds.): Studien zur Syntax und Semantik der Nominalgruppe. Tübingen: Narr, S. 145-166

Pittner, K. [1995]: Zur Syntax von Parenthesen. In: Linguistische Berichte 156, S. 85-108

Pittner, K. [1996]: Redekommentierende Einschübe. In: Kunsmann, P. (ed.): Linguistische Akzente 93. Hamburg: Kovac, S. 141-157

Schindler, Wolfgang [1990]: Untersuchungen zur Grammatik appositionsverdächtiger Einheiten im Deutschen. Tübingen: Niemeyer. (= Linguistische Arbeiten 246)

150 *2.4.3. Artikelfunktion*

- kategoriale Füllung:
  - def. Art.: *der/die/das* etc. Bei Eigennamen überwiegend Null-Art., sächsischer Gen.
  - indef. Art.: *ein, eine* etc., im Plural Nullartikel
  - Verschmelzungsformen: *kein*
  - indef. Numeralia (→ 151) und ProNP (→ 11) können Art.-Funktion übernehmen: *alle, viele, einige* etc. Möglicherweise auch das pränom. Gen.Attr. (→ 140)
  - Demonstrativ-„Art.“: wohl eher deiktische ProNP: *d e r, dieser, jene, diejenigen* etc.
- morpholog. Markierung: Kongruenz mit Kern-N in Genus, Numerus und Kasus
- topolog. Markierung: i.d.R. ganz am Anfang einer NP (→ 93). Bestimmte Quantoren könnten vorausgehen: *alle die Menschen (alle), *beide die Schüler (?beide).* Fokusmarkierende Partikeln können vor und manchmal auch nach dem Art. stehen: *nur in den sieben Sekunden/in nur den .../in den nur ...*

- intonat. Markierung: unakzentuiert. Akzentuierte Varianten sind wohl Dem.Pron. oder Num.: *nur e i n Mensch hat überlebt.*
- semant. Funktion: sehr komplizierte Relationen zu den Typen von Referenz.
  - spezifische Referenz (Referent vorerwähnt, bekannt oder situativ präsent): *der Kontrolleur.*
  - unspezifische Referenz (kein bestimmter Referent, nicht vorerwähnt, nicht bekannt, nicht situativ präsent: *(irgend) ein Kontrolleur.*
  - generische Referenz (alle Elemente einer Gruppe): *der Wal/ein Wal/Wale.*

Zur Vertiefung:
Bisle-Müller, H. [1991]: Artikelwörter im Deutschen. Semantische und pragmatische Aspekte ihrer Verwendung. Tübingen: Niemeyer. (= Linguistische Arbeiten 267)
Dedenbach, B. [1987]: Reduktions- und Verschmelzungsformen im Deutschen: Schwache Formen bei Artikeln und Pronomina. Frankfurt: Peter Lang
Vater, H. [1979]: Das System der Artikelformen im gegenwärtigen Deutsch. 2. Aufl. Tübingen: Niemeyer. (= Linguistische Arbeiten 78)
Vater, H. (ed.) [1986]: Zur Syntax der Determinantien. Tübingen: Narr

2.4.4. Quantor 151

Die Benennung verrät schon, dass es sich um eine primär semant. motivierte Gruppenbildung handelt, die syntakt. wegen der sehr unterschiedlichen Distributionseigenschaften der Elemente unbefriedigend ist. Manche verhalten sich eher Art.-artig (→ 150), manche eher wie ein Adj.Attr. (→ 142), manche eher wie eine ProNP (→ 21). Wieder andere vereinen je nach Verwendung mehrere dieser Funktionen in sich.

- kategoriale Füllung: *alle, viele, manche, einige, beide, sämtliche, jeder* etc.
- morpholog. Markierung: meist Kongruenz mit dem Kern-N; aber *manch einer, all die Flaschen*
- intonat. Markierung: wie bei Attr. Bei Distanzstellung Doppel-Akzent (implikatives Tonmuster): *B l u men hat er sehr s c h ö ne.*
- topolog. Markierung: steht meist am Anfang der NP, vor Adj.Attr. und N; teilweise auch noch vor dem Art.: *all(e) die schönen Sachen* (→ 93)
  Achtung bei Quantorenfloating: *Die Hemden hat er alle gebügelt.*
- Struktureigenschaften: sehr heterogene Gruppe; oft Unverträglichkeit mit Art./Dem.Pron: **die einige, *die manche, *diese viele, ?diese alle, alle diese.* Eigenschaften im Detail noch wenig erforscht

Zur Vertiefung:
Kniffka, G. [1986]: Zur Distanzstellung von Quantoren und Qualifikatoren im Deutschen. In: Vater, H. (ed.): Zur Syntax der Determinantien. Tübingen: Narr, S. 57-82
Reis, M./Vater, H. [1980]: *Beide*. In: Brettschneider, G./Lehmann, C. (eds.): Wege zur Universalienforschung. FS H.-J. Seiler. Tübingen: Narr, S. 365-391
Reis, M. [1992]: The category of invariant „alles“ in wh-clauses. On syntactic quantifiers vs. quantifying particles in German. In: Tracy, R. (ed.): Who climbs the grammar tree? Tübingen: Niemeyer (= Linguistische Arbeiten 281), S. 465-492
Vater, H. [1984]: Determinantien und Quantoren im Deutschen. In: Zeitschrift für Sprachwissenschaft 3/1, S. 19-42

152 **2.5. Partikel-Funktionen**

Unter dem Begriff „Partikeln“ werden im Dt. die unterschiedlichsten Wortarten (→ 14ff.) und syntakt. Funktionen zusammengefasst:
Merkmale:
- Partikeln sind unflektierbar.
- Partikeln haben keine lexikal. Bedeutung wie etwa V, N und Adj. (Autosemantika). Sie entwickeln ihre Semantik nur im Zusammenhang mit anderen Wortarten. (Synsemantika, Synkategorematika). Sie dienen dazu, ein Wort im Satz näher zu bestimmen, zu erläutern, zu spezifizieren oder zu graduieren.
- Partikeln sind nicht deiktisch wie ProNP, Pro-V und Pro-Adj. (Deiktika).
- die typischen Partikel-Funktionen sind keine selbständigen SG (→ 120), folglich nicht allein, sondern nur zusammen mit dem jeweiligen Bezugswort verschiebbar. In der Regel sind sie nicht alleine VoF-füllend. Ausnahmen: SAdv, KonjAdv, Advb allgemein.

Wegen des Fehlens morpholog. Merkmale ist man bei den Partikel-Funktionen auf topolog. Markierung (→ 4) und intonat. Markierung (→ 94) beschränkt (die Menge der Wörter, die in einer Partikel-Funktion möglich sind, muss ja erst noch gefunden werden). V.a. deshalb hat sich bis heute nur bei einigen wenigen Partikel-Funktionen ein Forschungskonsens gebildet. Die folgende Liste ist geordnet nach abnehmender Übereinstimmung der Forschung.

Hinweis: die Identifizierung von Partikel-Kategorien und -Funktionen stellt in jeder syntakt. Analyse eine besondere Schwierigkeit dar. I.d.R. sind die vorgelegten Analysetexte schriftliche Textsorten, die i.a. nicht allzuviele und allzu problematische Partikeln enthalten. Ferner kann man sich meist auf die relativ unproblematischen Partikel-Gruppen beschränken, für die sich bereits ein gewisser Forschungskonsens gebildet hat. Es erscheint uns nicht sinnvoll, bei dieser Thematik einen allzu hohen Vorbereitungsaufwand zu betreiben.

2.5.1. Adverbien (Adv.) in adverbialer Verwendung (→ 153) 153

- kategoriale Füllung: *heute, morgen, hier, dort, gern* etc.; die deiktischen Adv. könnten bei einer engen Fassung des Partikelbegriffs ausgeschieden werden. Subkategorisierung in lok., temp., mod. usw.
- morpholog. Markierung: keine.
- intonat. Markierung: als Advb. können sie Satzfokus haben
- topolog. Markierung: allein VoF-füllend möglich → SG-Funktion! (→ 120)
- Struktureigenschaften: oft durch *wann? wo? wie?* usw. erfragbar (→ 180); als Antwort = satzwertig möglich; manche sind steigerbar (*öfter, am öftesten*) (→ 61) und insofern eigentlich keine Partikeln!

2.5.2. Satzadverbien (SAdv) in satzadverbialer Funktion 154

- kategoriale Füllung:
  vermutlich, sicher, sicherlich, gewiß, zweifellos, fraglos, wahrscheinlich, möglicherweise, vielleicht, wirklich, tatsächlich, kaum etc. (Einschätzung bzgl. Sachverhalt)
  - *angeblich, vorgeblich*
  - *bekanntlich, offensichtlich, selbstverständlich, natürlich*
  - *hoffentlich, leider, gottseidank, bedauerlicherweise* etc. (Sprecherkommentar)
  - *erwartungsgemäß, verabredungsgemäß*
  - *absichtlich, versehentlich, willentlich*
- morpholog. Markierung: keine, aber viele SAdv treten auch in Adj.-Funktionen (→ 19) auf und sind dann flektiert
- intonat. Markierung: einige können wohl fokussieren und damit engen Fokusakzent lenken: *Vermutlich K a r l kann uns helfen.*
- topolog. Markierung: VoF-fähig = Stellungsglied; kann Teil eines Fokus-Ausdrucks sein; im MiF häufig nach MP oder vor Satznegation
- Struktureigenschaften: kein SG, nicht erfragbar, nicht pronominalisierbar; Kommentarfunktion; modifizieren Gesamtsatz; als Antwort möglich; satzmodusabhängig (→ 241ff.) → kaum in Frage, Aufforderung, Wunsch, Ausruf verwendbar; untereinander kaum kombinierbar oder koordinierbar

Zur Vertiefung:

Doherty, M. [1985]: Epistemische Bedeutung. Berlin: Akademie Verlag

Lang, E. [1979]: Zum Status der Satzadverbiale. In: Slovo a Slovesnost 40, S. 100-213

155 *2.5.3. Präpositionen (Präp.)* (→ 14)

- kategoriale Füllung:
  - älteste Schicht: *in, an, auf, für, um, wider, ab, unter, über, mit* etc.
  - mittlere Schicht: *dank, kraft, trotz, mangels, mittels, bezüglich, rechts, nahe, entlang* etc. (aus N, Adj., Adv.)
  - jüngste Schicht: *in Anbetracht, anstelle, zu Lasten, ohne Rücksicht auf* etc. (aus PP)

  Achtung adv. Parallelformen, z.B. *in – ein, wider – wieder...*
- morpholog. Markierung: unveränderlich. Regieren Kasus der zugehörigen NP. Beachte freie und semant. relevante Rektionsalternativen: *entlang dem Haus/des Hauses, das Haus entlang* (→ 64).
- intonat. Markierung: i.d.R. akzentlos, nur bei Kontrast (→ 102) und vor Refl.Pron. (→ 270) betonbar: *etw. v o r/h i n ter sich haben.*
- topolog. Markierung: sind Teil eines SG oder SG-Teils; stehen entweder davor: *vor mir* (**Präposition**); dahinter: *der guten Ordnung*
156 *halber* (**Postposition**); oder darum herum: *um des lieben Friedens*
157 *willen* (**Circumposition**). Häufung von Präp.: *bis zur Stadtmitte.* Kombinationen mit Adv.: *zur Stadt hinaus, ins Wasser hinein.*
- Struktureigenschaften: fordern einen bestimmten Kasus der regierten NP, aber keine Nom.-Rektion (Unterschied zu Vgl.-Partikeln (→ 162)); regiert werden meistens NP, in seltenen Fällen auch Adv. (*bis heute;* hier bestehen allerdings Zweifel am Präp.-Status von *bis*), GS (*bis dass der Tod euch scheidet, ohne dass ...*) und Inf.-Konstruktionen (*um ihn zu heilen*) (→ 233ff.); nicht erfragbar, nicht pronominalisierbar; teilweise adv. Funktionen, z.B. *innerhalb, links* etc. Teilweise miteinander kombinierbar: *bis auf die Knochen.*
- semant. Funktion: typische adv. Relationen (lok., temp. etc.), dazu reine Relationsmarkierungen bei PO (→ 126) und FVG (→ 116): *sprechen vor/mit/zu ... von/über ...*

Zur Vertiefung:

Buscha, J. [1984] Zur Syntax der Präpositionen. In: Deutsch als Fremdsprache 21, S. 145-151

Lindquist, C. [1994]: Zur Entstehung von Präpositionen im Deutschen und Schwedischen. Tübingen: Niemeyer (= Linguistische Arbeiten 311)

Rauh, G. [1990]: Präpositionen: eine geschlossene Klasse? In: Wuppertaler Arbeiten zur Sprachwissenschaft 7, S. 32-92

Rauh, G. (ed.) [1991]; Approaches to prepositions. Tübingen: Narr

2.5.4. Konjunktionen (Konj.) 158

2.5.4.1. Koordinierende Konjunktion (koord. Konj.) 159

- kategoriale Füllung: *und, oder, aber, denn, sondern, doch, (ebenso) wie*; sog. mehrteilige Konj. sind meist Kombinationen aus Konj. + GP (→ 163) oder Negation (→ 165): *nicht nur ... sondern auch.*
- morpholog. Markierung: keine. Wenn die koord. Konj. SG verbindet, dann kongruieren diese i.d.R. (→ 63)
- intonat. Markierung: normalerweise nicht betonbar.
- topolog. Markierung: stehen vor dem VoF; allein nicht VoF-füllend; Ausnahme: *aber* kann nach dem VoF-Ausdruck und im MiF (nach den ProNP, vor den Voll-NP) stehen. *doch* zeigt (bei weitgehend gleicher Bedeutung) auch die Stellungsmerkmale von KonjAdv (→ 161).

  (2-101) *Aber er ging hinaus .../Er aber ging hinaus .../Er ging aber hinaus ...*

  (2-102) *Doch er ging .../Doch ging er .../*Er doch ging .../Er ging doch ...* (MP!)
- Struktureigenschaften: verknüpfen gleichstufige satzförmige Strukturen, teilweise auch SG (→ 120) oder SG-Teile (→ 138ff.): *mit schönen und schnellen Autos.* Gehören syntakt. zum zweiten Konjunkt.

Zur Vertiefung:

Lang, E. [1990]: Probleme der Beschreibung von Konjunktionen im allgemein einsprachigen Wörterbuch. In: Hausmann e.al. (eds.): Wörterbücher. Ein internationales Handbuch zur Lexikographie. 3 Bde. Berlin: de Gruyter, S. 862-868

Pasch, R. [1994]: Benötigen Grammatiken und Wörterbücher des Deutschen eine Wortklasse „Konjunktionen". In: Deutsche Sprache 22, S. 97-116

Posner, R. [1979]: Grundlagenprobleme der Sprachwissenschaft. Bedeutung und Gebrauch der Satzverknüpfer in den natürlichen Sprachen. In: Grewendorf, G. (ed.): Sprechakttheorie und Semantik. Frankfurt: suhrkamp, S. 345-385

2.5.4.2. Subordinierende Konjunktionen (subord. Konj.) 160

- kategoriale Füllung: *dass, ob* (reine subord. Konj.); *weil, wenn, während, obwohl* etc. (adv. subord. Konj.), rel. adv. Elemente: *wo, wann, wie, womit ...*
- morpholog. Markierung: keine
- intonat. Markierung: Satzakzent nur bei VERUM-Fokus: *Ich weiß nicht, w i e ich es mache, aber ich weiß, d a ß ich es mache* (→ 101).
- topolog. Markierung: satzeinleitend bei V-L; *dass/ob* weder Stel-

lungs- noch SG; teilweise mit adv. SG-Funktion (z.B. *wie, wann*); klö Elemente
- Struktureigenschaften: nicht erfragbar, nicht pronominalisierbar; können nicht als Antwort auftreten; Abgrenzung zu Rel.-, Frage-, Indef.Pron. schwierig; diese sind meist SG-wertig oder SG-Teilwertig.

Zur Vertiefung:
Haumann, D. [1997]: The Syntax of Subordination. Tübingen.: Niemeyer (=Linguistische Arbeiten)

161 2.5.4.3. Konjunktionaladverbiale (KonjAdv)

Diese syntakt. Funktion bietet bei der Analyse mannigfaltige Schwierigkeiten. Die Elemente zeigen noch weitgehend die Eigenschaften von Advb. (Stellung etc.), sind aber nicht mehr erfragbar/ersetzbar. Daneben gibt es aber homonyme Formen (allerdings oft mit Akzent auf dem deiktischen Teil), die noch volle adv. Funktionen erfüllen können.
- kategoriale Füllung: *allerdings, also, andernfalls, ansonsten, auch, außerdem, bloß, dadurch, daher, dann, darum, demnach, dennoch, ebenfalls, endlich, ferner, folglich, freilich, indessen, insbesondere, insofern, jedoch, mithin, mittlerweile, nichtsdestoweniger, nötigenfalls, nur, schließlich, sonst, trotzdem, überhaupt, wenigstens, wieder, zudem, zumindest, zwar* etc. Die Abgrenzung ist sehr schwierig und die Forschung dazu denkbar heterogen.
- morpholog. Markierung: keine
- intonat. Markierung: kein Satzakzent (→ 101)
- topolog. Markierung: meist VoF-füllend (Stellungsglied); teils vor dem VoF, teils Teil des VoF; manchmal am MiF-Anfang möglich.
  (2-116) *Also geht Karl nicht in die Uni./Karl also geht nicht in die Uni./Karl geht also nicht in die Uni.*
- Struktureigenschaften: verknüpfen zwei (Teil-)Sätze inhaltlich; nicht erfragbar, nicht durch Pro-PP ersetzbar; → Mischung aus koord. Konj. (→ 150) und Adv. (→ 153).

162 *2.5.5. Vergleichspartikeln (Vgl-Partikel)*

- kategoriale Füllung: *als* (Ausdruck der Ungleichheit), *wie* (Ausdruck der Gleichheit); Erweiterung: *ebenso wie, genauso wie.*
- morpholog. Markierung: keine Rektion (also keine Präp.!) (→ 64), aber Vergleichsglied und Verglichenes stehen im gleichen Kasus → Kongruenz (→ 63).

- intonat. Markierung: kein Satzakzent (→ 101)
- topolog. Markierung: steht zwischen den Vergleichsgliedern
- Struktureigenschaften: nicht erfragbar, nicht pronominalisierbar, kein Stellungsglied. Bei Verknüpfung von Sätzen Ähnlichkeit mit koord. Konj. Bei den Vergleichsgliedern können zumindest alle syntakt. Hauptfunktionen auftreten. Die Vergleichsglieder müssen nicht gleiche syntakt. Funktionen haben: *ebenso rennen wie Karl.*

Zur Vertiefung:

Hahnemann, S. [1999]: Vergleiche im Vergleich. Zur Syntax und Semantik ausgewählter Vergleichsstrukturen im Deutschen mit „als“ und „wie“. Tübingen: Niemeyer (=Linguistische Arbeiten 397).

2.5.6. Gradpartikeln (GP) (Fokus-, Rangierpartikeln) 163

- kategoriale Füllung: Verschiedene semant. Gruppen:
  - *nur*-Gruppe: *nur, bloß, allein, ausschließlich, einzig* etc.
  - *auch*-Gruppe: *auch, ebenfalls, ebenso, gleichfalls* etc.
  - *sogar*-Gruppe: *sogar, nicht einmal.*
  - *gerade*-Gruppe: *gerade, eben, genau, ausgerechnet, insbesondere, vor allem.*
  - *schon*-Gruppe: *schon, noch.*

  Achtung: Alle GP treten auch in anderen Funktionen auf (abgesehen vielleicht von *sogar*).
- morpholog. Markierung: keine.
- intonat. Markierung: selbst normalerweise ohne Akzent; binden einen Fokusausdruck (= Bereich besonderer semant. Wirksamkeit der GP), auf dem ein Fokusakzent plaziert wird.
- topolog. Markierung: stehen meist vor ihrem Fokusausdruck; bei VP-Fokus nur bei V-L vor dem Fokusausdruck, bei V-1 und V-2 im Fokusausdruck. Nie stellungsgliedhaft. Bei *auch* ist Distanzstellung nach dem Fokusausdruck möglich:

  (2-95) *Der K a r l i ist a u c h ein Syntax-Freak.*
- Struktureigenschaften: mögliche Fokusausdrücke sind NP (→ 34), PP (→ 44), VP (→ 28) und Teile davon, Präp. (→ 155), Attr. (→ 138ff.), vielleicht auch ganze Sätze. Nicht allein VoF-füllend, aber zusammen mit Fokusausdruck; kaum untereinander kombinierbar.
- Semant. Funktion:
  - skalierend (z.B. bei *sogar*): gibt einen besonders hohen oder niederen Grad (über die Erwartung hinaus) an.
  - quantifizierend (z.B. bei *ausschließlich*): Ausschluss oder Einschluss von Fokusmengen und Komplementmengen.

Hinweis: GP lassen sich am leichtesten aufgrund der semant. Funktion identifizieren oder durch die Einsetzung von *sogar*, das nur in GP-Funktion vorkommt.

Zur Vertiefung:

Altmann, H. [1976]: Die Gradpartikeln im Deutschen. Untersuchungen zu ihrer Syntax, Semantik und Pragmatik. Tübingen: Niemeyer (=Linguistische Arbeiten 33)

Altmann, H. [1978]: Gradpartikel-Probleme. Zur Beschreibung von*gerade, genau, eben, ausgerechnet, vor allem, insbesondere, zumindest, wenigstens*. Tübingen: Narr

König, E. [1993]: Focus particles. In: Jacobs, J./Stechow, A. von/Vennemann, T. (eds.): Syntax. Ein internationales Handbuch zeitgenössischer Forschung. Berlin: de Gruyter, S. 378-387

Reis, M./Rosengren, I. [1997]: A Modular Approach to the Grammar of Additive Particles: the Case of German *auch*. In: Journal of Semantics 14, S. 237-309

164 *2.5.7. Modalpartikeln (MP) (auch: Abtönungspartikeln)*

- kategoriale Füllung: die MP treten in einer typischen Verknüpfung mit Satztypen im Satzmodussystem auf (→ 241ff.).
  - Aussagesatz: *eben, doch, ja*
  - V-1-Fragesatz: *auch, denn, wohl, etwa, eigentlich*
  - *w*-V-2-Fragesatz: *bloß, denn, doch, nur, schon, noch, wohl*
  - Imp.-Satz: *bloß, eben, halt, doch, nur, ja, schon*
  - V-1-Wunschsatz: *bloß, doch, nur*
  - Exklamativsätze: *aber, auch, vielleicht*
- morpholog. Markierung: keine
- intonat. Markierung: *bloß* und *ja* in Imp.-Sätzen (→ 249) werden akzentuiert; alle anderen MP sind unakzentuiert. Sie lenken auch nicht den Satzakzent (→ 101), reagieren aber darauf; vor Fokusexponenten
- topolog. Markierung: fast nur im MiF nach unakzentuierten ProNP, vor SAdv und unmarkierter Negation:
  (2-117) *Du hast es ihm ja auch leider nicht gegeben.*
- Struktureigenschaften: offenbar enge Verknüpfung mit Satztypen im Satzmodussystem (→ 241ff.):
  (2-118) *Wer hat schon so viel Geld!?* (rhetorische Frage)
  (2-119) *Ob sie mich wohl besucht?* (deliberative Frage)
  (2-220) *Hast du eigentlich Angst?* (aufrichtige Frage)
  Kombinationen von MP möglich; nicht erfragbar, nicht pronominalisierbar.

Achtung: Die Trennung von anderen syntakt. Funktionen ist problematisch, da alle MP auch in anderen syntakt. Funktionen vorliegen. Am ehesten gangbar erscheint der Weg über die Zuordnung zu Satztypen im Satzmodussystem.

Zur Vertiefung:
Thurmair, M. [1989]: Modalpartikeln und ihre Kombinationen. Tübingen: Niemeyer. (= Linguistische Arbeiten 223)
Meibauer, J. [1994]: Modaler Kontrast und konzeptuelle Verschiebung. Studien zur Syntax und Semantik deutscher Modalpartikeln. Tübingen: Niemeyer (= Linguistische Arbeiten. 314)
Wegener, H. (1998): Zur Grammatikalisierung von Modalpartikeln. In: Barz, R./Öhlschläger, G. (eds.): Zwischen Grammatik und Lexikon. Tübingen: Niemeyer (=Linguistische Arbeiten), S. 37-56

2.5.8. Negationspartikeln (Neg) 165

- kategoriale Füllung: sehr heterogen; keine einheitliche syntakt. Funktion, sondern eher semant. Klasse: *nicht* (Satznegation; reine Neg), *kein* (Verschmelzungsform *nicht* + indef. Art.), *nichts* (NP), *niemand, keiner* (ProNP), *nirgends, nie, niemals* (Adv.) etc.
- morpholog. Markierung: keine (außer bei den pronom. Verschmelzungsformen).
- intonat. Markierung: neutrale Satznegation hat keinen Akzent, steht aber offenbar vor dem Fokusausdruck; Kontrastnegation verhält sich bezüglich Fokus wie GP (→ 163). – Bei Gegenbehauptungen wird das *nicht* akzentuiert (→ 102):

  (2-221) A: *Karl ist ge k o m men.*
  B: *Karl ist n i c h t gekommen.*
- topolog. Markierung: nach unakzentuierten ProNP, MP, SAdv und vor akzentuierten Ausdrücken im MiF.

  (2-222) *Er hat es ihm doch hoffentlich nicht ges a g t.*

  Kaum VoF-füllend, ev. klschl (→ 80), wenn kein stärkeres Klammerelement vorhanden ist.

  Die kontrastive Negation ist fokusbindend wie eine GP:

  (2-223) *Nicht K a r l ist gekommen, sondern F r a n z ...*
  (2-224) *(Der) H a n s ist n i c h t gekommen, aber ...*
- Struktureigenschaften: keine gemeinsamen (semant. Klasse!)
- semant. Funktion: Satznegation zeigt an, dass die entsprechende Proposition unzutreffend ist.

Zur Vertiefung:
Jacobs, J. [1982]: Syntax und Semantik der Negation im Deutschen. München: Fink (=Studien zur theoretischen Linguistik 1)
Jacobs, J. [1991]: Negation. In: Stechow, A. von/Wunderlich, D. (eds.): Semantik. Ein internationales Handbuch zeitgenössischer Forschung. Berlin: de Gruyter, S. 560-596
Jacobs, J. [1986]: Negation. In: Jacobs, J./Stechow, A. von/Vennemann, T. (eds.): Syntax. Ein internationales Handbuch zeitgenössischer Forschung. Berlin: de Gruyter

166 *2.5.9. Steigerungspartikeln (Steig.-P.)*

- kategoriale Füllung: *noch, weit, etwas, sehr, überaus, ungemein, besonders;* auch Adj. und Adv.: *schön, wahnsinnig, geil, ätzend, außerordentlich; irre, klasse, sagenhaft, echt.* Zuzug aus anderen Kategorien, gleichzeitig Desemantisierung.
- morpholog. Markierung: keine.
- intonat. Markierung: normalerweise ohne Phrasenakzent (→ 100), aber betonbar:

  (2-225) A: *Wie teuer sind diese Rennräder?* B: *Sehr teuer.*
- topolog. Markierung: unmittelbar vor dem gesteigerten Element. Typischerweise vor Adj. in attr., adv. und präd. Funktion, auch vor V in V-L-Position (*sehr weinen*), bei V-1 und V-2 nach diesen Ausdrücken, vor N/NP (*klasse Frau*), vor Adv. (*sehr oft*)
- Struktureigenschaften: nur mit BE verschiebbar und VoF-fähig; erfragbar (*wie,* vgl. oben), pronominalisierbar (*so*); nicht herausstellbar; weder Satz- noch Stellungsglied; können allein als Antwort verwendet werden:

  (2-226) A: *Liebst du sie?* B: *Sehr.*

  Steig.-P. sind untereinander kombinierbar: *Das war echt total gut!*

Zur Vertiefung:

Engelen, B. [1990]: „Sehr" und Konsorten. Zur Graduierung von Verben. In: Zielsprache Deutsch 21:3, S. 2-11

Os, C. v. [1989]: Aspekte der Intensivierung im Deutschen. Tübingen: Narr

167 *2.5.10. Gliederungspartikeln (Glied.-P., auch: Diskurspartikeln)*

168 2.5.10.1. Antwortpartikel

- kategoriale Füllung: echte Antwortpartikeln: *ja, nein, doch* (bejahend nach verneinten Fragen), *schon* (einräumend); daneben Satzäquivalente (SAdv) (→ 154), Steig.-P. (→ 166) und auch GP (→ 163), *sicher, vielleicht, sehr, genau* etc.
- morpholog. Markierung: keine
- intonat. Markierung: normaler Satzfokusakzent (→ 101)
- topolog. Markierung: satzwertig (allein) verwendet

Zur Vertiefung:

Heinz, S. [1976]: Bejahung und Verneinung. In: Zeitschrift für französische Sprache und Literatur 86, S. 289-316

2.5.10.2. Interjektionspartikeln (→ 147) 169

- kategoriale Füllung: *ah, ach, o weh, hoppla, nanu, aha, hm, herrje, ohje, oh* usw.
- morpholog. Markierung: keine
- intonat. Markierung: nicht in den Satz integriert
- topolog. Markierung: stehen vor dem VoF, nach dem NaF oder in Parenthese (→ 148)
- Struktureigenschaften: können isoliert verwendet werden

Zur Vertiefung:

Ehlich, K. [1983]: Interjektionen. Tübingen: Niemeyer (= Linguistische Arbeiten 111)

Fries, Norbert [1992]: Interjektionen, Interjektionsphrasen und Satzmodus. In. Rosengren, I. (ed.): Satz und Illokution, Bd. 1. Tübingen: Niemeyer (= Linguistische Arbeiten 278), S. 307-341

Willkop, E.-M. [1988]: Gliederungspartikeln im Dialog. München: iudicium Verlag (=Studien Deutsch 5)

2.5.11. Überblick über die einzelnen Partikeln 170

	koord. Konj.	Konj. Advb.	Adv.	SAdv.	Steig.-P.	GP	Glied. -P.	MP
betonbar	(+)	(+)	+	+	+	+	–	–/(+)
isoliert	+	+/–	+	+	+	–	+	–
vor-VoF (un-int)	+	+	–	+	–	–	+	–
vor-VoF (int)	+	–	–	–	–	–	–	–
VoF-fähig mit BE	–	+ (?)	+ (?)	teils	–	+	–	–
Antw. auf V1-Frage	–	–	+	teils	+	+	–	–
Antw. auf *w*-Frage	–	–	+	–	teils	–	+/–	–
koordinierbar		–	+	–	–	(+)	–	–
kombinierbar	(+)	–	(+)	(+)	+	(+)	+	+
satzmodusabhängig	–	+	–	+	–	–	–	+

Partikelklassifikation (nach Thurmair [1989:20] modifiziert)

	ko-ord. Konj.	Konj.-Adv.	Adv.	SAdv	Steig.-P.	GP	Glied-P.	MP	Neg.-Part.	Adj.
aber	+							+		
allein	+ (?)		+ (?)			+				+
auch		+				+		+		
denn	+		?					+		
doch	+	+	?				+	+		
eben						+	+	+		+
eigentlich			+	+			+	+		+
einfach			+	+	+			+		+
ja							+	+		
kaum		+		+						
nicht								+	+	
nur		+				+	+	+		
schließlich		+								+
schon			+			+	?	+		
vielleicht			+				+			
wenigstens	+				+					

Polyfunktionalität der Partikeln (nach Thurmair [1989:21])

(2-227) *Auch hat er noch nicht angerufen.* (*auch* = KonjAdv)
(2-228) *Auch er hat noch nicht angerufen.* (*auch* = GP)
(2-229) *Er hat ja auch nicht angerufen.* (*auch* = MP oder GP)
(2-230) *Wer macht denn auch solche Sachen?* (*auch* = MP)
(2-231) *Was hat der aber auch für einen knackigen Hintern.* (*auch* = MP)

Auch ist keine sehr typische MP und kann als solche meist nur im Kontext typischer Satzmodi (*w*-V2-Fragesatz und *w*-V2/VL-Exklamativsatz) erkannt werden.

2.5.12. Übung zu den Partikel-Funktionen

Geben Sie die Partikel-Funktionen in (2-18) bis (2-31) an!

3. Syntaktische Testverfahren

Unter dem Aspekt der konkreten Anwendung werden hier nur die geläufigsten Testverfahren vorgestellt. Sie sind für Problemstellungen der syntakt. Analyse ausgesprochen nützlich, da sie u.a. Hilfen bei der Zuordnung zu den syntakt. Funktionen bieten.
Achtung: Kein Test ist „vollkommen", sie dürfen also nicht stur und mechanisch angewendet werden, sondern Sie müssen bei der Analyse immer auch auf ihr linguistisches „Magengrimmen" hören.

3.1. Verschiebeprobe (auch: Umstellprobe, Permutationstest) 171

Verfahren: Wörter oder Wortfolgen eines Satzes werden so umge-stellt, dass das Ergebnis wieder einen grammatisch akzeptablen Satz bildet.
Ziel & Zweck:

- Ermittlung von syntakt. relevanten Segmenten (Wörter, SG etc.) und damit von maximal beweglichen Untereinheiten von Sätzen und SG
- Ermittlung von Wort- und SG-Stellungsregeln (→ 88, 93)
- Auflösung von Mehrdeutigkeiten
  - (3-1) *Das Stadttheater hatte diese Tage der deutschen Literatur ermöglicht.* (ambig)
  - (3-2) *Der deutschen Literatur hatte das Stadttheater diese Tage ermöglicht. (der deutschen Literatur* = DatO)
  - (3-3) *Diese Tage der deutschen Literatur hatte das Stadttheater ermöglicht. (der deutschen Literatur* = Gen.Attr.)

Varianten:

- bedeutungsneutral: werden SG neu angeordnet, so kann man meist den Bedeutungsunterschied minimal halten, z.B. bei unterschiedlicher VoF-/NaF-Füllung
- bei den drei V-Stellungtypen ändert sich die „Aussageweise" (der Satzmodus) (→ 241ff.), der propositionale Gehalt bleibt jedoch gleich
  - (3-4) *Kommst du jetzt nach Hause?* (V-1, Entscheidungsfragesatz)
  - (3-5) *Du kommst jetzt (gefälligst/sofort) nach Hause!* (V-2, Aussagesatz)
  - (3-6) *Ob du (wohl) jetzt nach Hause kommst?* (V-L, selbständiger Fragesatz)

- bedeutungsändernd: stellt man Wörter oder Wortfolgen um, die nicht gleichzeitig SG sind, so ist die Umordnung generell mit einer Bedeutungsveränderung verbunden. Meist werden die Sätze aber unsinnig oder ungrammatisch.

Ergebnis: Wörter sind nicht die einzigen syntakt. Einheiten im Satz. Es lassen sich auch größere syntakt. zusammengehörende Komplexe erkennen:

- SG/Stellungsglieder sind verschiebbar und allein VoF-fähig (→ 120)
- SGT (Attr.) sind meist nur zusammen mit ihrer Bezugs-NP verschiebbar (→ 139)

172 **3.2. Ersatzprobe (auch: Austausch-, Substitutionstest)**

Verfahren: Einzelne Wörter oder Wortfolgen werden durch andere Wörter oder Wortfolgen ersetzt. Das Ergebnis sollen syntakt. (und semant.) akzeptable Sätze sein.

Ziel & Zweck: Ermittlung von Mengen von Ausdrücken mit gleichen syntaktische Eigenschaften. Der Test dient also der Bildung syntakt. Kategorien (Wortarten und SG) und damit der Erforschung paradigmatischer Gesetzmäßigkeiten. Wörter bzw. Wortfolgen, die sich in allen Kontexten gegenseitig ersetzen können, gehören in der Regel derselben Kategorie an.

(3-7) *Böse Zungen behaupten, dass Wolfgang Hildesheimer ein Buch über Kafka geschrieben habe.*

(3-8) *Sie behaupten, dass er/der Dichter/der jüngst verstorbene Poet ein Buch über Kafka geschrieben habe.*

Ergebnis: In die durch Verschiebeprobe gefundenen Segmente passen nur ganz bestimmte Wörter und Wortfolgen. Sie bilden einfache oder komplexe syntakt. Kategorien (Teilstrukturen).

3.3. Spielarten der Ersatzprobe

173 *3.3.1. Erweiterungstest (auch: Expansionstest)*

Verfahren:

- Einzelne Wörter oder Wortfolgen werden durch syntakt. gleichwertige Ausdrucksfolgen ersetzt.
- Den einzelnen Wörtern oder Wortfolgen werden weitere an „passenden" Stellen hinzugefügt (v.a. Attr.).

Ziel & Zweck: Ermittlung von strukturell fak. Ausdrücken (=Ausdrücke, die wahlweise eingesetzt werden können) (→ 133)

(3-9) *Obelix ist das Idol aller dünnen und bärbeißigen Gallier.*

(3-10) *(Der Gallier) Obelix (, ein gutmütiger gallischer Dickwanst) (, der dicke Krieger) (, der dem schlauen Asterix stets aufs Wort gehorcht) ist das Idol aller dünnen und bärbeißigen Gallier.*

Ergebnis: Einfache syntakt. Strukturen (z.B. ein N als SG) lassen sich durch regelhafte Erweiterung um Elemente bestimmter Kategorien (z.B. Art., Adj., NP im Gen., PP, Rel.Sätze etc.) zu komplexen syntakt. Strukturen entwickeln.

3.3.2. Wegstreichprobe (auch: Abstrichmethode, Reduktionstest) 174

Verfahren:

- Wortfolgen werden durch Einzelwörter ersetzt
- Wortfolgen werden um die strukturell weglassbaren Ausdrücke vermindert.

Ziel & Zweck: Ermittlung der syntakt. obl. Ausdrücke (→ 119), bzw. des syntakt. zu realisierenden Minimums.

(3-11) *Die Kriege würden die Haifische von ihren eigenen Fischlein führen lassen.*

(3-12) *Sie lassen Krieg führen.*

Ergebnis: Komplexe syntakt. Strukturen lassen sich auf einfachere syntakt. Strukturen zurückführen.

3.4. Kontaktprobe (auch: Exklusionsprobe, Verträglichkeitstest) 175

Verfahren: Die mit der Austauschprobe ermittelten Segmente werden gleichzeitig in den ursprünglichen Satz eingefügt.

Ziel und Zweck: Nur wenn die Kontaktprobe zu ungrammatischen Sätzen führt, handelt es sich um Einheiten mit derselben syntakt. Funktion. Es gehören nur diejenigen Ausdrücke zur gleichen syntakt. Funktion, die nicht zusammen im ursprünglichen Satz vorkommen können. Der Test beruht auf der Tatsache, dass jede syntakt. Funktion (in gleicher semant. Ausprägung) nur einmal pro Teilsatz auftreten darf (abgesehen von Koordinationen).

(3-13) *Der Student studierte zwei Jahre/zehn Semester.* (akk. NP in Funktion eines Temp.Advb.)

(3-14) *Der Student studierte Linguistik/das Nachtleben/vieles.* (AkkO)

(3-15) *Der Student studierte zwei Jahre Linguistik/selten das Nachtleben.* (akk. NP in Funktion eines Temp.Advb. und AkkO)

Außerdem lassen sich semant. Unverträglichkeiten zwischen Wörtern in einer bestimmten Konstruktion nachweisen.

(3-16) *Beredt plaudernd schwammen die stummen Fischlein aufrecht stehend durch die Luft.*

Ergebnis: Trotz Austauschbarkeit an derselben topolog. Position können SG unterschiedliche syntakt. Funktionen haben.

3.5. Tips & Tricks

Im Folgenden geben wir einen kurzen Überblick über – oft marginale, aber – nützliche Tests im „Alltag" der syntaktischen Analyse. Diese sind leider oft nicht trennscharf und daher mit Vorsicht zu genießen, für eine erste schnelle Abgrenzung hingegen sehr hilfreich.

176 *3.5.1. Der Fragetest*

Der Fragetest ist eine Mischform aus der Ersatzprobe (→ 172) und der Weglassprobe (→ 174). Er ist die Standardmöglichkeit, unterschiedliche syntakt. Funktionen zu ermitteln, da die Art der Fragewörter Rückschlüsse auf die jeweilige syntakt. Funktion erlaubt.

177 - Attr. (→ 138) (SG-Teile) werden mit *welch-/was für ein/wessen* und dem dazugehörigen BE erfragt:

(3-17) A: *Welches/Was für ein/Wessen Haus wolltest Du kaufen?*
B: *Das Haus meines Vaters/in Spanien/, in das letztes Jahr eingebrochen wurde.*

178 - SG in Subj.-, GenO-, DatO- und AkkO-Funktion (→ 121ff.) werden mit den einfachen Fragewörtern *wer, was, wessen, wem, wen* erfragt.

(3-18) *Peter schenkt Anna einen Hund.*
Wer (oder was) schenkt Anna einen Hund? (Subj.-Frage)
Wem schenkt Peter einen Hund? (DatO-Frage)
Wen (oder was) schenkt Peter Anna? (AkkO-Frage)

(3-19) *Steffi gedenkt ihres Vaters.*
Wessen gedenkt Steffi? (GenO-Frage)

- Bei [–BEL] NP im Neutr. ist das Fragewort im Nom. und Akk. immer *was.* Zur Differenzierung sollte die jeweilige NP durch eine fem. oder mask. ersetzt werden.

(3-20) *Peter hat das neue Auto zu Schrott gefahren.*
Was hat Peter zu Schrott gefahren? (Subj.- / AkkO-Frage)

Peter hat den roten Porsche zu Schrott gefahren.
Wen oder was hat Peter zu Schrott gefahren? (AkkO-Frage)

- NP in der Funktion eines Präd. (→ 118) sind nur mit *was* erfragbar. Dies unterscheidet sie von den Subj.-NP (→ (3-18)).
  (3-21) *Mein Bruder ist ein Esel.*
  Was ist mein Bruder? (Präd.-Frage)
  ??Wer ist mein Bruder? (Subj.-Frage)
- SG in der Funktion eines PO (→ 126) werden bei unbelebten Refe- 179
  renten immer mit einem komplexen Fragewort, bestehend aus *w*-Fragewort (+ *r*) + Präp. (3-22), und bei belebten Referenten mit einer Kombination aus Präp. und Fragewort (3-23) erfragt.
  (3-22) *Orlanda verläßt sich auf ihre gute Nase.*
  Worauf verläßt sich Orlanda? (PO-Frage)
  (3-23) *Anna schreibt einen Brief an ihre Mutter.*
  An wen schreibt Anna einen Brief? (PO-Frage)
  Hinweis: Die Erfragbarkeit mit einem komplexen Fragewort ist eines der zentralen Kriterien, um SG in Funktion eines PO von solchen in Funktion eines Advb abzugrenzen.
- SG in der Funktion eines Advb (→ 127, 133) werden immer mit ei- 180
  nem einfachen Fragewort erfragt. Die Wahl des Frageworts hängt von der semant. Subkategorie des Advb ab:
  (3-24) *Jacob arbeitet in München.*
  Wo arbeitet Jacob? (Lok.Advb.-Frage)
  (3-25) *Fabian geht es gut.*
  Wie geht es Fabian? (Mod.Advb.-Frage)
  Achtung: wohin ist ein einfaches Fragewort, mit dem ein Dir.Advb. (→ 128) erfragt wird. Eine PO-Frage würde mit *worin* gebildet und hat kaum lokale Semantik.
  (3-26) *Peter geht zum Bahnhof.*
  Wohin geht Peter? (Dir.Advb.-Frage)
  (3-27) *Der Unterschied zwischen einem Kreis und einer Kugel besteht in der dritten Dimension.*
  Worin besteht der Unterschied zwischen einem Kreis und einer Kugel? (PO-Frage)
  Obl. und fak. Advb sind durch den Fragetest nicht unterscheidbar. Ihre Valenz läßt sich mit dem *und-zwar*-Test (→ 181) prüfen.
- Präd. Attr. (→ 136) lassen sich oft nur schwer erfragen. Das häufigste Fragewort ist *wie* (meist mit Umformung) und damit besteht eine gewisse Verwechslungsgefahr mit Mod.Advb. (→ 130)

(3-28) *Der Bauer isst die Suppe heiß.*
??Wie isst der Bauer die Suppe?/Wie (warm/kalt) ist die Suppe, die der Bauer isst? (Frage nach präd. Attr.)
(3-29) *Der Bauer isst die Suppe mit dem Löffel.*
Wie isst der Bauer die Suppe? (Mod.Advb.-Frage)

181 *3.5.2. Der* und-zwar-*Test*

Dieser Test dient dazu, valenzabhängige SG von nicht valenzabhängigen zu trennen (→ 183). Nicht-valenzabhängige Angaben können mit *und zwar* nachgetragen werden, valenzabhängige nicht.

(3-30) *Stefan gibt Christiane einen Kuss.*
** Stefan gibt Christiane, und zwar einen Kuss.*
(3-31) *Katharina wohnt in Thalkirchen .*
**Katharina wohnt, und zwar in Thalkirchen.*
(3-32) *Dieter und Maria gehen zum Bahnhof .*
??Dieter und Maria gehen, und zwar zum Bahnhof.

Der Test versagt, wenn mehrere SG wahlweise eine bestimmte Valenzstelle füllen Können.

(3-33) *Peter und Hans fahren morgen nach Berlin.*
Peter und Hans fahren morgen, und zwar nach Berlin.
Peter und Hans fahren nach Berlin, und zwar morgen.

182 *3.5.3. Der* es ist-X,-dass-*Test*

Mit diesem Test lassen sich SAdv (→ 154) in adv. Funktion ausfindig machen. Da mit ihnen semant. die Proposition des gesamten Satzes modifiziert wird, kann der Satz auch so umgeformt werden, dass der Skopus des SAdv offensichtlich ist.

(3-34) *Peter kommt gewiss/selbstverständlich.*
Es ist gewiss/selbstverständlich, dass Peter kommt.

Leider lassen sich eine Reihe der SAdv nur in Kombination mit weiteren Umformungen (Einfügen von *so*) aus dem Satz herausziehen:

(3-35) *Hans geht heute vermutlich schwimmen.*
*Es ist vermutlich *(so), dass Hans heute schwimmen geht.*
(3-36) *Leider hat es während der ganzen Radtour geregnet.*
*Es ist leider *(so), dass es während der ganzen Radtour geregnet hat.*

Trotz dieser Schwierigkeiten bietet der *es-ist-X,-dass*-Test eine gute Möglichkeit die SAdv mit großer Sicherheit aus der Vielzahl der Partikel-Funktionen herauszufiltern.

4. Syntaktische Strukturen

4.1. Valenz 183

Valenz ist die Fähigkeit eines Valenzträgers, seine syntakt. Umgebungen vorzustrukturieren, indem er anderen Konstituenten im Satz Bedingungen bezüglich ihrer grammatischen Eigenschaften auferlegt und innerhalb einer sprachlichen Teilstruktur bestimmte „Mitspieler" an sich bindet.

4.1.1. Valenzträger (und ihre Mitspieler) (→ 121ff.) 184

- VV (→ 111) (Mitspieler: SG): *Peter gibt Anna ein Buch.*
- MV (→ 114) (Mitspieler: VV) *gehen können.*
- HV (→ 112) (Mitspieler: MV oder VV): *wird gehen/wird können/wird gehen können.*
- KV (→ 113) (Mitspieler: Präd.): *heiter sein, dort bleiben, eine Hilfe werden, zu Hause bleiben.*
- Präd. (→ 118) (Mitspieler: SG): *einer Sache eingedenk sein.*

Achtung: Valenz kommt nicht einem Wort als solchem, sondern einem Wort in einer bestimmten syntakt. Funktion zukommt. So hat das Adj. *würdig* seine GenO-Valenz nur in präd. Verwendung (und in davon abgeleiteten Verwendungen), nicht z.B. in attr. Verwendung. – Von wirklicher Bedeutung sind nur die Valenzträger VV und Präd.

Diese Valenzträger behalten ihre Valenzeigenschaften (in Teilen) auch nach Wortbildungsprozessen in anderen syntakt. Funktionen: *jemand hofft auf etw./die Hoffnung auf etw.; einer Sache überdrüssig sein/der einer Sache überdrüssige Mensch.*

4.1.2. Kriterien für Valenz 185

Der Valenzbegriff ist allerdings sehr umstritten und ein Sammelbegriff für ausgesprochen heterogene Phänomene. Im folgenden haben wir die beiden gängigen Kriterien für das Vorliegen von Valenz aufgeführt.

- Formbestimmung (Rektion) für den „Mitspieler" (→ 64): gilt für die obliquen Kasus, nicht für das Subj. (→ 121): *jemandem etw. geben, an etw. denken.*

  Vorsicht: Dieses Kriterium gilt nur eingeschränkt für PO (→ 126), überhaupt nicht für obl. Advb. (→ 127)!

- Nicht-Weglassbarkeit des „Mitspielers“ (die betreffende Lesart muß dabei erhalten bleiben): *jemand bringt jemandem etw., *bringt jemandem etw., *jemand bringt jemandem, ?jemand bringt etw.*
  Vorsicht: Es handelt sich um ein äußerst problematisches Kriterium
  - Weglassbarkeit in der Ellipse (→ 214ff.)
    (4-1) *Karl kauft (ein Auto) und Peter verkauft ein Auto.*
  - Weglassbarkeit in der „absoluten Lesart“
    (4-2) *Karl ißt ein Steak./ Karl ißt.*
  - Weglassbarkeit unter bestimmten kontextuellen Bedingungen. Es gibt absolut obl. Ergänzungen, z.B.
    (4-3) *Er befindet sich im Institut./*Er befindet sich.*
  - Dann gibt es (unter bestimmten Bedingungen) weglassbare Ergänzungen:
    (4-4) *Jemand gibt jemandem etw./Und jede nimmt und gibt zugleich ...*
  - Und dann gibt es so leicht weglassbare SG, daß man an ihrem Status als Ergänzung zweifelt, z.B. die „freien Dat.“ (→ 135).
    (4-5) *Karl fährt mir das Auto in die Garage./Karl fährt das Auto in die Garage.*

Ferner gibt es zahlreiche weitere Kriterien, z.B. „Denknotwendigkeit“, „Spezifizität“ etc. (vgl. dazu Jacobs [1994]). Solche Kriterien sind meist vom syntakt. Standpunkt aus problematisch.

186 *4.1.3. Bestandteile einer vollständigen Valenzbeschreibung*

- Zahl der Aktanten (quantitative Valenz):
  - 0-wertig: *schneien, donnern, regnen* (Witterungs-V).
  - 1-wertig: *schlafen, gähnen, fluchen, nuscheln, bibbern.*
  - 2-wertig: *suchen, lieben* (v.a. trans. V).
  - 3-wertig: *schenken, geben* (Transfer-V)
- Art der Aktanten (qualitative Valenz):
  - morpho-syntakt. Valenz = Rektion.
  - intrinsisch = Art der Mitspieler-Struktur: NP, Satz usw.
  - extrinsisch = syntakt. Funktion des Mitspielers: z.B. Subj., AkkO etc.

4.1.4. Probleme der Valenzzuordnung 187

Relativ unproblematische Aktanten sind:

- Subj. (keine Rektion!)
- GenO (aber: gen. Advb wie *des anderen Tags* = Angabe)
- DatO (aber: „freie" Dat.: *jemandem. das Auto in die Garage fahren = dativus commodi*(→ 135))
- AkkO (aber: Maßadvb. im Akk., z.B. *zehn Stunden schlafen* = Angabe)
- PO (aber: Übergang zu den Advb)

Problemfälle:

- adv. Ergänzungen, z.B.
  - Dir.Advb. bei V der gerichteten Bewegung (→ 128): *sich in die Garage begeben.*
  - Mod.Advb., Lok.Advb. und präd. Attr. bei Befindlichkeits-V (hier oft alternativ!): *jemand wohnt allein/recht unbequem/in München.*
  - Temp.Advb bei V der zeitlichen Erstreckung (→ 132)
  - *von*-Phrase im Pass.: Fall von Valenzreduktion? (→ 274)
  - Zeiterstreckungsadvb. bei *dauern, anhalten.*
- Lesartenvarianten eines Valenzträgers (Homonymie/Polysemie): *jmd. bringt (jemandem.) etw., jmd./etw. bringt es nicht, etw./jmd. bringt Glück/Unglück* usw. Bei einer Valenzanalyse muß die Lesart des Valenzträgers unbedingt stabil gehalten werden. Das ist v.a. bei minimalen Lesartänderungen sehr schwierig.
- verb. Idiome aller Art (→ 117): *in Erfahrung bringen, Bescheid geben, feil bieten/feilbieten, herbeieilen, ins Gras beißen, den Löffel abgeben* usw. I. A. betrachtet man die Idiome insgesamt als Valenzträger. Die nicht-verb. Bestandteile von FVG (→ 116) und Obj.-Inkorporationen (→ 115) sind keine Ergänzungen, sondern Teile des Valenzträgers. Sie zeigen zwar gewisse Merkmale von Ergänzungen, wie z.B. Rektion, Notwendigkeit, aber sie sind nicht mehr referentiell (Merkmale: fehlender Artikel, fehlende Attribuierbarkeit, fehlende Erfragbarkeit, fehlende Pronominalisierbarkeit usw.), damit nicht mehr frei austauschbar. Außerdem haben diese komplexen Ausdrücke normalerweise einen anderen Valenzrahmen als das Simplex-V abzüglich dem Rest des komplexen Ausdrucks; man müßte also ohnehin zwei homophone V ansetzen. – Bei den eigentlichen verb. Idiomen wie *ins Gras beißen* etc. behält dagegen das V seinen alten Valenzrahmen; der komplexe Ausdruck erhält lediglich eine neue, „gesamthafte" Bedeutung. Aber: *auf jemanden stehen* = kein verb. Idiom, sondern völlig neue Lesart des V, typischerweise verbunden mit einer neuen Valenzstruktur.

- obl. refl. V (→ 272): das Refl.Pron. *sich* (→ 270) zählt nicht zur Valenz, es gehört zum V (*Thomas wundert sich* = einwertig). Bei fak. refl. V (→ 271) ist das Refl.Pron. Ergänzung (z.B. *sich und seine Kleidung waschen*) oder freie Angabe (*sich die Jeans bügeln* = dativus commodi) (→ 133ff.).

Hinweis: Nicht von der Valenz geforderte SG können meist mithilfe des *und-zwar*-Tests (→ 181) identifiziert werden.

Eine genaue Valenzanalyse der wichtigsten Valenzträger eines Textes gehört zu jeder syntakt. Textanalyse, gleich welchem theoretischen Ansatz man folgt. Es empfiehlt sich aber, nur die jeweils realisierte Valenz zu analysieren und allenfalls auf weitere in Frage kommende Lesarten einzugehen. Es empfiehlt sich weiter, nur die dependentiellen Beziehungen zwischen Hauptvalenzträger und SG zu behandeln, nicht aber die komplexen und umstrittenen Valenzbeziehungen innerhalb des engeren V-Komplexes (→ 29).

Zur Vertiefung:

Jacobs, J. [1992]: Syntax und Valenz. In: Hoffmann, L. (ed.): Deutsche Syntax. Ansichten und Aussichten. Berlin: de Gruyter, S. 94-127

Jacobs, J. [1994]: Kontra Valenz. Trier: wvt. (= Fokus 12)

Jacobs, J. [1994]: Das lexikalische Fundament der Untersuchung von obligatorischen und fakultativen Ergänzungen. In: Zeitschrift für Germanistische Linguistik 22:3, S. 284-319

Rapp, I. [1997]: Fakultativität von Verbargumenten als Reflex der semantischen Struktur. In: Linguistische Berichte 172, S. 490-529

Steinitz, R. [1997]: Valenznotwendige Präpositionalphrasen: weder Argument- noch Adjunktposition. In: Dürscheid, Chr. e.al. (eds.): Sprache im Fokus. FS für H. Vater. Tübingen: Niemeyer, S. 329-352

4.1.5. Übung zur Valenz

(4-6) *Computer helfen auch bei der Herstellung großer Champagner.*

(4-7) *Drei Champagnerfirmen lassen Füllstanf und korrekten Korkensitz von einem bildverarbeitenden System kontrollieren.*

(4-8) *Moet & Chandon, die größte der drei Firmen, geht sogar noch einen Schritt weiter:*

(4-9) *Dort wurde kürzlich ein „Eureka"-Projekt abgeschlossen, das die Entwicklung der Bläschen und des Schaums per Computer ermitteln läßt.* (Aus: Die Zeit, 1.4.1994)

Geben Sie die Valenz der Vollverben in (4-6) bis (4-9) an. Beschreiben Sie etwaige Ausnahmen.

4.2. Abwandlungsbeziehungen verbaler Strukturen 188

Ausgangspunkt der Überlegungen ist ein V, dessen Valenzrahmen maximal realisiert ist, d.h. das alle möglichen Kasusrollen (→ 202ff.) den normalen Hierarchiegesetzen folgend morphologischen Kasus zuordnet (also Subj. = Agens, AkkO = Patiens). Von da aus gibt es verschiedene Möglichkeiten der Reduktion (→ 189), Erweiterung (→ 190), Umformung und Abwandlung des Valenzrahmens (→ 192f.). Das ist nicht unbedingt so zu verstehen, daß bestimmte Formen aus anderen Formen (z.B. via Transformation) hergeleitet werden; sie können auch alle ganz gleichberechtigt nebeneinander stehen.

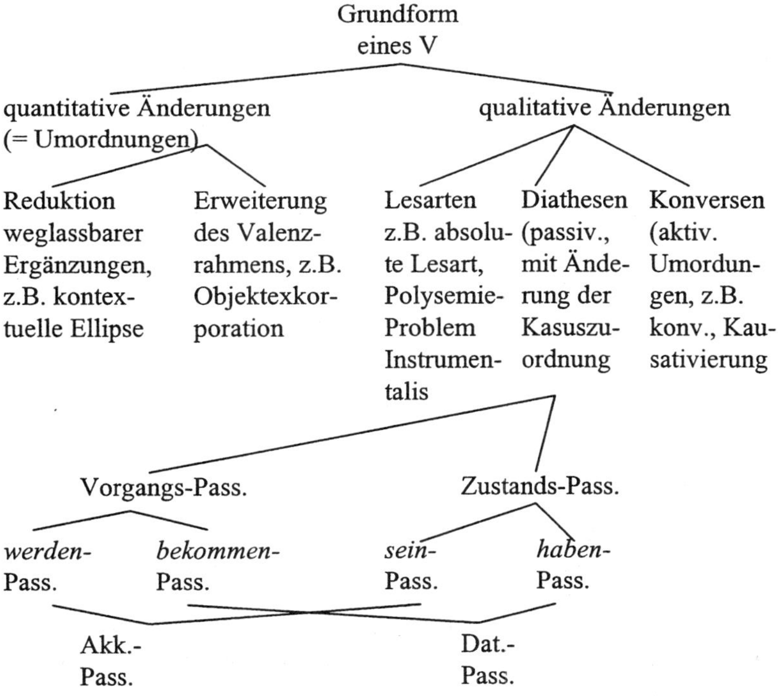

4.2.1. Reduktion 189

Bei Reduktion der weglassbaren Ergänzungen (teilweise auch der an sich nicht weglassbaren) handelt es sich nicht um eine echte Valenzminderung; es soll auch kein Lesartenwechsel (→ 191) beim V (Polysemieproblem) und kein Perspektivenwechsel (z.B. von „Handlung“ zu

„Vorgang", wie er für die absolute Lesart typisch ist) auftreten. In reiner Form gilt das nur für die ko(n)textuelle Ellipse (→ 215), z.B. in Frage-Antwort-Paaren (→ 210, 220) und in der Koordination:

(4-10) *A: Willst du den Fisch braten, kochen oder pochieren?*
B: (Ich will den Fisch) braten. (Subj. und AkkO. unterliegen der Ellipse)

(4-11) *Karl k a u f t (ein Auto) und Maria v e r kauft ein Auto.* (Ellipse des AkkO im ersten Konjunkt)

190 *4.2.2. Erweiterung*

Die Erweiterung des Valenzrahmens, z.B. durch Obj.-Exkorporation (Inhaltsakk.) wird von einigen Forschern auch zu den aktiv. (valenzerweiternden) Diathesen (→ 193) gerechnet, da nicht nur eine weitere Ergänzung (nach festen Regeln) hinzukommt, sondern der gesamte Valenzrahmen neu interpretiert wird (Perspektivenänderung), z.B. von Zustand/Geschehen zu Handlung (agentisch, dadurch passivierbar). – Diese Erscheinung läßt sich aber nicht beschränken auf die figura etymologica, wobei V und exkorporiertes Obj. das gleiche Stammmorphem aufweisen.

(4-12) *Sie kämpften einen grausamen Kampf./Ein grausamer Kampf wurde (von ihnen) gekämpft.* (Vorgangs-Pass.)/*Der grausame Kampf ist gekämpft.* (Zustands-Pass.)

(4-13) *Ich denke Gedanken des Friedens, nicht des Verderbens.*

(4-14) *Sie träumte eine wahre Horrorgeschichte.*

191 *4.2.3. Lesarten*

Hier liegt ein V in mehreren Bedeutungsvarianten vor. Bedingung ist dabei, daß die Bedeutungen der Lesarten enge Verwandtschaft zeigen und daß die zugehörigen Valenzrahmen erkennbar Varianten voneinander sind. Meistens ist es sogar umgekehrt so, daß man Polysemie von V durch geringfügige Unterschiede im Valenzrahmen am sichersten erkennen kann. – Am interessantesten sind hier regelmäßige Abwandlungen, v.a. Reduktionen des Valenzrahmens mit regelhaften Bedeutungsänderungen, z.B. die absolute Lesart: Sie wird von normalerweise agentiven V gebildet, ist selber aber nicht agentisch. – In vielen Fällen ist es nicht einfach, zwischen Erweiterung (→ 190) des Valenzrahmens und Lesart zu unterscheiden.

(4-15) *Joschka* (Agens) *strickt einen Pullover* (eff. Obj.)/*Joschka strickt.*

(4-16) *Maria* (Agens) *ißt ein Spanferkel./Maria ißt.*
(4-17) *Petra* (Agens) *liebt dicke Hasen./? Petra liebt.* (ist eine Liebende)
(4-18) *Die Hündin säugt den Welpen./Die Hündin säugt.* (kausatives V!)

4.2.4. Konversen 192

Diese liegen bei V vor, die mit entgegengesetzten Kasusrelationsrahmen verwendet werden können (→ 202).

(4-19) *Der Arzt tupft das Blut* (eff. Entität) *von der Wunde* (Locus) *ab./Der Arzt tupft die Wunde* (aff. Entität) *ab.*
(4-20) *Maria spült die Milch* (eff. Entität) *von der Kanne* (Locus) *ab./Maria spült die Kanne* (aff. Entität) *ab.*

4.2.5. Diathesen 193

So werden ursprünglich die Beziehungen zwischen den Genera Verbi (Akt., Pass., Medium) benannt. In der Valenztheorie meint man damit die Ableitungsbeziehungen zwischen den verschiedenen Valenzrahmen eines V, die sich nur durch das (Nicht-)Vorhandensein eines Agens-Ausdrucks unterscheiden. Man unterscheidet zweckmäßigerweise zwischen aktiv. und passiv. Diathesen.

4.2.5.1. Aktivische Diathesen

1) Instrumentalis-Diathese 194

Von einem V, das agentisch gebraucht werden kann, kann eine Diathese gebildet werden, in der die Instrumentalisphrase das Subj. bildet, die ursprüngliche Agensphrase (→ 203) darf hingegen nicht mehr auftreten. Doch verhält sich die ursprüngliche Instrumentalisphrase agensähnlich. Vielleicht sollte man sie aber eher als „Quelle/Träger eines Geschehens/einer Eigenschaft“ klassifizieren.

(4-21) *Karl* (Agens) *zerschlägt die Schaufensterscheibe* (aff. Entität) *mit dem Pflasterstein* (Instrumentalis)*./Der Pflasterstein zerschlägt die Schaufensterscheibe./Die Schaufensterscheibe wird vom Pflasterstein zerschlagen.*

Der Stein muss nicht als Mittel von einem Täter gebraucht worden sein, er kann zufällig die Scheibe zerschlagen haben (z.B. weil er von einem Autoreifen hochgeschleudert wurde). Die Perspektive ändert sich also von „Handlung“ zu „Geschehen“ oder „Zustand“.

195 **2) Kausativ-Diathese**

Es gibt zwei mögliche Sichtweisen: von einem V, das agentisch gebraucht wird, kann eine Diathese gebildet werden, in der die aff./eff. Entität (→ 205) vom Akk. zum Nom. wechselt, während die ursprüngliche Agens-Phrase (→ 203) nicht mehr auftritt. – Die Zuordnung kann aber auch anders herum gesehen werden: die Kausativ-Diathese kann nur zu nicht-agentiven V-Lesarten gebildet werden, wobei einem nicht-agentiven Kasusrelationsrahmen ein Agens hinzugefügt wird. Dabei erhält die Agensphrase die Kasusform Nom. (= Subj.), die aff./eff. Entität erhält die Kasusform Akk. (= AkkO). – Historisch gesehen sind kausative V meist durch Suffix von der nicht-kausativen Form abgeleitete V.

(4-22) *Muttern kocht ein Milchsüppchen* (eff. Entität)./*Das Milchsüppchen kocht.*

(4-23) *Hans rollt den Käse zum Bahnhof./Der Käse rollt zum Bahnhof.*

(4-24) *Die Dulcinea bricht einen blühenden Zweig vom Baum. /Der Zweig bricht vom Baum.*

196 **3) Kausativ-Rezessiv-Diathese**

Dabei ändert sich die V-Lesart (→ 191) und der Valenzrahmen; insofern ist die Einordnung unter die Diathesen problematisch.

(4-25) *Amanda* (Agens) *öffnet die Tür* (aff. Entität)./*Die Tür* (charakterisierte Entität) *öffnet sich.*

(4-26) *Der Rotwein beruhigt den alten Knaben./Der alte Knabe beruhigt sich.*

Vergleiche hierzu auch Refl.-Konstruktionen (→ 266ff.):

(4-27) *Der Hänsel wird den Schlüssel sicher noch finden.//Der Schlüssel wird sich noch finden.*

(4-28) *Der Adams-Apfel schält sich ausgesprochen schlecht.*

4.2.5.2. Passivische Diathesen

Bei diesen Diathesen wechselt die V-Form von einer aktiv. zu einer passiv. Form. Gleichzeitig erfolgen Umkodierungen der Kasusrelationen (→ 202) sowie ein Perspektivenwechsel, z. B. von Handlungsbeschreibung zu Vorgangs- oder Zustandsbeschreibung.

197 **1) subjekthaltiges Vorgangspassiv (auch: „persönliches" Pass., *werden*-Pass.)**

Es wird von V gebildet, die im Akt. eine agentische Interpretation zulassen (Handlungs-V, trans. V). Dabei entspricht dem AkkO des Akt.

(aff./eff. Entität) (→ 205) das Subj. des Pass.-Satzes, dem Subj. des Akt.-Satzes (Agens) (→ 203) entspricht eine fak. *von*-Phrase im Pass.-Satz (→ 274). Diese Pass.-Form ist auch möglich bei Fällen von Valenzerweiterung, bei Maßadvb. im Akk. (→ 59), bei untypischer Kasusrollenverteilung usw., aber nicht bei allen echt trans. V akzeptabel.

(4-29) *Becker besiegt Stich./Stich wird (von Becker) besiegt.*

(4-30) *Der Stein* (Instrumentalis?) *zerschlägt die Scheibe./Die Scheibe wird (vom Stein) zerschlagen.* (Instrumentalisdiathese)

(4-31) *Ich denke Gedanken des Friedens./Gedanken des Friedens werden (von mir) gedacht.* (Valenzerweiterung, Obj.-Exkorporation)

(4-32) *Karl läuft 100 m./100 m werden (von Karl) gelaufen.* (Maßadvb im Akk.)

(4-33) *Hohe Berge* (kein Agens!) *umgeben die Stadt./Die Stadt wird von hohen Bergen umgeben.* (untypische Kasusrollenverteilung bei Inversions-V)

(4-34) *Endlich besitzt der Grüne* (kein Agens!) *ein Katalysatorauto./*Endlich wird (von dem Grünen) ein Katalysatorauto besessen.* (echtes trans. V, trotzdem kein Subj.-haltiges Vorgangs-Pass.)

(4-35) *Hans wiegt 105 kg (Kartoffeln)./*105 kg (Kartoffeln) werden von Hans gewogen.* (Maßadvb. im Akk.)

2) subjektloses Passiv (auch: „unpersönliches“ Pass.) 198

Die Basis ist dabei eine nicht-agentive V-Lesart mit einer Subj.-Phrase, die eine charakt. Entität (→ 204) bezeichnet. Bei der Umwandlung ins Subj.-lose *werden*-Pass. wird das Subj. zur fak. *von*-Phrase (→ 274), keine andere Kasusrelation erhält die Kasusform Nom.

(4-36) *Einige Studentinnen tanzten sogar auf der Abschlussfeier./Auf der Abschlussfeier wurde sogar (von einigen Studentinnen) getanzt.*

3) *sein*-Zustandspassiv 199

Sowohl dem Subj.-haltigen (→ 197) wie dem Subj.-losen *werden*-Vorgangspass. (→ 198) kann ein *sein*-Zustandspass. zugeordnet werden. Dabei ändert sich an der Kasusrollenverteilung nichts, außer daß (normalerweise) keine *von*-Phrase hinzugefügt werden darf, die dem Subj. im Akt. entspricht (→ 274).

Achtung: Formgleichheit mit Strukturen aus KV *sein* und präd. Adj. (→ 118) sowie mit dem Perf. Akt. von V, die dieses Tempus mit dem HV *sein* bilden. Zur Disambiguierung kann man *worden* hinzufügen: das ist nur beim *sein*-Zustands-Pass. möglich.

(4-37) *Lendl ist (?von Becker) endlich besiegt (worden).*
(4-38) *Gedanken des Friedens sind (*von mir) gedacht (worden).*
(4-39) *Nun ist genug (*von einigen Studentinnen) getanzt (worden).*
(4-40) *Es ist (von X) vollbracht (worden).*
(4-41) *Maria ist eingeschlafen (*worden).* (Perf. Akt.)
(4-42) *Dieser Artikel ist sehr gefragt/begehrt (*worden).* (präd. Adj.)

200 **4) *kriegen/bekommen*-Passiv**

Dabei handelt es sich um eine quasi-passiv. Diathese zu V des Gebens (aber nicht bei *geben*!) mit einem nicht notwendig obl. dativ. SG mit der Kasusrolle Correspondent (→ 206). Diese Kasusrolle wird dann im Nom. als Subj. kodiert, die ehemalige Agens-Subj.-Phrase wird fak.

(4-43) *Der Hänsel hat der Gretel* (Correspondent/Locus) *die Hälfte von seinem Weißbier geschenkt./Die Gretel hat (vom Hänsel) die Hälfte vom Weißbier geschenkt bekommen.*

201 **5) *haben*-Zustandspassiv**

Dabei handelt es sich um eine Art Zustands-Pass. zum *kriegen/bekommen*-Pass.

Achtung: die Form ist identisch mit dem Perf. Akt. von V, die dieses Tempus mit *haben* bilden. Zur Disambiguierung kann man *bekommen* hinzufügen. Viele Formen sind aber prinzipiell ambig. Beim *haben*-Pass. muß entweder das AkkO. oder die Lokalergänzung (= unveräußerlicher Besitz, wie *Nase, Fingernägel*) in einer def. NP vorliegen. – Die Semantik von *haben* in dieser Zustands-Pass.-Form ist der des VV *haben* sehr ähnlich: sie trägt bei zur Prädizierung einer Eigenschaft des Besitzers. Das Agens darf nicht genannt werden. Der Subj.-Referent in diesem Zustands-Pass. ist indirekter Träger des Resultats einer Handlung. Das Auftreten eines MV begünstigt die *haben*-Pass.-Lesart. – Es treten prinzipiell zwei Typen des *haben*-Pass. auf: beim einen umfaßt der Valenzrahmen Subj. und AkkO ((4-44) – (4-47)), beim anderen Subj. + AkkO + Lok.Advb. (4-48):

(4-44) *Die Gretel putzt dem Hänsel die Nase./Der Hänsel kriegt die Nase (von der Gretel) geputzt./Der Hänsel hat die Nase (*von der Gretel) geputzt.*

(4-45) *Das Pferd hat den Mann gebissen (*bekommen).* (Perf. Akt.)

(4-46) *Die Frau hat die Fingernägel lackiert (bekommen).* (Perf. Akt. und *haben*-Pass.)

(4-47) *Die Gretel bügelt dem Hänsel die Jeans./Der Hänsel bekommt die Jeans (von der Gretel) gebügelt./Der Hänsel möchte die Jeans nicht (*von der Gretel) gebügelt haben.*

(4-48) *Die Frau hat die Hand in den Schoß gelegt.*

Diese Struktur kann leicht verwechselt werden mit einer AcI-Struktur (→ 239) aus *haben* und VV-Inf., vgl. (4-49):

(4-49) *Karlchen hat einen Mercedes vor dem Haus stehen.*

(4-50) *Du hast ja in der ganzen Wohnung leere Schnapsflaschen herumstehen.*

(4-51) *Mann, ist der breit! Hat der vielleicht einen sitzen/ hängen!*

Ferner besteht Verwechslungsmöglichkeit mit Strukturen aus *haben* und einem Adv., die als elliptisch (getilgtes VV) oder als präd. eingestuft werden können.

(4-52) *Don Camillo hat keine Schuhe an(gezogen), aber er hat immerhin einen Hut auf (??).*

Zur Vertiefung:

Agel, V. [1997]: Reflexiv-Passiv, das (im Deutschen) keines ist. Überlegungen zu Reflexivität, Medialität, Passiv und Subjekt. In: Dürscheid, Chr. e.al. (eds.): Sprache im Fokus. FS für H. Vater. Tübingen: Niemeyer, S. 147-188

Cate, A. ten [1994]: Handlungsaktionsart, Perfektivität und Zustandspassiv. In: Beckmann, S./Frilling, S. (eds.): Satz – Text – Diskurs. Akten des 27. Linguistischen Kolloquiums Münster 1992. Tübingen: Niemeyer (= Linguistische Arbeiten 312), S. 9-16

Darski, J. [1994]: Zur Bildung des Passivs im Deutschen. In: Halwachs, W. D./Stütz, I. (eds.): Sprache – Sprechen – Handeln. Tübingen: Niemeyer (= Linguistische Arbeiten 320), S. 45-52

Rapp, I. [1996]: Zustand? Passiv? – Überlegungen zum sogenannten „Zustandspassiv". In: Zeitschrift für Sprachwissenschaft 15:2, S. 231-265

Leirbukt, O. [1981]: 'Passivähnliche' Konstruktionen mit *haben* + Partizip II im heutigen Deutsch. In: Deutsche Sprache 2 (1981), S. 119-146

4.2.6. Übung zum Passiv

(4-53) *Haarhandwerker und –künstler sind berufsbedingt häufig mit Hautreizungen und Allergien geschlagen.*

(4-54) *Einzelne Strähnchen bekommen Kunden vor dem Färben durch eine Haube gezogen, damit sie die Haut nicht reizen. (3) Bei den Oxydationshaarfarben werden immer zwei Komponenten kurz vor dem Auftragen vermischt.*

(4-55) *Andere Farben dürfen nur begrenzt zur Verwendung kommen.*

(4-56) *Seit langem wird eine Positivliste für Haarfarben gefordert.*

(4-57) *Immerhin sind bei uns problematische Farbstoffe verboten.*

(Aus: Test 9/1997), stark verändert)

Erläutern Sie die in (4-53) bis (4-57) erscheinenden Passivkonstruktionen.

202 **4.3. Kasustheorie**

Hinweis: der hier verfolgte Ansatz distanziert sich in wesentlichen Punkten ausdrücklich von Fillmore. Er nimmt stattdessen Aspekte von Starosta und von der sog. Theta-Theorie im Rahmen der Generativen Grammatik auf. Ausgangspunkt sind nicht Überlegungen zu Handlungsrollen/Geschehensrollen etc. und deren Realisierung in der Sprache, sondern Gesetzmäßigkeiten bei der Kombination von V-Klassen mit bestimmten morpholog. Kasusrahmen und das Verhalten dieser Kasusglieder bei Umformungsbeziehungen.

Ein wesentlicher Aspekt ist, daß in diesem Ansatz ein bestimmtes SG nicht unabänderlich mit einer bestimmten Kasusrolle kombiniert ist, daß sich also durch Umformungen die Kasusrollenzuordnung ändern kann. Dadurch geht natürlich der Vorteil einer Generalisierung verloren.

Die Art, Zahl und Benennung der Kasusrollen ist umstritten.

203 *4.3.1. Agens*

Eine NP mit Agensrollenzuordnung tritt typischerweise bei trans. V (also V mit AkkO-Patiens) im Akt. als Subj. auf. Diese agentische Subj.-NP tritt im Vorgangs-Pass. als adv. Angabe (mit *von*) auf, doch verliert sie dabei ihre Agens-Interpretation. Im Zustands-Pass. (→ 199, 201) wird sie in der überwiegenden Zahl der Fälle nicht realisiert, im *kriegen/bekommen*-Pass. (→ 200) kann sie als adv. Angabe (mit *von*) angeschlossen werden (auch hier ohne Agens-Interpretation) (→ 274), im *haben*-Pass. darf sie nicht realisiert werden; in der Instrumentalis-Diathese (→ 194) darf sie ebenfalls nicht realisiert werden (stattdessen wird die NP mit Instrumentalis-Interpretation zum Subj. mit agensartiger Interpretation), ebenso verschwindet sie in der Kausativ-Rezessiv-Diathese (→ 196) und in entsprechenden Refl.-Konstruktionen (→ 266ff.). Bei Erweiterung/Reduktion (→ 189f.) des Valenzrahmens und bei den verschiedenen Lesarten (→ 191) trans. V. bleibt die Subj.-NP trans. V mit agentischer Interpretation im Regelfall erhalten.

Sätze mit einem Agens-Subj. sind typische Handlungsbeschreibungen. Die Agens-Rolle ist die hierarchisch höchste Kasusrolle: sie wird ausschließlich dem Subj. (→ 121) zugewiesen.

(4-58) *Karl* (Agens) *hängt Bilder* (aff. Entität) *an die Wand./Karl* (Agens) *behängt die Wand* (aff. Entität) *mit Bildern* (Ornativ).

(4-59) *Douglas* (Agens) *räumt den Schnee* (aff. Entität) *von der Straße./Douglas* (Agens) *räumt die Straße* (aff. Entität).

(4-60) *Sie* (Agens) *kämpften einen grausamen Kampf* (Inhaltsakk.; aff./eff. Entität).

(4-51) *Karl* (Agens) *zerschlägt die Scheibe* (eff. Entität) *mit dem Pflasterstein* (Instrumentalis)/*Der Pflasterstein* (??) *zerschlägt die Scheibe.* (→ 194)

(4-62) *Muttern* (Agens) *kocht ein Milchsüppchen* (eff. Entität).

Hinweis: nicht alle nach formalen Kriterien trans. V weisen eine Subj.-NP mit möglicher Agens-Interpretation auf.

(4-63) *Der Guru besitzt/hat eine größere Anzahl von Luxuslimousinen./*Eine größere Anzahl von Luxuslimousinen werden (vom Guru) besessen/gehabt.*

(4-64) *Daß keine Bremsspuren vorhanden waren, beweist eindeutig, daß er viel zu schnell gefahren ist./?Daß er viel zu schnell gefahren ist, wird eindeutig davon/dadurch bewiesen, daß keine Bremsspuren vorhanden sind.* (Doppelgliedsatz-V)

(4-64) *Hohe Berge umgeben die Stadt./Die Stadt wird von hohen Bergen umgeben.* (Inversions-V)

4.3.2. Charakterisierte Entität 204

Eine NP mit dieser Kasusrolle tritt im Akt. intrans. V als Subj.-NP auf; das Gleiche gilt für V, die durch irgendwelche Umformungen intrans. geworden sind, z.B. durch Valenzreduktion (→ 189)/absolute Lesart

(→ 214ff.), Kausativ-Rezessiv-Diathese (→ 195), Refl.-Konstruktion (→ 266). In diesen Fällen liegen zwei streng zu trennende Lesarten (→ 191) der betreffenden V vor, keine echten Ableitungsbeziehungen. Möglicherweise gilt das Gleiche für die Subj. der Pass.-Konstruktionen.

In allen Fällen, in denen das intrans. V eine trans. Parallele aufweist, entspricht der charakterisierten Entität eine AkkO-NP mit der Interpretation aff./eff. Entität (→ 205).

Sätze, in denen ein Subj. mit der Kasusrolle „charakterisierte Entität" auftritt, sind typische Vorgangs- oder Zustandsbeschreibungen (Zuweisung von Eigenschaften). In ihnen darf keine NP mit der Interpretation „aff./eff. Entität" (→ 205) auftreten.

(4-66) *Die Nibelungen* (charakt. Entität) *kämpften./Die Nibelungen* (Agens) *kämpften einen grausamen Kampf* (eff. Entität).

(4-67) *Johanna* (charakt. Entität) *schläft selig./Johanna* (Agens) *schläft den Schlaf der Gerechten* (eff. Entität).

(4-68) *Joschka* (charakt. Entität) *strickt.* (absolute Lesart)/*Joschka* (Agens) *strickt einen Pullover* (eff. Entität).

(4-69) *Das Milchsüppchen* (charakt. Entität) *kocht./Muttern* (Agens) *kocht ein Milchsüppchen* (eff. Entität). (Kausativ-Diathese)

205 *4.3.3. Affizierte/effizierte Entität*

Eine NP mit dieser Kasusrolle tritt im Akt. trans. V als AkkO-NP auf. Sie ist also an das Auftreten einer Subj.-NP mit Agens-Interpretation (→ 203) gebunden (vgl. aber V des Besitzens, Doppel-Gliedsatz-V und Inversions-V).

Eine NP mit dieser Kasusrolle wird beim *werden/sein*-Pass. (→ 199, 201) zur Subj.-NP mit der Interpretation „charakterisierte Entität" (→ 204), beim *kriegen/haben*-Pass. (→ 200) bleibt sie AkkO, ändert aber wohl die Kasusrolle. Bei der Kausativ-Diathese (→ 195) verschwindet die NP mit dieser Kasusrolle (in umgekehrter Richtung gesehen: sie kommt hinzu). Bei der Instrumentalis-Diathese (→ 194) bleiben morpholog. Kasus und (vermutlich) auch Kasusrolle erhalten. Bei Valenzreduktionen (→ 189) des Typs „rezessiv" und „absolute Lesart" verschwindet diese NP bei gleichzeitiger Uminterpretation des Valenzrahmens, bei Valenzerweiterung (Inhaltsakk.) (→ 190) kommt eine AkkO-NP mit der Interpretation aff./eff. Entität hinzu.

Schließlich bestehen noch gewisse Austauschbeziehungen zwischen einer PP mit der Kasusrolle Locus oder Ornativ und einer AkkO-NP mit der Kasusrolle aff./eff. Entität.

Die Unterscheidung „affiziert“/„effiziert“ ist rein semantischer Natur, sie hat keine syntakt. Folgen. Mit „effiziert“ meint man einen Referenten, der vor der Handlung, die im V bezeichnet wird, nicht existierte, sondern erst durch diese Handlung entsteht (also handelt es sich um eine „dynamische“ Entität). Außerdem kann man noch [+eff] = was durch eine Handlung entsteht und [–eff] = was durch die Handlung verschwindet unterscheiden. Als „affiziert“ bezeichnet man einen Referenten, der vor und nach der im V bezeichneten Handlung existiert und durch die Handlung verändert wird (also eine „statische“ Entität).

Die Bildung von präfigierten V und Partikel-V dient oft der Transitivierung (damit dem Perspektivenwechsel von Zustand/Vorgang zu Handlung), also der Hinzufügung eines AkkO mit der Kasusrolle aff./eff. Entität, oder der Umordnung von Kasusrollenzuweisungen.

(4-70) *Die Nibelungen kämpften einen grausamen Kampf* (eff. Entität; Inhaltsakk.).

(4-71) *Joschka strickt einen Pullover* (eff. Entität).

(4-72) *Die Mutter stillt das Baby* (aff. Entität).

(4-73) *Der Arzt tupft das Blut* (eff. Entität) *von der Wunde* (Locus)./*Der Arzt tupft die Wunde* (aff. Entität) *ab.*

(4-74) *Johanna preßt den Saft* (eff. Entität) *aus der Zitrone aus.*/*Johanna preßt die Zitrone* (aff. Entität) *aus* (Konverse).

(4-75) *Alexandra hängt Bilder* (aff. Entität) *an die Wand* (Locus)./*Alexandra behängt die Wand* (aff. Entität) *mit Bildern* (Ornativ).

(4-76) *Karl* (charakt. Entität) *labert und labert.*/*Karl* (Agens) *belabert den Prof.* (aff. Entität).

4.3.4. Correspondent 206

Eine NP mit dieser Kasusrolle tritt im Akt. bestimmter V als DatO (→ 124) (möglicherweise auch als „freier Dat.“ (→ 135)) auf, oft zusammen mit einem AkkO (→ 125) mit der Interpretation „aff./eff. Entität“. Der Referent ist meist ein Mensch (oder Tier).

Ist das V trans., so verändert sich bei der Umformung ins *werden-/sein*-Pass. (→ 199ff.) bezüglich des DatO nichts (außer daß es leichter weglassbar ist). Bei der Umformung ins *kriegen-/bekommen*-Pass. (→ 200) sowie bei der Umformung ins *haben*-Pass. (vorausgesetzt, zwischen DatO und AkkO herrscht eine Pertinenzrelation) wird die entsprechende NP zum Subj., unklar ist jedoch, ob dann die Interpretation als Correspondent noch sinnvoll ist.

(4-77) *Der Hänsel hat der Gretel* (Correspondent) *die Hälfte von seinem Weißbier* (eff. Entität) *abgegeben./Die Gretel* (Correspondent??) *hat vom Hänsel die Hälfte von seinem Weißbier* (eff. Entität?) *abgegeben bekommen* (*kriegen-/bekommen*-Pass.).

(4-78) *Jemand bindet Salome* (Correspondent) *einen Schal um die Hüfte./Salome* (Correspondent?) *hat im Fasching nur einen Schal um die Hüfte gebunden* (*haben*-Zustands-Pass.).

(4-79) *Kain schlug seinem Bruder Abel* (Correspondent) *mit der Mistgabel* (Instrumentalis) *auf den Schnabel./Abel* (Correspondent?) *bekam von Kain mit der Mistgabel (eine) auf den Schnabel geschlagen.*

207 *4.3.5. Ornativ*

Eine NP mit dieser Interpretation tritt bei V des Besitzens als AkkO (→ 125) auf. Diese NP kann nicht charakt. Entität (→ 204) in einer *werden*-Pass.-Version dieser V werden. Bei V des „Versehens mit etwas" tritt die Ornativ-Phrase als *mit*-PP auf. Bei einer Umwandlung ins *werden*-Pass. bleibt die *mit*-PP mit Ornativ-Interpretation unverändert.

Meist existieren daneben trans. Formulierungen, in denen eine der Ornativ-Phrase entsprechende NP als AkkO-NP mit der Interpretation „eff./aff. Entität" (→ 205) auftritt, die ursprüngliche AkkO-NP mit der Interpretation „eff./aff. Entität" tritt dann als DatO mit der Interpretation „Correspondent" (?)(→ 206) auf.

(4-80) *Karl malt die Sonnenblumen* (eff. Entität) *an die Wand* (Locus)*./Karl bemalt die Wand mit einer Sonnenblume* (Ornativ).

(4-81) *Douglas befreit die Straße vom Schnee* (Ornativ?)*/Douglas räumt den Schnee* (aff. Entität) *von der Straße.*

208 *4.3.6. Locus*

Eine NP mit dieser Interpretation kann bei V der Befindlichkeit (→ 129ff.) und V der gerichteten Bewegung (→ 128) auftreten (als Ergänzung). Meist gibt es parallele V, z.B. präfigierte V, bei denen die gleiche Entität als Referent einer akkusat. oder nominat. NP mit der Kasusrolle „aff./eff. Entität" (→ 205), vielleicht sogar als Agens auftreten kann. Es scheint auch Konversen (→ 192) mit vergleichbaren regelhaften Zuordnungen zu geben.

(4-82) *Hans hängt Bilder an die Wand* (Locus)./*Hans behängt die Wand* (aff. Entität) *mit Bildern.*

(4-83) *Wasser tropft aus dem Hahn* (Locus)./*Der Hahn* (charakt. Entität) *tropft.*

(4-84) *Paul wohnt in einem anderen Haus* (Locus)./*Paul bewohnt ein anderes Haus* (aff. Entität).

(4-85) *Maria spült die Milch von der Kanne* (Locus) *ab./Maria spült die Kanne* (aff. Ent.) *ab.*

Zur Vertiefung:

Dowty, D. [1991]: Thematic Proto-Roles and Argument Selection. In: Language 67/3, S. 547-619

Ickler, I. [1990]: Kasusrahmen und Perspektive. Zur Kodierung semantischer Rollen. In: Deutsche Sprache 1, S. 1-37 (Basis dieser Darstellung)

Helbig, G. [1992]: Probleme der Valenz- und Kasustheorie. Tübingen: Niemeyer

Pleines, J. (ed.) [1981]: Beiträge zum Stand der Kasustheorie. Tübingen: Narr (= Tübinger Beiträge zur Linguistik 133)

5. Satzstrukturen

5.1. Satzfolgen und Satzverbindungen

209 Unter **Satzfolgen** versteht man die Abfolge von zwei oder mehr formal wie funktional isolierten HS. Diese Isolation/Selbständigkeit wird durch formale Mittel angezeigt (z.B. durch Intonation und Interpunktion). Ellipsen (→ 214ff.) sind hier relativ selten (allenfalls situationelle Ellipsen (→ 216, 221)).

(5-1) *Ich glaube schon, antwortete R. vorsichtig. Im Notfall könnte *(ich) ja Schlaftabletten nehmen./(Ich) könnte ja im Notfall Schlaftabletten nehmen.*

210 Als **Satz- oder Sprechaktsequenz** bezeichnen wir die Abfolge von mindestens zwei HS bestimmter Typen, die eine regelhafte Sequenz formal und funktional realisieren, z.B. eine Frage und die natürliche Antwort darauf. Die Glieder einer solchen Sequenz gehören enger zusammen als die einer Satzfolge. Es treten sowohl situationelle (→ 216, 221)wie auch kotextuelle Ellipsen (→ 215).auf.

(5-2) A: *Wann kommst du zurück?*
B: *(Ich komme) Morgen nachmittag um vier (Uhr zurück).*

211 Als **Satzverbindung** bezeichnen wir die Verknüpfung von zwei oder mehr HS, wobei formale Mittel wie Intonation (→ 94) Kommata, koord. Konj. (→ 159) und Ellipsen (→ 214) anzeigen, daß die Einzelsätze formal und funktional enger zusammengehören. Man unterscheidet dabei asyndetische Satzverbindungen (ohne koord. Konj.) und syndetische (mit koord. Konj.). Die koord. Konj. können die Art der Beziehung zwischen den Einzelsätzen spezifizieren. Ko(n)textuelle Ellipsen (→)315 sind hier häufig.

(5-3) *Ein Beamter erinnerte sich seines Namens, (*ein Beamter/der Beamte/er) konnte aber nur versprechen, dass...*

212 **Asyndese**: Satzverbindung ohne koord. Konj.

213 **Syndese**: Satzverbindung mit koord. Konj.
Achtung: üblicherweise werden bei einer Syndese mit mehr als zwei Konjunkten nur die letzten beiden Konjunkte durch eine koord. Konj. verbunden. Trotzdem spricht man hier ausschließlich von einer syndetischen Satzverbindung, nicht von einer Kombination von Asyndese und Syndese.

(5-4) *Von einer Stunde zur anderen stürzten die Aktienkurse an den New Yorker Börsen ins Bodenlose, (...) schmolzen Milliardenvermögen, die offensichtlich nur noch auf dem Papier bestanden hatten, zu Bettelpfennigen zusammen und (...) platzten die Träume von Millionen Spekulanten wie Seifenblasen.*

Als **Ellipsen** bezeichnet man die Ersparung eigentlich erwartbarer Teilausdrücke. 214

Bei der **kotextuellen Ellipse** werden formal identische oder gleichwertige Teilausdrücke im vorausgehenden oder im folgenden Satz erspart. Da die Auslassungen nur nach ganz bestimmten formalen und inhaltlichen Regeln erfolgen dürfen, können sie auch (meist) rekonstruiert werden. Deshalb heißen sie auch **reguläre Ellipsen.** 215

(5-5) *Ich gebrauche weder Gabel noch Messer, (ich gebrauche) nur das Senflöffelchen.*

Tilgungen heißen im Rahmen der generativen Grammatik reguläre Ellipsen, die im Rahmen dieser Grammatiktheorie in bestimmter Weise rekonstruiert werden.

Bei **situationellen Ellipsen** werden Ausdrücke für situationell Präsentes weggelassen. Eine formale Rekonstruktion ist nicht möglich, eine inhaltliche meist schon. 216

(5-6) *Gib (das Bier/die Zigarette ...) her!*

Regeln für reguläre Ellipsen: 217

- die Ellipse kann nur formal identische (?) und inhaltlich gleichwertige Teilstrukturen in gleicher syntaktischer Position und Funktion betreffen.
- bei identischen Anfangsketten erfolgt überwiegend Vorwärtsellipse, bei identischen Schlussketten überwiegend Rückwärtsellipse.
- es dürfen nur Hintergrundsausdrücke ausgelassen werden, nicht Fokusausdrücke.
- die Konnexität zwischen den beiden Sätzen muß größer sein als die Kontrastivität (bzw. der Sprecher indiziert durch Ellipsen erhöhte Konnexität).

Ellipsen sind Kohärenzerscheinungen: sie wirken im Sinne der Textverdichtung. Sie setzen, wie die meisten kohärenzstiftenden Elemente, **Inferenz** voraus, d.h. einen kognitiven Prozeß der selbständigen Erweiterung der semantischen Repräsentation durch den Rezipienten. 218

5.2. Beispiele für die verschiedenen Satzfolgen/-verbindungen

219 *5.2.1. Asyndese ohne Ellipse*

Verknüpfung ohne koord. Konj.

(5-7) *Ohne Arbeit in der Natur weilend, gerät man leicht in einen krankhaften Zustand, etwas wie Fieber befällt einen. Es dringt nicht überall ein, es rieselt an der Oberfläche ab, man trägt einen ... Mantel gegen Neues.*

(5-8) *Er umschlich die Stämme der Reben, er versuchte, einen zu ersteigen, er versuchte, die verlockenden Früchte springend zu erreichen - umsonst.*

220 *5.2.2. Asyndese mit Vorwärtsellipse*

Verknüpfung ohne koord. Konj., identische Anfangsketten können in den nicht-ersten Konjunkten ausgelassen werden.

(5-9) *Ach wir geben es doch zu, Hamburg hat mehr Abiture pro qcm, Berlin (hat) mehr Bücher pro Brille, Düsseldorf (hat) mehr 20. Jahrhundert pro Kopf.*

(5-10) *Man wünscht ein Ziel zu sehen, dem man zustreben wird, (man wünscht) einen Zielpunkt aufzustellen.*

221 *5.2.3. Asyndese mit Rückwärtsellipse*

Verknüpfung ohne koord. Konj., identische Schlussketten können in den nicht-letzten Konjunkten ausgelassen werden.

(5-11) *Er registrierte mit Entsetzen, daß die Legitimität seiner Person (von ein paar Papieren mit seinem Foto, von einem halben Dutzend Plastikkarten, von einem Bündel Geldscheinen abzuhängen schien,) ihre elementare Sicherheit (von ein paar Papieren mit seinem Foto, von einem halben Dutzend Plastikkarten, von einem Bündel Geldscheinen abzuhängen schien), somit seine Existenz selber, von ein paar Papieren mit seinem Foto, von einem halben Dutzend Plastikkarten, von einem Bündel Geldscheinen abzuhängen schien.*

(5-12) *..., das durch seine methodische Anordnung (praktisch erst eine Kurwirkung gewährleistet), seine zwangsläufige Form der Benutzung (praktisch erst eine Kurwirkung gewährleistet), seine gesicherte Durchführung praktisch erst eine Kurwirkung gewährleistet.*

5.2.4. Syndese mit Vorwärtsellipse 222

Verknüpfung durch koord. Konj., identische Anfangsketten können in den nicht-ersten Konjunkten erspart werden.

(5-13) *Peter sah Hans und (?Peter/er) rief die Polizei.* (Subjekts-NP)

(5-14) *Ein Passant sah den Einbrecher und (*ein Passant/dieser Passant/er) rief die Polizei.* (keine formgleiche Wiederholung möglich!)

(5-15) *Franz ist gekommen und Karl (ist) gegangen.* (fin. HV)

(5-16) *Fridolin trinkt Bier und Puck (trinkt) Wein.* (fin.VV)

(5-17) *Der Held hat die schöne Jungfrau bezwungen und (der Held hat) den Drachen heimgeführt.* (Subjekt & fin. Hilfs-V.)

(5-18) *Fridolin stellt sich dumm und *(Fridolin stellt) die Blumen ans Fenster.* (Teil eines Idioms!)

(5-19) *Mozart bewunderte Haydn (,) und Beethoven.* (Beachte die Mehrdeutigkeit und die historischen Fakten)

5.2.5. Syndese mit Rückwärtsellipse 223

Verknüpfung durch koord. Konj., identische Schlussketten können in den nicht-letzten Konjunkten erspart werden.

(5-20) *Fritz haßt (das Leben) und Irma liebt das Leben.* (AkkO)

(5-21) *Fritz schenkte seiner Mutter drei (Bücher) und Karl versprach seinem Vater zwei Bücher.* (AkkO)/**Fritz und Karl versprachen seinem Vater zwei Bücher.*

(5-22) *Fritz (hat gewonnen) oder Karl hat gewonnen.* (fin. HV & infin. VV)

(5-23) *Zuerst k o c h t e (Franz zwei Eier) und dann a ß Franz zwei Eier.* (Subj. & AkkO)

224 *5.2.6. Syndese mit Vorwärts- und Rückwärtsellipse*

Verknüpfung durch koord. Konj. Wenn die Bedingungen für beide Tilgungsarten gegeben sind, dann können beide gleichzeitig angewendet werden. Dadurch können sehr komplizierte Ausdrücke entstehen.

(5-24) *Karl lieh seiner Mutter (1000 Mark) und (Karl) schenkte seiner Freundin 1000 Mark.* (Subj. & AkkO)

(5-25) *Karl lieh seiner Mutter (1000 Mark) und Otto (lieh) seiner Freundin 1000 Mark.* (fin. VV & AkkO)

(5-26) **Karl lieh (seiner Freundin) (1000 Mark) und der Onkel (lieh) seiner Freundin 1000 Mark.* (fin. VV & DatO & AkkO)

(5-27) *War Blut a u f (dem Bett) oder (war Blut) u n ter dem Bett, Dr. Watson?* (fin. KV & Subj. & NP in PP)

5.2.7. Sprechaktsequenzen

Hier werden vorerwähnte Satzbestandteile ausgelassen.

(5-28) A: *Karl ist gekommen.*
B: *Aber nein, F r a n z (ist gekommen).*

(5-29) A: *Wer hat wen geheiratet?*
B: *Franz (hat) Maria (geheiratet).* (Frage-Antwort-Sequenz)

(5-30) A: *Ist Maria nicht gekommen?*
B: *Ja./Nein./Doch.* (Antwortpartikeln = Ellipsen für ganze Sätze??)

(5-31) A: *Wollte oder mußte Karl heiraten?*
B: *Er m u s s te (heiraten).*

5.2.8. Situationelle Ellipsen

In der Situation präsente Informationen werden ausgelassen.

(5-32) *(Ich hätte gern) Ein frisches, bitte!* (zeigt ein Handtuch: enger Situationsbezug)

(5-33) *(Hast du/Haben Sie) Gut geschlafen?* (Elliptische Höflichkeitsfloskeln)

(5-34) *Kommt eine Dame in eine Kneipe. Bestellt 20 Bierchen. Kippt eines nach dem anderen hinunter. Bestellt wieder 20 Bierchen.* (textsortenspezifische Vorfeldellipse in Witzen)

5.2.9. Problemfälle

Scheinbar elliptische Strukturen, bei denen aber die „Ellipse“ eine spezifische kommunikative Funktion hat, also auch nicht rückgängig gemacht werden darf.

(5-35) *Dumm wie die Nacht, aber blöd!*
(5-36) *Ich und böse!? Sei so gut und hol' mir ein Bierchen!*
(5-37) *München sehen und sterben!*
(5-38) *Du und deine blöde Linguistik!*

Achtung: Bei syntaktischen Analysen sind (reguläre) Ellipsen i.d.R. unter Angabe der „zuständigen“ Regeln zu rekonstruieren und in dieser Weise in die Analyse einzubeziehen. Situative Ellipsen anzugeben ist nur sinnvoll bei textlinguistischen/stilistischen etc. Analysen. Was als Ellipse anzusehen ist, ist nach wie vor umstritten. Es gibt auch Beschreibungsansätze, die ohne den Begriff der regulären Ellipse auszukommen versuchen (vgl. Kindt [1995] und Büring e.al. [1998])

Literaturhinweise:

Büring, D./Hartmann, K. [1998]: Asymmetrische Koordination. In: Linguistische Berichte 174, S. 172-201

Hartmann, K. [1994]: Zur Koordination von V-2 Sätzen. In: Zeitschrift für Sprachwissenschaft 13:1, S. 3-19

Kindt, W./Strohner, H./Günther, U./Müsseler, J. [1995]: Wie man Bücher und Erbsen liest: Zur Interaktion von Syntax und Semantik bei der Ellipsenverarbeitung. In: Linguistische Berichte 160, S. 447-469

Klein, W. [1993]: Ellipse. In: Jacobs, J./Stechow, A. v./Vennemann, T. (eds.): Handbuch der Syntax. Berlin: de Gruyter, S. 763-799

Meyer-Hermann, R./Rieser, H. (eds.): [1985]: Ellipsen und fragmentarische Ausdrücke. Tübingen: Niemeyer (= Linguistische Arbeiten 148)

Wesche, B. [1995]: Symmetric Coordination. An Alternative Theory of Phrase Structure. Tübingen: Niemeyer (= Linguistische Arbeiten 333)

Wiese, B. [1980]: Grundprobleme der Koordination. In: Lingua 51, S. 17-44

5.3. Der komplexe Satz

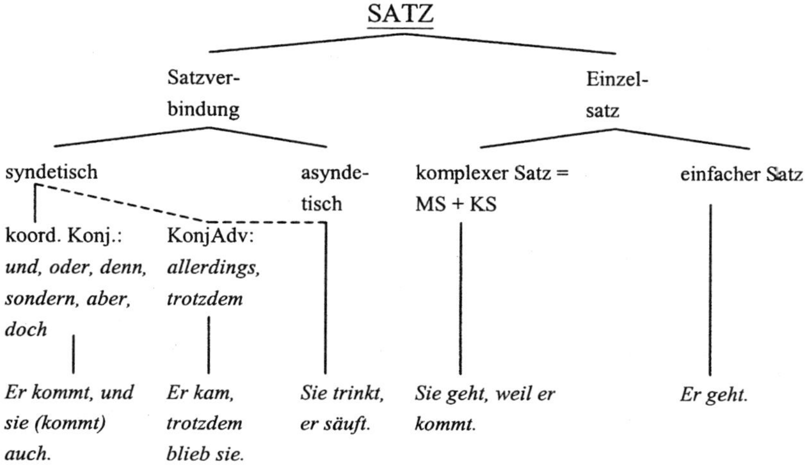

5.4. Typologie der Konstituentensätze

KS werden nach ihrer Funktion im MS in Gliedsätze (GS) (mit Satzgliedfunktion) (→ 120) und Gliedteilsätze (GTS) (mit BE im übergeordneten Satz) (→ 139) unterschieden. Beide Typen kommen uneingeleitet und eingeleitet vor.

225 *5.4.1. Prototypische Markierung von subordinierten Sätzen*

- V-L
- V-L-steuerndes Einleitungselement, v.a. *daß, ob* und advb. Konj.; weniger eindeutig: *damit* ... *womit,* ... *wo,* ... *wer, was,* .. *der/die/das*
- die Verbmorphologie ist nicht festgelegt

Tatsächlich treten aber neben dieser prototypischen Markierung auch ganz andere Merkmalskombinationen auf, allerdings nur relativ selten:

- statt V-L auch V-1 und V-2 mit Zusatzmarkierung
- statt eindeutiger subord. Konj. (→ 160) auch ambige Einleitungselemente oder auch ohne Einleitungselement, dann aber mit Zusatzmarkierung
- statt freier Variation der Verbmorphologie (→ 49) Konj. I oder II in Kombination mit den obigen Merkmalen

5.4.2. Die wichtigsten atypischen subordinierten Sätze 226

- irrealer Kond.Satz: 227

  (5-39) *Sie tat, als ob/als wenn/wie wenn sie Bescheid wüßte.* (V-L mit subord. Konj. *als ob/als wenn/wie wenn)*

  (5-40) *Sie tat, als wüßte sie Bescheid.* (V-1 ohne Einleitungselement; *als/wie* ist Vgl.-Partikel, nicht subord. Konj.)

  In diesem Fall darf die Abfolge der Teilsätze nicht vertauscht werden:

  (5-41) **Als wüßte sie Bescheid, tat sie.*

- V-2-Konditionalsätze nach der Präp. *außer* (keine subord. Konj.!) (→ 155) und ungleichstufige Vergleiche mit der Vgl-Partikel *als* (→ 162) und V-L: 228

  (5-42) *Er kommt auf keinen grünen Zweig, außer er setzt sich endlich auf den Hosenboden.*

  (5-43) *Er hat tiefer ins Glas geschaut, als gut für ihn war.*

  Auch hier darf die Abfolge der Teilsätze nicht vertauscht werden:

  (5-44) **Außer er setzt sich endlich auf den Hosenboden, kommt er auf keinen grünen Zweig.*

  (5-45) **Als gut für ihn war, hat er tiefer ins Glas geschaut.*

- Uneingeleitetes V-1-Konditional: 229

  (5-46) *Brächte ich das heute fertig, hätte ich für immer meine Ruhe.*

  Hier sollte der KS vor dem MS stehen:

  (5-47) *?Ich hätte für immer meine Ruhe, brächte ich das heute fertig.*

- Konstruktionen, die wie V-2-Rel.Sätze aussehen (und die eine ähnliche Funktion wie Rel.Satz.Attr. (→244) haben). Tatsächlich handelt es sich syntaktisch um eine asyndetische Satzreihung (→ 212): 230

  (5-48) *Es gibt Leute, die haben noch nie einen Wal gesehen.* (V-2) vs. *Es gibt Leute, die noch nie einen Wal gesehen haben.* (Rel.Satz)

  (5-49) *Zum Beispiel ist eine Schülerin in unserer Klasse, die hat noch vier jüngere Geschwister.*

- Indirekte Rede mit V-2 nach *verba dicendi et sentiendi*: 231

  (5-50) *Er meinte, er wüßte es besser. Er habe deshalb vor ...*

  (5-51) *Ich bat ihn, er möge kommen.* (Konj. obligatorisch)

  (5-52) *Ich weiß, er ist unschuldig.* (Ind. obligatorisch)

In der folgenden Tabelle sind die geläufigen Typen von KS noch einmal schematisch zusammengefaßt.

SATZ					
GS (Komplement, SG-Wert)			GTS (Attr., BE im MS)		
uneingeleitet	eingeleitet		eingeleitet		uneingeleitet
	Konj.Satz	freier Rel.Satz	Konj,Satz	Rel.Satz	
uneingeleitetes Konditional *Brächte ich das fertig, wäre ich glücklich* uneingeleitetes Konz. *Hat er auch recht, glaubt ihm doch keiner.* uneingeleiteter Subj-Satz *Die Hauptsache ist, du bleibst gesund.* indirekte Rede nach *verba dicendi/sentiendi* (Obj.-Satz) *Er sagte/glaubte, er habe kein Geld mehr.*	echte subord. Konj.: *daß, ob;* *Daß das funktioniert, freut mich.* *Ich weiß nicht, ob er heute kommt.* (Subj.-/AkkO-/PO-Sätze) Adv. Konj. temp.: *als, während, sooft; nachdem* kond.: *wenn, falls* kaus.: *weil, da* final: *damit* konzessiv: *obwohl* modal: *indem, je - desto*	*d*-Relativa: *Der so spricht, hat allen Grund dazu.* *w*-Relativa: *Wer rastet, rostet.*	echte subord. Konj.: *daß, ob;* *das Problem, daß ...;* *die Frage, ob ...;* *dadurch, daß ...;* adv. Konj.: *am Tag, als ...;* *deshalb, weil ...;* *die Zeit, seit ...;*	*d*-Relativa: *der/die/das; dessen; dem; den/die/das mit/vor/in/an /auf dem durch/in/an/ gegen den* *w*-Relativa: *die Frage, wer ...;* *der Mann, welcher ...;* *das Schlimmste, was ...;* *die Frage, mit wem ...;* *das Problem, um was ...;* *der Ort, wo/wohin ...;* *die Art, wie ...;* *die Frage, gegen wen ...;*	*Die Annahme, alles gehe von allein, ...;* *Die Bitte, ich solle dabei helfen, ...;*

5.4.3. Kombinationen von Konstituentensätzen 232

Ein KS (NS) wird in den MS (HS) eingebettet. Bei der Einbettung von mehreren KS in einen MS können die KS gleichgeordnet sein (5-53) oder ein KS bildet wiederum den MS für einen weiteren KS (5-54).

(5-53) *Die Studentinnen und Studenten* (MS 1. Teil), *die immer brav mitgearbeitet haben* (1. KS zu MS), *die die Hausaufgaben brillant gelöst haben* (2. KS zu MS) *und die die Klausur bestanden haben* (3. KS zu MS), *bekommen einen Schein* (MS 2. Teil).

(5-54) *Die Beispiele zeigen* (MS1), *wie notwendig es ist* (KS zu MS1 und MS2), *daß wir alle Belege prüfen* (KS zu MS2 und MS3), *damit Fehler vermieden werden* (KS zu MS3).

Literaturhinweise:

Altmann, H. [1997]: Verbstellungsprobleme bei subordinierten Sätzen in der deutschen Sprache. In: Dürscheid, Chr. e.al. (eds.): Sprache im Fokus. FS H. Vater. Tübingen: Niemeyer, S. 69-84

Oppenrieder, W. [1991]: Irreale Vergleichssätze. In: Klein, E. e.al. (eds.): Betriebslinguistik und Linguistikbetrieb: Akten des 24. LinguistischenKollouiums Univ. Bremen. Tübingen: Niemeyer. (=Linguistische Arbeiten 260), S. 357-366

Haumann, D. [1997]: The Syntax of Subordination. Tübingen:Niemeyer. (= Linguistische Arbeiten 373)

Uhmann, S. [1998]: Zu *weil* und V-2. In: Zeitschrift für Sprachwissenschaft 17/1, S. 92-139

5.5. Infinitiv-Konstruktionen 233

5.5.1. Infinite Verbformen

Infinit nennt man die unkonjugierte, d.h. hinsichtlich Pers., Numerus, Temp., Modus und Genus Verbi nicht gekennzeichnete V-Form. Die infin. V-Formen sind: Inf. I, Part. I und II. 234

Inf. V-Formen treten in folgenden Konstellationen auf (→ 51):

- im sog. engen V-(Präd.-)Komplex zusammen mit einer fin. V-Form, ggf. mit einer oder mehreren infin. V-Formen (gilt nicht für Part. I!)
- als Attr. zum N (gilt nur für Part. I und II) (→ 142)
- nominalisiert (gilt für alle drei infin. Formen)

Man unterscheidet beim Inf. I:

- den reinen Inf.: im engen Präd.-Komplex nur in Verbindung mit MV (→ 238). Hier wird er als „Ersatz-Inf." bezeichnet:
  - nicht erweiterte Formen: *Sie will arbeiten. Sie wird arbeiten.*
  - erweiterte Formen: *Sie wird vier Tage daran arbeiten.*
- den Inf. mit *zu*:
  - nicht erweiterte Formen: *Sie pflegt zu arbeiten.* (nach Modalitäts-V) (→ 237)
  - erweiterte Formen: *Er hofft, sie im Park zu sehen.* (satzwertig)

235 *5.5.2. Die Infinitivpartikel* zu

Die Inf.-Partikel *zu* kann entweder allein oder in Kombination mit Präp. (*um, anstatt, ohne*) auftreten.

- reines *zu*:

  (5-55) *Er hofft, sie im Park zu sehen.*
- *um ... zu*: final, konsekutiv (SG-wertig)

  (5-56) *In Babylon verbringt die Priesterin des Bel an der Spitze des Turms eine Nacht, um den Gott zu erwarten.*

  (5-57) *Bevor wir uns zur Burg begeben, um die dort aufbewahrten Särge mit einem Abschiedsblick zu ehren ...*
- *anstatt ... zu*: ‘stellvertretender Umstand’, substitutiv (SG-wertig, durch *daß*-Satz ersetzbar).

  (5-57) *Anstatt zu arbeiten, ging sie in den Biergarten,*
- *ohne zu:* ‘fehlender Umstand’ (modal), neg. Konsekutivsatz (SG-wertig, durch *daß*-Satz ersetzbar).

  (5-58) *Ohne eine Miene zu verziehen, log er ihr in's Gesicht.*

236 *5.5.3. Der Infinitiv in Verbindung mit Modalverben*

Dies ist eine zentrale Verwendungsweise des Inf.; zusammen mit MV steht der reine Inf. als Teil des komplexen Präd. (Inf. ohne SG-Wert).

(5-59) *Er will kommen./Sie dürfen rauchen.*

Ein sog. „Ersatz-Inf." des MV steht anstelle des Part. II im *haben*-Gefüge (Perf., Pqp., Fut. II, Inf. Perf.); neben den MV auch bei *brauchen*

(5-60) *Er hätte ihr die Delphi-Szene nicht schildern dürfen. (*gedurft).*

(5-61) *Er wird nicht haben kommen können.*

(5-62) *Das hätte sie nicht tun brauchen.*

Zweifelhafte Fälle: *heißen, lassen, sehen, fühlen, helfen, hören.*

5.5.4. Der Infinitiv in Verbindung mit Modalitätsverben 237

Zu den Modalitätsverben zählen: *scheinen, bleiben, drohen, versprechen, wissen, brauchen, pflegen, bekommen, belieben, gedenken, kommen, suchen, verstehen,* sofern sie direkt einen *zu*-Inf. regieren. Wie HV und MV treten Modalitätsverben immer in Verbindung mit anderen V auf; es steht der Inf. mit *zu* (ohne SG-Wert).

(5-63) *... indem sie die Richtigkeit dieser Begriffe zu bestätigen sucht.*

(5-64) *Berühmte Leute sollten sich zweimal überlegen, was sie öffentlich kundzutun gedenken.*

(5-65) *Schließlich bleibt noch ein weiterer Vorgang zu betrachten.*

Konstruktionen mit Modalitätsverben sind nicht ohne weiteres durch *daß*-Sätze ersetzbar (= als Ellipsen (→ 214ff.) zu behandeln).

Vgl. dagegen die Verwendung von *drohen* und *versprechen* als VV (→ 111) mit einer Obj.-Inf.-Phrase (mit anderen semantischen Eigenschaften):

(5-66) *..., weil Anna (damit) droht, keinen Pfennig mehr herauszurücken/daß sie keinen Pfennig mehr herausrückt.*

(5-67) *..., weil Anna verspricht, das ganze Essen zu bezahlen/daß sie das ganze Essen bezahlt.*

5.5.5. Der modale Infinitiv 238

Hier hat die Inf.-Konstruktion eine ähnliche Bedeutung wie MV (→ 114). Da die Konstruktionen nicht durch *daß*-Sätze ersetzbar sind, also keinen SG-Wert haben, gehören sie zu den komplexen V-Formen.

- Inf. mit *sein*: anstelle von modalem *können, müssen, nicht müssen/brauchen, nicht dürfen.*

(5-68) *Der Berg ist zu schaffen (kann geschafft werden).*

(5-69) *Die Aufgaben sind umgehend zu lösen (müssen gelöst werden).*

(5-70) *Ein wilder und ein zahmen Elefant sind gar nicht mehr zu vergleichen (können gar nicht mehr verglichen werden).*

Die Konstruktion mit *sein* + *zu* wird wegen ihres passiv. Nebensinns zu den Konkurrenzformen (!) des Vorgangs-Pass. (→ 197) gerechnet.

Andere V in derselben Verwendungsweise sind: *bleiben, stehen, geben, gehen* (umgangssprachlich.)

(5-71) *Das Ergebnis bleibt abzuwarten (man muß abwarten).*

(5-72) *Es steht zu hoffen, daß ... (man muß hoffen).*

- Inf. mit *haben* anstelle von modalem *müssen, nicht müssen/ brauchen, nicht dürfen.*

(5-73) *Sie haben meine Anweisungen zu befolgen (müssen befolgen).*

(5-74) *Du hast Dich da nicht einzumischen (darfst dich da nicht ...)*

- Bestimmte V, die Inf.-Phrasen als Obj. zulassen, können in der sog. kohärenten Konstruktion ähnlich wie die Modalitäts-V (→ 237) verwendet werden, indem sie nämlich zusammen mit dem *zu*-Inf. der V-Phrase eine Art komplexes Präd. bilden:

(5-75) *..., weil er versucht, den Schnaps über die Grenze zu schmuggeln.* vs. *..., weil er den Schnaps über die Grenze zu schmuggeln versucht.*

(5-76) *.., weil er glaubte, seinem Freund den Schnaps anvertrauen zu können.* vs. *..., weil er seinem Freund den Schnaps anvertrauen zu können glaubte.*

239 *5.5.6. Der AcI (Accusativus cum Infinitivo)*

Im Deutschen tritt der AcI nur in Verbindung mit bestimmten V auf; der Anschluss erfolgt mit reinem Inf. ohne *zu*. Das Obj. der dominierenden Aussage ist zugleich logisches Subj. des Inhaltssatzes (eine Art Gelenk zwischen den „Teilsätzen"). AcI-Konstruktionen sind häufig nicht eindeutig einzuordnen; teilweise haben sie die Merkmale von SG (→ 120), teilweise sind sie durch *daß/wie*-Sätze ersetzbar.

Der AcI tritt auf bei:

- Verba sentiendi: *hören, sehen, fühlen, spüren.*

(5-77) *..., als Herr Murks den Spion den Brief dort verstekken sah.*

(5-78) *Anna sieht den Dackel fressen.*

(5-79) *Er spürte das Gewitter nahen.*

- Verben des Veranlassens: *heißen, lassen, lehren, machen.*

(5-80) *Wir heißen Euch hoffen.*

(5-81) *Karl läßt den Dackel einen Salto schlagen.*

- Bei *gewahren, finden, haben* + Lokalergänzung
  (5-82) *?Er gewahrte die Amsel auf der Fensterbank sitzen.*
  (5-83) *Du hast ja in der ganzen Wohnung leere Schnapsflaschen herumstehen.*

5.5.7. Syntaktische Verwendungsmöglichkeiten von Infinitivkonstruktionen 240

5.5.7.1. Satzwertig (→ 27)

Inf. HS-Strukturen (→ 265):
  (5-84) *Aufstehen!/Das Zimmer ordentlich hinterlassen!/Rasen nicht betreten!/Ich und verliebt!*

5.5.7.2. Als Satzglied

Anstelle eines GS; durch *daß*-Satz ersetzbar (→ 120)
- als Subj. (→ 121):
  (5-85) *Euch zu helfen ist mein größter Wunsch.*
- als Gleichsetzungs-Nom. (→ 122):
  (5-86) *Sein Ziel war, Politiker zu werden.*
- als AkkO (→ 125):
  (5-87) *Sie beschloß, eine kleine Atempause einzulegen.*
  (5-88) *... ich glaubte, als Mensch ohne Führerschein, wenn schon nicht geachtet, so doch wenigstens im engeren Kreise geduldet zu werden.*
- als GenO (→ 123):
  (5-89) *Die darf sich rühmen, das entdeckt zu haben.*
- als PO (→ 126):
  (5-90) *... hat manche Linguisten dazu geführt, allen Morphemen sowohl Inhalte als auch grammatische Funktionen zuzuerkennen.*
  (5-91) *Ich bitte dich (darum), das nicht zu glauben.* (oder: AkkO)

5.5.7.3. Als Attribut

Teil eines SG, teilweise durch *daß*-Satz ersetzbar (→ 139)
Das BE ist meist eine deverbale Nominalisierung mit den entsprechenden Valenzen.

(5-92) ... *den von Hubertus Prinz zu Löwenstein unternommenen Versuch, eine Akademie zu gründen.*

(5-93) *Der Gedanke, japanische Kunst auch in Europa zu verarbeiten, ist grundsätzlich nicht neu.*

Literaturhinweis:

Bech, G. [1955/57]: Studien über das deutsche Verbum Infinitum. 2. unveränd. Aufl. Tübingen: Niemeyer 1983. (= Linguistische Arbeiten 139)

Steube, A./Zybatow, G. (eds.): [1994]: Zur Satzwertigkeit von Infinitiven und Small Clauses. Tübingen: Niemeyer (= Linguistische Arbeiten 315)

Suchsland, P. [1987]: Zum AcI und verwandten Konstruktionen im Deutschen. In: Deutsch als Fremdsprache 24, S. 321-329

5.5.8. Übung zu Satzfolgen und Infinitiven

(5-94) *Alles, was wir tun könnten, ist, die wesentlichen Materialien und Methoden zu ihrer Behandlung mit allen darin enthaltenen Nachteilen und Gefahren gegeneinander abzuwägen, das heißt die Einzigartigkeit eines jeden Textes, jedes Problem und jedes Thema im Vergleich mit anderen Texten, Problemen und Themen zu betrachten sowie nach jeder Aussage sich darauf zu besinnen, daß man falsch liegen könnte.*

1. Bestimmen die Formtypen der satzförmigen/satzwertigen Teilausdrücke und geben Sie dazu die relevanten Merkmale an!
2. Geben Sie für jeden satzförmigen/satzwertigen Teilausdruck die Anschlussweise und die syntaktische Funktion an!

6. Satzmodussystem

Unter **Satzmodus** versteht man ein komplexes sprachliches Zeichen, das aus Satztypen einerseits und Funktionstypen andererseits besteht. 241

Satztypen sind in der traditionellen Grammatik u.a. Aussage-, Frage-, Aufforderungs-, Wunsch- und Exklamativsätze, die durch die syntakt. Mittel (kategoriale Füllung, morpholog., topolog. und intonat. Markierung) charakterisiert werden. 242

Unter **Funktionstypen** versteht man die strukturelle Bedeutung, die zusammen mit der Bedeutung der in einem Satz enthaltenen Lexeme und der Situation die Äußerungsbedeutung festlegt: propositionale Grundeinstellung (*sagen/fragen/erreichen, wollen/wünschen, sich wundern*). 243

Durch die Art der lexikal. Füllung und durch die Verwendungssituation kann die strukturelle Bedeutung weiter zu einem Sprechakttyp konkretisiert, ja sogar uminterpretiert werden.

(6-1) *Du machst jetzt sofort deine Hausaufgaben!*

Der Form nach handelt es sich dabei um einen Aussagesatz. Semant. gesehen handelt es sich um eine Aussage (genauer: Voraussage) über eine zukünftige Handlung des Angesprochenen, also wie bei Aufforderungssprechhandlungen. Wenn jemand eine Voraussage über eine zukünftige Handlung eines anderen machen kann, dann ist er entweder ein Hellseher, oder er hat die Macht, diese zukünftige Handlung herbeizuführen (z.B. durch Strafen, Zwang usw.).

244 6.1. System der Satzmodi im Deutschen

1. Aussage	V-1-Aussage-Satz	V-2-Aussage-Satz	*wo*-V-L-Aussage-Satz
2. Frage	V-1-Entscheidungs-Fragesatz		*ob*-V-L-Fragesatz
		w-V-2-Fragesatz (Ergänzungs-Fragesatz)	*w*-V-L-Fragesatz
3. Imperativ	V-1- und V-2-Imperativsatz		*dass*-V-L-Imperativsatz/ *ob*-V-L-Imperativsatz
4. Wunsch	V-1-Wunschsatz		*wenn*- V-L-Wunschsatz *dass*-V-L-Wunschsatz
5. Exxklamativ	V-1- und V-2-Exklamativsatz		*dass*-V-L-Exklamativsatz
		w-V-2-Exklamativsatz	*w*-V-L-Exklamativsatz

Diese sehr schematische Darstellung könnte leicht den Eindruck vermitteln, dass es im Deutschen fünf gleichwertige Satzmodi gibt, die alle in den verschiedenen Ausprägungsformen vorkommen. Dem ist jedoch nicht so.

Die ersten drei Satzmodi (Aussage, Frage, Imperativ) gelten als **Grundtypen**, die üblicherweise dialogisch verwendet werden und Handlungsobligationen setzen.

Der Wunsch- und der Exklamativmodus (→ 250, 251, 261, 262, 263) sind bis heute in der Forschung umstritten. Soweit sie angesetzt werden, gelten sie als eher **marginal**, primär expressiv, zu Kundgaben verwendet, nicht-dialogisch orientiert, nicht Handlungsobligationen setzend.

Auch innerhalb der Satzmodi ergibt sich eine Aufspaltung: die V-1- und V-2-Typen sind meist in ihrer Funktion universeller, weniger spezialisiert, die V-L-Typen (→ 256ff.) hingegen sind meist hochgradig **spezialisiert**, fixieren also die Äußerungsbedeutung weitgehend. Dies spiegelt sich auch in der Menge der jeweils möglichen MP.

6.2. Darstellung der einzelnen Satztypen 245

Für die formale Zuordnung eines Satzes zu einem Satztyp sind folgende Merkmale von Bedeutung:

- Auftreten von *w*-Frage-/Exklamativ-Pronomen, *ob* oder *dass*
- V-Morphologie (→ 49)
- Stellung des fin. V (→ 67)
- Intonation (→ 94)

Für die Zuordnung zu einem Funktionstyp (→ 243) ist zusätzlich das mögliche Auftreten von MP (→ 164) relevant.

Die folgende Auflistung ist derart gegliedert, dass zunächst die Grundtypen dargestellt werden, dann die Randtypen und zum Schluss die spezialisierten Varianten.

6.2.1. Die unbestrittenen Grundtypen

6.2.1.1. Verb-Zweit-Aussagesatz 246

Formmerkmale:

- kein *w*-Fragepronomen vorhanden;
- V-Morphologie nicht-imp.;
- fin. V in Zweitposition;
- fallender Tonverlauf (konvex), geringe Tonhöhe am Satzende; obl. Satzfokus-Akzent.

Funktion: Es handelt sich um den unmarkierten Grundtyp, der für einen weiten Bereich von Sprechakten geeignet ist: Behauptung, Mitteilung, Vermutung, Aufforderung usw.

Hinweis: explizit performative Äußerungen sind der Form nach Aussagesätze: *Ich bitte dich hiermit, ..*

Es sind viele MP (→ 164) möglich; mit ihnen kann auf gemeinsames/ nicht gemeinsames Vorwissen verwiesen und die Kontexteinbettung geleistet werden.

(6-2) *Die Bayern spielen (ja/halt/doch/eben) schlecht.*

6.2.1.2. Verb-Erst-Fragesatz (Entscheidungs-Fragesatz) 247

Formmerkmale:

- kein *w*-Fragepronomen;
- nicht-imp. V-Morphologie;
- V-1;
- steigender Tonverlauf (manchmal auch fallender); Satzfokus-Akzent.

Funktion: relativ unmarkierter Grundtyp, geeignet für Fragen, Bitten, Aufforderungen usw. Setzung einer Antwortobligation (außer bei rhetorischen Fragen). Es sind viele MP (→ 164) möglich.

(6-3) *Spielen die Bayern (auch/denn/eigentlich/etwa/wohl) schlecht?*

248 6.2.1.3. *w*-Verb-Zweit-Fragesatz

Formmerkmale:
- *w*-Fragepronomen im VoF;
- nicht-imp. V-Morphologie;
- V-2;
- meist fallender Tonverlauf; Satzfokus-Akzent meist nicht auf dem Fragepronomen.

Funktion: es handelt sich um einen wenig spezialisierten Grundtyp. Setzung einer Obligation für eine typgerechte Antwort (außer bei rhetorischer Frage mit *schon*). Es sind viele MP möglich (→ 164).

(6-4) *Warum hast du das (auch/bloß/denn/doch/eigentlich/nur/schon/wohl) eingekauft?*

(6-5) *Wo sind Sie ge b o ren? Und w a n n (sind Sie geboren)?*

249 6.2.1.4. Verb-Erst-/Verb-Zweit-Imperativsatz

Formmerkmale:
- kein *w*-Fragepronomen;
- Subj.-Pronomen kann in der 2.Ps.Sg./Pl. fehlen;
- imp. V-Morphologie, (die aber oft nicht eindeutig imp. ist);
- V-1 oder (bei eindeutig imp. V-Morphologie) auch V-2;
- fallender Tonverlauf; Satzfokus-Akzent.

Funktion: Grundtyp mit Untertypen wie Adhortativ-Satz, *Sie*-Imp.-Satz usw.; sehr flexibel bzgl. der möglichen Sprechakte: Aufforderung, Befehl, Bitte, Drohung, Ratschlag usw. Es sind viele MP (→ 164) möglich.

(6-6) *(Jetzt) Geh (du) (doch/halt/nur/ b l o ß / j a /eben /einfach/mal/schon) zum Arzt!*

(6-7) *Gehen wir/Sie (doch/halt/...) zum Arzt!*

6.2.2. Erweiterung des Grundinventars durch Randtypen

6.2.2.1. Verb-Erst-Wunschsatz 250

Formmerkmale:
- kein *w*-Fragepronomen;
- Konj. II als V-Morphologie;
- V-1;
- fallendes Tonmuster; Typ des Satzakzents unklar.

Funktion: wenig gebräuchlich; nicht-dialogisch; zum Ausdruck irrealer Wünsche. Mögliche MP (→ 164) sind *bloß, doch, nur.*

(6-8) *Ach, wäre ich (bloß/doch/nur) ein Königssohn!*

6.2.2.2. Verb-Erst-/Verb-Zweit-Exklamativsatz 251

Formmerkmale:
- kein *w*-Fragepronomen;
- nicht-imp. V-Morphologie (vorwiegend indikativisch);
- V-1- oder V-2 frei variierend!
- fallender Tonverlauf; obl. Exklamativakzent (vorwiegend auf Subj.-Pronomen).

Die Belege zeigen noch weitere, nicht-obl. Merkmale: nur ind. V-Morphologie; sehr kurze Sätze; keine Negation.

Funktion: Ausdruck der Überraschung; nicht-dialogisch. Als MP (→ 164) sind *aber/vielleicht/aber auch* möglich, vielleicht sogar obl.

(6-9) *Hat d e r / D e r hat (aber/vielleicht/aber auch) hingelangt!*

6.2.2.3. *w*-Verb-Zweit-Exklamativsatz

Formmerkmale:
- *w*-Pronomen im VoF mit exklamativer Funktion;
- nicht-imp., vorwiegend ind. V-Morphologie;
- V-2 oder V-L frei variierend;
- fallendes Tonmuster; Exklamativakzent?

Funktion: Ausdruck der Überraschung, nicht-dialogisch.

(6-10) *Was für s c h ö ne Beine hat der aber auch!/Was h a t der aber auch für schöne Beine!*

6.2.3. Erweiterung der Grundmodi durch zusätzliche Formtypen

252 6.2.3.1. Verb-Erst-Aussagesatz

Formmerkmale:
- kein *w*-Fragepronomen;
- V-Morphologie nicht-imp.;
- fin. V in Erstposition;
- fallender Tonverlauf, geringe Tonhöhe am Satzende; obl. Satzfokus-Akzent.

Funktion: Es handelt sich um einen spezialisierten Randtyp, der zum Abschluss einer Argumentationssequenz verwendet wird. – Die einzig mögliche MP *doch* ist wohl obl.

(6-11) *Hängt doch sonst alles andere in der Luft.*

Dabei muss man sicherstellen, dass es sich nicht um eine VoF-Ellipse handelt, vgl.: *(Das) scheint ja so gemeint zu sein.* In diesem Fall wurde nachweislich ein obl. V-Mitspieler, das Subj. im VoF, erspart.

253 6.2.3.2. Alternativfragesatz

Formmerkmale:
- kein *w*-Fragepronomen;
- nicht-imp. V-Morphologie;
- steigender Tonverlauf auf nicht-letzten Konjunkten, fallender Tonverlauf auf dem letzten Konjunkt; Satzfokus-Akzent.

Funktion: es handelt sich um einen spezialisierten Randtyp, eine wahlbeschränkte Frage (Beschränkung des Antwortbereichs auf die genannten Möglichkeiten; der Hörer kann aber natürlich gegen die Wahlbeschränkung protestieren). Die Antworten *ja/nein/doch* sind hier sinnlos. MP (→ 164) sind wohl auf das erste Konjunkt beschränkt.

(6-12) *Tropft da (eigentlich/denn/?etwa) ein Wasserhahn, oder regnet es?*

(6-13) *Kommst du mit in die Cafeteria oder gehst du heim?*

6.2.4. Erweiterung durch Mischtypen

254 6.2.4.1. Assertive Frage

Mischtyp aus V-2-Aussagesatz (→ 246) und Entscheidungsfragesatz (→ 247)

Formmerkmale:
- kein *w*-Fragewort;
- nicht-imp. V-Morphologie;
- V-2-Stellung (wie Aussagesatz);
- steigendes Tonmuster (wie Entscheidungsfragesatz), hohe Tonhöhe am Äußerungsende, Satzfokus-Akzent.

Funktion: spezialisierter Randtyp. MP (→ 164) nicht möglich (wie generell in Mischtypen).

(6-14) *Die Bayern spielen schlecht?*

6.2.4.2. *w*-Verb-Zweit-Versicherungsfrage (Echofrage) 255

Mischtyp aus V-2-Aussage- (→ 246) und V-1-Entscheidungsfragesatz (→ 247)

Formmerkmale:
- *w*-Fragepronomen im VoF oder MiF;
- nicht-imp. V-Morphologie;
- V-2;
- steigendes Tonmuster; Akzent (Typ unklar) auf dem Fragepronomen.

Funktion: Spezialisierter Randtyp. MP (→ 164) nicht möglich (da Mischtyp). Parallel zur assertiven Frage. Die Antwort ist dem Sprecher nur im Augenblick nicht verfügbar.

(6-15) *Die Schlacht bei Issos war w a n n ? / W a n n war die Schlacht bei Issos?*

6.2.5. Erweiterung um die selbständigen Verb-Letzt-Sätze

Man sieht also, dass in jedem Satzmodus, abgesehen vom (irrealen) Wunschsatzmodus, sowohl V-1 als auch V-2 auftreten. Das spiegelt den Ansatz, nach dem V-1 und V-2 selbständige Matrixsätze kennzeichnet, und nur diese haben, jedenfalls nach altem Ansatz, Satzmodus. V-L kennzeichnet danach unselbständige, untergeordnete Sätze ohne eigene Aussageweise. Zweifel an diesem Grundsatz regen sich aber, wenn man an die Fälle von zweifelsfrei untergeordneten Sätzen mit V-1 und V-2 denkt (→ 226ff.)

Außerdem gibt es eine große Anzahl von V-L-Sätzen, die regelmäßig isoliert, also ohne Matrixsatz erscheinen und eine eigene Aussageweise transportieren.

256 6.2.5.1. Verb-Letzt Aussagesatz

Formmerkmale:
- *wo* als V-L-steuerndes Einleitungselement;
- keine imp. V-Morphologie;
- V-L-Stellung;
- fallender Tonverlauf, Satzfokus-Akzent.

(6-16) *Wo ich doch schon am Montag losfahren wollte.*

Dieser Satz wurde von W. Oppenrieder [1987] als Aussagesatztyp vorgeschlagen. Er passt aber nicht recht in die Systematik.

257 6.2.5.2. *ob*-Verb-Letzt-Fragesatz

Formmerkmale:
- subord. Konj. *ob;*
- nicht-imp. V-Morphologie;
- V-L-Position;
- steigendes Tonmuster; Satzfokus-Akzent.

Funktion: ein spezialisierter Randtyp für Problemfragen, deliberative Fragen, für die es im Augenblick keine überzeugende Antwort gibt. Die MP *wohl* ist wahrscheinlich obl. (könnte auch Ursache für die spezifische Funktion sein).

(6-17) *Ob er (wohl) noch kommt?*

258 6.2.5.3. *w*-Verb-Letzt-Fragesatz

Formmerkmale:
- *w*-Fragepronomen als Einleitungselement;
- nicht-imp. V-Morphologie;
- V-L;
- steigender Tonverlauf; Satzfokus-Akzent.

Funktion: ein spezialisierter Randtyp. Als MP (→ 164) kommen *nur, bloß, wohl* in Frage. Wahrscheinlich ist nur die Verwendung als deliberative oder Problemfrage möglich (damit keine Antwortobligation).

(6-18) *Wer das (nur/bloß/wohl) eingekauft hat?*

6.2.5.4. *dass*-Verb-Letzt-Imperativsatz 259

Formmerkmale:
- kein *w*-Fragepronomen; *dass* als subord. Konj.;
- V-L;
- nicht-imp. V-Morphologie!
- fallender Tonverlauf; Satzfokus-Akzent.

Funktion: ein spezialisierter Randtyp zum Ausdruck drohender, nachdrücklicher, ultimativer Aufforderungen/Ermahnungen usw.

(6-19) *Dass du (auch/ b l o ß / j a /mir/nur) rechtzeitig heimkommst!*

6.2.5.5. *ob*-Verb-Letzt-Imperativsatz 260

Formmerkmale:
- subord. Konj. *ob;*
- nicht-imp. V-Morphologie;
- V-L-Stellung;
- fallendes Tonmuster; Satzfokus-Akzent.

Funktion: ein spezialisierter Randtyp; entspricht bis auf das fallende Tonmuster dem *ob*-V-L-Fragesatz (→ 257), was einerseits nicht merkwürdig ist, da Fragesätze häufig für (indirekte) Aufforderungen verwendet werden, andererseits aber wieder doch sehr merkwürdig, da ja der entsprechende Fragesatz für Problemfragen verwendet wird, also ein schwaches, vorsichtiges Ausdrucksmittel ist, wohingegen (6-20) eine sehr grobe Aufforderung ist.

(6-20) *Ob du wohl gleich deinen Finger aus der Marmelade nimmst?!*

6.2.5.6. *dass-/wenn*-Verb-Letzt-Wunschsatz 261/262

Formmerkmale:
- kein *w*-Fragepronomen; *dass/wenn* als subord. Konj.;
- Konj. II;
- V-L;
- fallendes Tonmuster; Typ des Satzakzents unklar.

Funktion: kein Unterschied zum V-1-Wunschsatz(→ 250), allerdings ist die *wenn*-V-L-Variante bei weitem am häufigsten belegt. Die Version mit *dass* ist veraltet. Nicht-dialogisch. MP (→ 164) obl.?

(6-21) *Oh, dass/wenn ich doch ein Königssohn wär!*

263 6.2.5.7. *dass*-Verb-Letzt-Exklamativsatz

Formmerkmale:
- kein *w*-Fragepronomen, *dass* als subord. Konj.;
- nicht-imp. V-Morphologie;
- V-L;
- fallendes Tonmuster; Exklamativakzent;
- MP wohl obl.

Funktion: kein Unterschied zum V-1-/V-2-Exklamativsatz erkennbar.

(6-22) *Dass der aber auch/doch s o hübsch ist!*

264 6.2.5.8. *w*-Verb-Letzt-Exklamativsatz

Formmerkmale:
- *w*-Pronomen im VoF mit exklamativer Funktion;
- nicht-imp., vorwiegend ind. V-Morphologie;
- V-L-Stellung;
- fallendes Tonmuster; Exklamativakzent (?)

Funktion: kein Unterschied zum *w*-V-2-Exklamativsatz (→ 264) erkennbar; da außer der V-Stellung keinerlei formale Unterschiede erkennbar sind, muss man die beiden Satztypen als freie Varianten voneinander ansehen.

(6-23) *Wie es hier aber auch k a l t ist!*

265 *6.2.6. Infinite Hauptsatzstrukturen*

Alle diese Sprachmuster weisen kein fin. V auf, manche nicht einmal ein infin. V. Trotzdem können sie als satzwertig (→ 27), wenn auch nicht satzförmig (→ 26) beschrieben werden, und es lassen sich präzise grammatische Merkmale angeben, oft allerdings in negativer Form: z.B. Fehlen einer V-Morphologie (→ 49), Fehlen eines Subj.-Ausdrucks (→ 121) usw. Die Wertung als (reguläre) Ellipse (vgl. 214ff.) scheitert in jedem Fall am Fehlen von kotextuellen Hinweisen auf eine Rekonstruktionsmöglichkeit oder durch funktionale Änderungen bei Ergänzungsversuchen. Die durchaus mögliche funktionale Beschreibung zeigt, dass diese Muster hochspezialisiert, angepasst an ganz spezifische Verwendungssituationen sind.

Hier nur einige Beispiele:

(6-24) *Rasen nicht betreten!*

(6-25) *Links um!*

(6-26) *Aufgepasst!*

(6-27) *Ich und böse?!*

Die Ausdrücke (6-24) bis (6-26) werden als Gebote bzw. militärische Befehle verwendet. Sie sind nicht an einen bestimmten Sprecher gebunden, wenden sich an alle, die es betrifft, sind streng an eine bestimmte Situation (z.B. ein bestimmtes Rasenstück, an einen Kasernenhof) gebunden. Die Nichtbefolgung wird in aller Regel sanktioniert.

Die Einordnung der inf. HS-Strukturen in das System der Satztypen im Satzmodussystem ist übrigens bis heute nicht überzeugend gelungen.

Zur Vertiefung:

Altmann, H. [1993]: Satzmodus. In: Jacobs, J. e.al. (eds.): Syntax. Ein internationales Handbuch zeitgenössischer Forschung. Berlin: deGruyter, S. 1006-1029 [Darin zahlreiche Literaturhinweise]

Fries, N. [1983]: Syntaktische und semantische Studien zum frei verwendeten Infinitiv und zu verwandten Erscheinungen im Deutschen. Tübingen: Narr

Lang, E. [1983]: Einstellungsausdrücke und ausgedrückte Einstellungen. In: Ruzicka, R./Motsch, W. ()eds.): Untersuchungen zur Semantik. Berlin: Akademie Verlag (= studia grammatica XXII), S. 305-341

Meibauer, J. (ed.) [1987]: Satzmodus zwischen Grammatik und Pragmatik. Tübingen: Niemeyer. (= Linguistische Arbeiten 180)

Oppenrieder, W. [1987]: Aussagesätze im Deutschen. In: Meibauer, J. (ed.): Satzmodus zwischen Grammatik und Pragmatik. Tübingen: Niemeyer (= Linguistische Arbeiten 180), S. 161-189

Rosengren, I. (ed.) (1992/93): Satz und Illokution. 2 Bde. Tübingen: Niemeyer. (= Linguistische Arbeiten 278/279)

Reis, M. /Rosengren, I. (eds.) [1991]: Fragesätze und Fragen. Tübingen: Niemeyer (=Linguistische Arbeiten 257)

Weuster, E. [1983]: Nicht-eingebettete Satztypen mit Verb-Endstellung im Deutschen. In: Olszok, K./Weuster, E. (eds.): Zur Wortstellungsproblematik im Deutschen. Tübingen: Narr, S. 7-87

Hinweis: die Identifizierung der einzelnen Satztypen im Satzmodussystem ist schwierig, da die relevanten Merkmale identifziert und richtig klassifiziert werden müssen. Da man im Regelfall recht klare Intuitionen über die mit einem bestimmten Satz ausgedrückte Intention hat, tendieren die meisten Leute dazu, Satztypen aufgrund der Funktion zu identifizieren. Bei diesen intuitiven Klassifikationen ist aber die Fehlerrate sehr hoch. Das liegt daran, dass man eine bestimmte Intention mit sehr unterschiedlichen Satztypen ausdrücken kann und dass andererseits mit einem Satztyp sehr unterschiedliche Intentionen ausgedrückt werden können. Hier ein Beispiel:

(6-28) *Sei kein Frosch! Geh zu Fröschl!* (Ratschlag)
(6-29) *Scher dich zum Teufel!* (Verwünschung)
(6-30) *Bleib gesund!* (Guter Wunsch)
(6-31) *Halt's Maul!* (beleidigende Zurückweisung)
(6-32) *Ach rutsch mir doch den Buckel runter!* (Beleidigung)
(6-33) *Mach bitte die Tür zu!* (Bitte)

(6-34) *Sag mir doch mal, wie du dich fühlst!* (Frage?)

(6-35) A: *Darf ich gehen?* B: *Geh nur!* (Erlaubnis)

(6-36) *Glaub mir, er hat's bestimmt nicht böse gemeint.* (Nachdrückliche Behauptung)

Alle Beispiele sind V-1-Imp.-Sätze (→ 249). Funktional haben sie allenfalls gemeinsam, dass der Sprecher mit ihnen ausdrückt, dass er haben möchte, dass etwas Bestimmtes (in Zukunft) geschieht.

Tip: Die Satzmodusbestimmung gehört aus unserer Sicht zu jeder Satzanalyse. Aber für den Hausgebrauch muss man i.d.R. nicht alle oben kurz charakterisierten Satztypen im Satzmodussystem kennen. Es reichen meist die Grundtypen: V-2-Aussagesatz; V-1- und *w*-V-2-Fragesatz, V-1-/V-2-Imp.-Satz. Ggf. ist auch noch die Kenntnis von V-1-Wunschsatz und V-1-/V-2-Exklamativsatz sowie *w*-V-2-/V-L-Exklamativsatz nützlich. Die selbständigen V-L-Sätze und die infin. HS-Strukturen können noch nicht als in der Forschung etabliert gelten. Sie kommen zudem in den meist schriftlichen Analysetexten kaum vor.

6.2.7. Übung zu Satztypen und Satzmodi

(6-37) *Sprechen Sie (bitte) lauter!*

(6-38) *Könnten Sie (mal/vielleicht/bitte) lauter sprechen?*

(6-39) *Sie sprechen zu leise.*

(6-40) *Ach, würden Sie doch lauter sprechen!*

(6-41) *Sprechen S i e (aber/vielleicht) leise!/ S i e sprechen (aber) leise.*

(6-42) *Ob Sie (wohl) lauter sprechen könnten?*

(6-43) *Ob Sie wohl gleich lauter sprechen!*

(6-44) *Wenn Sie doch/nur lauter sprechen würden!*

Geben Sie für (6-37) bis (6-44) Satztyp und Satzmodus an. Führen Sie kurz die relevanten Einordnungskriterien auf.

7. Reflexivierung 266

Beziehen sich Subj. (→ 121) und AkkO (→ 125) desselben Teilsatzes
auf dieselbe außersprachliche Entität (**Referenzidentität**), dann wird das 267
AkkO durch ein mit dem Subj. in Ps. und Numerus kongruierendes Refl.Pron. (→ 270) ersetzt. In wenigen Ausnahmefällen (und zwar bei Inf.-Konstruktionen (→ 233ff.)) kann das Antezedens auch das AkkO sein, das Refl.Pron. kann ein GenO (→ 123), DatO (→ 124) oder PO (→ 126) sein.

(7-1) *Karl sieht sich nicht im Spiegel* (AkkO)
(7-2) *Karl achtet seiner nicht.* (GenO – Auch nichtrefl. Interpretation)
(7-3) *Karl traut sich selber nicht* (DatO)
(7-4) *Karl denkt nicht an sich* (PO).
(7-5) *Karl hofft Wanda zu sich zu bringen.* (Subj. und AkkO als mögliche Antezedenzien)

7.1. Allgemeine Regeln für Referenz 268

Die **Referenzidentität** zwischen Antezedens und Refl.Pron. muss nicht immer strikt eingehalten werden:

(7-6) *Der Mann hat sich gewaschen.* (seinen Körper bzw. Teile davon)
(7-7) *Hans rasiert sich gerade.* (nur seinen Bart!)

In diesen Fällen geht es nur um Handlungen am Subj.-Referenten.
Die Referenzidentität ist problematisch bei quantifizierenden Indef.Pron. (vgl. Primus [1989]):

(7-8) *Jedermann liebt auch sich selbst./Jedermann liebt auch jedermann.*
(7-9) *Niemand wäscht sich./Niemand wäscht niemanden.*

Uneindeutig ist auch die Unterscheidung zwischen Einzellesart und Gruppenlesart.

(7-10) *Die 25 Abiturienten sahen sich in der Schülerzeitung abgebildet.* (alle zusammen/jeder einzeln)

Normalerweise muss das Antezedens eine Agensinterpretation oder wenigstens die Interpretation als Träger eines Geschehens zulassen. Üblicherweise handelt es sich dabei um Lebewesen, meist um Personen.

(7-11) *Der Brief wurde von Peter an sich selbst adressiert.*

269 In bestimmten Fällen kann das **Antezedens-Subj. fehlen**, z.B.

- in der 2.Ps.Sg./Pl. Imp.:
  (7-12) *Fotografier dich doch selbst!*
- bei Inf.-Konstruktionen; hier kann aber aus dem MS ergänzt werden, wo es auch ein Nicht-Subj. sein kann:
  (7-13) *Sie müssen lernen, sich neu mit ihm auseinanderzusetzen (..., dass sie sich neu mit ihm ...)*
  (7-14) *Er hat mir empfohlen, mich bei der Auskunft zu erkundigen (..., dass ich mich bei der Auskunft erkundige)*
- durch Koordinationsreduktion:
  (7-15) *Zwick senior gab die Unternehmensführung an seinen Sohn ab und (...) zog sich ins schöne Lugano zurück.*
- ähnlich bei der VoF-Ellipse (→ 214ff.), wenn sie ein Subj.-Antezedens betrifft:
  (7-16) *(Das) Hat sich schon erledigt, danke.*

Das Refl.Pron. steht überwiegend am MiF-Anfang direkt nach dem klö Element, aber nach einem anaphorischen Subj.-Pronomen, falls vorhanden.

270 **7.2. Die Reflexivpronomina**

	Gen.	Dat.	Akk.
1. Ps. Sg.	*meiner*	*mir*	*mich*
2. Ps. Sg.	*deiner*	*dir*	*dich*
3. Ps. Sg. mask.	*seiner*	***sich***	***sich***
3. Ps. Sg. fem.	*ihrer*	***sich***	***sich***
3. Ps. Sg. neutr.	*seiner*	***sich***	***sich***
1. Ps. Pl.	*unser*	*uns*	*uns*
2. Ps. Pl.	*euer*	*euch*	*euch*
3. Ps. Pl.	*ihrer*	***sich***	***sich***

Vergleicht man die Formen mit denen des Pers.Pron., so zeigt sich, dass nur die fett markierten Formen selbständige Refl.-Formen sind, und zwar jeweils Dat. und Akk. in der 3.Ps.Sg./Pl. *sich.* In allen anderen Fällen handelt es sich lediglich um refl. interpretierbare Formen des normalen Pers.Pron.

7.3. Fakultativ reflexive Konstruktionen

Trotz dieser Homonymie mit dem Pers.Pron. wird die refl. Interpretation durch Kongruenz (→ 63) mit dem Subj. gesichert. Sie kann zusätzlich noch durch die fak. Hinzufügung von *selbst* verstärkt werden.

Der hier beschriebene Fall soll als "**fakultativ reflexiv**" (sonst auch 271
„pseudoreflexiv“) bezeichnet werden. Dabei referiert das Refl.Pron. wie das Subj.; es ist erfragbar, durch eine volle NP ersetzbar, in engen Grenzen akzentuierbar. In einer PP wird z.B. fast immer die Präp. akzentuiert: *etwas v o r sich haben.*

Die typischen fak. refl. V sind demnach solche, die die obigen Subj.-Bedingungen erfüllen: also Handlungs-V, V der gerichteten Bewegung, Körperpflege-V, *verba dicendi et sentiendi.*

7.4. Obligatorisch reflexive Verben

Ferner gibt es **obligatorisch reflexive Verben** wie *sich schämen, sich* 272
befinden, sich erweisen, sich ausdenken, sich erholen. In diesem Fall sind die Refl.Pron. keine eigenen SG (→ 120), sie sind nicht erfragbar, nicht durch eine Voll-NP ersetzbar, nicht negierbar, nicht durch eine GP (→ 163) fokussierbar, nicht VoF-fähig; sie referieren also nicht.

Trennungsprobleme entstehen dort, wo refl. und nicht-refl. Gebrauch eines V nebeneinander auftreten. Die Trennung ist noch relativ einfach, wenn eindeutige Valenzunterschiede vorliegen: *etw. entscheiden, sich entscheiden.* Der schwierigste Fall liegt vor, wenn bei gleichem Valenzrahmen refl. und nicht-refl. Gebrauch nebeneinander auftreten: *jemanden fragen, sich fragen.* (siehe auch Kausativ-Rezessiv-Diathese → 196)

7.5. Reziproke Verben

Wenn es sich um **reziproke Verben** (symmetrische Verben) handelt 273
(genauer: solche V, die eine reziproke Interpretation zulassen), dann kann das Refl.Pron. im Pl. auch reziprok interpretiert werden (bei Gruppenlesart auch das Refl.Pron. im Sg.). Die reziproke Interpretation kann durch *einander* fixiert werden, ein Verfahren, das v.a. bei Kombinationen mit Präp. verwendet wird.

(7-17) *Die Liebenden haben sich/einander umarmt.*

(7-18) *Das Liebespaar hat sich/*einander umarmt.*

(7-19) *Die Eheleute haben ausdauernd ?mit sich/miteinander gestritten.*

(7-20) *Das Ehepaar hat ausdauernd ?mit sich/?miteinander gestritten.*

Es gibt wohl nur sehr wenige obl. reziproke V.

Zur Vertiefung:

Grewendorf, G. [1984]: Reflexivierungsregeln im Deutschen. In: Deutsche Sprache 1, S. 14-30

Haider, H. [1985]: Von *sein* oder nicht *sein:* Zur Grammatik des Pronomens *sich*. In: W. Abraham (ed.), Erklärende Syntax des Deutschen. Tübingen: Narr, S. 223-254

Kunze, J. [1995]: Reflexive Konstruktionen im Deutschen. In: Zeitschrift für Sprachwissenschaft 14:1, S. 83-180

Kunze, J. [1997]: Typen der reflexiven Verbverwendung im Deutschen und ihre Herkunft. In Zeitschrift für Sprachwissenschaft 16:1/2, S. 83-180

Primus, B. [1989]: Parameter der Herrschaft: Reflexivpronomina im Deutschen. In: Zeitschrift für Sprachwissenschaft, 8:1, S. 53-88

Sommerfeldt, K.-E. [1992]: Zur Stellung des Reflexivpronomens im Deutschen. In: Deutschunterricht 44:1, S. 92-96

Starke, G. [1992]: Was sich neckt, das liebt sich. Eine Studie zur Reziprozität im heutigen Deutsch. In: Muttersprache 102, S. 230-237

8. Funktionen von Präpositionalphrasen

PP (→ 44) sind eine der flexibelsten Kategorien im Dt. An ihrem Beispiel wollen wir hier differenzierende syntakt. Merkmale aufzeigen und dadurch das Gespür für verschiedene syntakt. Funktionen schärfen.

8.1. Agensangabe beim Passiv 274

Die Agensfunktion (→ 203), die in den meisten aktiv. verwendeten Sätzen durch das Subj. gefüllt wird, kann bei der Passivierung des Satzes wegfallen, oder wird durch eine mit *von* (seltener *durch*) eingeleitete PP realisiert.

Diese *von*-PP ist im Pass. wohl eher keine Agensangabe mehr, sondern ein freies Advb unbekannten semant. Typs; am ehesten ein Instrumental (→ 194); sie ist ein SG (→ 120) (allein VoF-fähig) und nicht valenzabhängig (weglassbar).

(8-1) *Asterix hat die Römer besiegt. → Die Römer sind von/durch Asterix besiegt worden. /Von/durch Asterix sind die Römer besiegt worden.* (VoF-fähig)/*Die Römer sind besiegt worden.* (weglassbar)

(8-2) *Ganz Gallien ist von den Römern besetzt.*

Im *haben-* und *sein-*Zustands-Pass. (→ 199, 201) ist die Agens-*von*-Phrase normalerweise inakzeptabel.

8.2. Präpositional-Attribut 275

PP-Attr. (→ 141) sind (wie alle Attr.) fak. (weglassbar). Sie sind nur SG-Teile (→ 139), gehören also zu einem nicht weglassbaren Kern, ohne den sie nicht verschiebbar (VoF-fähig) sind. PP-Attr. sind durch die typische Attr.-Frage mit *welch* bzw. *was für ein* erfragbar (→ 177) und durch Rel.Sätze (→ 144) paraphrasierbar.

(8-3) *In diesem Buch erfahren Sie niemals die Antwort auf alle syntaktischen Probleme./Die Antwort auf alle syntaktischen Probleme erfahren Sie in diesem Buch niemals.* (mit Kern VoF-fähig)/*??Auf alle syntaktischen Probleme erfahren Sie in diesem Buch niemals die Antwort.* (alleine kaum VoF-fähig)/*Was für eine Antwort erfahren Sie in diesem Buch niemals?* (Attr.-

Frage)/*Die Antwort, die alle syntaktischen Probleme löst, erfahren Sie hier niemals.*

(8-4) *Indiz für die weitverbreitete Skepsis gegenüber der Sowjetunion dürfte die Reise von Verteidigungsminister Gerhard Stoltenberg nach Washington im Frühjahr gewesen sein.*

Ein Problem bilden PP-Attr., die eine Teil-von-Relation wiedergeben, da hier das Attr. allein ohne seine Kern-NP VoF-fähig ist.

(8-5) *Etwa elf Prozent von allen Kindern unter fünf Jahren haben Karies./Von allen Kindern unter fünf Jahren haben etwa elf Prozent Karies.*

Im MiF in nicht-erster Position auftretende PP können sowohl PP-Attr. zum vorausgehenden SG als auch freie Advb sein (Entscheidung durch Kontext, Weltwissen usw.) (→ 133)

(8-6) *Er traf den Beamten in der Universität.*
Das Treffen mit dem Beamten fand in der Universität statt. (Lok.Advb.)
Er traf den Beamten, der in der Universität ist/arbeitet. (PP-Attr.)

Zur Vertiefung:

Lehmus, U. [1983]: Attribut oder Satzglied? Untersuchungen zumpostnominalen Präpositionalausdruck unter einem syntaktischen, semantischen und kommunikativ-pragmatischen Aspekt. Helsinki: Suomalainen tiedeakatemia

276 **8.3. Präpositionales Ad-Attribut**

Das präp. Ad-Attribut steht zwischen dem Art. des NP-Kerns und dem attr. Adj./Part. Es läßt sich auf eine Struktur mit präd. Adj. (→ 19) und valenzabhängiger PP zurückführen. Es ist weglassbar und nur mit dem zugehörigen Attr. und Kern verschiebbar.

(8-7) *Der auf seine Erfolge stolze Tennisstar verlor ganz überraschend das Grand-Prix-Turnier.*

(8-8) *Der Tennisstar ist auf seine Erfolge stolz.* (PO zum präd. Adj.)

277 **8.4. Fakultatives Adverbial**

Fak. Advb (→ 133) sind weglassbar, ohne daß der Satz ungrammatisch wird, und bilden eigene SG (VoF-fähig) (→ 120). Fak. Advb können durch einfache Adv. (→253) paraphrasiert und mit einfachen Fragewörtern erfragt werden (→ 180). Außerdem können sie durch die Formel *und das geschieht/und zwar* (→ 181) an den Satz angefügt werden.

(8-9) *Wenn die Haifische Menschen wären, würden sie im Meer für die kleinen Fische gewaltige Kästen bauen lassen./ Im Meer würden sie für die kleinen Fische gewaltige Kästen bauen lassen./Für die kleinen Fische würden sie im Meer gewaltige Kästen bauen lassen.* (VoF-fähig)/*..., würden sie dort gewaltige Kästen bauen lassen.* (Paraphrase durch einfaches Adv.)/*Wo würden sie gewaltige Kästen bauen lassen?* (mit einfachem Fragewort erfragbar)/*..., würden sie im Meer gewaltige Kästen bauen lassen, und zwar für die kleinen Fische.*

Achtung: Entgegen der üblichen Regel, daß nur ein SG im VoF stehen kann, können mehrere Advb (gleicher Subkategorie) im VoF auftreten.

(8-10) *Am Bahnhof auf der Herrentoilette im Erdgeschoß geschah ein mysteriöser Mord.*

8.5. Obligatorisches Adverbial 278

Obl. Advb (→ 177) sind von der Valenz (→ 183) des V gefordert (nicht weglassbar) und bilden eigene SG (VoF-fähig) (→ 120). Obl. Advb können durch einfache Adv. (→ 153) paraphrasiert und mit einfachen Fragewörtern (→ 180) erfragt werden.

(8-11) *München liegt an der Isar.* (Obl. Lok.Advb. bei V der Befindlichkeit)/*An der Isar liegt München./München liegt dort./Wo liegt München?*

(8-12) *Wanja wohnt allein/ganz komfortabel.* (obl. präd. Attr. /Mod.Advb. bei V der Befindlichkeit)

(8-13) *Der Kongreß dauerte bis in die Nacht.* (obl. Temp. Advb. bei V der zeitlichen Erstreckung)

(8-14) *Wanja begibt sich in die siebte Hölle.* (obl. Dir.Advb. bei V der gerichteten Bewegung)

8.6. Präpositionalobjekt 279

PO (→ 126) sind von der Valenz (→ 183) des V gefordert (nicht weglassbar) und bilden eigene SG (VoF-fähig) (→ 120). Die Präp. ist außer bei Gegensatzpaaren (*mit – ohne, für – gegen*) fast immer fest (Ausnahme: *reden über – reden von*). PO sind durch zusammengesetzte Fragewörter bzw. Präp. und Fragewort erfragbar und durch zusammengesetzte Adv. bzw. Adv. und Fragewort ersetzbar (→ 179).

(8-15) *Mit Bangen denke ich an meine deutschen Vorgänger./An meine deutschen Vorgänger denke ich mit Bangen.* (VoF-fähig)/*Mit Bangen denke ich daran/an sie.* (Paraphrase durch zusammengesetztes Adv.)/*Woran/An wen denkst du mit Bangen?* (erfragbar mit zusammengesetztem Fragewort)

280 **8.7. Funktionsverbgefüge**

FVG (→ 116) sind mehr oder weniger fest gefügte Redewendungen, bei denen das V gegenüber dem üblichen Gebrauch desemantisiert („semantisch verblasst") ist. Der nom. bzw. präpositionale Bestandteil des FVG, meist ein deverbales Abstractum, referiert nicht, ist im Numerus nicht veränderbar und nicht attribuierbar. Art. und die Präp. sind festgelegt und häufig verschmolzen.

(8-16) *Die erneuten Angriffe brachten die Friedensverhandlungen zum Erliegen/Die erneuten Angriffe brachten die Friedensverhandlungen *zu Erliegen/ *zu einem Erliegen/*zu keinem Erliegen/??zum sofortigen Erliegen.*

281 **8.8. Prädikative Präpositionalphrasen**

Präd. (→ 118) zeichnen sich durch ein semant. schwaches KV (vor allem *sein, werden, bleiben, heißen, nennen, scheinen*) (→ 113) aus, mit dem zusammen sie das Prädikat des Satzes bilden. Sie sind also nicht weglassbar, aber aufgrund ihrer topolog. Eigenschaften auch kaum VoF-fähig.

(8-17) *Er ist nicht von gestern./??Er ist nicht.* (nur mit Bedeutungsänderung weglassbar)/*??Von gestern ist er nicht.* (kaum VoF-fähig)

(8-18) *Das ist nicht von schlechten Eltern./??Das ist nicht.* (nur mit Bedeutungsänderung weglassbar)/*?Von schlechten Eltern ist das nicht.* (kaum VoF-fähig)

9. Die Verwendungsweisen von *es*

Es erfreut sich in vielerlei Hinsicht großer Beliebtheit. Zunächst ist es einfach ein häufig verwendetes Wort. Hinzu kommt, daß es unterschiedliche syntakt. Funktionen füllt. Beides macht es für Prüfer wie für Prüflinge ausgesprochen attraktiv, weil sich hier exemplarisch syntakt. Wissen demonstrieren läßt. Wir haben daher im folgenden die gängigen Funktionen von *es* und ihre Unterscheidungsmerkmale aufgelistet.

9.1. Personalpronomen 282

Es in der Verwendung als Pers.Pron. (→ 21) kann in der Funktion eines Subj. (→ 121) oder AkkO (→ 125) auftreten. Es hat daher SG-Charakter (→ 120) und ist nicht weglassbar, kann aber immer durch eine volle NP (→ 34) ersetzt werden..

(9-1) *Sie blickte in sein Gesicht. Sie sah es (=sein Gesicht) genauer an. Es (=sein Gesicht) war blass.*

9.2. Platzhalter-*es* („Korrelat") 283

Es kann im übergeordneten Satz als Platzhalter für einen extraponierten Subj.- oder AkkO-Satz stehen (→ 87). Sein Auftreten oder Nicht-Auftreten hängt ab von der Art des Matrixprädikats und davon, ob der Inhalt des GS präsupponiert ist. *Es* nimmt als Subj.-Satz-Platzhalter normalerweise die VoF-Position ein, als AkkO-Satz-Platzhalter eine Position am MiF-Anfang. Bei der Umstellung bleibt *es* meistens erhalten.

(9-2) *Es freut mich, daß Sie alle so eifrig mitarbeiten.* (Subj.-Satz)
Mich freut (es), daß Sie alle so eifrig mitarbeiten.

(9-3) *Ich habe es geahnt, daß Sie die Hausaufgabe vergessen haben.* (AkkO-Satz)

9.3. Vorfeld-*es* (thematisches *es*) 284

Dieses *es* steht immer im VoF. Es hat keine SG-Funktion (→ 120) und fällt bei Umstellung weg.

(9-4) *Es kamen Beine in weißen Socken vorbei.*
*Beine in weißen Socken kamen (*es) vorbei.*

(9-5) *Es darf gelacht werden.*
*Jetzt darf (*es) gelacht werden.*

285 **9.4. Pseudo-Subjekt-*es* (unpersönliches Pronomen)**

Dieses *es* hat keine Referenz und ist somit nicht austauschbar/nicht erfragbar. Bei den nullstelligen VV (→ 111) ersetzt dieses *es* das Subj. Bei Umstellung ins MiF bleibt es erhalten.

(9-6) *Es regnet/schneit/donnert/blitzt.*
Heute regnet/schneit/donnert/blitzt es.

(9-7) *Es geht mir gut.*
Mir geht es gut.

Zur Vertiefung:

Pütz, Herbert [1975]: Über die Syntax der Pronominalform *es* im modernen Deutsch. Tübingen: Narr.

10. Lösungen

10.1. Lösungen zur Morphologie (S. 38)

Analysesatz (1-53)	**Morphologische Markierung** (1.)	**Kongruenz/Rektion** (2.)	
Natürlich	unflektiert		
wissen	**1.**/3. **Pers. Pl. Ind. Präs. Akt.**/Inf. Präs.	*x weiß y* regiert den gesamten *daß*-Satz (AkkO) Kongruenz mit *wir* in Ps. und Numerus via Subj. – Prädikat	
wir,	**1. Pers. Pl. Nom.**	Kongruenz mit *wissen* in Ps. und Numerus via Subj. – Prädikat	
daß	–		
für	–	regiert *die Schönheit* (Akk.)	
die	Nom./**Akk. Sg. fem.**/Nom./Akk. mask./fem./neutr. Pl.	Kongruenz mit *Schönheit* in Kasus, Numerus und Genus	
„Schönheit"	Nom./Gen./Dat./ **Akk. Sg.**	Kongruenz mit *die* in Kasus, Numerus und Genus	
eines	**Gen. Sg. mask.**/ neutr.	Kongruenz mit *Satzes* in Kasus, Numerus und Genus	
Satzes	**Gen. Sg.**	Kongruenz mit *eines* in Kasus, Numerus und Genus	
seine	**Nom.**/Akk. **Sg. fem.**	Kongruenz mit *Form* in Kasus, Numerus und Genus	*seine Form* kongruiert mit *sein Inhalt* in Kasus und Numerus via Vergleichskonstruktion *seine Form* kongruiert mit *ist* in Ps. und Numerus via Subj. – Prädikat
Form	**Nom.**/Gen./Dat./ Akk. **Sg.**	Kongruenz mit *seine* in Kasus, Numerus und Genus	
ebenso	–		
entscheidend	**Part. I**		
ist	**3. Ps. Sg. Ind. Präs. Akt.**	Kongruenz mit *seine Form* in Ps. und Numerus via Subj. – Prädikat	
wie	–		

sein	**Nom. Sg. mask./** Nom./Akk. Sg. neutr.	Kongruenz mit *Inhalt* in Kasus, Numerus und Genus	*sein Inhalt* kongruiert mit *seine Form* in Kasus und Numerus via Vergleichskonstruktion
Inhalt,	**Nom.**/Dat./Akk. **Sg.**	Kongruenz mit *sein* in Kasus, Numerus und Genus	
und	–		
zur	= *zu* (unflektiert) + *der* Nom. Sg. mask./Gen./**Dat. Sg. fem.**	*zu* regiert *der Form* (Dat.) *der* kongruiert mit *Form* in Kasus, Numerus und Genus	
Form	Nom./Gen./**Dat.**/Akk. **Sg.**	Kongruenz mit *der* in Kasus, Numerus und Genus	regiert von *zu*
eines	**Gen. Sg. mask./** neutr.	Kongruenz mit *Satzes* in Kasus, Numerus und Genus	
Satzes	**Gen. Sg.**	Kongruenz mit *eines* in Kasus, Numerus und Genus	
gehört	**3. Ps. Sg. Ind. Präs. Akt.**	*x gehört zu y* regiert *zu* in *zur Form*	Kongruenz mit *die Grammatik* in Ps. und Numerus via Subj. – Prädikat
nun	–		
einmal	–		
neben	–	regiert *seinen Wörtern* (Dat.)	
seinen	Akk. Sg. mask./**Dat. Pl. neutr.**	Kongruenz mit *Wörtern* in Kasus, Numerus und Genus	
Wörtern	**Dat. Pl.**	Kongruenz mit *seinen* in Kasus, Numerus und Genus	regiert von *neben*
die	**Nom.**/Akk. **Sg. fem.**/ Nom./Akk. mask./ fem./neutr. Pl.	Kongruenz mit *Grammatik* in Kasus, Numerus und Genus	*die Grammatik* kongruiert mit *gehört* in Ps. und Numerus via Subj. – Prädikat
Grammatik,	**Nom.**/Gen./Dat./ Akk. **Sg.**	Kongruenz mit *die* in Kasus, Numerus und Genus	
mit	–	regiert *der* (Dat.)	
der	Nom. Sg. mask./Gen./**Dat. Sg. fem.**		
diese	Nom./Akk. Sg. fem./**Nom.**/Akk. **Pl.** mask./fem./**neutr.**	Kongruenz mit *Wörter* in Kasus, Numerus und Genus	

Wörter	**Nom.**/Gen./Akk. **Pl.**	Kongruenz mit *diese* in Kasus, Numerus und Genus	
zu	–	regiert *einem Satz* (Dat.)	
einem	**Dat. Sg. mask.**/neutr.	Kongruenz mit *Satz* in Kasus, Numerus und Genus	
Satz	Nom./**Dat.**/Akk. **Sg.**	Kongruenz mit *einem* in Kasus, Numerus und Genus	regiert von *zu*
zusammen-gefügt	**Part. II.**	*x ist zu y zusammengefügt;* regiert *zu* in *zu einem Satz*	
sind.	**3. Ps. Pl. Ind. Präs. Akt.** Zusammen mit *zusammengefügt*: 3. Ps. Pl. Ind. Präs. Pass. → Zustandspassiv	Kongruenz mit *diese Wörter* in Ps. und Numerus via Subj. – Prädikat	

3.

In beiden Sätzen ist die Kongruenz zwischen Subj. und Prädikat verletzt.

(1-54) *Wo eine Menge* (Sg.) *sonderbare Sachen herumliegen* (Pl.).

(1-55) *Die Leute* (Pl.) *hier, vor allem die Landbevölkerung, ist* (Sg.) *nie nationalsozialistisch gewesen.*

In (1-54) liegt das wohl an der Semantik von *Menge,* das auf eine Vielzahl hinweist. In (1-55) kongruiert *ist* mit der parenthetisch eingeschobenen NP *die Landbevölkerung.*

10.2. Lösungen zu Klammerstruktur und Stellungsfeldern (S. 49)

(1-90)

Wieder ist, $_{\text{klö}}$

wie$_{\text{klö}}$ *Du, [...], wahrscheinlich bereits festgestellt hast,* $_{\text{klschl}}$

ein Jahr vergangen $_{\text{klschl}}$

und ich weiß$_{\text{klö}}$ *nicht*[1]*,*

ob$_{\text{klö}}$ *es Dir so geht* $_{\text{klschl}}$ *wie mir.*

ist ... vergangen	Verb. Klammer
wie ... festgestellt hast	V-L-Klammer
weiß	keine (oder „offene") Klammer

1 *nicht* könnte hier auch als klschl Element gewertet werden (Negationsklammer).

ob ... geht	V-L-Klammer

(1-91)

allmählich wird$_{\text{klö}}$ *mir dieser ewigwährende Zyklus ein wenig leid,* $_{\text{klschl}}$
wozu$_{\text{klö}}$ *verschiedene Faktoren,*
deren$_{\text{klö}}$ *Urheber ich in diesem Zusammenhang,*
um mich keinen Unannehmlichkeiten,
deren$_{\text{klö}}$ *Folgen,*
die $_{\text{klö}}$ *in Kauf zu nehmen ich,*
der $_{\text{klö}}$ *ich gern Frieden halte,* $_{\text{klschl}}$
gezwungen wäre $_{\text{klschl}}$
nicht absehbar wären, $_{\text{klschl}}$
auszusetzen,
nicht nennen möchte, $_{\text{klschl}}$
beitragen. $_{\text{klschl}}$

wird ... leid	Präd.- oder Idiom-Klammer
wozu ... beitragen	V-L-Klammer
deren ... nennen möchte	V-L-klammer
um ... auszusetzen	eingeleiteter Inf., daher keine Klammer
deren ... absehbar wären	V-L-Klammer
die ... gezwungen wäre	V-L-Klammer
der ... Frieden halte	V-L-Klammer

(1-92)

Jedenfalls bin $_{\text{klö}}$ *ich gegen das neue Jahr bestens gerüstet,* $_{\text{klschl}}$
bin $_{\text{klö}}$ *gegen Diebstahl, Feuer, Hagel und Leben versichert* $_{\text{klschl}}$*, nicht zu reden von höherer Gewalt,*
über die $_{\text{klö}}$ *ich selten rede* $_{\text{klschl}}$*, (über die ich) eigentlich nur (rede),*
wenn $_{\text{klö}}$ *sie sich bemerkbar macht* $_{\text{klschl}}$*, und (über die ich) selbst dann nicht immer (rede),*
ja vielleicht sogar gerade dann nicht.

bin ... gerüstet	verb. Klammer
bin ... versichert	verb. Klammer
über die ... rede	V-L-Klammer
wenn ... macht	V-L-Klammer

(1-93)

Der Hund liegt $_{\text{klö}}$ *begraben,* $_{\text{klschl}}$
die Schäfchen sind $_{\text{klö}}$ *im Trockenen,* $_{\text{klschl}}$
das Huhn ist $_{\text{klö}}$ *im Topf,* $_{\text{klschl}}$
der Topf hat $_{\text{klö}}$ *seinen Deckel,* $\varnothing$ $_{\text{klschl}}$

der Hase liegt $_{klö}$ *im Pfeffer* $_{klschl}$, *die Flinte im Korn*[2], *unter einer steigenden Schneedecke, nach der* $_{klö}$ *zu strecken ich den stürzenden [...] Pistenfahrern überlasse.* $_{klschl}$

liegt begraben	verb. Klammer oder Idiom
sind im Trockenen	Präd.-Klammer oder Idiom
ist im Topf	Präd.-Klammer oder Idiom
hat	keine (oder „offene„) Satzklammer
liegt im Pfeffer	Lok.Advb.-Klammer oder Idiom
nach der ... überlasse	V-L-Klammer

10.3. Lösungen zur Reihenfolge/Attribuierung (S. 53)

Text	Attribut-Funktion
Egons	pränom. Gen.Attr.
schöner	pränom. Adj.Attr.
junger,	pränom. Adj.Attr., koord. mit *schöner*
seinem Herrn völlig treu ergebener	erweitertes pränom. Part.Attr. korrd. mit *schöner, junger*
Hund	Kern-Nomen
der Terriergattung	postnom. Gen.Attr.
mit einem wertvollen Halsband	Postnom. PP-Attr.
das er jüngst [...] erstanden hat	Postnom. Rel.Satz.Attr. zu *Halsband* (!)

10.4. Lösungen zu den verbalen Funktionen (S. 66)

(2-18) *hören* .... VV; *sagt* VV
(2-19) *müssen* .... MV; *gehört* .... VV; *haben* ...... HV
(2-20) *schaue ... an* . VV
(2-21) *wird* .... KV;
(2-22) *sagen* .... VV; *haben* .... HV; *gehört* VV
(2-23) *schüttel* .... VV; *entschließ* ... VV
(2-24) *hören* .... VV; *sagt* VV
(2-25) *konnte* .... MV; *überhören* .. VV
(2-26) *werde* .... KV;
(2-27) *habe* .... VV;
(2-28) habe .... HV, *gehört* VV
(2-29) *sagt* .... VV;
(2-30) *muss* .... MV; *gewesen* ..... KV; *sein* .... HV; *ist* ... KV
(2-31) *frage* VV

---

2 Alternative Analyse als Ellipse: *Die Flinte (liegt* $_{klö}$*) im Korn* $_{klschl}$ mit obl. Lok.Advb.- oder Idiom-Klammer.

10.5. Lösungen zu Ergänzungen und Angaben (S. 78)

Satz	Text	syntakt Funktion	Erfrag-barkeit	Stellung	Valenz	Morpholog. Markierung
(2-103)	*Das Verhältnis [...]*	Subj.	*Wer/was* ;	Allein VoF-fähig	*etw. ist gespannt*	Nom. oder Akk.
	in Deutschland	fak. Lok. Advb.	*wo*	Allein VoF-fähig	Entfällt	PP
	von jeher	fak. Temp. Advb.	*Seit wann*	Allein VoF-fähig		PP
(2-104)	*Nichtlinguisten*	Subj.	*wer/was*	Allein VoF-fähig	*jemand äußert sich*	Nom. Gen. Dat. oder Akk.
	die moderne Linguistik	Subj.	*wer/ was;*	Allein VoF-fähig	*jemand ist zurück-haltend*	Nom. oder Akk.
	auf diesem Feld	Fak. Lok. Advb	*wo*	Allein VoF-fähig	Entfällt	PP
	von sprach-kritischer Abstinenz	PO	*wovon*	Allein VoF-fähig	*jemand spricht von etw.*	PP
(2-105*)*	*Statt zu ver-künden*	Fak. Advb. (Angabe einer Aus-nahme)	*Statt was (zu tun)?*	Allein VoF-fähig	Entfällt	PP
	in der deut-schen Sprache	obl. Lok. Advb	*Wo*	Allein VoF-fähig	*etw. verläuft* Präp. *etw.*	PP
	die Trennung [...]"	Subj.	*Wer oder was;*	Allein VoF-fähig	*etw. verläuft* Präp. *etw.*	Nom. oder Akk.
	die Sprach-forscher	Subj.	*Wer oder was*	Allein VoF-fähig	*jemand schwelgt in etw.*	Nom. oder Akk.
	in [...] Diskus-sionen	PO	*Worin*	Allein VoF-fähig	*jemand schwelgt in etw.*	PP
(2-106)	*Sprachtheore-tische Haar-spaltereien*	AkkO	*wen/was*	Allein VoF-fähig	*jemand diskutiert etw.*	Nom. oder Akk.
	Baumdia-gramme	AkkO	*wen/was*	Allein VoF-fähig	*jemand malt etw.*	Nom. oder Akk.
	in großange-legten Unter-suchungen	fak. Lok./ Mod./ Instr. Advb	*wo, wie, womit*	Allein VoF-fähig	entfällt	PP
	absurde Sprachphä-nomene	AkkO	*wen/was*	Allein VoF-fähig	*jemand registriert etw.*	Nom. oder Akk.
	in keiner Grammatik	fak. Lok. Advb	*Wo*	Allein VoF-fähig	entfällt	PP

10.6. Lösungen zu Attributen (S. 82)

Pränom. Adj.-Attr./Part.-Attr. (jeweils unmittelbar vor dem BE)
(2-103) *öffentlicher, wisenschaftlicher*
(2-104) *moderne, sprachkritischer*
(2-105) *deutschen, verstiegenen, wissenschaftlichen*
(2-106) *sprachtheoretische, großangelegte, absurde*

Postnom. PP-Attr.
(2-103) *von öffentlicher Sprachkritik und wissenschafltlicher Sprachforschung* (BE *Verhältnis*)
von jeher (BE *in Deutschland*; kaum plausibel eher fak. Temp.Advb, da allein VoF-fähig)
(2-104) *auf diesem Feld* (BE *Linguistik*; Ambiguität!)
(2-105) *zwischen „richtig" und „falsch"* (BE *Trennung*)
in verstiegenen wissenschaftlichen Diskussionen (BE *Sprachforscher*, unplausibel wegen Valenz von *schwelgen)*

Postnom. Rel.Satz.Attr.
(2-106) *die bisher in keiner Grammatik verzeichnet war* (BE *Sprachphänomene*)

10.7. Lösungen zu den Partikel-Funktionen (S. 96)

(2-19)	*doch*	MP, da im MiF und typisch für V-2-Aussagesatz; auch als GP möglich mit Fokus auf entweder *sie* oder *gehört*)
(2-22)	*bloß*	MP, da im MiF und typisch für V-1-Imp.-Satz
	nicht	Neg-P. (Satznegation)
(2-23)	*zu*	Präp, regiert folgende NP im Dativ
	und	koord Konj. (verbindet zwei gleichstufige V-2-Aussagesätze)
	denn	MP, da typisch für elliptischen *w*-V-2-Fragesatz
(2-24)	*na*	Interjektion (steht isoliert vor dem Satz)
	mal	MP, da im MiF und typisch, typisch für V-1-Imp.-Satz
(2-25)	*doch*	MP, da im MiF und typisch für V-2-Aussagesatz
	gar nicht	verstärkte Negation (Satznegation)
(2-26)	*auch*	GP (Fokus auf *ich*)
(2-28)	*nichts*	Negation (NP) mit AkkO-Funktion
(2-29)	*na*	Interjektion (steht isoliert vor dem Satz)
	mal	MP, da im MiF und typisch, typisch für V-1-Imp.-Satz
(2-31)	*und*	koord. Konj. (wohl in elliptischer Verwendung)

10.8. Lösungen zur Valenz (S. 106)

helfen............................*jemand/etw. hilft jemandem*; x *hilft* y (*mit* z), x=Subj. (Agens), y= DatO (Correspondent), *mit* z= fak. Instr.Angabe; hier ist z umgewandelt zu agensähnlichem Subj.; das DatO ist erspart, aus dem Kontext zu ergänzen *den Herstellern*

lassen kontrollieren.......*jemand kontrolliert jemanden/etw.*; x *kontrolliert* y, x=Subj. (Agens), y=AkkO (Patiens); *drei Champagnerfirmen* gilt als „Personenverband"; *lassen* ändert nicht die Valenz

geht weiter.....................*jemand geht weiter*; x *geht weiter*, x=Subj. (charakt. Entität); *Moet Chandon* gilt als „Personenverband"; *einen Schritt* ist Maßakk. und gehört nicht zur Valenz

wurde abgeschlossen.....*jemand schließt etw. ab*; x *schließt* y *ab*, x=Subj. (Agens), y=AkkO (Patienes); hier ist das Subj. wegen Vorgangs-Pass. entfallen; Patiens wird stattdessen Subj.

Ermitteln läßt...............*jemand ermittelt etw.* x *ermittelt* y (*mit* z), x=Subj. (Agens), y=AkkO (Patiens), *mit* z=fak. Instr.Advb-Angabe; hier ist *mit* z umgewandelt zu agensähnlichem Subj.; ursprüngliches Agens-Subj. entfällt; *lassen* ändert nicht die Valenz

10.9. Lösungen zum Passiv (S. 114)

(4-53) *sind geschlagen mit:* der Form nach könnte es ein Zustandspassiv (ohne Agens-*von*-Phrase) sein. Doch führt die Hinzufügung von *worden* (Umformung ins Vorgangspassiv) zu einer wenig akzeptablen Version, ebenso die Umformung ins Aktiv: *Jmd./etw.* (Agens-Subj.) *schlägt die Haarhandwerker* (Patiens-AkkO) *mit Hautreizungen und Allergien.* Vermutlich liegt das an dem idiomatischen Charakter der Wendung *geschlagen sein mit etw.* der die Analyse als prädikative Struktur plausibler erscheinen läßt, obwohl *geschlagen* wesentliche Merkmale eines prädikativen Adjektivs (Komparierbarkeit, Präfigierbarkeit mit *un-*) fehlen.

(4-54) *Kunden bekommen einzelne Strähnchen durch eine Haube gezogen*: *kriegen/bekommen*-Passiv. Aktivform: *jmd.* (Agens-Subj., im Passiv erspart) *zieht den Kunden* (DatO) *einzelne Strähnchen durch eine Haube.*

(4-55) *zwei Komponenten werden vermischt:* subjekthaltiges Vorgangspassiv. Aktivform: *jmd.* (Agens-Subj., im Passiv erspart) *vermischt zwei Komponenten* (Patiens-AkkO).

(4-56) *eine Positivliste wird gefordert:* subjekthaltiges Vorgangspassiv. Aktivform: *jmd.* (Agens-Subjekt, im Passiv erspart) *fordert eine Positivliste* (Patiens-AkkO)

(4-57) *Farbstoffe sind verboten:* Zustandspassiv. Vorgangspassiv*: Farbstoffe sind verboten worden.* Aktivform: *Jmd.* (Agens-Subj.) *hat Farbstoffe* (Patiens-AkkO) *verboten.*

10.10. Lösungen zu Satzfolgen und Infinitiven (S. 134)

Alles ... ist	V-2-Aussagesatz, erster Matrixsatz	Zusammen mit *was wir tun könnten* Subj.
was wir tun könnten	*w*-Relativsatz, Verb-Letzt	Attributsatz zu *alles.* Bilden zusammen das Subj. in einer präd. Struktur bzw. in einer Identitätsaussage.
die wesentlichen Materialien und Methoden [...] gegeneinander abzuwägen	erweiterter Inf.	Präd. bzw. nom. NP in einer Identitätsaussage
das heißt ...	V-2-Aussagesatz, zweiter Matrixsatz, asyndetisch an den ersten angeschlossen.	
die Einzigartigkeit ... im Vergleiche mit anderen Texten ... zu betrachten	erweiterter Inf.	AkkO zu *heißt*
sowie nach jeder Aussage sich darauf zu besinnen	erweiterter Inf., mit *sowie* koord. an den ersten angeschlossen,	AkkO zu *heißt*
daß man falsch liegen könnte	*daß*-V-L-Satz.	*darauf* könnte Platzhalter sein, dann wäre der *daß*-Satz extraponierter PO-Satz; oder er könnte BE sei, zu dem der *daß*-Satz Attr. wäre, dann würden beide Ausdrücke zusammen das PO zu *sich besinnen* bilden.

10.11. Lösungen zu Satztyp und Satzmodus (S. 146)

(6-37) V-1-Imp.-Satz:
kein *w*-Fragepronomen, (±) imp. V-Morphologie, V-1 fallender Tonverlauf, Satzfokus-Akzent.

(6-38) V-1-Entscheidungsfragesatz:
kein *w*-Fragepronomen, nicht-imp. V-Morphologie, V-1, steigender Tonverlauf, Satzfokus-Akzent, *mal, vielleicht, bitte* als typische MP.

(6-39) V-2-Aussagesatz:
kein *w*-Fragepronomen, V-Morphologie nicht-imp., V-2, fallender Tonverlauf, Satzfokus-Akzent.

(6-40) V-1-Wunschsatz:
kein *w*-Fragepronomen, Konj. II, V-1, fallendes Tonmuster, *doch* als typische MP.

(6-41) V-1/V-2-Exklamativsatz:
kein *w*-Fragepronomen, ind. V-Morphologie, V-1 bzw. V-2, fallender Tonverlauf, obl. Exklamativakzent auf Subj.-Pronomen, *aber* und *vielleicht* als typische MP

(6-42) *ob*-V-L-Fragesatz:
ob, nicht-imp. V-Morphologie, V-L, steigendes Tonmuster, Satzfokus-Akzent, *wohl* als typische MP.

(6-43) *ob*-V-L-Imp.-Satz:
ob, nicht-imp. V-Morphologie, V-L, fallendes Tonmuster, Satzfokus-Akzent,*wohl* als typische MP.

(6-44) *wenn*-V-L-Wunschsatz:
kein *w*-Fragepronomen, *wenn,* Konj. II, V-L, fallendes Tonmuster, *doch* und *nur* als typische MP.

11. Strategie der syntaktischen Analyse

Für die syntakt. Analyse schlagen wir ein Vorgehen in drei Schritten vor.

1. Allgemeine Charakteristik (in der Form einer stichwortartigen Charakterisierung der Satzstruktur):
- Satzkomplexität: Angabe der Art und der hierarchischen Anordnung der Teilsätze.
- Satzmodus (auch Satzart genannt) (→ 241ff.): Aussage-. Fragesatz, usw. und die dafür relevanten Merkmale, z.B. V-Stellung (→ 67ff.), V-Morphologie (→ 49), Tonmuster (→ 110).

2. Analyseschema (für eine möglichst ökonomische Detailanalyse)

Syntaktische Mittel						
Topologie	**Intonatorik**	**Morpholog. Markierung**	**Phrasenkategorie**	**Wortkategorie**	**Text**	**Syntakt. Funktion**
V-Stellung: V-1, V-2, V-L Klammerstruktur: Satzklammer Felderstruktur: VoF, MiF, NaF SG-Folge in den Stellungsfeldern	Satzakzent Phrasenakzent	N: Kasus, Numerus, V: Ps., Numerus, Modus, Tempus, GenusVerbi Adj.: Kasus, Numerus Art./ProNP: Kasus Numerus, Genus	NP, VP, PP	N, V, Adj., ProNP, Adv. usw.		Wortfunktion; SG-Funktion: Subj., V (VV, KV, HV, MV), Obj., Advb.; Gliedteil-Funktion: Attr.

3. Kommentare und Begründungen

Alle nicht-trivialen Befunde, vor allem aber alle unklaren oder auf mehrfache Weise interpretierbaren Stellen sollten in Anmerkungen erläutert werden, gegebenenfalls sollte auch auf alternative Lösungsvorschläge eingegangen werden. Die im Schema vorgeschlagenen Lösungen sollten hier argumentativ abgesichert werden. Hier kann man eventuell auch die V-Valenzen (→ 183ff.) diskutieren.

Hinweise: Um beim vorliegenden Buchformat eine übersichtlichere Darstellung zu gewährleisten haben wir das Schema um 90 Grad gedreht, so daß der Analysetext fortlaufend in einer Zeile steht. Erfahrungsgemäß kommt eine hochformatige Verwendung des Schemas den Schreibgewohnheiten des einzelnen jedoch mehr entgegen.

Natürlich können auch Strukturbäume in der Art von Valenzbäumen und Konstituentenstrukturbäumen verwendet werden. Bei Strukturbäumen werden aber nach unserer Erfahrung oft Darstellungsfehler gemacht, und es werden oft wichtige Informationen vergessen.

Bedenken Sie, daß der Kern einer syntakt. Analyse immer die Funktionalstruktur ist, also die Ermittlung der syntakt. Funktionen (→ 111ff.). Die Darstellung der topolog. Struktur (→ 66ff.), der morpholog. (→ 47ff.) und der kategorialen Markierung (→ 46ff.) kann natürlich auch als Selbstzweck betrieben werden, aber im Rahmen einer Satzanalyse erscheint uns das nicht sehr sinnvoll. Hier sollten alle diese Informationen auf die Funktionalstruktur hin orientiert sein, also nur soweit angegeben werden, wie sie die Zuordnung von syntakt. Funktionen stützen oder in Frage stellen.

Die intonat. Markierung (→ 94ff.) sollte übergangen werden, wenn sich die Kandidaten auf diesem Gebiet nicht sicher fühlen.

12. Klausuraufgaben

Im folgenden finden Sie einige Übungsklausuren (römische Nummerierung). Diese sind für jeweils einen Zeitrahmen von 90 Minuten konzipiert und umfassen – mit variierenden Schwerpunkten – den gesamten Syntaxstoffes dieses Bandes. Sie sind so angeordnet, dass sie zunehmend schwieriger werden.

Schaffen Sie sich eine entsprechende Klausurumgebung (keine Sekundärliteratur!), konzentrieren Sie sich auf eine übersichtliche und aussagekräftige Darstellungsweise und trainieren Sie Geschwindigkeit.
Passende Lösungsvorschläge finden Sie im Anhang. Und nun viel Spaß!

I. Text:
(1) „Herzlichen Glückwunsch zu Ihrem neuen Computer. (2) Wir danken Ihnen, daß Sie Ihre besten Jahre opfern wollen, um eine unterentwickelte Technologie zu verstehen. (3) Das erste Kapitel des Handbuchs erklärt, wie Sie mit dem Kapitel des Handbuchs umgehen müssen, das erklärt, wie Sie mit dem Rest des Handbuchs umgehen müssen. (4) Bevor Sie dieses Kapitel lesen, machen Sie sich bitte mit dem nächsten Kapitel vertraut, das klarstellt, warum das erste Kapitel wichtig war. (5) Wenn Sie das Handbuch gelesen haben, sind Sie zwar nicht in der Lage, Ihren Computer zu verstehen, aber erheblich älter."

Aufgaben:
I.1. Handelt es sich bei (1) um einen Satz im streng syntakt. Sinn? Begründen Sie Ihre Antwort.
I.2. Erstellen Sie eine detaillierte Analyse des Satzes (2). Begründen Sie bitte alle nicht-trivialen Entscheidungen! Unseres Erachtens sind dies insbesondere
- die Kategorie von *besten* und *unterentwickelte*
- die Funktion von *daß Sie ...wollen* und *um eine ... verstehen.*

I.3. Machen Sie von (3) eine Grobanalyse, in der Sie die Gleich-/Unterordnung der einzelnen Sätze/Satzteile und deren Funktion erläutern.
I.4. Geben Sie die syntakt. Funktionen der unterstrichenen Phrasen in (3), (4) und (5) an. Begründen Sie Ihre Zuordnung.

II. „Streiflicht" aus der Süddeutschen Zeitung vom 11.7.1995
(1) Na und? (2) Anderswo ist es sogar noch heißer, 48 Grad zum Beispiel in Tunesien, und die Leute jammern trotzdem nicht so wehleidig herum. (3) Weil sie nämlich flexibel sind. (4) Statt blöde im Büro vor sich hinzubrüten, legt sich der Araber bei Hitzealarm einfach in den Schatten und läßt Allah einen guten Mann sein. (5) Wenn wir das täten, erschiene anderntags keine Zeitung, was aber nichts ausmachen würde, weil bei diesen Temperaturen sowieso kein Mensch Zeitung liest. (6) Also, warum tun wir es nicht?

Aufgaben:
II.1. Handelt es sich bei (1), (3) und (6) um Sätze im streng syntakt. Sinn? Geben Sie – sofern möglich – Satztyp und Satzmodus an und diskutieren Sie etwaige ungewöhnliche Strukturen!
II.2. Erstellen Sie eine detaillierte Analyse des Satzes (4). Begründen Sie bitte alle nicht-trivialen Entscheidungen! Dies sind insbesondere
- die Kategorie von *blöde* und *einfach*
- die Funktion von *blöde, einfach, bei Hitzealarm* und *in den Schatten*
- und die Valenz von *lassen*

II.3. Geben Sie die Über-/Unterordnung der Teilsätze in (5) an. Beschreiben Sie deren topolog. Position und geben Sie syntakt. Funktion der KS an. Wo liegt das Problem?
II.4. Geben Sie die morpholog. Markierung von *erschiene* in (5) an.
II.5. Geben Sie Wortart und syntakt. Funktion von *anderntags, aber, sowieso* und *kein* in (5) an und begründen Sie Ihre Entscheidung!

III: „Dr. Pausers Schuhwerk“ aus DIE ZEIT vom 19.1.1996
(1) Weiße Socken sind out. (2) Hoffnungslos out, megaout. (3) Dennoch laufen immer noch jede Menge Männer damit durch die Gegend. (4) Viele von ihnen wundern sich, daß sie bei Frauen nicht mehr so gut ankommen wie in vergangenen Tagen, obwohl sie doch eigentlich immer noch ganz passable Kerle sind. (5) Sie ahnen nicht, daß es die Socken sind, die ihnen den Boden unter den Füßen wegziehen. (6) Werden Frauen über die negativsten Eigenschaften der Männer befragt, kommt neben Bierbauch, Krieg und Vergewaltigung stets auch die weiße Socke auf die Liste. (7) Für ihre Träger typisch ist angeblich, daß sie sie anbehalten, wenn sie mit einer Frau ins Bett hüpfen. (8) Wie meistens haben die Frauen recht: (9) Wieviel Geistesgegenwart sollen sie von einem Mann erwarten, der zehn Jahre Modewandel verschlafen hat? (10) Wieviel Aufmerksamkeit wird er ihnen wohl schenken, wenn er allein mit seinen Socken auf Schritt und Tritt beweist, daß er über jeden Wandel in den Erwartungen seiner Mitmenschen ignorant hinweggeht?

Aufgaben:
III. 1. Handelt es sich bei (2) um einen Satz im streng syntakt. Sinn? Begründen Sie Ihre Antwort!
III. 2. Erstellen Sie eine detaillierte Analyse des Satzes (4). Begründen Sie bitte alle nicht-trivialen Entscheidungen! Dies sind insbesondere
- die Kategorie von *ganz, viele* und *vergangen*
- die syntakt. Funktion von *bei Frauen, mehr*, bzw. *nicht mehr*, *so*, *wie in vergangenen Tagen, eigentlich, noch,* bzw. *immer noch* und *ganz*

- die syntakt. Funktion der Konstituentensätze bezüglich ihrer jeweiligen Matrixsätze.

III.3. Geben Sie Satztyp und Satzmodus von (9) an.

III.4. Geben Sie die Über-/Unterordnung der Teilsätze in (10) an. Geben Sie die topolog. Position und die syntakt. Funktion der Konstituentensätze an.

IV. „Giraffenjagen" aus DIE ZEIT vom 3.2.1995, Seite 2

(1) Aus einer Vorlesung von Newt Gingerich, Sprecher des US-Repräsentantenhauses, über das Thema „Amerikanische Kultur – Frauen im Krieg", gehalten am Reinhardt-College zu Georgia: (2) „Was bedeutet Krieg? (3) Wenn Krieg bedeutet, in einem Graben zu stehen, haben Frauen biologische Probleme: (4) Ihnen drohen Infektionen und ihr Oberkörper ist nicht stark genug. (5) Bei einigen ist das anders, aber die sind eher selten. (6) Männer hingegen sind grundsätzlich kleine Schweinchen. (7) Wirf sie in einen Graben, und sie wälzen sich darin herum. (8) Auf der anderen Seite: (9) Wenn Krieg bedeutet, auf einem Superkreuzer durch die Ägäis zu schippern und zwölf Schiffe samt Raketen per Computer zu bedienen, dürfte eine Frau bei weitem besser sein als ein Mann, der sehr, sehr frustriert wäre, müßte er die ganze Zeit auf einem Stuhl sitzen. (10) Denn Männer sind biologisch so beschaffen, rauszugehen und Giraffen zu jagen.

Aufgaben:

IV. 1. Handelt es sich bei (1) um einen Satz im streng syntakt. Sinn? Begründen Sie Ihre Antwort.

IV. 2. Geben Sie den Satztyp und Satzmodus von (2) und (7) an.

IV. 3. Erstellen Sie eine detaillierte Analyse des Satzes (9). Begründen Sie bitte alle nicht-trivialen Entscheidungen! Dies sind insbesondere

- die morpholog. Markierung von *müßte,*
- die Kategorie von *samt, weitem* und *frustriert,*
- die Funktion von *bei weitem, als ein Mann* und *die ganze Zeit,*
- und die Stellung von *der sehr, sehr ... auf einem Stuhl sitzen* im Verhältnis zum MS

V. + VI. Streiflicht aus der Süddeutschen Zeitung vom 24.5.93

(1) Gestern abend, als es dunkel wurde, saßen wir noch auf dem Balkon und überlegten, wie es wäre, eine große Leiter an den Himmel zu stellen, in den Weltäther hinaufzuklettern und unseren Lieblingsstern für einen Augenblick hinunterzuholen. (2) Aber er würde sicher nicht mitkommen wollen, dachten wir dann. (3) Wenn wir ein Stern wären und einen schönen Platz hätten am Himmel, also wir würden mit niemandem zur Erde hinunterklettern – wozu denn? (4) So blieben wir auf dem Balkon, irgendwie melancholisch und resigniert, und als es 22.10 Uhr wurde, sahen wir einen groß angekündigten

ZDF-Film, in dem zum Beispiel der neunjährige Johnny Napolitano aus New York von Außerirdischen erzählte, die ihn in einem Raumschiff auf den Tisch gelegt und untersucht hätten. (5) Ufos! Mein Gott, wenn man doch bloß selber mal eines sähe! (6) Was haben wir nicht schon alles gelesen über Ufos: ihre Landungen bei Woronesch und Darmstadt, ihre Untertassenförmigkeit, die Haarlosigkeit ihrer Insassen und deren Liebe zu Tanz und Gesang, ihre Verletzungen der Neutralität des österreichischen Luftraums. (7) Aber nie sind *wir* mal besucht worden, wir hier auf dem Balkon – hallo, hallo! (8) Wenn ein galaktisches Ashtar-Kommando uns selbst von Frieden und Weisheit berichten würde, wenn man uns persönlich ein Frauenhaar vom Planeten Meton im System Proxima Centauri brächte, wenn die Inhaber des "Einen Lichts" *uns* in ihrem Mutterschiff auf den Tisch legen und examinieren würden ... aber das passiert nicht! (9) Immer nur die Johnnies in New York oder Hamburger Hilfsgärtner Horst oder Frau Holzer aus Neuötting. (10) Wir, Brüder und Schwestern im All, wir wollen auch mal drankommen! (11) Hört Ihr uns, kosmische Meister? (12) Wißt Ihr denn nicht, was es bedeutet, wenn mit der Glaubwürdigkeit einer großen, sehr ernstzunehmenden Zeitung (noch dazu an dieser prominenten Stelle) von Eurer Klugheit und Freundlichkeit berichtet würde, Euren schmalen Augen und der Einteiligkeit Eurer Raumanzüge, auch Eurer Verachtung für die neuen amerikanischen Pläne, riesige Reklametafeln in den Orbit zu schießen, welche neben unserem Lieblingsstern für Limonade und Schwarzenegger-Filme werben sollen? (13) Holt uns ab, fliegt mit uns, dematerialisiert uns, zeigt uns Ganymed und Beteigeuze und Eure wulstigen Stirnlappen! (14) Und bringt uns abends zurück, zum Redaktionsschluss und zum Abendessen! (15) Uns wird man diese Geschichten nicht unter Hypnose aus der Nase ziehen müssen wie anderen in diesem Fernsehfilm.

Aufgaben:

V.1. Erstellen Sie eine detaillierte Analyse des Satzes (1). Begründen Sie bitte alle nicht-trivialen Entscheidungen!

V.2. Analysieren Sie die unterstrichenen Worte/Phrasen in (2) und (3) nach Wortart (Kategorie) und syntakt. Funktion. Begründen Sie Ihre Zuordnung.

V.3. Machen Sie von (4) eine Grobanalyse, in der Sie vor allem die Gleich-/Unterordnung der einzelnen Sätze/Satzteile und ihre Funktion erläutern.

V.4. Ordnen Sie den zwei unterstrichenen SG in (4) eine syntakt. Funktion zu und begründen Sie Ihre Entscheidung.

VI.1.Bestimmen Sie Satztyp und Satzmodus von (5) und (13) (nur vollständige Sätze betrachten)!

VI.2. Bestimmen Sie die Felderstruktur von (6).

VI.3. Erstellen Sie eine detaillierte Analyse des Satzes (12). Begründen Sie bitte alle nicht-trivialen Entscheidungen!

13. Lösungsvorschläge

Im folgenden finden Sie die Lösungsskizzen zu den Übungsklausuren. Wir haben – so weit möglich – alternative Analysen ebenfalls angegeben. Bitte beachten Sie immer, daß es weniger um „richtig“ oder „falsch“, sondern um fundierte Diskussion der problematischen Analysen geht. Gewöhnen Sie sich generell an den Gedanken, dass noch nicht alle Probleme lösbar sind – auch uns bleibt manchmal nur die sokratische Aporie oder ein gequältes *sowohl ... als auch*.

Wo uns dies sinnvoll schien, haben wir auch auf die entsprechenden Abschnitte im Buch verwiesen.

Klausur I.

I.1.

Bei (1) handelt es sich um keine satzförmige Struktur, weil sowohl das fin. V als auch ein Subj. und etwaige weitere valenznotwendige Mitspieler fehlen (→ 26).

I.2. Detaillierte Analyse

Topologie	VoF 1		MiF 1	Extraposition 1						
				klö 2					klschl 2	
Klammern		klö 1								
					MiF 2					
Text	*Wir*	*danken*	*Ihnen,*	*daß*	*Sie*	*Ihre*	*besten*	*Jahre*	*opfern*	*wollen*
Wortart	Pers. Pron.	V fin.	Pers. Pron.	sub. Konj.	Pers. Pron.	Poss. Pron.	Adj.[1]	N	V infin.	V fin.
Phrasen-Kategorie	NP		NP		NP	NP				
Synt. Funkt.						Det.	Adj.-Attr.	Kern-N	VV infin.	MV fin.
		VV fin.			Subj.2	AkkO 2			Präd 2	
	Subj.1	Präd 1	DatO 1	PO 1						

1 Superlativ zu *gut*.

Topologie						
Klammern	[2]				[3]	
Text	*um*	*eine*	*unterent-wickelte*	*Technologie*	*zu*	*verstehen.*
Wortart	Part.	indef. Art.	[4]	N	Inf.-Part.	V infin.
Phrasen-Kategorie		NP			VP	
Synt. Funkt.	[5]	Det.	Attr.	Kern-N		VV infin.
		AkkO 3			Präd 3	
	fak. Fin.Advb. 2					
	PO 1					

Valenz

x dankt y z: x=Subj., y=AkkO, z=PO mit fester Präp *für*, die hier wegen der satzförmigen Füllung entfallen ist; *jemand dankt jemandem etw. nicht* im Gegensatz zu idiomat. Wendungen wie *Das dankt dir keiner* etc.

x opfert y: x=Subj., y=AkkO; *jemand opfert etw./jemanden*

x versteht y, x=Subj., y=AkkO; *jemand versteht etw.* im Gegensatz zu *jemand versteht etw. von etw.*

Satztyp/-modus

Es handelt sich um einen V-2-Aussagesatz, dessen PO durch einen subord., mit *daß* eingeleiteten V-L-Satz gefüllt ist, der wiederum eine mit *um* eingeleitete Inf.-Struktur als fak- Fin.Advb. enthält.

I.3.

	Syntakt. Funkt.	Topolog. Funkt.
Das erste Kapitel des Handbuchs erklärt,	MS	
wie Sie mit dem Kapitel des Handbuchs umgehen müssen,	KS erster Ordnung in der Funktion eines AkkO zum MS	Extraposition zum MS
das erklärt,	KS zweiter Ordnung in der Funktion eines Rel.Satz.Attr. zu *Kapitel* im übergeordneten KS	Extraposition zum übergeordneten KS
wie Sie mit dem Rest des Handbuchs umgehen müssen.	KS dritter Ordnung in der Funktion eines AkkO zum übergeordneten KS	Extraposition zum übergeordneten KS

2 Keine klammerbildenden Elemente, da Inf.-Konstruktion (→ 233ff.)

3 Keine klammerbildenden Elemente, da Inf.-Konstruktion (→ 233ff.)

4 Erinnert an ein Part II (→ 110) es gibt aber kein VV *unterentwickeln.* Also wahrscheinlich von *entwickeln* abgeleitetes Adj. (→ 119), da auch komparierbar. Vgl. auch *überbelichtet, unterbelichtet.*

5 Entweder läßt sich *um ... zu* als komplexe Inf.-Parikel (→ 235) analysieren oder *um* ist eine Präp. (→ 155), die eine Inf.-Struktur (→ 233ff.) regiert (vgl. auch *statt* in Aufgabe II.2).

I.4.
mit dem Rest
Funktion: PO (→ 126)
Begründung: obl., da von der Valenz des V *umgehen mit* in dieser Lesart gefordert; kein Advb. da die Präp. *mit* fest ist; SG, da frei verschiebbar, allein VoF-fähig, erfragbar und pronominalisierbar (→ 278, 279).

Bevor Sie dieses Kapitel lesen
Funktion: fak. Temp.-Adv. (→ 132)
Begründung: fak., da weglassbar; SG, da frei verschiebbar, allein VoF-fähig, erfragbar und pronominalisierbar; temp., da durch *wann* erfragbar

mit dem nächsten Kapitel
Funktion: PO (→ 126)
Begründung: obl., da von der Valenz des Part. II *vertraut* gefordert; keinAdvb. da die Präp. *mit* fest ist; SG, da frei verschiebbar, allein VoF-fähig, erfragbar und pronominalisierbar (→ 278, 279)

Klausur II.
II.1.
Bei (1) handelt es sich um keine satzförmige Struktur, weil sowohl das fin. V als auch ein Subj. und etwaige weitere valenznotwendige Mitspieler fehlen. (→ 26)
In (3) sind diese formalen Bedingungen erfüllt. Allerdings hat der Satz V-L-Stellung und wird durch die typischerweise subord. Konj. *weil* eingeleitet. (3) ist also eine Art Mischprodukt. Am besten faßt man ihn als KS zu (2) in Funktion eines freien Kaus.Advb. auf – und muß die merkwürdige Interpunktion erklären.
Bei (6) handelt es sich um einen *w*-V-2-Fragesatz (→ 248), dem *also* in der Funktion eines Konj.Advb. (→ 161) vorgeschaltet ist.

II.2. Detaillierte Analyse

Topologie	VoF 1						
		MiF 1					
Klammern	[6]						[7]
Text	*Statt*	*blöde*	*im*	*Büro*	*vor*	*sich*	*hinzubrüten*
Wortart	Partikel	Adv.[8]	Partikel + def. Art.	N	Präp.	Refl. Pron.	V infin. mit Inf.-Part.
Phrasen-Kategorie			PP		PP		
	Komplexe Inf.-Phrase						
Synt. Funkt.			Präp.+ Det.	Kern-N			VV infin. mit Inf.-Part.
	Präp.[9]	fak. Mod. Adv. 1[10]	fak. Lok.Advb.		Teil des verbalen Idioms		Prädikat 1
	fak. Advb. 2						

6 Keine klammerbildenden Elemente, da Inf.-Konstruktion (→ 233ff.)

7 Keine klammerbildenden Elemente, da Inf.-Konstruktion (→ 233ff.)

8 *Blöde* ist von dem Adjektiv *blöd* durch das typische Adv-Suffix *-e* abgeleitet (vgl. lat. *-e*, engl. *-ly*); es flektiert selbst nicht, daher hat es den Status eines Adv. (→ 119, 153)

9 *Statt* hat klare Gen.-Rektion (*statt seiner Schwester*) und ist daher Präp. Präp. können als Einleitungselemente von Inf.-Konstruktionen verwendet werden (→ 155).

10 fak., weil weglassbar; SG, da frei verschiebbar und VoF-fähig; mod., da durch *wie* erfragbar (→ 130).

Topologie		MiF 2								
Klammern	klö 2							[11]		
Text	*legt*	*sich*	*der*	*Araber*	*bei*	*Hitzealarm*	*einfach*	*in*	*den*	*Schatten*
Wortart	V fin.	Refl. Pron.	def. Art.	N	Partikel	N	Adj.[12]	Partikel	def. Art.	N
Phrasen-Kategorie			NP		PP				NP	
								PP		
synt. Funkt.	VV fin.		Det.	Kern-N	Präp.	Kern-N		Präp.	Det.	Kern-N
	Präd 2	AkkO 2[13]	Subj.2		fak. Temp.-Adv.[14]		fak. Mod.-Adv.[15]	obl. Dir.Advb. 2[16]		

11 Sofern man obl. Dir.Advb. als klschl Elemente akzeptiert, ist *in den Schatten* klschl 2 (→ 178).

12 Im Gegensatz zu *blöde* (s.o.) ist *einfach* ein Adj., da es flektierbar und komparierbar ist.

13 *legen* ist kein obl. refl. V (vgl. Valenzanalyse) (→ 272), *sich* füllt hier also die Funktion des AkkO

14 fak., weil weglassbar; SG, da frei verschiebbar, VoF-fähig, pronominalisierbar und erfragbar; temp., da durch *wann* erfragbar (→ 132)

15 fak., weil weglassbar; SG, , da frei verschiebbar, VoF-fähig, pronominalisierbar und erfragbar; mod., da durch *wie* erfragbar (→ 130)

16 obl., weil von Valenz des VV gefordert; SG, da frei verschiebbar, VoF-fähig, pronominalisierbar und erfragbar; direktional, da durch *wohin* erfragbar (→ 128)

Topologie		VoF 3		MiF 3				
Klammern			klö 3		[17]			klschl 3
Text	*und*	*(er)*	*läßt*	*Allah*	*einen*	*guten*	*Mann*	*sein*
Wortart	Partikel	(Pers. Pron.)	[18]	N	indef. Art.	Adj.	N	V infin.
Phrasen-Kategorie		NP		NP	NP			
Synt. Funkt.					Det.	Adj.-Attr.	Kern-N	KV infin.
					Präd. 4			Prädikat 4
	koord. Konj.	(Subj. 3)	Prädikat 3	AkkO 3	Präd. 3			

Valenz
x brütet vor sich hin, x=Subj. mit obl. Refl.-Pron. Bereits idiomatisiert (→ 117); *jemand brütet vor sich hin*
x legt y z, x=Subj. y=AkkO, z= obl. Lok.-Adv.; *jemand legt jemanden/etw./sich irgendwohin*
x läßt vgl. Fußnote 18

Satztyp/-modus
Es handelt sich um zwei durch *und* koordinierte V-2-Aussagesätze (→ 246), wobei im zweiten Konjunkt das Subj. durch Koordinationsreduktion erspart ist (→ 223). Das VoF des ersten Konjunkts ist durch eine komplexe Inf.-Struktur (→ 233ff.) in der Funktion eines freien Advb. (→ 133) gefüllt.

---

17 Sofern man Präd. als klschl Elemente akzeptiert, ist *einen guten Mann* Teil des klschl 3 (→ 179)

18 Entweder ist *sein lassen* eine Art untypisches KV (→ 113): *x läßt y* mit x=Subj. y=Präd., das aus KV und NP im Akk besteht oder *lassen* steht mit doppeltem Akk: *x läßt y z sein* mit x=Subj. y, z =Präd. im Akk. (→ 188, 125)

II.3.

	syntakt Funktion	topolog. Funktion (→ 82ff.)
Wenn wir das täten,	KS erster Ordnung in der Funktion eines fak. Kond.-Adv. zum MS 1	steht im VoF zu MS 1
erschiene anderntags keine Zeitung	MS 1	
was aber nichts ausmachen würde,	KS erster Ordnung als weiterführender NS zum MS 1, eingeleitet durch ein *w*-Rel.-Pron. ohne BE	steht im NaF zu MS 1
weil bei diesen Temperaturen sowieso kein Mensch Zeitung liest.	KS zweiter Ordnung in der Funktion eines fak. Kaus.Adv. zum KS erster Ordnung	steht im NaF zu MS 1

II.4.
erschiene 3. Ps. Sg. Konj II, Akt.

II.5.
anderntags
Wortart: Adv. (Partikel) (→ 153)
Begründung: flektiert nicht
Funktion: fak. Temp.Advb.
Begründung: weglassbar, verschiebbar und allein VoF-fähig, durch *wann* erfragbar (→ 134)

aber
Wortart: Partikel
Begründung: flektiert nicht
Funktion: steht relativ satzinitial (vgl. auch *er aber sprach, ...*), kann aber nicht allein VoF-füllend auftreten, daher kaum KonjAdv (→ 161); verbindet die beiden Sätze inhaltlich; kann aber nur koord. Konj. (→ 159) sein, wenn die zwei Sätze gleichwertig sind.

sowieso
Wortart: Partikel
Begründung: flektiert nicht
Funktion: Anbindung an *kein Mensch*; nicht allein verschiebbar, nicht erfragbar nicht pronominalisierbar, also kein SG; könnte eine GP (→ 163) mit Fokus auf *kein Mensch* sein. Alternativ ist die Analyse als SAdv (→ 154) denkbar. Hat Skopus auf den gesamten Satz, obwohl *es ist sowieso, daß*-Test (→ 182) versagt; ähnlich wie *ohnehin.*

kein
Wortart: Kombination aus indef. Art. (→ 36) und Negation (→ 165); Teil einer NP (→ 34)
Funktion: zusammen mit *Mensch* Subj. (→ 121)

Klausur III.

III.1.
Es handelt sich um keine satzförmige Struktur, da das fin. Verb und das Subj. als obl. Ergänzung fehlen(→ 26). Geht man von einer Ellipse [*weiße Socken sind*] aus (→ 214ff.), so erfüllt (2) die Funktion als Präd. (→ 118)

III.2 Detaillierte Analyse

Topologie	VoF1				MiF1	Extraposition1			
							MiF2		
Klammern				klö1		klö2			
Text	*Viele*	*von*	*ihnen*	*wundern*	*sich,*	*daß*	*sie*	*bei*	*Frauen*
Wortart	Indef. Pron.	Partikel	Pers. Pron.	V fin.	Refl. Pron.	Partikel	Pers. Pron.	Partikel	N
Phrasen-Kategorie		PP					NP	PP	
	NP								
synt. Funkt.		Präp.	Kern-N					Präp.	Kern-N
	Kern-N	PP-Attr. zu *viele*		VV fin.	obl. Refl. Pron.	subord. Konj. 2	Subj. 2	PO 2	
	Subj. 1			Prädikat 1		PO 1			

Topologie	Extraposition1								
						NaF2			
Klammern					klschl				
Text	*nicht*	*mehr*	*so*	*gut*	*ankommen*	*wie*	*in*	*vergangenen*	*Tagen*
Wortart	Partikel	Adv. [19]	Partikel	Adj.	V fin.	Partikel	Partikel	Part. II	N
Phrasen-Kategorie								NP	
							PP		
synt. Funkt.	Neg.-Part.		Korrelat zu *wie*[20]	fak. Mod. Advb. 2	VV fin.	Vgl. Part.	Präp.	Part.-Attr.	Kern-N
	fak. Temp.Advb. 2		fak. Mod.Advb. 2		Prädikat 2	Vgl.-Phrase 2			
	PO 1								

[19] *mehr* ist ursprünglich der Komparativ (→ 161) von *viel;* in der festen Verbindung *nicht mehr* ist es aber bereits stark idiomatisiert.

[20] *So* ist eine Partikel, die in gleichstufigen Vergleichen das erste Vergleichsglied modifiziert (→ 162).

Topologie	Extraposition1									
	Extraposition2									
		MiF3								
Klammern	klö3									klschl 3
Text	*obwohl*	*sie*	*doch*	*eigentlich*	*immer*	*noch*	*ganz*	*passable*	*Kerle*	*sind.*
Wortart	Partikel	Pers. Pron.	Partikel	Adj.	Partikel	Partikel	Partikel [21]	Adj.	N	V fin.
Phrasen-Kategorie		NP					NP			
synt. Funkt.					Adv.		Steig.-P.[22]			
							Attr. zu *Kerle*		Kern-N	KV fin.
	subord. Konj. 3	Subj. 3	MP 3	SAdv. 3	fak. Dur.Advb. 3		Präd. 3			Prädikat3
	fak. Konz.Advb.Satz 2									
	PO 1									

Valenz

x wundert sich über z: x=Subj.; das Reflexivpronomen ist bei obl. Refl. V V-Bestandteil und zählt nicht als Ergänzung (→ 272). *über* z= PO; *jemand wundert sich über jemanden/etw.* im Gegensatz zu *etw. wundert jemanden*

x kommt y an bei z x=Subj. y=Mod.-Advb. *bei* z=PO als fak. Ergänzung. (Es liegt eine übertragene Bedeutung des VV vor); *jemand kommt bei jemandem an* im Gegensatz zu *etw. kommt bei jemandem an.*

Satztyp/Satzmodus

Es handelt sich um einen V-2-Aussagesatz, (→ 246) dessen PO durch einen *daß*-V-L-Konj.Satz gefüllt ist, der wiederum einen V-L-Advb.Satz als fak. Konz.Advb. enthält.

III.3

(9) ist ein *w*-V-2-(Ergänzungs)-Fragesatz (→ 248), bestehend aus MS und einem durch ein *d*-Rel.Pron. eingeleiteten GTS (Rel.Satz.Attr. zu *Mann*) (→ 144).

---

21 theoretisch auch als Adj. (→ 119) möglich, hier jedoch nicht flektierbar: **ganze passable Kerle*

22 als Ad-Attr. (→ 138ff.) zu *passable, ganz passable* bildet dann Adj.-Attr zu *Kerle.*

III.4

	Syntakt. Funktion	Topolog. Funktion (→ 82ff.)
Wieviel Aufmerksamkeit wird er ihnen wohl schenken,	MS	
wenn er allein mit seinen Socken auf Schritt und Tritt beweist,	durch *wenn* eingeleiteter KS ersten Grades; Fak. Kond.Advb.-Satz	Steht zusammen mit folgendem *daß*-Satz in Extraposition zum MS
daß er über jeden Wandel in den Erwartungen seiner Mitmenschen ignorant hinweggeht?	durch *daß* eingeleiteter KS zweiten Grades; AkkO zum fin. VV des Konditional-Advb.-Satzes	Steht in Extraposition zum vorausgehenden Kond.Advb.-Satz

Klausur IV.

IV.1

Es handelt sich um keine satzförmige Struktur (→ 26), da sowohl dasfin.. Verb als auch das Subj. als obl. Ergänzung fehlen. Die Funktion und Obligatorizität von (1) lassen sich nur bestimmen, wenn das fin.. Verb bekannt ist. Setzt man beispielsweise ein VV wie *stammen* ein, so handelt es sich bei (1) um ein PO.

IV.2 Satztyp/Satzmodus

Satz (2):

Einfacher *w*-V-2-(Ergänzungs)-Fragesatz (→ 248); Merkmale: *was* als Fragepronomen; V-2, nicht-imp. V-Morphologie; fallender Tonverlauf; keine MP.

Satz (7):

Satzverbindung aus zwei einfachen Sätzen, syndetisch durch die koord. Konj. *und* verbunden (→ 213).

Wirf...Graben: V-1-Imperativsatz (→ 249); Merkmale: kein *w*-Fragepronomen; kein Subj.-Pronomen; imp. V-Morphologie; V-1; fallender Tonverlauf; keine MP.

sie...herum: V-2-Aussagesatz (→ 166); Merkmale: kein *w*-Fragepronomen; nicht-imp. V-Morphologie; V-2; fallender Tonverlauf; keine MP; Semantik wie kond. *wenn ... dann.*

IV.3. Detaillierte Analyse

Topologie	VoF4								
		MiF1		NaF1					
Klammern	klöl		klschl1						
Text	*Wenn*	*Krieg*	*bedeutet,*	*auf*	*einem*	*Super-kreuzer*	*durch*	*die*	*Ägäis*
Wortart	Partikel	N	V fin..	Par-tikel	indef. Art.	N	Par-tikel	def. Art.	N
Phrasen-Kategorie		NP			NP			NP	
				PP			PP		
Synt. Funkt.				Präp.	Det.	Kern-N	Präp.	Det.	Kern-N
			VV fin.	fak. Lok.Advb. 2			obl. Dir.Advb. 2		
	subord. Konj. 1	Subj. 1	Prädikat1	AkkO 1 (zu *bedeutet*)					
	Fak. Kond.Advb.Satz 4								

Topologie	VoF4								
	NaF1								
Klammern									
Text	*zu*	*schippern*	*und*	*12*	*Schiffe*	*samt*[23]	*Raketen*	*per*	*Computer*
Wortart	Inf. Part.	V infin.	Partikel	Num.	N	Partikel	N	Partikel	N
Phrasen-Kategorie				NP		PP		PP	
				NP					
synt. Funkt.						Präp.	Kern-N		
		VV infin.		Adj.-Attr.	Kern-N	PP-Attr. zu *12 Schiffe*		Präp.	Kern-N
	Prädikat 2		koord. Konj.	AkkO 3				fak. Instr.Advb. 3	
	AkkO 1 (zu *bedeutet*)								
	Fak. Kond.Advb.Satz 4								

Topologie	VoF4			MiF4					
	NaF1								
Klammern			klö4					klschl4[24]	
Text	*zu*	*bedienen,*	*dürfte*	*eine*	*Frau*	*bei*	*weitem*	*besser*	*sein*
Wortart	Inf. Part.	V infin.	V fin..	indef. Art.	N	Partikel	Adv. [25]	Adj.	V infin.
Phrasen-Kategorie				NP		PP			
synt. Funkt.		VV infin.	MV fin..						
	Prädikat 3			Det.	Kern-N	Präp.	Kern	Präd. 4	KV infin.
	fak. Kond.-Advb.Satz 4		Prädikatsteil4	Subj. 4		Steig.-P.[26]		Prädikatsteil4	
	AkkO 1 (zu *bedeutet*)								

---

23 *Samt* ist nicht erfragbar, nicht flektierbar, nicht pronominalisierbar, nicht betonbar. Als Präp. steht *samt* vor dem Bezugs-N und regiert dieses im Dat.

24 *besser* kann hier auch als letztes Element des MiF analysiert werden, wenn man die Präd.-Klammer nicht annehmen will (→ 179)

25 *weitem* ist weder flektierbar noch komparierbar und damit kein Adj. (→ 119). Es ist nur zusammen mit *bei* erfragbar und pronominalisierbar => feste Struktur.

26 Kein Mod.Advb. (→ 130), da *sein* als KV nicht adv. modifiziert werden kann. *Bei weitem* ist ein Steig.-P. (→ 166), der unmittelbar vor dem gesteigerten Präd. *besser* steht und nur mit diesem BE verschiebbar und VoF-fähig ist. Aus den beiden letztgenannten Gründen scheidet auch eine Klassifikation als MaßAdvb. aus.

Topologie	NaF4			Extraposition4				
					MiF5			
Klammern				klö5[27]			klschl5	
Text	*als*	*ein*	*Mann,*	*der*	*sehr,*	*sehr*	*frustriert*[28]	*wäre,*
Wortart	Partikel	indef. Art.	N	Rel. Pron.	Partikel	Partikel	Part. II	V fin.
Phrasen-Kategorie		NP						
	Vgl.P							
	NP							
synt. Funkt.	Vgl Part.	Det.	Kern-N				Präd. 5	KV fin.
				Subj. 5	Steig.-P 5		Prädikat 5	
	Vergleichsglied 4[29]			Rel.Satz.Attr. 4 zu *Mann*				

27 *der* ist gleichzeitig klö Element und erstes Element des MiF.

28 Bei *frustriert* handelt es sich um ein Part. II des V *frustrieren* (→ 110). Es ist wie ein Adj. flektierbar, komparierbar und auch in typisch adj. Funktionen möglich. Eine Klassifikation als Adj. (→ 119) ist demnach ebenfalls korrekt. Eine Einordnung alsZustands-Pass. (→ 199) vom V *frustrieren* ist problematisch, da sich *worden* nicht ohne Sinnveränderung einfügen läßt (**der sehr, sehr frustriert worden wäre*).

29 Vergleichsglied steht wie Verglichenes im Nom. (Kongruenz) (→ 162).

Topologie	Extraposition4								
	NaF5								
		MiF6							
Klammern	klö6								klschl6
Text	*müßte*	*er*	*die*	*ganze*	*Zeit*	*auf*	*einem*	*Stuhl*	*sitzen.*
Wortart	V fin.	Pers. Pron.	def. Art.	Adj.	N	Partikel	indef. Art.	N	V infin.
Phrasen-Kategorie		NP	NP				NP		
						PP			
synt. Funkt.	MV fin.		Det.	Adj.-Attr.	Kern-N	Präp.	Det.	Kern-N	VV infin.
	Prädikatsteil 6	Subj. 6	fak. DurativAdvb. 6[30]			oblig. Lok.Advb. 6			Prädikatsteil 6
	fak. Kond.Advb.Satz 5 zum Rel.Satz								

Valenz
x bedeutet y, x=Subj. y=AkkO; *etw. bedeutet etw.* im Gegensatz zu *jemand bedeutet jemandem etw.* oder *er bedeutete mir zu gehen.*
x schippert y, x=Subj. y=obl. Dir.Advb. (alternativ dazu obl. Lok.Advb.); *jemand schippert irgendwohin* im Gegensatz zu *jemand schippert etw. irgendwohin*
x bedient y, x= Subj. y=AkkO; *jemand bedient jemanden/etw.*
x sitzt Präp. y, x=Subj. Präp. y=obl. Lok.Advb.; *jemand sitzt irgendwo* im Gegensatz zu idiomat. Verwendungen wie *Das sitzt* oder *Der sitzt auf dem Syntaxpapier wie auf einem Berg Geld.*

Satztyp/-modus
Es handelt sich um einen V-2-Aussagesatz (→ 246), dessen VoF durch einen Kond.-Advb.Satz gefüllt ist, dessen AkkO wiederum durch zwei mit *und* koordinierte (→ 213) Inf.-Strukturen (→ 233ff.) gefüllt ist. Von der Vergleichsstruktur (→ 162) im V-2-Aussagesatz hängt ein Rel.Satz.Attr. (→ 144) ab, welches wiederum einen V-1-Kond.Satz (→ 229) als fak. Advb. enthält.

30 *Die ganze Zeit* zeigt alle Merkmale eines fak. SG (→ 120). Es ist erfragbar (*wie lange*?), pronominalisierbar, VoF-fähig und verschiebbar. Alternativ ist eine Klassifikation als Maßakk. (→ 159) denkbar, allerdings ist die Maßangabe hier nicht konkret (*zwei Stunden, eine Woche* o.ä.)

Klausur V.

V.1. Detaillierte Analyse

<table>
<tr><td>Topologie</td><td colspan="6">VoF2</td></tr>
<tr><td></td><td colspan="2">VoF1</td><td></td><td colspan="2">MiF1</td><td></td></tr>
<tr><td>Klammern</td><td colspan="2"></td><td>klö1</td><td colspan="2"></td><td>klschl1</td></tr>
<tr><td>Text</td><td>Gestern</td><td>abend,</td><td>als</td><td>es</td><td>dunkel</td><td>wurde,</td></tr>
<tr><td>Wortart</td><td>Adv.</td><td>Adv.[31]</td><td>Partikel</td><td>Pron.[32]</td><td>Adj.</td><td>V fin.</td></tr>
<tr><td>synt. Funkt.</td><td></td><td>Attr.</td><td></td><td></td><td></td><td></td></tr>
<tr><td></td><td></td><td></td><td>subord. Konj.1</td><td>Pseudo-Subj.-es 1</td><td>Präd.1</td><td>KV fin.</td></tr>
<tr><td></td><td></td><td></td><td></td><td></td><td colspan="2">Prädikat1</td></tr>
<tr><td></td><td colspan="2">fak. Temp.-Adv.2</td><td colspan="4">fak. temp. attr. Konj.Satz2</td></tr>
<tr><td></td><td colspan="6">fak. Temp.-Adv.2</td></tr>
</table>

<table>
<tr><td>Topologie</td><td></td><td colspan="5">MiF2</td></tr>
<tr><td>Klammern</td><td>klö2</td><td colspan="5"></td></tr>
<tr><td>Text</td><td>saßen</td><td>wir</td><td>noch</td><td>auf</td><td>dem</td><td>Balkon</td></tr>
<tr><td>Wortart</td><td>V fin.</td><td>Pers.-Pron</td><td>Partikel</td><td>Partikel</td><td>def. Art.</td><td>N</td></tr>
<tr><td>Phrasen-Kategorie</td><td></td><td>NP</td><td></td><td></td><td colspan="2">NP</td></tr>
<tr><td></td><td></td><td></td><td></td><td colspan="3">PP</td></tr>
<tr><td>synt. Funkt.</td><td>VV fin.</td><td>Subj.2</td><td>Fak. Temp. Advb.2[33]</td><td>Präp.</td><td>Det.</td><td>Kern-N</td></tr>
<tr><td></td><td>Prädikat2</td><td></td><td></td><td colspan="3">obl. Lok.-Advb.2 (nach V der Befindlichkeit)</td></tr>
</table>

[31] kein N (→ 120), da nicht flektierbar, nicht Art.-fähig, nicht attribuierbar. Allerdings wäre die „typische" Adv.-Form *abends* (→ 153). Das *s* scheint aber in diesen attr. Fügungen aus zwei Adv. strukturell wegzufallen: *Abends sehe ich fern* vs. *Morgen abend sehe ich fern.*

[32] Der Form nach ein Pronomen, aber funktional nicht, da keine Referenz (→ 285)

[33] Leider nicht erfragbar

Topologie		(VoF3)		Extraposition3[34] (zu *überlegten*)		
					MiF4	
Klammern			klö3	klö4[35]		klschl4
Text	*und*	*(wir)*[36]	*überlegten,*	*wie*	*es*	*wäre,*
Wortart	Partikel	(Pers.Pron.)	V fin.	Partikel	Platzhalter-*es*	V fin.
		(NP)				
synt. Funkt.				subord. Konj.[37]	Platzhalter für Subj.4	KV fin.
			VV fin.			Prädikat4
	koord. Konj.	(Subj.3)	Prädikat3	AkkO3		

Topologie	Extraposition3 (zu *überlegten*)							
	Extraposition4 (zu *wie es wäre*)							
Klammern							[38]	
Text	*eine*	*große*	*Leiter*	*an*	*den*	*Himmel*	*zu*	*stellen,*
Wortart	indef. Art.	Adj.	N	Partikel	def. Art.	N	Partikel	V infin.
Phrasen-Kategorie	NP				NP			
				PP				
synt. Funkt.	Det.	Adj.-Attr.	Kern-N	Präp.	Det.	Kern-N	Inf.-Part.	VV infin.
	AkkO5			obl. Lok.Advb.5			Prädikat5	
	Subj.4 (zu *wie es wäre*)							
	AkkO3 (zu *überlegten*)							

34 Das klschl Element fehlt, vgl. *wir haben überlegt, wie es wäre ...*

35 *wie* ist gleichzeitig klö Element und erstes Element des MiF

36 Durch Koordinationsreduktion ausgefallen (→ 220ff.).

37 *wie* hat hier wohl gleichzeitig die Funktion des Präd. (→ 118), vgl. *es wäre schön* (*schön*=Präd. ≅ *wie wäre es?*), da es genau diese Funktion erfragt.

38 Kein klammerbildendes Element, da Inf.-Konstruktion (→ 233ff.)

Topologie	Extraposition3 (zu *überlegten*)				
	Extraposition4 (zu *wie es wäre*)				
Klammern					
Text	*in*	*den*	*Weltäther*	*hinaufzuklettern*	*und*
Wortart	Partikel	def. Art.	N	V infin. mit Partikel	Partikel
Phrasen-		NP			
Kategorie	PP				
synt. Funkt.	Präp.	Det.	Kern-N		
	fak. Dir.Advb.6			VV infin. mit Inf.-Part.	koord. Konj.
				Prädikat6	
	Subj.4 (zu *wie es wäre*)[39]				
	AkkO3 (zu *überlegten*)				

Topologie	Extraposition 3 (zu *überlegten*)					
	Extraposition 4 (zu *wie es wäre*)					
Klammern						[40]
Text	*unseren*	*Lieblingsstern*	*für*	*einen*	*Augenblick*	*herunter-zuholen*
Wortart	Poss.-Pron.	N	Par-tikel	indef. Art.	N	V infin.. mit Partikel
Phrasen-Kategorie	NP			NP		
			PP			
synt. Funkt.	Det.	Kern-N	Präp.	Det.	Kern-N	
	AkkO7		fak. DurativAdvb.7			VV infin.. mit Inf.-Part.
						Prädikat7
	Subj.4 (zu *wie es wäre*)					
	AkkO3 (zu *überlegten*)					

Valenz:
x *sitzt* Präp. y, x=Subj., Präp.y=obl. Lok.Advb. (vgl. Aufgabe IV)
x *überlegt* y, x=Subj., y=AkkO; *jemand überlegt etw.*
x *stellt* y Präp.z, x=Subj., y=AkkO, Präp.z=obl. Dir.Advb.; *jemand stellt etw. irgendwohin* im Gegensatz zu refl. (→ 271) Verwendung *jemand stellt sich dumm*
x *klettert* y *hinauf*, x=Subj., y=AkkO (hier erspart=*die Leiter*); *jemand klettert etw. hinauf*
x *holt* y *herunter,* x=Subj., y=AkkO; *jemand holt etw. herunter*

Satztyp/-modus:

Es handelt sich um zwei durch *und* koordinierte V-2-Aussagesätze (→ 264). Im ersten Konjunkt ist ein temp. Konj.Satz als Attr. zu *gestern abend* eingefügt. Im zweiten ist das AkkO durch einen indirekten V-L-Fragesatz gefüllt, dessen Subj. wiederum durch drei komplexe Inf.-Strukturen (durch *und* verbunden) (→ 213) realisiert ist.

39 *es* ist der Platzhalter für den extraponierten Subj.-Satz (→ 283).

40 Kein klammerbildendes Element, da Inf.-Konstruktion (→ 233ff.)

V.2. Analyse unterstrichener Wörter/Phrasen

***aber*:**
Wortart: Partikel
Begründung: nicht flektierbar
Funktion: koord. Konj.
Begründung: es ist kein SG, da nicht allein VoF-fähig, es steht vor dem VoF und verbindet die zwei Sätze inhaltlich (→ 159).

***dann*:**
Wortart: Adv. (Partikel) (→ 153)
Begründung: nicht flektierbar
Funktion: fak. Temp.Advb.
Begründung: es ist verschiebbar, also ein Stellungsglied, weglassbar, also fak., durch *wann* erfragbar und pronominalisierbar, also ein SG (→ 120).

***also*:**
Wortart: Partikel
Begründung: nicht flektierbar
Funktion: KonjAdv (→ 161) oder Interjektion (→ 147)
Begründung: es ist kein SG, da nicht allein VoF-fähig, und es steht vor dem VoF. Für KonjAdv spricht, daß es die zwei Sätze inhaltlich verbindet, allerdings ist die Pausenstruktur (davor und danach) merkwürdig. Dies spricht eher für eine Interjektion. *Also* ist aber wiederum keine typische Interjektion.

***niemandem*:**
Wortart: negiertes Indef.Pron. (Negations-„Partikel") (→ 165)
Begründung: flektierbar, Parallele zu *jemand*
Funktion: Teil des fak. KomitativAdvb. *mit niemandem*
Begründung: *mit niemandem* ist weglassbar, verschiebbar und allein VoF-fähig, also Stellungsglied, und durch *mit wem?* (*womit?*) erfragbar, also SG.

***zur Erde*:**
Wortart: *zu* (Präp.) *der* (def. Art., klitisch) *Erde* (N)
Phrasen-Kategorie: PP
Funktion: fak. Dir.Advb.
Begründung: es ist verschiebbar und allein VoF-fähig, also Stellungsglied; kann aber kein PO sein, da es mit *wohin?* und nicht mit *wozu?* erfragt wird, die Präp. also nicht fest ist. Außerdem ist es wegen der Partikel *hinunter* im Partikel-V weglassbar; sonst bei Bewegungs-V obl. Dir.Advb. (→ 177, 178, 179)

V.3. Grobanalyse

So blieben ... Balkon	MS 1
irgendwie ... resigniert	Appos.. (?)(→ 249) zum Subj. in MS 1, parenthetisch (→ 148) eingeschoben[41]
und	koordiniert MS 1 und MS 2
als ... wurde	KS 1, KS 1. Grades in der Funktion eines fak. Temp.Advb. zu MS 2
sahen ... ZDF-Film	MS 2
in dem ... erzählte	KS 2, KS 2. Grades in der Funktion eines Rel.Satz.Attr. zu *ZDF-Film* in MS 2
die ihn ... gelegt (hätten)	KS 3, KS 3. Grades in der Funktion eines Rel.Satz.Attr. zu *Außerirdischen* in KS 2; das fin. HV ist wegen Koordinationsreduktion entfallen
und	koordiniert KS 3 und KS 4
(die ihn) untersucht hätten.	KS 4; Funktion wie KS 3; Subj. und AkkO sind wegen Koordinationsreduktion entfallen

V.4. Funktionsbegründung

in einem Raumschiff

fak. Lok.Advb.; fak., da weglassbar; SG, da verschiebbar, erfragbar, pronominalisierbar und allein VoF-fähig; Advb., da Präp. nicht fest; lok., da erfragbar mit *wo?*

auf den Tisch

obl. Dir.-Advb.; obl., da nicht weglassbar, weil von der Valenz des V gefordert: x *legt* y Präp. z; SG, da verschiebbar, erfragbar, pronominalisierbar und allein VoF-fähig; kein PO, da die Präp. nicht fest ist.

Klausur VI

VI.1. Satztyp/-modus

(5)

wenn man doch bloß selber mal eines sähe!	*wenn*-VL-Wunschsatz (→ 262)

(13)

Holt uns ab,	V1-Imperativsatz (→ 249)
fliegt mit uns,	V1-Imperativsatz
dematerialisiert uns,	V1-Imperativsatz
zeigt uns Ganymed und Beteigeuze und Eure wulstigen Stirnlappen!	a) V1-Imp.-Satz mit AkkO, bestehend aus 3 Konjunkten b) 3 V1-Imp.-Sätze mit Koordinationsreduktion im zweiten und dritten Konjunkt => *zeigt uns Ganymed und (zeigt uns) Beteigeuze und (zeigt uns) Eure wulstigen Stirnlappen!* Das *und* zwischen erstem und zweiten Imp.-Satz ist sehr ungewöhnlich.

41 Alternativ könnte es sich hier auch um einen elliptischen weiteren MS handeln: (*wir waren*) *irgendwie melancholisch und resigniert*. Dann wären es drei MS, die durch*und* verknüpft sind.

VI.2. Felderstruktur

(6)

Was	*haben*	*wir*	*nicht*	*schon*	*alles*	*gelesen*	*über*	*Ufos:*
VoF	klö		MiF			klschl	NaF	

ihre Landungen ... des österreichischen Luftraums.
a) auch NaF im Sinne einer Aufzählung; das Semikolon ist problematisch
b) Nachtrag, Bezug auf *Ufos* (vgl. eigenen Band zur Topologie)

VI.3. Detaillierte Analyse

Topologie		MiF1			Extraposition1		
					klö2[42]	MiF2	klschl2[43]
Klammer	klö1			[44]			
Text	*Wißt*	*Ihr*	*denn*	*nicht,*	*was*	*es*	*bedeutet,*
Wortart	V fin.	Pers. Pron.	Partikel	Negations-partikel	Frage-Pron.	Pers.Pron.	V fin.
Phrasen-Kategorie		NP			NP		
synt. Funkt.	VV fin.				AkkO2	Platzhalter für Subj.2[45]	VV fin.
							Prädikat2
	Prädikat1	Subj.1	MP1	Satznegation1	AkkO1		

[42] *Was* ist als Rel.Pron. gleichzeitig klö und erstes Element des MiF.

[43] V-L-Klammer (→ 173)

[44] *nicht* ist nach einigen Theorien klschl Element (→ 180), aber diese Lösung ist sehr unbefriedigend; allerdings ist dann die Extraposition erklärt. SoPerfekt-Probe: *Habt Ihr denn nicht gewußt, was ...*

[45] Hier ist *es* Platzhalter (→ 283) und der *wenn*-VL-Satz Subj. Eine Analyse mit *es* als Subj. und dem *wenn*-VL-Satz als fak. Konditional-Advb. ist unmöglich, weil *es* hier keine Referenz hat.

Topologie	Extraposition1								
	Extraposition2								
		MiF3							
Klammer	klö3								
Text	*wenn*	*mit*	*der*	*Glaubwürdigkeit*	*einer*	*großen*	*sehr*	*ernstzunehmenden*	*Zeitung*
Wortart	Partikel	Partikel	def. Art.	N	indef. Art.	Adj.	Partikel	[46]	N
Phrasen-Kategorie			NP		NP				
		PP							
		PP							
synt. Funkt.	subord. Konj.	Präp	Det.	Kern-N	Det.	Adj-Attr.	Steig-Part.	Adj.-Attr.	Kern-N
					Gen.Attr. zu *Glaubwürdigkeit*				
	fak. Mod.-Advb.3								
	Subj.2								
	AkkO1 zu *wissen*								

Topologie	Extraposition1					
	Extraposition2					
	steht in Parenthese im MiF3					
Klammer						
Text	*noch*	*dazu*	*an*	*dieser*	*prominenten*	*Stelle*
Wortart	Partikel	Pronom.-Adv.	Partikel	Dem.Pron.	Adj.	N
Phrasen-Kategorie				NP		
			PP			
synt. Funkt.	GP		Präp.	Det.	Adj.-Attr.	Kern-N
	GP[47]		fak. Lok.Advb.3[48]			
	Subj.2					
	AkkO1 zu *wissen*					

46 Ursprünglich aus dem Partizip I *nehmend* entstanden (→ 109), bzw. aus der dazugehörigen Redewendung *etwas/jemanden ernst nehmen*; Zusammenrückung, stark lexikalisiert; flektierbar, komparierbar (*eine ernstzunehmendere Frage*) und in typischer Adj.-Funktion als pränom. Attr. verwendbar, daher wohl schon Adj. (→ 119)

47 Die Phrase hat Fokus auf die folgende PP. Allerdings ist ein Pronom.-Adv. in GP-Funktion (→ 163) ausgesprochen ungewöhnlich, aber hier ist das Pronom.-Adv. auch nicht mehr durch eine volle PP (*noch zu der/die/das X*) ersetzbar, eher durch typischere GP wie *zusätzlich, ausgerechnet*. Eine Analyse als Parenthese-einleitende Floskel (ähnlich wie *und zwar*) wäre auch möglich, dann ist aber die Betonung der folgenden PP erklärungsbedürftig.

48 Hat evtl. leicht mod. Lesart (*wie?*)

Topologie	Extraposition1								
	Extraposition2								
	MiF3								
Klammer								klschl3[49]	
Text	*von*	*Eurer*	*Klugheit*	*und*	*(von)*	*(Eurer)*	*Freundlichkeit*	*berichtet*	*würde,*
Wortart	Partikel	Poss.-Pron	N	Partikel	(Partikel)	(Poss.-Pron.)	N	V infin.	V fin.
Phrasen-Kategorie		NP				NP			
	PP				PP				
synt. Funkt.	Präp.	Det.	Kern-N		(Präp.)	(Det.)	Kern-N		
	PO3 Teil 1			koord. Konj.	PO3 Teil 2			VV infin.	HV fin.
								Prädikat3[50]	
	Subj.2								
	AkkO1 zu *wissen*								

Topologie	Extraposition1									
	Extraposition2									
	NaF3									
Klammer										
Text	*(von)*	*Euren*	*schmalen*	*Augen*	*und*	*(von)*	*der*	*Einteiligkeit*	*Eurer*	*Raumanzüge*
Wortart	(Partikel)	Poss. Pron.	Adj.	N	Partikel	(Partikel)	def. Art.	N	Poss. Pron.	N
Phrasen-Kategorie		NP					NP		NP	
	PP					PP				
						PP				
synt. Funkt.	(Präp.)	Det.	Adj.-Attr.	Kern-N		(Präp.)	Det.	Kern-N	Gen.Attr. zu *Einteiligkeit*	
	PO3 Teil 3				koord. Konj.	PO3 Teil 4				
	Subj.2									
	AkkO1 zu *wissen*									

49 V-L-Klammer (→ 173)

50 Vorgangs-Pass. (→ 198)

<table>
<tr><td>Topologie</td><td colspan="8">Extraposition1</td></tr>
<tr><td></td><td colspan="8">Extraposition2</td></tr>
<tr><td></td><td colspan="8">NaF3</td></tr>
<tr><td>Klammer</td><td></td><td></td><td></td><td></td><td></td><td></td><td></td><td></td></tr>
<tr><td>Text</td><td>auch</td><td>(von)</td><td>Eurer</td><td>Verach-tung</td><td>für</td><td>die</td><td>amerikani-schen</td><td>Pläne</td></tr>
<tr><td>Wortart</td><td>Par-tikel</td><td>(Par-tikel)</td><td>Poss.-Pron.</td><td>N</td><td>Par-tikel</td><td>def. Art.</td><td>Adj.[51]</td><td>N</td></tr>
<tr><td>Phrasen-Kategorie</td><td></td><td></td><td colspan="2">NP</td><td></td><td colspan="3">NP</td></tr>
<tr><td></td><td></td><td colspan="3">PP</td><td colspan="4">PP</td></tr>
<tr><td>synt. Funkt.</td><td>GP[52]</td><td>(Präp.)</td><td>Det.</td><td>Kern-N</td><td>Präp</td><td>Det.</td><td>Adj.-Attr.</td><td>Kern-N</td></tr>
<tr><td></td><td></td><td></td><td></td><td></td><td colspan="4">PP-Attr. zu von Eurer Verachtung</td></tr>
<tr><td></td><td></td><td colspan="7">PO3 Teil 5</td></tr>
<tr><td></td><td colspan="8">Subj.2</td></tr>
<tr><td></td><td colspan="8">AkkO1 zu wissen</td></tr>
</table>

<table>
<tr><td>Topologie</td><td colspan="7">Extraposition1</td></tr>
<tr><td></td><td colspan="7">Extraposition2</td></tr>
<tr><td></td><td colspan="7">NaF3</td></tr>
<tr><td>Klammer</td><td>[53]</td><td></td><td></td><td></td><td></td><td></td><td></td></tr>
<tr><td>Text</td><td>riesige</td><td>Reklame-tafeln</td><td>in</td><td>den</td><td>Orbit</td><td>zu</td><td>schießen,</td></tr>
<tr><td>Wortart</td><td>Adj.</td><td>N</td><td>Par-tikel</td><td>def. Art.</td><td>N</td><td>Partikel</td><td>V infin.</td></tr>
<tr><td>Phrasen-Kategorie</td><td colspan="2">NP</td><td></td><td colspan="2">NP</td><td></td><td></td></tr>
<tr><td></td><td colspan="2"></td><td colspan="3">PP</td><td></td><td></td></tr>
<tr><td>synt. Funkt.</td><td>Adj.-Attr.</td><td>Kern-N</td><td>Präp.</td><td>Det.</td><td>Kern-N</td><td>Inf.-Part.</td><td>VV infin.</td></tr>
<tr><td></td><td colspan="2">AkkO4</td><td colspan="3">obl. Dir.-Adv.4</td><td colspan="2">Prädikat4</td></tr>
<tr><td></td><td colspan="7">Inf.-Attr. zu Pläne</td></tr>
<tr><td></td><td colspan="7">Subj.2</td></tr>
<tr><td></td><td colspan="7">AkkO1 zu wissen</td></tr>
</table>

51 kein Herkunfts-N, wie z.B. *Münchner Kindl*, da flektierbar.

52 *auch* ist GP(→ 163) mit Fokus auf die folgende PP.

53 Bei infin. Strukturen (→ 233ff.) gibt es keine Klammern.

Topologie	Extraposition1										
	Extraposition2										
	NaF3										
	MiF5										
Klammer	klö5[54]									klschl5[55]	
Text	*welche*	*neben*	*unserem*	*Lieblingsstern*	*für*	*Limonade*	*und*	*(für)*	*Schwarzenegger-Filme*	*werben*	*sollen?*
Wortart	Rel. Pron.	Partikel	Poss. Pron.	N	Partikel	N	Partikel	Partikel	N	V inf.	V fin.
Phrasen-Kategorie	NP		NP		PP			PP			
		PP									
synt. Funkt.		Präp.	Det.	Kern-N	Präp.	Kern-N		Präp.	Kern-N	VV inf.	MV fin.
	Subj. 5	fak. Lok.Advb.			PO5 Teil 1		koord. Konj.	PO5 Teil 2		Prädikat5	
	Rel.Satz.Attr. zu *Reklametafeln*										
	Subj.2										
	AkkO1 zu *wissen*										

Morpholog. Markierung
berichtet würde=3. Ps. Sg. Konj. Präs. Pass. (Vorgangs-Pass.)

Valenz
x *weiß* y, x=Subj., y=AkkO; *jemand weiß etw.* im Gegensatz zu *jemand weiß von etwas* oder *jemand weiß von jemandem etw.*
x *bedeutet* y, x=Subj., y=AkkO; *etw. bedeutet etw.* (vgl. Aufgabe III)
x *berichtet* y z, x=Subj., y=DatO, z=PO mit *von* oder *über; jemand berichtet jemandem von jemandem/etw.* bzw. *über etw.* im Gegensatz zu *jemand berichtet etw. von jemandem/über jemanden*
x *schießt* y Präp.z, x=Subj., y=AkkO, Präp.z=obl. Dir.Advb.[56]
x *wirbt* y, x=Subj., y=PO mit *für; jemand wirbt für etw.* im Gegensatz zu *jemand wirbt um jemanden.*

Satztyp/-modus
Es handelt sich um einen V1-(Entscheidungs-)Fragesatz (→ 247), dessen AkkO durch einen indirekten *w*--Fragesatz gefüllt ist. Dessen Subj. besteht wiederum aus einem adv. *wenn*-VL-Satz. Dieser enthält ein sehr komplexes PO, dessen letzter Teil, durch eine infin.. Attributstruktur (→ 240) erläutert wird, deren AkkO wiederum durch ein Rel.Satz.Attr. (→ 144) modifiziert wird.

54 *welche* ist gleichzeitig klö Element und erstes Element des MiF
55 verb. Klammer (→ 175)
56 Hier sind wegen des Passivs nur zwei Valenzstellen realisiert.

Register